U0929455

文治堂

转到光明方面去

邹韬奋 著
聂震宁 选编

上海交通大学出版社
SHANGHAI JIAO TONG UNIVERSITY PRESS

内容提要

本书择选了记者、出版家邹韬奋先生一生的笔耕当中最具代表性的篇目，分为四辑，涵盖政论、人生随笔、书评、游记、出版杂谈等不同主题。这些文章体现了他身为新旧、中西文化冲撞与汇合时期的知识分子的精神面貌，传递了他面对民族危亡迫近眼前的急切思虑，也是他身为师长、身为读者的“好朋友”所奉献的恳切之谈。

图书在版编目(CIP)数据

转到光明方面去/ 邹韬奋著;聂震宁选编. —上海:上海交通大学出版社,2017
ISBN 978-7-313-16929-7

Ⅰ.①转… Ⅱ.①邹… ②聂… Ⅲ.①邹韬奋(1895-1944)—文集 Ⅳ.①C52

中国版本图书馆 CIP 数据核字(2017)第 064545 号

转到光明方面去

著　　者:邹韬奋　　选　　编:聂震宁
出版发行:上海交通大学出版社　　地　　址:上海市番禺路 951 号
邮政编码:200030　　电　　话:021-64071208
出 版 人:郑益慧
印　　制:苏州市越洋印刷有限公司　　经　　销:全国新华书店
开　　本:880 mm×1230 mm　1/32　　印　　张:17.5
字　　数:417 千字
版　　次:2017 年 5 月第 1 版　　印　　次:2017 年 5 月第 1 次印刷
书　　号:ISBN 978-7-313-16929-7/C
定　　价:68.00 元

1924年韬奋在上海。

生活周刊社全体工作人员1932年的合影。后排右起第三人为韬奋。

1933年7月14日，韬奋被迫出国，胡愈之（右三）、徐伯昕（左一）、沈粹缜（右一）等至码头送行。

1934年韬奋在克林姆林宫。

1934年韬奋在德国柏林一位华侨家中作客。

1934年韬奋在苏联考察与美国学生旅行团。

1935年韬奋回国在轮埠和亲友合影。

1938年9月中旬，韬奋与沈钧儒等赴前线慰问抗日战士。（自左至右：王炳南、韬奋、薛岳、沈钧儒等）

1939年10月，韬奋与夫人参加在重庆举行的纪念鲁迅先生逝世三周年大会。

韬奋与《世界知识》主编金仲华及其妹妹金端苓在武汉合影留念。

出版说明

本书的编选，是以上海人民出版社 2015 年版 14 卷《韬奋全集》（增补本）为主要编校底本，并与报载原文校对修订。由于语言用法的变迁，当年文章中的部分字、词及标点符号的使用（如“沈痛”、“噜苏”）和现今已有差异，为保存原貌未作修改，但对明显的差错处做了更正，并在页下附注释说明。

本书书名为《转到光明方面去》，乃取自书中一篇随笔的题目，颇能反映韬奋先生的奋斗历程和精神追求。

前　言

邹韬奋先生是我国现代史上伟大的爱国者，杰出的出版家和新闻记者，卓具影响力的政论家和散文家。他光辉的一生，百折不挠，甘于奉献，业绩卓著，产生了巨大影响。韬奋精神已经成为我国进步的新闻出版事业的一面旗帜。以韬奋命名的“韬奋出版奖”“韬奋新闻奖”，一直是对当代我国新闻出版从业者的最高奖励。

韬奋先生在我国现代新闻出版史上创造了不朽的业绩，同时，还写下了 800 余万字的各类作品，留下了丰厚的文化遗产和宝贵的精神财富。正如 1944 年中共中央致韬奋先生亲属的唁电所指出，韬奋先生的“精神长在人间，其著作将永垂不朽”。为了纪念韬奋先生 120 周年诞辰，宣传弘扬韬奋精神，为当代读者提供一个具有代表性的韬奋作品选本，同时也是应各方面的建议，我们编选了这部文选。

本书共分四辑，即“政论随笔”“书评书话”“散文游记”“新闻出版文论”，各辑内作品按照写作发表先后排序。韬奋先生的作品曾经出版过多种选本，除单行选本外，文集、文选以及丛书的规模均在百万字以上，本文选字数则为 28 万余字。我们希望这个选本，既要展现先生多方面的写作风貌，又要选入其各方面具有代表性的作品，还要兼顾当下读者阅读理解的特点，总之，努力为读者奉献一本韬奋先生作品的精华读本。

韬奋先生的写作，是他的奋斗历程和精神内涵的全面展现。他以自己的一支笔,“曾经鼓动了中国无数万爱国民众走上争取民族解放与人民民主的道路”(宋庆龄语),成为中华民族思想文化的瑰宝。在20世纪30年代,韬奋先生以其一以贯之的研精殚思、畅达雄健的文风,质朴简洁、明瞭晓畅、亲切自然的语言特点,以及大众化写作的品格追求,在政论随笔、散文游记、书评书话及序跋写作上自成一家,享有盛誉,获得了当时的广大读者尤其是青年读者的热爱,而至今对当代读者仍具有很强的可读性和启示意义。他的新闻出版文论,既有思辨性,又有实践性,内涵丰富,对我国新闻出版事业一直发挥着直接的指导作用。在新的世纪里,我们重读韬奋先生的作品,依然真切地感觉得到,在这些丰富的篇章里,跳动着他一颗爱国爱民的赤子之心,激荡着他追求真理忘我奋斗的精神。斯人已逝,风范长存,人们将永远怀念韬奋先生。

聂震宁

2016年8月

目　录

第一辑　政论随笔

·政论杂谈·

张伯苓氏之沉痛演说 / 004
天灾人祸 / 006
自认为正当之处置 / 008
应彻底明瞭国难的真相 / 010
除自救外无办法 / 012
努力的焦点 / 014
为民族争光的马将军 / 016
金钱和奴性 / 018
萧伯纳妙人妙语 / 020
滑稽剧中的惨痛教训 / 022
逃军和孤军 / 025
苦命是注定了的吗? / 027
学生救亡运动 / 030
光荣而惨痛的纪念 / 034
大学校长准备日军拘捕! / 037
苦闷与认识 / 039
军旗与走私 / 041
解决中日问题的途径 / 043
从现实做出发点 / 047
安全 / 049
所望于庐山会议者 / 051
统一与联合 / 053
联合阵线和党派立场 / 055
青衣行酒 / 058
国际反侵略的力量 / 060
九一八的惨痛教训 / 062
全国团结的重要表现 / 064
命运在自己的手里 / 066
鼓励士气与民气 / 068
外国女记者心目中的中国兵士 / 070
发扬光大一二·九的救国精神 / 072
汪精卫的自掘坟墓 / 075
今年的黄花岗烈士纪念 / 078
弥漫日本的“危险思想” / 081
汪逆傀儡戏急于登台 / 084
伦敦与重庆 / 086
造谣与辟谣 / 089

言行一致的政治 / 092
打回鸭绿江边去 / 094
对国事的呼吁 / 096

·人生随笔·

转到光明方面去 / 100
有效率的乐观主义 / 102
闲暇的伟力 / 104
做领袖的真本领在那里？/ 106
热诚 / 109
坚毅之酬报 / 111
老而不老 / 113
孤独 / 114
胡适之先生劝人发痴！/ 115
肉麻的模仿 / 117
仗义执吠的狗 / 119
唯唯诺诺的脚色 / 121
礼貌要整顿一下才好！/ 124
“吃”而且“拍” / 127
高兴 / 129
静 / 133
新女子最易上当的一件事 / 135
尽我所有 / 140
无若有 / 143
强盗一变而为小说家 / 146
吃尽资格的苦 / 148
无所不专的专家 / 152
消极中的积极 / 155
绝对靠得住的是谁？/ 158
挨骂 / 161
校长供开刀 / 163
明哲保身的遗毒 / 165
无乐观悲观之可言 / 168
无形的考试 / 170
人生意义 / 172
倾轧中伤 / 176
办事上需要的几个条件 / 177
能与为 / 179
呆气 / 181
工作的大小 / 183

第二辑　书评书话

·书评·

读《在晓庄》/ 188
读《旅顺实战记》/ 192
读《政治学大纲》/ 196
读《日本全史》/ 200
读《中国报学史》/ 203
读《远生遗著》/ 205
读《锥指集》/ 209

读《最近三十年中国政治史》/ 212
读《东省刮目论》/ 216
读《一个内乱的分析》/ 219
读《经济侵略下之中国》/ 222
读《图书评论》/ 225
两地书 / 227
社会科学研究法 / 229
街头讲话 / 233

·书话·

读书乃极乐之事 / 238
专一静穆与修学之关系 / 240
《商榷最低限度当读之国学书》编者附言 / 243
评几家书局的笔墨官司 / 246
一位文坛老将的学习机会 / 248
较近出版有精彩的两种定期刊物 / 251
全国图书馆之激增 / 253
研究与盲从 / 255
略谈读书的方法 / 257
复梅林 / 261
《工作与学习》编者附言 / 263
《越看越苦闷》编者附言 / 267
学习与读书 / 272
初中学生怎样读书 / 274

第三辑　散文游记

到香港以后 / 280
在船上的《生活》同志 / 284
到新加坡 / 288
侨胞的愤慨 / 291
船上的民族意识 / 295
月下中流——经苏彝士河 / 298
海程结束 / 301
威尼司 / 305
佛罗伦司 / 309
巴黎的特征 / 312
在法的青田人 / 316
由巴黎到伦敦 / 320
华美窗帷的后面 / 324
英伦的休战纪念日 / 328
再到巴黎 / 332
游比杂谈之一 / 337
游比杂谈之二 / 342
一个从未和中国人谈话过的德国女子 / 347
种族的成见和梦想 / 355
纳粹统治下的教育主张 / 360
船上的一群孩子们 / 364

初登西比尔 / 367
两个会 / 371
世界上最富城市的解剖 / 376
南游 / 384
由柏明汉到塞尔马 / 392
再经华盛顿回到纽约 / 400
两个农家的访问 / 407
美国的殖民地夏威夷 / 413

第四辑　新闻出版文论

· 论新闻 ·
猫捉老鼠的新闻记者 / 422
想念新闻学 / 424
做了五十七年的主笔 / 427
可以不必做的文章 / 429
对于批评应有的态度 / 432
从言论到实际 / 434
大报和小报 / 438
我们的灯塔 / 440
建立全国通信网 / 444
新闻记者活动的正确动机 / 446
欢迎战地记者徐州归来 / 449
全民抗战的使命 / 451
本刊百期纪念 / 454
领导与反映 / 459
舆论的力量 / 461

· 论出版 ·
西国自活版兴而人群之进化以速论 / 465
本刊与民众 / 467
《生活》周刊究竟是谁的？/ 469
硬性读物与软性读物 / 472
免得误购后悔 / 474
辛酸的回忆 / 478
征求一位同志 / 481
《生活》五周（年）纪念特刊预告 / 485
我们的立场 / 489
不相干的帽子 / 491
为什么要保全《生活》/ 494
本刊今后编辑上的改革 / 496
与读者诸君告别 / 498
几个原则 / 501
答朱草明、许白天 / 504
同道相知 / 505
我们的工作原则 / 507
本刊的使命与希望 / 509
本店设立读者顾问部的重要意义 / 510
加强认识我们服务的广大对象 / 513
主持事业最主要的基本态度 / 515

意见的沟通 / 518
关于领导机构的几个要点 / 521
工作实践中的学习 / 525
管理上的改革 / 528
事业性与商业性的问题 / 531
《大众生活》复刊词 / 534

后记 / 536

第一辑

政论随笔

韬奋先生是一位卓具影响力的政论家和随笔作家。在他主编的《生活》周刊上，“小言论”栏目就是当时最具影响力的杂志政论栏目之一，此栏目绝大多数文章出自韬奋笔下。这些文章，坚持爱国主义，伸张民族气节，贬斥腐朽黑暗、向往民主光明，引起社会各界强烈关注，奠定了他著名政论家的地位。本辑即选收其政论杂感40篇。

本辑还收入韬奋先生人生随笔36篇。这些随笔，谈人生，论事业，谈情感，论生活，涉笔成趣，坦诚以待，且多为韬奋本人所提倡的“谈话式的短隽文字”，新颖活泼，很受当时青年读者的喜爱。80余年过去，文中所谈内容，仍然具有现实意义和可读性。

政论杂谈

必须看清事实，不要存心骗自己而聊以自慰，然后才有“自承不是，埋首奋斗”的可能。

张伯苓氏之沉痛演说

五月三十一日东京侨胞的重要团体开茶话会欢送祖国远东选手，总代表张伯苓氏有很沉痛的演说，其尤沉痛的有这几句话："此次远东大会，中国失败之原因，代表选手方面除自承技术不良外，殊觉无话可说。吾人今后惟自承不是，埋首奋斗，努力练习而已。至于裁判不公，政治不良，其言固非无当，然余以为中国人多说话，少做事，此后应少说空话，多做实事。中国之病在根本基础不够，体魄不强，与各国较，实觉汗颜。日本体育从小学根本练起，中国则惟恃个人天才，安得不败？世界无偶然之事，非做不可，做且未必定成功，中国人不做而惟望偶然，又安得不败？故今后应第一从小学校起，根本改造体育。第二训练应不仅为个人的训练，切实作团体的整个的计划；依科学方法，精密分析。如足球重在那里？篮球重在那里？中国篮球之失败，实以投球不准为最大原因。中国人一切只听其自然，不知努力，若侥幸而胜，将来更坏。此次败战，可为一严重教训，应各彻底觉悟，从根本起改造体育，从根本起注重训练。不特体育如此，一切皆应以科学方法，切实努力。日本人虽褊狭，其努力精神确可佩服。中国如能由此少说空话，自己努力，则此次败战，方为不虚。"

记者以为这一段话实在值得全国人人读一百遍；不但关于体育方

面，无论那一方面，无论从事那一种事业的人，都值得他们读一百遍。

近有友人对记者谈起有人觉得本刊上所评述的中外时事或要闻，外国好的事实太多而中国好的事实太少！揣度他们的意思，最好多说几句外国坏，多说几句中国好。我说我们做中国人的人谁不愿中国好，但请问在事实方面有多少好事可说？政治方面给与我们看的事实是什么？教育方面给与我们看的事实是什么？公私财政方面给与我们看的事实是什么？国内治安方面给与我们看的事实是什么？我们固然反对自馁，但是我们也反对不顾事实，只管闭着眼睛骗自己。喜欢骗着自己来安慰自己，这即是不长进的病根所在。我们主张要睁开眼睛看清事实——事实是实在的，不是可以由你闭着眼睛或捏造而得以消灭的——必须看清事实，不要存心骗自己而聊以自慰，然后才有“自承不是，埋首奋斗”的可能。

我们不要再喊着什么四千年的文明，请看现在以人为牛马，各处盗匪横行杀人不眨眼，乃至西北人食人的事实；不要再喊着纸和印刷是我们最早发明的，请看现在书报所用的纸，印刷所用的机器是那一国来的事实；不要再喊着火药也是我们最早发明的，请看现在我国所用的军械是从那一国来的，乃至不恤民艰，拚命把金子往外买军火的事实；不要再喊着罗盘针也是我们最早发明的，请看现在我们到外国去乃至在国内来来往往所乘的是那一国轮船的事实。我们自己这样的不争气，不要脸，听见有人举别国的事实来比较比较，还觉得不愿听，古人说哀莫大于心死，这真是心死的特征！别国当然也有别国的缺点，他们的缺点我们也常有批评，我们当然用不着学他们的缺点，但我们中国和别国比较比较看，是否应该“彻底觉悟”，“埋首奋斗”，“切实努力”？

（原载1930年6月22日《生活》周刊第5卷第28期，署名编者。）

天灾人祸

据说石友三的总参议兼教导师师长程希贤于本月六日由鲁北到济南，与各要人晤见时，满口道歉，有“对不起，对不起，又胡来了一阵”之语。这几年来，我国对外可谓绝对没有实力保护本国的国民和侨民，不然万宝山的农民何至白白地被别国军警随意用机关枪扫射？朝鲜的华侨又何至白白地整百整千的被人随意杀害？但对外伧头到极点，在内的武人们却兴高采烈的“胡来了一阵”又一阵，反正“胡来”之后，成则可以大搜大刮，败则可以通电下野，此意不仅指石氏一人而言，凡不顾国势衰微与民生困苦都已到了极点，而以“又胡来了一阵”为快意的，都是国民的公敌，中国的罪人。

天灾是从天而降的，似与人祸不甚相关，但天灾是可以藉人力以减杀它的暴虐，或预防它的猖狂的，因人祸之相连，无暇建设，天灾乃得愈肆其狂暴。例如日本之大地震，固为天灾，但自八年前大地震之后，现在已有钢铁造的防震房屋，且在地震学上有预知地震的特殊发明，建设的人力未尝不可积极防御天灾。水灾之防御，应较地震为尤易，苟平日能积极造林，藉以调节雨量，实施水利工程，藉以疏导河流，不仅可以预防天灾，且可有利农务，此种根本之图，无非因“胡来了一阵”又一阵之继续不断的人祸而致毫无着手的希望。

据赈务委员会委员长许世英氏最近的电呈，南北各省洪水为灾，综计灾区十有六省，灾民在五千万以上。遍读各处乞赈通电，最惨之语，有“老弱待毙以呻吟，妇孺声嘶而泣血”；最切之语，有“省一席宴客之资，即救灾区一家之命；移一日烟酒所费，亦可延饥民一日之生”。我们睹此惨状，一面固愤慨于人祸之作俑，以为此后应注意于根本之救济；一面祸既临头，愿唤起幸而未入灾境的国人之同情心，披发撄冠，剑及履及，各节其衣食日用之资（尤其是奢侈费），共负拯饥援溺之责，尤当念大难当前，危机四伏，救人即所以救己，安国即所以保身。

（原载1931年8月15日《生活》周刊第6卷第34期，署名韬奋。）

自认为正当之处置

所谓中村事件，据日方宣传，谓有日本参谋部部员陆军上尉中村丽太郎于六月上旬由哈尔滨赴兴安区旅行，于六月二十七日左右到达洮索铁路终点葛根庙附近之苏鄂公旗被害，且断定为我国驻军所害。经我国东北负责机关详查后，认为毫无证据。日本军人乃气焰冲天，主张实行武力解决。据东京电讯所传，“日本陆军当局决乘此机会，与在乡军人提携，用学校训练，青年训练，讲演会，电影种种方法，而谋国民国防思想之普及。”满、蒙为何国的国土？这种地方受人侵略，“谋国民国防思想之普及”者应属中国才是，而日人却口口声声“国防”，好像是中国人侵略到他们的日本国里去了！可谓滑天下之大稽。

话虽滑稽，势却严重，不但日本军人如此狂妄，据路透社所传，日本阁议已议决“苟中国方面对从事调查不能迅速表示诚意时，军事及外交应采一致行动”；所谓“一致行动”，即日陆相在阁议时所倡言之“行自认为正当之处置”，亦即日陆军部及参谋部所倡言之“使用武力为最后手段”。揣测日人之意，须不必调查而即一一承认实无证据而为有证据，或虽有调查，不管事实如何，亦一一承认实无证据而为有证据，才合于所谓“迅速表示诚意”，所以他们“自认为正当之处置”是无往而不“正当”的！说到这里，我们想到五三惨案中蔡烈士被日军惨杀之有凭有据，朝鲜惨案中无辜华侨被日人所指使之韩民惨杀至百余人之多亦有凭有据，较之中村事件之捕风捉影者何如，但延宕至今，日本表示过什么“诚意”？

中村事件，就局部言，应不难解决。调查结果如为莫须有，我们当然不能硬打自己的嘴巴；如调查属实，我们当然根据事实，负起依法办理的责任。但此事背景之所以复杂，却在醉翁之意不在酒，在藉题侵略东北，即《大阪每日新闻》所明白记载日陆军及参谋部“主张乘机巩固帝国既得权益”。故中国若无“正当之处置”实力，或急速准备此实力，以阻止日本之“自认为正当之处置”，则非到东北完全奉送给日本，一桩“事件”未了，一桩“事件”又来，日人“自认为正当之处置”也将要“正当”到底的。所以我们应从根本上着想。

（原载1931年9月19日《生活》周刊第6卷第39期，署名韬奋。）

应彻底明瞭国难的真相

关于日本积极侵略中国的阴谋，记者曾于本刊六卷第二十一期《料理后事》一文中垂涕哀告，但危机无论如何急迫，事实无论如何显明，而国内之私争，政治之黑暗，仍然各顾其私，对于国家民族之灭亡惨祸，熟视无睹，痛心疾首，莫此为甚。

日本之侵略东北，其野心决不仅在东北，所谓大陆政策，实以全中国为其征服对象，具有五千年文明历史的中华民族，男女老幼，均为其心目中未来的亡国奴隶，此其意旨，在日本并不讳言，实久已明目张胆形诸文字与宣传。田中义一就老实承认："欲征服支那，必先征服满蒙……使世界知东亚为我国（指日本）之东亚，永不敢向我侵略……"征服满蒙既为征服支那之先驱，支那倘无准备自保之方策与决心，则支那当然随满蒙之亡而俱亡。英国有海军将官华德氏著《海军与各国》一书，亦说明日本以海军控制中国的政策，以辽东半岛控制华北，以驻军长江上下游控制华中，以台湾琉球控制华南，其策略实以吞噬中国全部以完成其大陆政策为目标。

日人所宣布者如彼，西人所观察者如此，而事实上所表现者又为铁一般的证明，则今日日本在东北无端占我土地，焚我官署兵营，解我军械，逮捕我官吏，惨杀我无辜，凡此种种亡国奴所受之至惨极痛的悲剧，若我们无彻底觉悟与坚决奋斗的抗御，则为我们人人及身所必须遭遇，妻女任人奸淫掳掠，自身任人奴役蹂躏，子子孙孙陷入非人的地狱深渊，皆非意想而为可能的事实！据哈尔滨电讯所述，十九日长春傅营长阵亡，全家老幼十七口均遇害，五岁的一个儿子也被破腹惨死。此为何种惨象！此种兽性兽行，今日施之于东北者，他日即可施之于中国全部。故全国同胞对此国难，人人应视为与己身有切肤之痛，以决死的精神，团结起来作积极的挣扎与苦斗。在民众方面在实际上所能致力者何在？请于次节略贡管见。

（原载1931年9月26日《生活》周刊第6卷第40期，署名韬奋。）

除自救外无办法

国际联盟为帝国主义的列强所把持，无弱小民族伸冤之余地，早为彰明较著的事实，而我国上下一若全以国联消息为欣喜悲哀之枢机者，不求自救而但以倚赖他人为唯一希望，此种劣根性即民族之致命伤！

我们看到国联第一次通知中日两国的通告，有"使两国立即撤兵，并使两国人民之生命财产不受妨害"的话。以日兵侵入中国的国土，屠杀中国的人民，掠夺中国的财产，而谓须"两国立即撤兵"，须"使两国人民之生命财产不受妨害"，这是什么话！但是我国人听了，怀着满腔的热望！到廿七日国联有屈服于日的消息，议长勒乐宣言对日谍所称"日政府极欲保障中日间之和平(?)解决"，"为之欣幸"，英国总代表薛西尔声称"赞同芳泽大使之言，解决满洲争执之责任在中日两国"，于是我国人又觉嗒然若丧。廿八日电讯传来，谓国联理事会将展一星期，俟日军全退后闭会，国人又为之一慰。仰人鼻息，随人喜怒，而毫无自救办法，试看日人占辽吉后，即以兵力强行赶筑吉会铁路，以充实其吞灭我国的步骤，即蹂躏我国的暴军暂行撤退，而实权攫去净尽，于实际的解决有何把握？

老实说，国际间向来就只有利害的关系而绝无公理之可言，英国在大战前联法抵德，在大战后又联德抵法，波谲云诡，一以自身利害为前提，即其一例。故外交形势虽非不可利用，但自己毫无自救的努力而以倚赖外援为侥幸，决无希望可言。利用外交形势而拯其祖国于危难者，德之史特莱斯曼为最近之显例，但非所语于但知因循苟且毫无眼光的外交当局。

（原载 1931 年 10 月 3 日《生活》周刊第 6 卷第 41 期，署名韬奋。）

努力的焦点

由历史的教训，我们可以断言国哀之可哀不在外而在内，不在仇敌之强暴而在我们自己之不觉悟，不努力。我说这样的话，决不是说暴敌之有何可以使我们宽恕之处，是说我们徒然愤恨暴敌，诅咒暴敌，于御敌雪耻决无丝毫之裨补，欲收御侮救国的实效，非我们自己有彻底的觉悟，下努力的决心不可。

我们国人从来未有彻底的觉悟，乃事实所昭示。即就日本之图我而言，自甲午之战起，距今已三十余年；民四二十一条之要求，距今亦十六年；济南惨案距今亦三年余了。每次受一重大刺激，虽未尝没有一度之兴奋，但除一度之短期兴奋外，仍复沈沈入睡，武人政客之你争我夺如故，一般国民之麻木如故，政治上经济上军事上教育上科学上均未因外患之急迫而有何积极的进步。我们现在应深切明白一向以亡国或亡国奴为口头禅，视为嘴上瞎吹的滥调儿，如今死路越走越近，如不猛醒回头，辽吉一带同胞所受的亡国惨祸，所过的亡国奴生活，即全民族人人所必经历的惨境，故所谓国哀，必全国上下深切觉其可哀，深切觉其于自身有切肤之痛之可哀，然后始有努力之可能。闻民四日以暴力强迫我国签定“二十一条”的时候，北大学生听说袁世凯将允许，特求援于英使朱尔典，朱尔典谓“目前只有承诺，无他法，君等欲报日，准备十年，可一战也”，对亡国条件谓为“只有承诺”，固为中国人所不愿承认，但至今已忽忽十六年，较朱尔典所预期的“准备十年”已逾六年，仍是急来抱佛脚，有何觉悟？有何努力？

不过仅有散漫的意识，一时的感情，决不能持久，决不能有实效，所以既有彻底的觉悟，复有努力的决心，尤须有通盘筹算的计划和坚毅奋迈的执行。如政府不能应民众的这种希望，那末这种误国的当局应为民众所不容，民众当群起而谋所以自救，否则国哀永无变为国庆的可能。

（原载1931年10月10日《生活》周刊第6卷第42期，署名韬奋。）

为民族争光的马将军

我们中华民族的历史，为保全国土而以死御敌的忠贞将士与官吏，代不绝书，言其较近的事实，则明末史督师可法于清兵进攻扬州，孤军血战十日不屈，清多尔衮[1]五次致书劝降，都不启封，城破时自杀未遂，被清兵执去，优礼备至，敬呼先生，而史公怒说："头可断，身不可屈!"终被杀而义无反顾。史公此语虽出于距今二百八十六年前，而其慷慨义声，犹似历历在耳，碧血千秋，万世感泣。即降而至于甲午中日之战，我国虽败，但我国兵舰致远奋战声震遐迩，其督带邓世昌忠勇奋战，至死不屈，虽舰沉没，而全船勇战以殉国难，无一逃者。即海军提督丁汝昌亦于败后自戕以殉。谁谓中华原为怕死而不知义勇的民族？但最近暴日来侵，我国却出了"日本人爱什么就给他什么"的"不抵抗主义"的"中华民国陆海空军副司令"；又出了临危"装一仆役模样""持菜篮作出城买菜模样""混出逃到北平"的"东北边防军总参谋长"，以及其他无数精于逃遁的高级军官们！国人所感受的耻辱，可谓无以复加，在此鲜廉寡耻的黑暗境界之中，突然涌现一位为民族争光屡以死抗暴日兽军的黑龙江代理主席马占山将军，我们不得不以满腔热诚对马将军

[1] 原文作"多尔衮"，疑误。

以及他的忠勇愤发为国效死的将士顶礼膜拜，致其无上的敬意。

此次暴日诱胁洮南镇守使张海鹏图乱黑省，助他向齐齐哈尔（黑省会）进攻，想要造成熙洽第二，不料为黑省义军所败，黑军因防日军复增援协助叛军过江前进，毁拆嫩江铁桥，固为军事上正当之处置，而日军之狼心狗肺，不愿敛抑，藉洮昂路有借日款之关系，以兵力强修铁桥，在他人国土内协助叛军，存心掠夺，是否可藉口路款而自掩其丑，为天下所共见。白里安直斥芳泽，谓"洮昂铁路之嫩江桥距条约所许日本驻兵之满铁附属地，已在五百公里外"（其实依条约，日在满铁附属地已无权驻兵，本刊下期有一文研究此事），日本此种暴举所引起的印象可以概见，但暴日军人的兽性爆发，任何是非，无从说起，竟于十一月四日晨五时以飞机掩护甲车军队向我猛攻，马将军亲赴前线督战，我军士气旺盛，迎头痛击，十时日军不支败退，午时日军增加援兵反攻，我军奋死抗战，前仆后继，一以当十，五时日军大败而逃，退到泰来。六日日军复增援大举进攻，以手溜弹为冲锋利器，士兵上刺刀向我猛扑，我军多缺乏刺刀，以枪柄抗敌，以死肉搏，仍将敌击退，其奋勇可知，闻此役吴兆麟旅在大兴前线之忠勇，不在当年韩光第下。截至记者执笔时，日军仍在调集援军图再攻，我方挖壕固守。最后成败是另一事，马将军通电有"我有守土之责，当效命疆场，誓与寇敌拚命，决不生还"等语，这种保卫国土，宁死不屈的精神，实为中华民族前途生路之所系，使世界知道我国军人非尽无耻，为民族争回不少光荣。这样忠勇的卫国军人，固非枉死于内战的傀儡军人可比，亦非他国以侵略别人国土的暴虐军人可比，全国国民对于这种以卫护民族保全国土而不畏自我牺牲的模范军人，实应与以一致的感谢表示与鼓励。记者此文之作，自信能代表全国同胞对于马将军及其忠勇部下无限敬意的心理。

（原载1931年11月14日《生活》周刊第6卷第47期，署名韬奋。）

金钱和奴性

听说办理慈善事业素有经验的王一亭先生尝慨然语人，说寻常境况的人对于赈款大都能慷慨输捐，愈是拥有数十万至数百万家产的人，愈是一毛不拔，一钱如命，金钱和吝性所发生之密切关系，于此可以概见。其实金钱不但和吝性接着不断的吻，并且也和奴性结不解缘。自东北国难发生以来，上海丧尽良心的富家翁纷纷把存在中国银行的存款移入外国银行，记者在本刊第四十八期曾经论及，当时总数不过四五千万圆，最近听说总数已达八千万圆，金融恐慌愈益加甚。外国银行不愿收，存者情愿不要利息，数量较多者，反而要出保管费，不惜以多量金钱让外商利用，不管中国银行陷入惊涛骇澜之中，间接更予各种中国商业以致命伤，即无异用刽子手之手段戕害本国之经济，为敌人张目，此其丧心病狂，直狗彘之不如。我们知道银行的营业，假如收进存款千万圆，不得不放出七八百万圆，留着二三百万圆作准备金，如国人不加信任，忙于提款，放出的定期款子势难立即收回，这样周转不灵，并非银行的信用不好，实是国民拆台的行为所致。银行界恐慌，各种工商业亦随之周转不灵，此种影响之严重可不言而喻。不但巨商而已，即常人之略有存款者，如亦作庸人之自扰，积少成多，亦足以影响金融。国存共存，国亡共苦，我们当同心协力拯救国难，共起鄙弃自私自利的奴性行为。

我们勿作梦想，以为只要有钱，即国亡后尚可作亡国富奴（当然不便称翁），则请试看前曾存款于大连银行之军阀土豪，以及台湾亡后，其巨富林姓所受之牵掣与压迫苦况，便知“亡国富奴”之难堪而不可为。

（原载 1931 年 12 月 5 日《生活》周刊第 6 卷第 50 期，署名韬奋。）

萧伯纳妙人妙语

正在周游世界的英国文豪萧伯纳，近在孟买发出惊人言论，谓英国鉴于印度民族运动之不可抵抗，势将放弃印度云云。孟买的英人省长听了为之大着其慌，即仓皇警告萧氏，叫他不必与闻印度政治。我以为萧伯纳固妙人妙语，即孟买省长亦有他的卓见！印度果能得到自由平等的一日，决不是由于英国的放弃，因为帝国主义者决无自动放弃殖民地的可能性，关于这一点，孟买省长不以萧伯纳所谓“放弃”为然，虽有充分的理由——这理由是否这位孟买省长有意识的知道，那是另一问题——但因“印度民族运动之不可抵抗”，印度这块殖民地终非英国所能久据，那却是当前的明显的趋势。甘地对于印度的拯救，虽在政治及经济上都没有什么彻底的计划可言，但他数十年来领导印度反抗帝国主义的民族运动，暴露帝国主义的侵略行为，对于印度民族不能不说是伟大的贡献。只要印度民族的反抗精神一日不息，帝国主义者即一日不得安枕而卧；只要印度民族的反抗行动云起泉涌，百折不回，印度民族的光明前途即操在他们自己的掌握，即终非任何暴力所能摧残。

我们因论到印度民族的独立解放运动，就连想到和我们自己有切身关系的中国民族的独立解放运动。中国目前的政治经济社会等等方面固然是漆黑一团，但除了自居特殊阶级无恶不作的一班混蛋外，中国民族的大众却充满了与帝国主义者——尤其是日帝国主义者——拚命斗争的意志，东北义勇军及前敌应战的下级士兵不畏艰苦视死如归的精神，便是一部分强有力的表现（据最近北平派赴前敌的慰劳员所报告，前线士兵都愿舍身和日帝国主义者死拚，他们不怕冰冻霜雪，不怕飞机大炮，只怕再下后退命令）。我们当前的重要问题，是如何使这种民族革命的精神组织化，实力化，如何获得有力的中心领导，由此联合全民族的大众力量，作大规模的持久性的反帝斗争，不达到民族解放，不达到民族自由平等的目的不止。

（原载1933年2月11日《生活》周刊第8卷第6期，署名韬奋。）

滑稽剧中的惨痛教训

做现代的中国人至少有一种特殊的权利，那就是睁着眼饱看以国事为儿戏的一幕过了又一幕的滑稽剧！寻常的滑稽剧令人笑，令人看了觉得发松，这类滑稽剧却另有妙用，令人看了欲哭无泪，令人惨痛！最近又有奉送热河的一幕滑稽剧刚在很热闹的演着。何以说是“滑稽”呢？

打算不抵抗而逃，这原也是一件虽不光明正大而总算是这么一回事，但心里早就准备三十六着的第一着，而嘴里却说得棚棚硬，别的要人们的通电演说谈话等等里的激昂慷慨其甜如蜜的好文章姑不尽提，也没有工夫尽提，就是这次逃得最快，逃得最有声有色的老汤，他除偕同张学良、张作相等二十七将领通电全国，说什么“时至今日，我实忍无可忍，惟有武力自卫，舍身奋斗，以为救国图存之计，学良等待罪行间，久具决心……但有一兵一卒，亦必再接再厉”。（所以值得加密圈，因为讲得实在不错也！）并堂而皇之的特发告所属将士书，有“吾侪守土有责，敌如来犯，决与一拚，进则有赏，退则有罚，望我将士为民族争光荣，为热军增声誉”等语；后来又亲对美联社记者伊金士说：“非至中国人死尽，必不容日人得热河。”他临逃时还接见某外记者，正谈话间，老汤忽托词更衣，一去不返！

逃就逃，说的话算狗屁，也滑稽不到那里去，他却逃得十分有声有色，竟把原要用来运输供给翁照垣将军所率炮队的粮食与炮弹用的汽车二百四十辆，及后援会的汽车十余辆扣留，席卷所住行宫里的宝物财产，带着艳妾，由卫队二千余人，蜂拥出城，浩浩荡荡的大队逃去！途中老百姓扶老携幼，哭声遍地，有要攀援上车的，都被车上兵士用皮鞭猛打下来！

军用的运输汽车既被扣留着大运其宝物财产，于是只得雇人力车参加征战，听说翁将军在前方迭电催请速运弹药，平方当局不得已，乃以代价雇大批人力车运往古北口，许多人力车前进虽不无浩浩荡荡之概，但和“速运”却是背道而驰的了！敌人以飞机大炮来，我们以人力车往，不是愈益显出了我国的军事当局对于军实有了充分的准备吗？

以号称十五万国军守热河，日兵一百二十八名长驱直入承德，甚至不够分配接收各官署机关，这也不得不算是一个新纪录！

这种种滑稽现象，说来痛心，原无滑稽之可言。身居军政部长的何应钦氏五日到津，谓“热战使人莫名其妙”，他都“莫名其妙”，无怪我们老百姓更“莫名其妙”了。此幕滑稽剧开演后，代理行政院长宋子文氏发表谈话，谓最大原因为器械窳劣，训练不良，准备毫无。我们也有同感，所不知者，“准备毫无”，应由谁负责罢了！

我们在这滑稽剧中所得的惨痛教训，即愈益深刻的感到只有能代表民众的武力才真能抗敌，把国事交给军阀和他们的附属品干，无论你存何希望，终是给你一个幻灭的结果。“置之死地而后生”，现在中国在“死地”上者决轮不到军阀和他们的附属品，像老汤的“宝物财产”，从前已喧传有一大批运到天津租界（当时有的报上说他此举正是表示抗敌决心），此次还有二百余辆汽车的“宝物财产”可运，至少又有半打艳妾（参看《生活》八卷十期杜重远先生的《前线通讯》）供其左拥右抱，这在他不但是决无自置“死地”之理，简直是尚待享尽人间幸福的人物——至少在他是算为幸福——只配挨“皮鞭猛打”的老百姓，和这类军阀乃至他们的附属品，有何关系？他们的最大目的就只为他们的地盘，私利（老汤从前一面对国内宣言尽职守土，一面对日方表示抑制义军，本也为的是自己地盘，等到地盘无法再保，便逃之夭夭），什么国难不国难，关他们鸟事！

无论帝国主义者和军阀的势力，都不过在加紧的自掘坟墓，被他们“置之死地”的大众，为客观的条件所逼迫，必要起来和他们算帐的。大众努力的程度，和他们解放的迟早是成正比例的，中途的挫折和困难，不但不应引起颓废或悲观，反应增强努力的勇气，增加猛进的速率。

（原载1933年3月11日《生活》周刊第8卷第10期，署名韬奋。）

逃军和孤军

最可令人急死气死的是当此国难一天紧迫一天,中国所有的军就只有两种,不是逃军便是屡见不一见的孤军!

抱“不抵抗主义”的军都属于“逃军”,这自从所谓“九一八”的一幕惨剧开演以来(所谓惨剧当然是就民众的立场说,在“逃军”方面只是滑稽剧而已),“逃军”的成绩,可谓发挥光大到了尖锐化的程度,大家都看得眼花撩乱。除了这种逃军之外,我们当然希望有能对敌抵抗或斗争的军队,可是不知中国为何就这样的不幸:对内的军就从未听见“孤”过,一对起外来,不抵抗的有“逃军”,肯抵抗的又往往做了“孤军”!

马占山、苏炳文等都算是轰轰烈烈地抵抗了一个时候,但都因为做了“孤军”,弹尽援绝,痛哭流涕地退却。十九路军及一小部分的第五军在淞沪抗日血战,为中华民族争得不少荣誉和光辉,这是中华民族与帝国主义争斗上不能磨灭的一页光荣史,但是也因为做了孤军,苦战整月,终陷于无兵调守浏河,腹背受攻,椎胸饮泣而总退却。最近又屡在报上看到很大的标题,那就是“绝塞孤军作殊死战”的孙殿英部。在此次热河的抗日斗争里面,比较的有声有色的,截止记者执笔时,还只见有孙部,但他在赤峰作战,据他自己通电所说,并未奉到总部命令，系因受了朱子桥将军之托，率兵两团，赶到赤峰应援。可见这确是“孤”得可以！他还在通电中说：“冰雪之中，冻馁之躯，与敌钢铁相拚，血肉横飞，绝不稍馁，惟热境地面辽阔，一军之力，不能兼顾全局，至为痛心也”；又有电致京，谓该军前线兵士枵腹苦战，经三昼夜，单衣应战雪地中，全军仍奋勇抗敌，毫无馁气，受伤兵士，无药医治，情更凄惨，这都是“孤军”的写真！最近听说孙部因粮尽援绝，暂退多伦了。

我们老百姓屡次恭听当局宣言对抗日军事早已有了整个计划，惟事关军机，不便宣布。但在“整个计划”中，何“逃军”与“孤军”之多？这却是一个不可解的谜！

（原载1933年3月18日《生活》周刊第8卷第11期，署名韬奋。）

苦命是注定了的吗？

上月中旬行政院长汪精卫氏到沪，曾经发表过一篇“关于中日问题之负责谈话”，有“国难如此严重，言战则有丧师失地之虞，言和则有丧权辱国之虞，言不和不战，两俱可虞”等语，并说他自己“涌身跳入火坑”，且要“竭诚招邀同志们一齐跳入火坑”。他这种立在歧途上无所不“虞”的理论发表后，颇受言论界的诘责，大概因为这个缘故，他最近又发表了一篇“极详细之解释”，说得好像一把鼻涕一把眼泪哭诉着的样子，断定“中国是苦命的中国，中国人是苦命的中国人，苦命是注定了的，我们安排吃苦，不要随便叫苦”。

十年来的中国，差不多天天闹着革命，在革命的过程中，往往难免苦命的事实要暂时忍受着，以待光明之到来，这是历史上告诉我们的事实。不过他国闹革命，在若干年后，总有若干减少苦命的事实表示出来，给一般民众看看，独我国的革命照直到现在为止的事实看来不但和苦命结了不解缘，而且愈革命愈苦命起来，革命好像是为着增加苦命而来的！我们常茫然不知道这种现象的责任应由谁来负？应由未得参与政治的大多数苦命的劳苦民众来负吗？他们既未参与政治，政治上如何定策，如何执行，他们都好像蒙在鼓里，何从负起？应由主持政治的当道负吗？他们却常常嚷着“国民应与政府共同负责”！现在我们才恍然明白了，原来中国的“苦命是注定了的”，那就谁都没有责任可言了！国事弄得糟到如此，原来并不是由于任何主持政治者“弄得”不好，全是由于中国的“苦命是注定了的”！

在真是为大众的福利努力而吃苦，苦中实有至乐，受者决不怨命，也决不叫苦。美国的艾迪博士在所著的《苏俄的真相》一书里说起“他们从生到死所受整个的训练，不是要为个人的财物而竞争，却要打算社会全体的幸福：社会的公产已经代替了个人的私蓄。我们最感动的一件事，就是在我们和那些在美国享过繁华生活与得过很高工资的人谈话时，没有一个人说欢喜再回到美国去过生活。”可见苦不见得一定没有人愿吃，所要问的是为什么吃苦？吃了苦又怎样？这些问题弄清楚了之后，就是要老百姓“安排吃苦，不要随便叫苦”，都可不成问题。否则像东三省和热河的民众，苦是吃够了，命也苦得够了，结果是尽其脂膏奉养不抵抗的将军安然出洋考察。苦命的民众得不到丝毫的保障，穷奢极欲误国害民的人物却得到了十全的保障。热河的民众，苦也是吃够了，命也苦得够了，但最近监察院还在急叫着，弹劾汤玉麟，说“玉麟祸热七载，人民所受痛苦，万言难尽……近并闻有起用之说”，请问老百姓要再怎样“安排吃苦”呢？“吃苦”的代价又是什么呢？无辜的老百姓就活该“吃苦”，而且要吃得“不要随便叫苦”，吸尽脂膏的军阀官僚们就“注定了”享福的吗？现在华北的民众是否不致和东三省及热河的民众“注定了”一样的苦命，乃至全国的民众是否不致和华北的民众“注定了”一样的苦命，这就很难说了。所以做今日的中国民众，并不怕吃苦，所怕的是没有吃苦的路这当然是指生路，不是死路。

不过汪院长的可怜，我们却也心照不宣的，他说“以小败为大胜，以大败为小胜，以失守为战略的放弃，以退却为变更阵地，这种战事新闻，不但为敌人所笑，而且助长了国民的虚憍的爱国心”，要知道

“这种战事新闻”决不是称无冕帝王而实际可以随意枪毙的新闻记者所愿意捏造的，在实际上还不是有枪阶级自己玩的把戏！在严重检查和包办新闻的局面之下，不但“苦命是注定了的”新闻记者无可如何，就是“涌身跳入火坑”的行政院长，亦只有在嘴上说说“老话”，实际上还不是被军阀玩弄于股掌之上而无可如何吗？

在这种形势之下，我们诚然承认汪院长所谓“中国是苦命的中国，中国人是苦命的中国人”，不过说“苦命是注定了的”，又无条件的要“我们安排吃苦，不要随便叫苦”，我们似乎不得不转转念头想一想了。

（原载 1933 年 5 月 6 日《生活》周刊第 8 卷第 18 期，署名韬奋。）

学生救亡运动

北平各大学和中学的数千学生，鉴于亡国惨祸的危迫，于本月九日举行请愿和示威游行，在军警严厉威胁之下，全天在寒风凛冽饥渴交困中冒险进行，虽经水龙冲击，皮鞭乱打，大刀乱挥，不能阻挡他们的大无畏的牺牲精神。本月十六日北平学生五千余人又作更英勇壮烈的示威运动，军警用武力压迫，手枪乱放，大刀直冲，学生仍然从容镇静，受伤被捕的数十人。这至少使全世界知道中国大众并不是甘心做奴隶；至少使全世界知道投降屈辱，毫不知耻，并不是出于中国大众的意思。这是中国民族解放斗争的序幕，这是中国大众为民族争生存不怕任何牺牲的先声！我们在民族解放斗争大旗的下面，满腔热诚，万分悲愤，遥对北方，向参加救亡运动的男女同胞们致最恳挚的革命敬礼！

我们觉得这个运动的最大的意义是：久在高度压迫下的郁积苦闷悲痛愤怒的全国大众对于民族解放的斗争情绪，好像久被抑制的火山，在这里迸裂喷放怒号一下。换句话说，这决不是仅仅北平一个地方，仅仅北平数千的热血青年对于国事的态度，这个运动实在是足以代表全国大众对于救亡的坚决的意志，实在是全国大众对于救亡的坚决的意志之一种强有力的表现。关于这个重要的意义，只要看全国各地学生的汹涌的响应，全国各界的热烈的同情，便是铁一般的事实的佐证。参加救亡运动的男女青年同胞们！你们的呼号声，是全国大众心坎里所要大声疾呼的呼号声！你们的愤怒的表现，是全国大众所要表现的愤怒！你们紧挽着臂膊冲过大刀枪刺的英勇行为，是全国大众所要洒热血抛头颅为民族解放牺牲一切的象征。记者为着民族解放的前途，要对你们这先锋队顶礼膜拜，致最诚挚的无上敬礼！

有人估量学生救亡运动的价值，认为学生们喊口号，提要求，文电纷飞，示威激昂，对于民族解放似乎没有多大实际的效力。其实这种见解是犯着很大的错误。民族解放斗争的最后成功是要靠全国大众的全盘努力，仅把任何一部分的工作抽出来，作孤独的隔离的估量，那便犯了机械看法的错误。在斗争里面，军事的抗斗可算是最直接最实际的了，但是民族解放斗争的军事抗斗要有成效，也必要和大众连合成为一条战线，也不是和大众脱离着关系而能孤独成功的。凡是违反大众的民族意识的政府或军队，绝对是终于要走上自杀之路，原因也在这里。充满着一脑袋帝国主义野心的“黑衫宰相”好像要立刻吞下去的阿比西尼亚，所以能打到现在还不屈服的原因，也在这里。民众运动在民族解放斗争中占着非常重要的位置，学生救亡运动却在民众运动中占着一个很重要的部分。尤其是在民众运动消沈的时候，学生救亡运动是大范围的民众运动的酵母，是大范围的民众运动的先驱，它的重要是在全国大众的全盘努力里面有着一种非常有意义的推动功用。倘若其他方面袖手旁观，把学生救亡运动这个方面抽出来作孤独的隔离的估量，这个态度如果是出于无意识的，那是在知识上犯着太幼稚的毛病；如果是出于有意识的，那就心术不堪问，万死有余辜的了！明白了这一点，凡是确以民族解放斗争为前提的人们，对于学生救亡运动不应该作无理性的轻视的消极批评，只有共同擎起民族解放斗争的大旗以血诚拥护学生救亡运动，推动全国大众的全盘的努力奋斗！

有些人在这样危迫的时候，对于学生救亡运动，似乎还不能领会或不愿领会上面所提出的两个重要意义，却“苦心孤诣”劝学生“安心向学”。做学生的当然希望能够“安心向学”，我们当然也希望学生能够“安心向学”。但是今天失一地，明天去一省，今天这里“自治”，明天那里“进犯”；“友邦”的军队横行示威，“友邦”的军用飞机轧轧头上；汉奸得到实际的保障，爱国青年却受着无理的摧残！这样实际的客观环境怎样能使青年“安心”？所以这不是赞成或反对“安心向学”的问题，却是要请那些板起面孔拿这句空话塞责的名流学者大人先生们回答这个事实上的问题。

上面所谈到的三点是就一般的方面研究学生救亡运动。我们对于参加这个运动的青年同胞们也有三点要贡献：

第一点是：对象要看得清楚。我们的对象是全民族解放的积极斗争，并不是仅限于枝枝节节的一个局部或一件事情的问题。在北平发动的学生救亡运动提出的最注重的一点是“反对所谓自治运动”，这只是就当地实际情形提出的一个具体要求，同时却要注意变相的奉送华北，尤不可忘却整个民族解放的大目标。现在已经有人说“华北问题已告一段落”，甚至有人说这次运动的“目标可以说是已经达到”。别的不说，华北问题是否告一段落？我们就尽量欺骗自己，而我们的“友邦”却很老实地把真相很坦白地公开宣布了出来。最近日军部特派来华的重要军官喜多就公开宣言扩充华北驻军，公开宣言他们对于华北“实质较名为重”；自冀察政务会发表后，日军部表示“现当注视该项新机关今后对日满之动向，而于日满与中国之具体提携政策，严重监视其实行，一方面期待日华亲善三原则决定之全部折冲”，甚至说冀察政务会“尚拟设顾问部，顾问则向日本方面聘请"(这都是煌煌然登在中外各报的公开消息)。事实的表现是塘沽被占领,殷逆汝耕扩大地盘,公然截留关盐税,公然布告禁止使用中央银行钞票;"友邦"在津公然建造大规模的军用飞机场,经中国当局交涉后,反加紧工作。华北问题已告一段落了吗?别人一步一步地非灭亡我们整个的民族不止,有些人却拚命缩着头蒙在鼓里,歌颂升平!我们认为学生救亡运动要看清目标是整个民族的解放,绝对不受任何欺骗。

第二点是:只有有目标有策略的集团组织才有伟大的持久的力量。学生救亡运动的力量也在集团的一致的努力奋斗,所以须有全国有系统的巩固的学生组织。个人固然没有力量,一个学校的力量也很薄弱,所以不但一个地方的各校须有联络,全国各地各校也须有联络,而且同时对于社会其他力量也要发生联系。

第三点是:要有排除万难不怕艰苦的精神。现在环境的艰难,远非五四时代所能比,种种障碍之易于令人却步灰心的不可胜数,我们当准备遇着这种种的障碍,无所用其惊奇,无所用其畏缩,步步为营,设法应付,而不可被这种种障碍所克服。

学生救亡运动万岁!这是大众运动的急先锋,民族解放前途的曙光!

(原载 1935 年 12 月 21 日《大众生活》第 1 卷第 6 期,未署名。)

光荣而惨痛的纪念

"一·二八"的英勇抗战,为民族解放而奋起奔赴的英勇抗战,转瞬间已到四周年的纪念了:这一个英勇的抗战,是中华民族解放斗争史上最光荣的一页,是全国大众所永远不能忘的一个光荣的纪念日!

这个光荣的纪念日至少表示:

(一)中国确有抗敌的能力,用铁一般的事实证明中国确有抗敌的能力。在战事爆发的前夕,敌方公开宣言只须四小时,可以消灭中国的抗敌军队;就是在中国方面的重要官吏某某也在个人谈话里预料中国的抗敌军队只须四天就要被敌军完全消灭;甚至负军事责任的某某也在个人谈话里预料中国抗敌军队至多不过十天,必然地要被敌军完全消灭。但是这一次的抗敌血战继续三十四天,以一隅的孤军抗战,敌方用全国力量积极派援三易统帅的海陆空军,抗战至三十四天而还未"完全消灭"!这在全国即将沦入奴籍的今日,汉奸和准汉奸们想出种种亡国理论投降理论以麻醉大众的今日,尤有深刻的意义。

(二)民众力量的伟大。当时奋勇作战的十九路军,在人数军备和给养上都没有怎样充分的准备,但是因为和民众的力量打成一片,便和寻常军队的力量大不同了。当时民众毁家纾难热烈相助的情形，历历犹在目前。捐款的踊跃，可谓空前盛况。大众生活社同人亲见一般大众临门缴款，有十几岁的拾垃圾的孩童，有五六十岁的卖菜老太婆；角子和铜元齐集，钞票和洋钿纷飞；捐款拥挤，争先恐后。各界运输军用食物，尽瘁前线后方，用尽种种方法定制钢铁军帽，补充军器军需，各校女生整夜赶制兵士棉马甲。在闸北战区破家荡产，甚至骨肉丧亡或离散，自身仅以身免的人们，相见痛哭。但于呜咽中还说为国牺牲，虽死无憾！以这样共患难同生死的民众，和确能为国抗战的军队结成联合战线，它的力量的伟大是当然的。这一点在轻视民众在民族斗争方面的力量的今日（当然，在另一方面，也有人怕民众力量的抬头，不过这却是另有动机的），也是很值得郑重提出的。

（三）全世界对中华民族的新认识，也可以说中国的国际地位受到很重要的影响。关于这一点，海外的侨胞和我们曾经到各国视察研究的人感觉得最真切。据南洋的侨胞所谈，荷属爪哇在“九一八”后，有十几个中国青年因积极推动抵货运动被拘，不经审判，任意被送到牢狱里去，屡次交涉无效，后来一到“一·二八”打了几天胜仗以后，荷当局自动提出审问，除有两人因有证据被判出境外，其余都被释放。又据巴黎的中国朋友谈起，当“九一八”丑剧传播到海外的时候，中国人简直不好意思在街上走，只得躲在家里烧饭吃，到了“一·二八”抗战的义声远播后，他们才又堂而皇之地出来。又据美国纽约的中国朋友谈起，当“一·二八”的抗战消息传到后，哥伦比亚大学里的各国学生都纷纷和中国学生握手致敬。不但各国的中国朋友和侨胞都有无数的这类故事，眉飞色舞异常兴奋地告诉我们，就是外国朋友谈到中国必然地可以复兴，都必然地要提到这一件事。英国作家柯尔（G. D. H. Cole）在他的新著《政治制度》一书里，把中国说得怪难为情，但是也把十九路军的抗战作为中国大众能够抗敌自救的一个佐证。

但是我们一方面觉得“一·二八”是光荣的纪念，一方面也深深地感到这是很惨痛的纪念。因为当时是孤军抗战，而未扩大到全民族为解放而奋起的联合战线，以致未曾得到所预期的结果。现在中国的形势比“一·二八”的时候是“每况愈下”了，一大块一大块的土地都是任人牵着鼻子去表演奴隶式的“自治”的割据。对方导演人公开宣言要把这奴隶式的“自治”扩充到全中国，汉奸不但个个逍遥法外，而且飞黄腾达，弹冠相庆。最近且有石友三要做北平保安司令，殷汝耕要做天津市长的传说，真使人感到不知人间何世！我们在现状之下追想到“一·二八”为民族解放斗争而悲壮牺牲的斗士民众，应该要感到无限的惨痛，应该要更兴奋地更热烈地担负起后死者的责任！

（原载1936年1月25日《大众生活》第1卷第11期，未署名。）

大学校长准备日军拘捕！

在上海各大学校长呼吁和平的电报发出未久以后，北平的北大校长蒋梦麟，清华大学校长梅贻琦等竟接到驻平日本军队方面备极侮辱威吓的警告，勒令各校长管束学生抗日运动，否则日军当拘捕各负责校长，以儆效尤。这种骇人听闻的蛮横举动，无疑地更引起我国民众的愤慨，更使一般中国人愈深刻地感到做今日的中国人，横在面前的只有两条路可走：一条是纵任我们的民族敌人侮辱宰割，恬不知耻；一条是共同起来对外抗战，抢救沦亡中的国家，必先把沦亡中的国家抢救回来，然后才说得到个人的名誉与安全。

我们所要沈痛地唤起国人注意的，这种蛮横举动在我们虽觉得是骇人听闻，而在我们的民族敌人方面却是很自然的而又必然的寻常事！为什么呢？中国一向伏地哀求到了今日，已由被强迫承认三原则的阶段进而到了被强迫履行三原则的阶段了！三原则的第一条不是要中国压迫抗日的爱国运动吗？北平学生是全中国青年斗士的领导者，虽在内外敌人夹攻的危险环境里面，还不被压服，还不汩没他们的爱国心，竟又排除万难，甘冒万险，英勇地起来继续救国运动的努力，这在我们全国民众看来是可歌可泣的，在我们的民族敌人看来却是非常可恨的，和他们所要强迫我们履行的三原则更是水火之不相容，已准备实行以武力干涉我国的学生运动了。身任大学校长，领袖教育界的诸位教育家，你们甘心替我们的民族敌人做刽子手，忠实地替他们履行三原则（尤其是第一条）吗？还是毅然决然加入全国的抗日救国的联合阵线共同奋斗？到了今日，到了做奴或做人必须分路的今日，诸位教育家在这两条路之间，是必须很明确地很英勇地，选择一条最合于你们良心裁判的大路走的了！

我们深知诸位教育家爱国之心，并不后人，所踌躇者，也许觉得抗战还须准备，还须等待。但是我们的民族敌人除积极在华北增军外，最近又在积极强化华北的空军了；除扩大天津东局子的机场外，又决定在丰台附近建筑大机场，增派军用飞机大队常驻华北。我们继续地屈服投降，在实际上只是帮助敌人在我国国土内强化了陆军，又强化了空军，而大学校长却须准备日军拘捕了！

我们读了上海各大学校长呼吁和平的通电，又看到了北平各大学校长的惨况，感触万端，悲痛无已，愿以极诚恳的态度，提出这个严重的问题，希望能得到诸位教育家的严重的考虑。

（原载1936年6月16日香港《生活日报》第10号，未署名。）

苦闷与认识

在现在的中国里，除汉奸卖国贼外，大概都不免在苦闷的气氛中。尤其是热情横溢的青年，他们特富于敏锐的感觉，纯洁的心情，每日展开报纸所看到的记载，尽是民族的敌人横行无忌，激进侵略的事实，悲愤的情绪，实有难于抑制之苦。想不干吧，做了中国人，逃不出中国的现实；你有眼睛，所看见的无法逃避中国的实况，你有耳朵，所听见的无法逃避中国的实况。要干吧，又苦于满地荆棘，不知道从何着手。这样处于不干不是干又不得的苦境，当然要感到难于摆脱的苦闷。这种苦闷已普遍于一般人，尤以青年们为尤甚。

极端苦闷的结果，大概不外两途：一是由苦闷而更努力于寻觅出路，终于得到了出路；一是索性颓废，自暴自弃。当然，这里所谓寻觅出路，指的不是个人的出路，一则在现状下，整个民族没有出路，个人实在无法觅得出路，二则看到整个民族到了这样惨痛的境地，个人的出路也不是值得十分注意的问题。所以大家所注意的，都集中于怎样使整个民族可以得到出路。

谈到这里，便要牵连到认识的问题。认识不正确，不清楚，还是要钻到苦闷的牛角尖里去。为什么？因为一个民族的出路，在时间上决不是一朝一夕所能完全达到的；在人力上也不是由一二人或少数人所能单独完成的。所以就是你看清了整个民族的出路，在目前，至多是你在工作上有了一个灯塔，知道向什么方向干去。在你干的历程中，还不知要经过多少的艰苦困难，要受到多少的磨折麻烦！你倘若经不起这样的艰苦困难，经不起这样的磨折麻烦，你根本就未曾认识这是在干的历程中必有的阶段，就要因此仍然感到苦闷。这是先要弄清楚的第一点，其次，民族解放的工作是要靠大众来参加共同奋斗，不是可以像"英雄主义"的幻想，可以由一二人或少数人一举手一投足之劳就可以成功的。所以我们的工作要注意于说服多数人，推动多数人来参加我们的阵线；这是需要很忍耐的，很坚毅的，很不怕烦的实际工作。倘若你未认识这是在干的历程中必有的阶段，也就要因此仍然感到苦闷。这是要弄清楚的第二点。最后，有些人希望在一种现成的理想的环境中干自己所要做的救国工作，以为非舍去原有的职业是无可为的；倘得不到，又在苦闷上加上苦闷！其实这也是由于认识的错误。救国的工作是由各种各样工作配合而成的，各人应就各人的力量和境地，从现实做出发点去干的。倘若希望有个现成的理想的环境，那是只有到乌托邦去，那只有始终在苦闷的气氛中翻筋斗，交臂失去了许多可以干的机会，这是多么可惜的啊。

（原载1936年6月16日香港《生活日报》第10号，署名韬奋。）

军旗与走私

据天津海关调查，津关五月份日货进口一万三千一百吨，较四月份入口减少六千六百吨。这减少并不是真的减少，是报关的正货大大地减少，也就是私货较前愈益猖獗的表现。据调查报告，凡属税率最多的人造丝，砂糖，卷烟纸，棉纱，印刷材料，丝织品，毛织物，玩具，酒，汽水，煤油，汽油等，在正货中几等于无，全由走私入口，纳正规税的被人笑作痴呆，五月份的入口私货总数额竟达五万吨以上，超过正当入口率几至四倍。这形势的每况愈下，严重异常，可以概见。依四月份走私的情形说，我国关税一年的损失要近一万万元，等于我国整个关税收入的半数。现看五月份的情形，只有变本加厉，愈来愈凶，这样下去，中国的经济非完全破产不可。这事对于中国民族生命的残酷的打击，是谁都可以看得到的。我们怎样能挽救这个危机呢？中国不是有着堂皇的海关吗？为什么就一筹莫展呢？这只要看走私是怎样"走"的，便可明白。

据天津来讯所说，日本驻军直认庇护走私为正常使命；由冀东方面运出的私货，除由北宁路车运输外，并由大汽车运送，车上插有日本驻军军用品字样的旗帜，近来多用这个方法运输，海关不敢顾问，连统计都无法统计。在天津某租界为着经营走私而新增的洋行约三四十家，据说都是由某军司令部核准成立的。走私浪人自天津向沧济以南运输私货，每夜公然搭津浦车起运，已成惯例。尤可诧异的是他们竟由某军司令部指挥，编为五班，每班四十人，暗藏短铳尖刀等物，对关员路员示威，恫吓殴打，无所不为，甚至车站上的关员路员不但不能缉私，即走私浪人装车强占旅客位置时，也不便注视，以免取祸。我们试闭目静思，这究竟成了什么样的世界！中国已成了什么样的国家！

走私在任何国家都是违法的事情，违法的事情原是可以用法律来制裁的，但是走私和我们"友邦"的军旗发生了关系，这便不是一件简单的走私问题了，这便和我们的整个国家抗敌救亡的计划有着分不开的联系了。换句话说，这样大规模的走私，实在是要把我们整个国家的血液吸尽，骨髓榨完，这是侵略整个中国的毒计的一部分；我们要解决这个问题，决不能就走私而解决走私，因为这在事实上是不可能的。根本办法是要我们发动整个民族的自卫战争，然后才能用我们的军旗，使走私和我们民族敌人的军旗脱离关系！

（原载1936年6月18日香港《生活日报》第12号，未署名。）

解决中日问题的途径

胡适之先生所主编的《独立评论》第二三号(五月三十一日出版)上登着一篇沈惟泰先生做的《解决中日问题的途径》。当国难危迫到这样地步的时候,这个题目当然会引起我们特殊的注意,要看看这里面所建议的"途径"究竟怎样,充满着满腔的热诚和希望,平心静气地仔仔细细地拜读了一遍,但是所得的感触却是无限的诧异和失望!

本文作者断言"调整中日关系"在事实上已不可能,这一点是很对的。他很中肯地说:"我以为要用外交的方式与日本政府谋解除中日间的仇恨和改善两国的邦交简直是'缘木求鱼'……日本谈'调整中日关系'至今已有半年了,结果是不但冀东的'自治'没有取消,现在却索性把这'自治'区当为走私的根据地,以扰乱我们国家的财政,以破坏我们人民的工商业……一年的损失要近一万万元,这就等于我们整个关税收入的半数。总之,谈一次中日'亲善',谈一次'调整'中日关系,中国就多一宗损失,恐怕将来达到日本所理想的中日亲善那地步,中国早已成为日本保护国或附属国了。"本文作者更进而作很坚决的表示:"让我们现在对于这条路绝望,然后才有希望打出一条新的途径来解决中日问题。"

我们所急于知道的便是这"一条新的途径"究竟是什么?本文作

者一方面承认中日问题不是靠“外交的方式”所能解决，一方面却也表示反对对日抗战。你听他说：“胡适先生说，‘中日问题的根本解决只有两条路：一条是政治的外交的，一条是军事的战争的。’前一条我想大概是指用外交的方式来‘调整中日关系’，后一条是‘同文同种相屠杀的惨剧’。我以为这两条路都不是根本解决中日问题的途径，现在与日本谈‘调整中日关系’，我上文一再申述是‘缘木求鱼’，毫无效果的；至于‘同文同种相屠杀的惨剧’，依我们现在的实力而论，也是必败之道。”

既反对投降，又反对抗战，那末“途径”究竟在那里呢？本文作者说：“我以为根本解决中日问题唯一的途径，就是我所说的修明内政，巩固国防，和注意日本以外的外交。”关于“修明内政，巩固国防”，他提出三点：

第一点是“国防的增强”，他说“我们国家的实力和日本相差太远了，要在短期内赶上日本，自然是不可能的事。但是我们的目标是要达到敌人对我们的实力有所顾忌的地步。”国防的增强，不能说不对，但是在敌人继续不断的侵略中，“准备”四五年了，中国的国土几送去了一半，再“准备”下去，“国”且不存，“防”将安附？本文作者自己也很慨然地指出敌人已破坏了我们整个关税收入的半数，这样下去，试问用什么来“增强国防”？如要阻止这种破坏，如要阻止继续不断地侵略我们的土地，外交既无效，用什么来阻止呢？我们能否“倚赖日本人发个大慈大悲”（亦作者文中语），哀求道：“请你暂停破坏，暂停侵略，我正在准备中啊！”其实淞沪之战，嫩江之战，喜峰口之战，还只是孤军作战，已使敌人疲于奔命，这都是铁一般的事实，整个民族的救亡抗战，有什么理由断为“必败之道”呢？

本文作者所提出的第二点是“民心的团结”。他说“我想政府更应当注意的是好好的利用人民爱国的热衷，对于爱国的言论和爱国运动只应当鼓励，而不应当摧残。对于汉奸及危害国家的罪人应当严重惩处，千万不能姑息。”这几句话我们当然是十分赞同的，不过在“民心的团结”标题下，似乎文不对题，因为由作者这几句话看去，显然不是民心团结不团结的问题，却是政府摧残不摧残民心的团结。

本文作者所提出的第三点是“强有力的中央政府”，而再三注意于“绝对服从中央政府的意志”，“对于他们的施行军权政权应当给与极少的牵掣。”真正起来抗敌救国，我们需要一个强有力的中央指挥，这是当然的。我们所要问的是“绝对服从”些什么？本文作者在他的这篇大作的开端就说：“‘调整中日关系’这名词，自从去年冬天发动于东京以来，好像至今还是被两国政府认为解决中日问题的唯一途径。”我们不知道本文作者所谓“绝对服从”是否“绝对服从”这个“唯一途径”？但是“调整中日关系”却是他所认为“缘木求鱼”的！

本文作者这样地提倡着以上所说的三点之后，很乐观地判定：“中国假使做到这三步，那日本即使要侵略它，也得三思而后行”！日本的凶猛的侵略从未停顿过，这里却轻轻加上一个“即使”字样；我国四五年来虽都在闹着“准备”，侵略者却从来未曾“三思而后行”！

本文作者除提出上面的三点来说明他的“修明内政，巩固国防”的主张外，还发表关于“注意日本以外的外交”的主张。他主张第一步是“无疑地联俄”，认为“俄国与中国利害相同，在日本独霸东亚的计划中，俄国和中国同是它的障碍；它现在的步骤是先慑服中国，巩固它在亚洲大陆上的势力，然后再以全力对付俄国”。这观察诚然是很对的。但是我们要知道，只有发动自卫的抗敌战争，才有联俄的可能，投降政策只是帮助日本更“巩固它在亚洲大陆上的势力”，我们自己要这样跑上死路，别人是决不肯陪着我们同往死路上跑的！

本文作者在外交方面所主张的第二步是“应当促进世界和平的保障”。这在原则上当然也是对的。不过本文作者认为“要维持和平，一定要有为维持和平而牺牲的决心”。“不要因为某一国家的侵略行为暂时与我没有切肤的关系，我就可置之不理。要知纵容某一国的侵略行为，就是鼓励其他国家的效尤”。又说“大家具有制裁侵略者的决心”。这些话都对！不过中国不能不感到惭愧的，不必说什么“与我没有切肤的关系”的“侵略行为”，就是确与我们有着切肤关系的“侵略行为”，我们还在“纵容”着，现在我们所急迫需要的正是“具有制裁侵略者的决心”！

（原载1936年6月21日香港《生活日报星期增刊》第1卷第3号，署名孤峰。）

从现实做出发点

“理想为事实之母”，这句话好像是很合于真理的，尤其是因为很耳熟的一个成语，我们往往不加思索地把它认为确切不变的真理。其实我们如仔细思量一番，便知道这句话有着语病，因为很容易使人误会，以为理想是可以超越现实而凭空虚构的，不想到自古以来任何大思想家的理想，都有他的现实的社会背景，都是事实之母，而不是凭空产生的。由事实产生的理想，再由这理想而影响到后来的事实，这诚然是谁也不能否认的，由这样的观点看去，说“理想为事实之母”，这句话原也讲得通，但是还不可忘却一个很重要的条件，那便是要在现实上运用这个理想，必须从现实做出发点，必须顾到当前的客观的事实，不是能够抛开你当前的现实而可以立刻或很顺利地实现你的理想。

哲学家的重要任务是要改变世界，而不是仅仅用种种方法解释世界。人类是能够改造历史的。所以我们要推动历史巨轮的前进，不可屈服于现实，必须负起改造现实的使命，但是要改造必须从现实做出发点，不能抛开现实而不顾，这是很显然的。例如你要改造一所屋子，你必须根据这所屋子的种种实际的情形设计，无论如何是不能抛开这所屋子而不顾的。

我们倘若能常常牢记着我们是要从现实做出发点，便不致犯近视病的苦闷，悲观，为艰苦所克服的等等流弊。

我们闭拢眼睛静思我们理想中的中国，尽管是怎样的自由平等，愉快安乐，但是你要实现这个理想，必须从现实的中国做出发点；现实的中国不能这样完全的，是有着许多可悲可痛的事实，是有着许多可耻可愤的事实，我们既明知现实的中国有着这种种的当前事实，又明知要改造中国必须从现实做出发点，便须准备和这种种事实相见，便须准备和种种事实斗争，这是意中事，是必然要遇着的；从事实做出发点的斗争，决不是没有阻碍的，有阻碍便必然地有困难，解决困难也必然要经过艰苦的历程，这是意中事，也必然要遇着的。其实中国如果是已像我们理想中的那样完全了，那就用不着我们来改造；改造时如没有阻碍，没有困难，那也用不着我们来斗争。倘若你一方面要改造中国，要排除阻碍，解决困难；一方面却因中国的糟而苦闷，悲观，怕见阻碍，怕遇困难：这不是自相矛盾吗？这矛盾所给与你的痛苦，是因为未曾注意要从现实做出发点！如果我们注意我们必须从现实做出发点，我们既不能像孙行者的摇身一变，脱离这个现实的世界，翻个筋斗到天空里去，那末我们只有向前干的一个态度，只有排除万难向前奋斗的一个态度。为什么呢？因为我们必须从现实做出发点，现实就根本是有缺憾的，必然是不完全的，必然是有着许多不满意的，甚至必然是有着许多事实令人痛心疾首的，我们既不能逃避现实，就不能逃避这种种，就只有设法来对付这种种；一个人或少数人来对付不够，就只有设法造成集体的力量来对付。

现在有不少青年有志奋斗，但同时却有许多逃不出苦闷的圈子。苦闷是要消磨志气的（虽则在某一场合也可以推动奋斗），所以我们要注意：我们必然地要从现实做出发点。

（原载1936年7月5日香港《生活日报星期增刊》第1卷第5号，署名韬奋。）

安　全

近来在国际新闻里常可看到一个时髦名词，叫做“集体安全”。这个名词很有意思，一方面可以表示用集体的力量来保持安全，安全格外巩固；一方面也可以表示只有集体的安全，不是单独或单方面的安全，才是真正的安全。其实在世界上的任何国家，谁不求安全？谁不要安全？这犹之乎世界上的个人谁不要自由？谁不求自由？但是个人的自由须以不妨害他人的自由为限度，否则大家都以妨害他人的自由为自由，便成了一个大家都不自由的苦痛的世界。国家的安全也应有相类的限度，如必以破坏别国的安全为安全，结果必然要造成一个大家不安全的世界。

这理由似乎是很简单的，但是在实际上却常常发生和这个理由背道而驰的事实，尤其是在远东的国际舞台上。试举最近的几件奇闻为例。据北平电讯，日本驻屯军司令田代于本月七日晨赴丰台检阅日军，认为中国军队的驻防地影响日军的安全，并在日军营内作短时间的会商，即拟就中国军队驻防地点，回北平后向宋哲元提出履行。丰台明明是中国的领土，日本在中国领土内的丰台增加军队，对于中国的安全有着怎样的威胁，虽是一个小孩子都会明白的，但是在中国领土内驻扎的中国军队的驻防地却须由日本军事当局代为拟就，提出履行，这不是天下的奇闻吗？中国的军队是干什么的？无疑地是应该有着卫护中国安全的天职，并不负有卫护日本军队安全的天职。如中国军队要牺牲中国的安全来卫护日本军队的安全，这样的中国军队，我们要它来干吗？日本要牺牲中国的安全来保持日军的安全，这是中国人民所绝对不能容许的。

还有一件奇闻是据天津电讯，驻丰台的日军开入张家村后，竟勒缴该村农民自卫的枪械，以致民气愤激，纷起抵抗。张家村是中国的领土，该村农民是中国的国民，中国国民在中国国土内的所有自卫的枪械，日本军队根据何种权利来勒缴它？这又不是天下的奇闻吗？我们为着中国的安全，能容许这样的奇闻接二连三地发生吗？

仍在酝酿中的华北危机，将有更凶残的表现。宋哲元氏宣言以确保主权为原则，这宣言是全国民众所欢迎的；但是仅仅空洞的原则是无用的，必须在具体的事实上能够符合这个宣言，才能获得国人的信任。我们不但对宋氏应该有这样的态度，对于任何当局都应该有这样的态度。

（原载1936年7月9日香港《生活日报》第33号，未署名。）

所望于庐山会议者

自从粤陈出走，中央统一西南告成以后，中日两国的军政要人，都在忙着商议应付今后的局势。日本方面于七月二十二日举行外陆海三相会议，发表声明书，要求中国尊重日本在远东的特殊地位，不然就要在华北采取更强硬的政策。此外日本驻华南各省领事海陆军武官及台湾拓殖会社社长等，又准备于八月中在台北召开南进政策联席会议，讨论今后侵略华南的方针。和日本军政要人这些举动遥遥相对的，则有我国军政要人的庐山会议。这次庐山会议，预定本月二十八日开幕，议程包含有军事，政治，外交，财政及国防会议等各项。虽然会议目的何在，事关机密，无从妄加推测，但据报纸传闻，此次庐山会议，“对于团结御侮，将有新开展”。换句话说，庐山会议乃针对日本的三相会议和台北会议而召开，目的在于决定今后我国抗敌救亡的大计。这个推测，要是不错，则这次会议，诚然是我们所馨香祷祝的啊！

但是过去数年以来，政府口头所谓团结御侮，我们已领教得够了。政府以团结御侮为名义，召集军政要人的会议，也已有数十次了。可是结果怎样呢？天天嚷着团结而涣散如故；天天嚷着御侮，而不抵抗如故。人家开一次会议，要北进就北进，要南进就南进，而我们开十次百次会议，却始终不见有抗战的事实表现。在过去，政府或者因内部不统一，不能以全力对外，还有理由可说。现在西南已经统一了，政府再没有别的牵制。因此我们希望在庐山会议中，政府至少应该决定两种态度：第一，政府应该诚意表示接纳民众的要求，上下一致，救亡图存。对于民众抗敌言论和行动，不但不应加以束缚压迫，而且应该竭力提倡奖励。人民的意见，政府应该虚心接纳，即使为政府所万不能接纳的，也应让人民有自由发表之权。第二，政府对于抗敌救亡，政治上军事上外交上作何准备，应该明白宣布原则，不应始终含糊其辞。因为只有屈服卖国需要秘密，而抵抗侵略，则为天地间最光明正大之举，用不到鬼鬼祟祟，瞒上瞒下。不然即使政府真有抗敌决心，人民睡在鼓里也决不能予政府以信任。试问政府蒙蔽人民，人民不信任政府，这能算是团结御侮吗？

因此，我们希望西南统一告成以后的庐山会议，不应像过去各种会议那样，专事讨论如何分配地盘，如何安插亲信，而应毅然决然，采纳全国民众的要求，决定抗敌救亡的大计，并且明白向全国宣示，方足以取得人民的信任，而收团结御侮的实效。目前人民所迫切需要的，不是假抗日，而是真抗日，不是空谈救亡，而是实行救亡。两广当局正因假抗日，空谈救亡，以至被民众唾弃，身败名裂。我们的军政要人纵使十分健忘，总不会把眼前的教训忽略了罢。

（原载 1936 年 7 月 26 日香港《生活日报》第 50 号，未署名。）

统一与联合

联合是过程，统一是目的。要统一必先联合，惟联合才有统一。目前流行的民族救亡阵线这个名词，有的人称之为“统一阵线”，有的人又称之为“联合阵线”。可见“统一”与“联合”是一而二，二而一。

可是有些人却故意曲解，把统一与联合这两个名词，分拆开来，甚至作互相对立的解释。有的误认统一是独霸天下的意思，既然是独霸天下，自然和联合的意义相反。有的误解“联合”就是妥协屈服，既然是妥协屈服，自然并不是为了统一的目标而联合。大概国内的实力派势孤力弱的，要求联合而不要统一。一旦有了权势之后，就要统一而不要联合。其实这些见解全是错误的。天下断没有内部不联合，而有真正的统一。而且如果不是为了统一对外，所谓联合，也只是空虚的，不能持久的。

从袁世凯到现在，中国天天求统一，而并没有一天真正全国统一过。这原因在那里？原来过去的统治者只想消灭异己，独霸天下，而并没有想从“联合”以求“统一”。可是中国是一个政治经济文化发展极不平衡的大国。这样一个复杂的国家，在国难严重的今日，要用一党，一派，一种主义，一种思想，来统一全国的各党，各派，各种主义，各种思想，纵使华盛顿、拿破仑再世，也不会得到成功。所以结果愈是求统一，而内部却愈见分裂。

现在有些人喜欢引证普法战争的史实，以为俾士麦是先统一德意志各联邦，而后对外才得到了胜利。却不知道俾士麦是首先联合德意志各邦，共同对法作战，于战胜之后，才完成了德意志的统一。假如不然，俾士麦首先用了普鲁士武力，南征北讨，消灭德意志其余各小邦，这样不但不能于最后战胜法国，而且德意志的内部统一，恐怕也未必能够完成。这是一个小学生都能懂得的道理。为什么还有些人竟不能明白呢？

所以统一与联合是不可分离的。要真正的统一，只有以联合入手。但是联合却又必须有一个对外的统一目标。在民族危机十分深重的今日，统一的目标，就是抗敌救国。离开了这目标，就无法统一起来。不是认定了这目标，也断然无从联合起来。

（原载 1936 年 7 月 27 日香港《生活日报》第 51 号，未署名。）

联合阵线和党派立场

关于救亡联合阵线问题一般最容易引起疑问的，就是联合阵线中间，是否容许党派立场的存在？加入了联合阵线以后是否要抛弃各党各派的原有立场？于是有的对于联合阵线逡巡踌躇，不敢轻易加入，有的把联合战线立场和党派立场对立起来，不能找到这矛盾的统一。

是的，联合阵线的目的，是联合目前中国各党各派各阶层，以共同救亡御侮，所以联合阵线中间可以包含各种不同的阶层，和代表各阶层的各党各派。但是各党各派加入联合阵线之后，并不是把原来的党派立场消灭了，而且也不是把各党派的相互对立关系消灭了。相反地，一个党既然采取了联合阵线的政策，那么联合阵线的立场就成为党的立场，联合阵线的实现，就是党的政策的实现。所以加入了联合阵线，不仅不会消灭党派立场，而且使一党一派的原有政策，在联合阵线中间，更容易求得实现和发展。在联合阵线中间，一个党派对于其他对立的党派，也依然可以作理论的斗争。而且正惟因为同在联合阵线之内，这理论的斗争，更容易展开。所不同的，就不过是斗争的方式而已：在平常，党派的斗争，可以不择手段，可以采取一切无情的方式，以达到消灭对方的目的。现在联合阵线中间，为了增强抗敌救亡的力量起见，不妨暂时容许敌党的存在，同时却用理论斗争的方式，以争取敌党所影响下的群众，这种斗争的方式，表面上看去，要和平得多，可是事实上更容易使一个理论真正坚强的党派得到最后的胜利。所以这种的斗争方式，决不是屈服，决不是妥协。

党派的产生是以阶层为基础的，而联合阵线则以全民族为基础。党派斗争是为了阶层的利益，而联合阵线则是为了全民的利益。这两种组织在表面上似乎不能相容。实际上却不然。在目前的中国，整个民族陷于沦亡，全民的利益和阶层的利益，已经不能分离。只有民族革命得到胜利的时候，阶层利益才有保障；也只有社会解放实现的时候，民族解放才得到最后的胜利。所以全民的救亡运动和社会解放运动，原是一而二，二而一。在民族危机十分深重的今日，却只有从民族解放斗争中间开展社会解放的斗争，而不是在社会解放斗争的口号下，进行民族解放斗争。联合阵线的主要作用，就在这里。所以把民族解放和社会解放分作两件事，固然是错误；如果认为目前只是作民族解放的斗争，而把社会解放的斗争，暂时搁置，更是大错而特错。

因此，一个党派既然采取了联合阵线的政策，便是认定在目前要从全民的对外抗战中，去争取所代表的阶层的利益。因此一切目标，都要集中在全民对外抗战的实现，这样才是参加联合阵线的党派的立场。我们主张枪口一致对外，并不是说在我们内部，没有民贼，没有汉奸。事实上汉奸与民贼，是和外敌勾结起来，倚靠外敌以存在的。所以釜底抽薪的方法，是以全民的力量，来消灭外敌，外敌消灭以后，汉奸与民贼，自无容身之地。到了那时，民族解放与社会解放，便同时达到了目的。

当然，这不是说在救亡联合阵线中，我们对于汉奸民贼，可以不必有什么戒备。相反地，我们应该尽可能向群众指出汉奸理论与汉奸行动，肃清联合阵线内部的一切奸细作用，假如我们在联合阵线内部不能作正确的理论斗争，联合阵线政策只能算是失败。但是另一方面，我们却时时刻刻，应该从抗敌救亡的实际行动中，去启发领导群众，这样才能使联合阵线的立场与党派立场真正统一起来。

（原载1936年8月9日香港《生活日报周刊》第1卷第10号，署名韬奋。）

青衣行酒

小的时候看《纲鉴》看到晋朝的怀帝被汉主刘聪所虏，靦颜称臣，称刘聪为陛下，“汉主聪谓帝曰：‘卿昔为豫章王，朕与王武子造卿（“造”是访问的意思），卿赠朕拓弓银砚，卿颇记否？’帝曰：‘臣安敢忘之？但恨尔日，不早识龙颜。’聪曰：‘卿家骨肉，何相残如此！’帝曰：‘大汉将应天受命，故为陛下自相驱除，此殆天意，非人事也。’”这不能不算是极尽委屈求全的能事了！但是刘聪还不够，“汉主聪宴群臣于光极殿，使帝著青衣行酒。庾珉、王隽等不胜悲愤，因号哭。”我们古时青衣是奴隶的标志，“青衣行酒”便是做着倒酒的奴隶，庾珉和王隽都是怀帝的旧臣，所以看到这样的惨状，禁不住号哭起来。结果这两位号哭的朋友固然被杀，就是甘为奴隶而不辞的怀帝，仍然被杀。我小的时候虽蒙里懵懂，当时看了这一段，小小心弦也被震动，感到莫名其妙的凄惨！

最近看到报上的消息，在华北日军进攻北平大演习的时候，遭难的老百姓流离失所，不堪设想，怀仁堂上却特设盛筵欢宴日军司令，“举杯为祝，众皆鼓掌”，并“殿以中西歌曲”。这惨痛的现象，和上面所说的情形，不知道有什么两样！

有朋友由华北来，谁都盛赞廿九军的爱国精神和宋哲元氏的处境困难，但认为非有全国整个的救国行动，华北在实际上是必然要全部沦亡的，尽管在名称上也许还存着多少的烟幕。

历史如果还有教训的话，晋朝的怀帝该是我们的前车之鉴吧！

（原载1936年11月8日上海《生活星期刊》第1卷第23号，署名韬奋。）

国际反侵略的力量

德国以全国动员的“秋操”，威胁捷克，这种侵略来势的凶猛，使全世界为之屏息侧目，惴惴然于世界大战之爆发，好像已迫在眉睫。但是最近法国表示对捷克决实行一切条约上的义务，当法航空部长维尔孟访德时，即对德政府剀切说明；苏联外委长李维诺夫对驻苏大使舒兰堡也直截了当地表示：德国如果与捷开战，法将履行法捷互助条约，以助捷克，那时苏联亦当追随法国之后。英亦表示强硬态度，内阁会议明确决定：一俟德国进攻捷克，法国履行法捷互助协定时，英国即将以全力援助法国。美国对这次欧洲事件虽未直接参加，但由美总统罗斯福和国务卿赫尔的反侵略的演说，已表现了精神上的声援，美国的未来态度也露出了端倪。在欧洲风云紧急的关头，爱好和平的国家，也就是国际反侵略的力量显然有着长足的进步。这样一来，德国的气焰也不得不为之稍戢，欧局形势虽仍紧张，奠定欧局的可能性已大为增加，即希特勒竟贸然冒险，制裁他们的力量也必然是够对付的。

铁的事实已表现张伯伦的妥协主义的“现实外交”只是“养虎遗患”，并不能像一些幻想家所认为可以安定欧局，甚至认为由此可以对远东和平以及我们抗战有利而竭诚加以赞助。铁的事实又一次的表现只有和平阵线愈益巩固，才是真能阻止侵略国的疯狂。

同时还有一点应该注意的，那就是捷克的当局和人民对于国家的自由独立，下了最大保卫的决心，虽受着德国屡次的威胁而始终不肯屈伏。“天助自助者”，必须自己立得住，然后友人才有协助的可能，否则就是有友人也是爱莫能助的。其次是捷克外交有确定的原则，机动的运用，在侵略国的疯狂行动尚未表现以前，早就成立法捷互助协定，由此间接收到法苏互助协定与英法军事同盟的助力。这种用自己的远见和努力争取国际上反侵略力量的援助，增强反抗侵略的力量，也是“自力更生”的一部分，和自己不争气不振作而只空想外援者迥不相同。人口只有二千七百万的捷克，曾对孙科院长称誉英勇抗战的中国，说“中国不但是将成世界的强国，实在现在也是一个强国了”。我们于感谢共患难中的友邦的善意鼓励外，还深深地感觉到我们拥有四万万五千万人口的中国，应从我们的这个友邦多多学习她的经验。

“百闻不如一见”，最近由欧视察回国的立法院院长孙科先生所发表的关于欧洲列强对中国抗战的态度，也很显然地可以看到欧洲和平国家对于我国反抗日寇的深切同情与日寇帮凶的恶劣态度。孙先生以他亲身经历所得，“深深感到苏联的政府和人民对于我国，都是很表同情，对暴日的侵略，随时都加以痛斥”，并指出“苏联的报纸，凡对于我国的抗战情形和有利的消息，无不尽量登载，对于日本通讯社所发的造谣新闻，则一概不登”。在德意的舆论却恰恰相反，尽是袒护日寇的论调，墨索里尼直属的法西斯党的机关报甚至公开宣言“日本是代表世界文明人类惩罚文化落后的民族!”英法舆论可说是“百分之百都很表同情”，虽则他们的政府比较持重些。世界上有和平的集团与侵略的集团，这是客观的事实，我们须有坚定明确的认识，然后才能有一贯的坚定明确的努力。

（原载1938年9月6日汉口《全民抗战》三日刊第19号，署名韬奋。）

九一八的惨痛教训

九一八的惨痛教训，第一件是当时有许多人认为这只是东三省的问题，认为日本所要掠夺的只是东三省，我们虽大声疾呼，说明九一八只是日本帝国主义沦亡中国企图的开始，没有多少人理会，甚至有些著名的学者，竟倡言索性承认东三省的割让以保全关内！现在事实摆在眼前，九一八不是东三省的问题，是整个中国的问题，这个事实，谁也不能否认了。这是过去的事实，重提似乎没有什么意思；可是日本帝国主义对于中国的侵略，意在灭亡整个的中国，这个意义，对于比较落后的一般民众，还有广大宣传的必要。有许多到内地去工作的朋友，就他们亲身所经历，发现有许多农民竟以为这次又是什么军阀干的内战把戏，对军事方面的辅助，引不起他们的热烈的情绪。换句话说，一向缺少对于农民的组织和政治意识的训练，于是军民打成一片，在实际上只是一句空话。这方面的认识不清，是需要迅速补救的。

第二件是九一八的国耻由于不抵抗所造成。不必付一点代价就可以把一大块一大块的国土掠夺而去，这种揭便宜的事情，实足以奖励日本帝国主义的继续的暴行，后来日本帝国主义的得寸进尺，肆无忌惮，都志在不劳而获，是共见的事实。现在由于这样的惨痛教训，敌人来侵略我们的国土，谁也知道非抵抗不可了。抗战在事实上已一天天在扩大，抵抗当然已不成问题。但是还有一个相似的危机，我们不得不严密提防的，那就是有些人在以前倾向于妥协主义者，一遇军事上在过程中偶有失利，即可死灰复燃振振有词，破坏抗战的坚持，而跑上投降的路。这种苟且偷安的潜伏的心理，和以前的不抵抗是一鼻孔出气的，其遗毒也许比以前的不抵抗还要来得厉害，我们要格外预防这种祸患的发生。预防的最有效的途径，是建立有组织的广大的民众制裁力，同时要使持久战的真义深入于一般国民的心理，使失败主义者无所施其技。

前事不忘，后事之师，我们要争取抗战的最后的胜利，九一八的惨痛教训是值得我们的回忆的。

（原载1937年9月18日上海《救亡日报》第20号，署名韬奋。）

全国团结的重要表现

中国共产党共赴国难的宣言（中央社肤施廿二日电讯）和蒋委员长对于这个宣言所发表的重要谈话（中央社南京廿三日电讯），是全国团结御侮的一个非常重要的表现；是国难愈益严重以来的数年间，全国忧心外患的人们不避艰险以企求的重要主张之一；所以这次中共的"光明磊落大公无私"的宣言和蒋委员长的"集中力量救亡御侮"的谈话，无疑地是全国爱国的同胞们所热烈欢迎的。

中共这次宣言所表示的宗旨是要"挽救祖国的危亡"，是要巩固"和平统一团结御侮的基础"，是要"决心共赴国难"，是要造成"民族内部的团结"来"战胜日本帝国主义的侵略"，是"要把这个民族的光辉前途变为现实的独立自由幸福的新中国"。这个宗旨是全国爱国的同胞们所一致拥护的。

要达到这个宗旨，"仍需要全国同胞每一个热血的黄帝子孙坚忍不拔的努力奋斗"，该宣言因此特向全国同胞提出三个奋斗的鹄的：第一是为争取中华民族的独立自由而抗战；第二是实现民权政治；第三是发展国防经济，解除人民痛苦与改善人民生活。这三个鹄的也是全国爱国的同胞们所一致赞助的。

蒋委员长发表谈话，申述"集中整个民族之力量，自卫自助，以抗暴敌，挽救危亡”，这种集中整个民族力量的主张，确是全国人民急迫要求的反映。

这样一来，我国已恢复了民十八年前全民族一致团结以谋民族复兴的精神。这样的全国团结，是保障抗战胜利最重要的一个条件，是对日本帝国主义的一个重大的打击！

（原载 1937 年 9 月 26 日上海《抵抗》三日刊第 12 号，署名韬奋。）

命运在自己的手里

最近有一位美国的名记者由华北到上海，我们问他对于这次战事前途的推测，他说日本也许达到黄河之后，对中国提出和议，同时英国所怕的是日本侵害她在华中华南的利益，而并不在乎日本在华北侵害了中国的利益，甚至因为要使中国与苏联隔离，毋宁暗中赞成日本在华北做屏障，所以也许那时要出来替日本撑腰。那时如中国上当接受了下来，便一失足成千古恨，替日本造成沦亡整个中国的基础。反过来说，中国只要能全国始终团结一致，坚持抗战，日本即暂时在华北争城夺地，还是不能征服中国的。换句话说，中国的命运还是在中国人自己的手里。

这位美国朋友眼光明锐，观察深刻，在中国担任英美两国的特约记者在五年以上，他的意见是很值得我们注意的。由他的看法，我们至少可以引伸出两个要点：（一）华北军事在最近以前，着着失败，形势固然严重，但是只要我们始终抱定抗战到底的决心，丝毫不发生动摇，同时极力补救着着失败的缺点，总结帐的最后胜利，仍然是有确切把握的。至于日本方面，因经济的困难，无论新闻封锁如何严厉，而大众和商人的反对战争心理，已一天天流露了出来，甚至有大学讲师因反对战争而入狱的，我们多坚持抗战一天，日本的这种危机也更尖锐一天。（二）在国际方面，虽一致对我们表示深切的同情，但是他们也许还在怀疑我们有迁就妥协的可能，认为我们有许多地方还表示不肯得罪日本（如至今使领仍在日本之类），他们更犯不着得罪日本的，所以多少还存着观望的态度，尤其是以老狐狸著名的英国为甚。所以我们能坚持抗战一天，国际形势也要更好一天，同时我们不应闭拢眼睛跟着老狐狸走，要毅然采取有利于我们抗战的自主的外交。

命运在自己的手里！敌人无论如何残暴凶横，我们的生死存亡，还是靠我们自己决定！

（原载1937年10月23日上海《抵抗》三日刊第20号，署名韬奋。）

鼓励士气与民气

这几天震动武汉风闻全国的大事，莫过于本月十八日武汉空军大捷，击落敌机十一架，建立奇功，为我国空军史上最光荣的一页，捷报传来，万民欢欣，同时对于英勇抗战以身殉国的空军大队长李桂丹和队长吕基淳一致悼痛，二三日来，武汉各民众团体及文化团体陆续赴飞机场献花献旗以表示崇敬者，整千整万，热烈情绪，得未曾有，我们看到这样的空前盛况，应有进一步的深刻的观感，而不应仅有表面上的瞬息即逝的看法。

第一点我们要注意的是关于士气的鼓励。美国名记者斯诺先生是最同情于中国的民族解放战争的，他在不久以前和记者畅论中国的抗战形势，讲到中国将士作战的英勇，于万分敬佩之余，深以中国对于士气的鼓励这样忽视为大可诧异。他说外国的作战，对于士气的鼓励无不运用种种方法，几于无微不至，中国的将士却常在冷淡的环境中为国拚命，好像生死由他生死，和其他国人似乎不相干似的。他的这些话是在严厉的但却是善意的批评之中，含着勉励我们努力改善的意思。由前线归来的某高级将领，也对记者谈及民众方面对于将士应有热烈的鼓励他们的种种行动，使他们感觉到为国牺牲是无上的光荣，使他们于受到同胞们的种种优渥的待遇与慰劳之后，深深地感觉到，非英勇作战，非严守纪律，于良心上实在说不过去。这次武汉民众对于空军的热烈慰劳与悼唁，出于至诚，由于自动，使我们的空军战士对于同胞爱戴的热烈情绪，受到深刻的感动，都表示更愿竭尽最大的努力，为民族自卫而抗战。我们不但在这短时间内有这种鼓励的表现，还要经常地对于为国抗战的将士们有具体的鼓励士气的办法，例如优待军人家属，卫护伤兵的充分布置，帮助军事上需要的种种便利，尊崇投军的青年等等，都须由有组织有训练的民众，用集体的力量，作有计划的有系统的进行。军民打成一片，是民众运动中最重要的一个部分，是经常的积极的工作，并不仅是一时情感上的表现。

第二点我们要注意的是民气的鼓励。有些人用很浮浅的意义去解释民气，误认为民气只是贴标语，叫口号，游行示威罢了。其实这只是民气的一部分的表现。民气的唤起实在还含有教育积极的作用，藉某种特殊的机会——例如最近的空军大捷——引起民众对于抗战的信心与热诚，作为进一步更严密地组织民众及训练民众的基础，使民气不仅仅是一时的情绪上的兴奋，而且有着更巩固的更凝结的进展，由此进一步对于各部门的救亡工作有更积极更努力的实践。有些人以为民气的消长是跟着军事上的胜败而转移，因此他们的简单的结论是只有单纯的军事已足，民众可以完全不要，民气更非所注意。军事的胜利之有助于民气的发扬，这是无可否认的事实，但是姑无论军事胜利的本身就同时脱离不了民众的种种方面的辅助与支持，而且经过严密组织与训练的民众，沉着镇定，根据有计划的步骤而行动，必然地能够做到虽胜不骄虽败不馁的地步，并不致因为过程中的偶有失败而便消沉下去。所以讲到民气的鼓励，也是要注意到经常的积极的工作，而不仅是一时感情上的表现。

（原载1938年2月23日汉口《抗战》三日刊第48号，署名韬奋。）

外国女记者心目中的中国兵士

最同情于中国民族解放运动的美国女记者史沫特莱女士近著一文，题为《中国的士兵》(*The Soldiers of China*)，对于中国士兵的英勇，推崇备至。她说中国士兵几于全部分是出身于农民和工人，其中大多数是文盲，大多数原来的生活状况是很苦的，但是自从抗战以来，这样苦出身的士兵却激起了全世界观察家的敬佩和赞誉。久于欧美军事的外国专家，虽觉得中国的高级军官里面还有不能尽满人意的，而却一致承认中国一般士兵及下级军官的勇敢，忍苦，坚毅，和自发性，是在全世界上任何国的军队所不能胜过的。在前次世界大战时，曾在法国参加参谋部的一位高级军官，对于中国这样的士兵，曾经说过这样的一句话："我觉得我若得指挥这样的士兵，是最光荣最可自豪的事情!"

史沫特莱女士曾在中国前线服务过伤兵工作，她在这文章里说了几句很令人感慨的话：她说在后方的政客里面，还有一些人对于动员民众武装民众的问题怀着鬼胎，而在前方却是大家为着同一目标而战斗，好像弟兄似的。

在山东西部战争中，有好些北方军队在以前并无多大好名誉，但此次参战忽然变成劲旅。她举孙连仲和于学忠的军队为例。她说孙连仲的军队守至最后不退，损失军队四分之三。于的军队也有同样的英勇表现。她最近曾经参观过几个伤兵医院，里面有好些数月前在山东战场上受伤的士兵，都魁梧强壮，沉着坚毅，完全明了这次神圣战争的意义。

她又曾在布置于敌人后方的八路军阵地视察，认为那里的士兵受到很充分而普遍的政治教育。她曾经得到机会和由战场上抬下来的伤兵谈话，其中有几个虽自己知道将要死去，却没有一句埋怨的话；尤其使她感动的是其中有一个即将断气的伤兵反而安慰她，说就是他死去也不在乎，因为中国是要胜利的。

依史沫特莱女士视察中国前方所得的印象认为在全世界上，中国士兵可说是最能忍苦的了。她说幸而中国士兵有这样的忍苦能力，因为中国的军队医药服务的工作还很不够。

我们有这样英勇的卫国将士，是我们的光荣；但是我们没有很周到地卫护我们的英勇将士，却是我们的歉疚。这是我们介绍史沫特莱女士的这篇文章所深深感到的。

（原载 1938 年 11 月 25 日重庆《全民抗战》五日刊第 38 号，署名落霞。）

发扬光大一二·九的救国精神

一二·九是中国青年救国运动史上最光荣的一页，也是中华民族解放运动史上最光荣的一页，在今日全国正集中全力于抗战建国的最重要的关头，一二·九的纪念是愈有它的重要的意义，这意义之所以重要，不仅在追想已往的光荣历史，尤在于怎样发扬光大一二·九的救国精神，更广大而深刻地发展青年们以后的救国工作。

三年前的今日，那时正在所谓“何梅协定”以后，我们的民族敌人正在利用汉奸们公开活动，闹着敌人宰割华北，使华北脱离中国的所谓“自治运动”，北平的青年学生更激动了爱国的热诚，再也不能容忍了，以集体的力量，冲开了层层的枷锁，掀起了一二·九运动的怒潮，在十二月九日和十六日举行了抗日反汉奸的大示威，于是这怒潮的宏声震动了全国。也震动了全世界。当日在这个运动中，除对日寇所唆使的华北“自治运动”的阴谋给以致命的打击外，还大胆地提出“对内和平对外抗战”的要求。现在全国团结，一致对外，在政府和领袖的坚持抗战的国策下，共同奋斗，一二·九运动的殷切期望，在事实上已经实现而在继续进行中了。但是一二·九运动的最初阶段的任务虽告一段落，而一二·九运动所集注的终极的目标却仍有待于继续的努力奋斗。一二·九运动所集注的终极的目标不只是抗战，而是抗战的最后胜利，换句话说，就是中华民族的独立自由。所以在抗战的最后胜利未到来以前，在中华民族的独立自由未到来以前，一二·九运动的终极的目标仍未达到，即全国青年仍须继续一二·九运动的光荣历史，发扬光大一二·九的救国精神，继续迈进。

我们如不健忘一二·九运动的经过，即不致忘却当时青年同胞们在极艰苦的环境中打出重围的不怕困难的斗争精神。当时我们敌人的势力已笼罩着全北平城，在一二·九运动的前夜，即有许多男女同学被捕，在发动时各校被暴力重重包围，进行时与大刀水龙搏斗，拿破仑所谓英雄的字典中没有"难"字，颇足形容当时面对困难克服困难的精神。在今日抗战正踏上了最艰苦的阶段，这种面对困难克服困难的精神仍然是异常需要的。一二·九运动是反对妥协的，现在从最高统帅以"半途妥协即是灭亡"的真理号召全国以来，没有人敢公开主张对敌妥协的了，但是有些人却变换方式来散播妥协的心理，他们极力夸张困难，到处叫没有办法，抗战有困难是我们所不讳言的，但是克服困难并不是没有办法，只看有了办法是否真能切实做去，如果夸张困难而又到处叫没有办法，那末必然的结论不是只有"半途妥协"做奴隶的一条路吗？所以一二·九反对妥协的精神，今日在事实上还是需要的，要坚持反对妥协，同时便须发扬光大面对困难克服困难的精神。

但是今日的环境和三年前一二·九的环境当然不同，所以青年同胞们的工作注重点也随着不无转移。当年的注重点是在实现全国团结，现在的注重点是在巩固全国团结，当年的注重点是在以狮吼的姿态唤醒全国的迷梦，现在的注重点是在以大量青年的生力军渗透于抗战建国各部门所需要的训练与工作，以大量青年的纯洁新鲜的血液注入于各种重要工作的干部里面去，使全国的军事，政治，社会，教育等等的机构都收到“返老还童”的效果。诚然，抗战以来，青年同胞在前后方，都尽了很大的努力，但是还太不够，我们有更广大而深刻的努力的必要。

（原载1938年12月5日重庆《全民抗战》五日刊第40号，署名韬奋。）

汪精卫的自掘坟墓

最近震动一时的事件，莫过于汪精卫的叛国背党，而最使全国翕服的一件事，也莫过于中央毅然决议汪精卫永远开除党籍，并撤除他的一切职务。

我们于汪氏个人无恩怨可言，就国家与民族的立场说，我们认为汪氏叛国阴谋的完全暴露不但于抗战前途没有坏的影响，而且有好的影响；乃至就国民党说，汪氏背党阴谋的完全暴露不但于国民党无损，而且于国民党有益。汪氏的叛国背党，只是自掘坟墓，自绝于国人，自己断送其政治生命，自陷于国家民族千秋万世的罪人而已！

汪氏对于我国的神圣抗战，自始就没有坚决的信念，当记者于"八一三"战事将爆发前的旬日间，由苏州偕同几位朋友到南京，曾访汪氏一谈，问到战事前途的推测，他泪下如雨，仰首呜咽好些时候，才颤声说道："抗战！抗战！中国抗战不到三个月，全国人都要饿死了！"据我们当时所得到的内幕的消息，最高统帅已由庐山赶回首都发号施令，以最坚决和最镇定的态度发动神圣的抗战了，而汪氏对于抗战却充满着失败主义的情绪！现在我国在最高领袖与国民政府领导之下，愈打愈强，不但全国人不曾在三个月以内都饿死，而且全国团结愈坚，抗战必胜的信念永不动摇，而敌人则日暮途穷，泥足愈陷愈深，与汪氏所幻想者完全不同。可是汪氏对抗战的光明前途既没有信念，以他在党政的地位，时发似是而非的“和平”言论，传播“求降”的毒菌，对于抗战显然是很不利的，现在完全暴露，使一般人都彻底明瞭他的葫芦里所卖的究竟是什么药，不再受他的欺骗，这是可为抗战庆幸的。

有些人忧虑到以汪氏原来在党政方面所处的崇高的地位，他这样疯狂悖谬，为敌张目，在国际上也许要使我国受到很大的不利。这一点也是可以无须过虑的，因为汪氏平日对外国记者所屡发的似是而非的“和平”言论，已喧传国外，他的为人已为国际友人所深知，国际所信任的是反映全国人民抗战意志与坚决领导全国抗战的最高领袖，决不致信托叛国背党，全国唾弃的叛徒。最高领袖十二月二十六日驳斥近卫声明的严正演词，剀切说明“这是敌人整个吞灭中国独霸东亚进而企图征服世界的一切妄想阴谋的总自白，也是敌人整个亡我国家灭我民族的一切计划内容的总暴露”，这说明不但得到全国爱国同胞的热烈拥护，而且也在国际上发生异常深刻的印象，汪氏尽管施展他的叛国阴谋，在国际上是绝对不会发生效力的。

就国民党说，它是领导全国抗战的政党，如今毅然排除危害党国通敌求降的不肖分子，正所以整饬纪纲，加强力量，增加全国对于国民党的信仰。

以上是说明汪氏阴谋的完全暴露，于国于党都是有利而无害的，但是人们对于汪氏这次的悖谬行为却不可不得到相当的教训：脱离了大众意志的任何个人，他的本身都是没有力量的。领袖之所以成为领袖，是因为他能反映大众的迫切要求，为大众幸福而努力奋斗，一旦离开了这个立场，无论他原来的地位如何崇高，都是要被国人所唾弃的。曾在政治上“失节”的人之可怜，固不仅汪氏。我们希望这样的可怜虫勿多出现，以增加国家的损失；我们更希望没有人把反映大众要求的个人的力量看作单纯个人的力量，以为引诱他脱离了大众的立场而还有什么力量可以利用，那是大错而特错的。

（原载1939年1月5日重庆《全民抗战》五日刊第46号，署名韬奋。）

今年的黄花岗烈士纪念

三月廿九日是黄花岗七十二烈士殉国的纪念日。自中华民国成立以来,年年有这一日的纪念,但是在各时期的形势不同,这悲壮而光荣的纪念,所给与我们的深刻的认识也随之不无差异。今年的黄花岗烈士纪念,因为我国反抗侵略的神圣战争已踏入了第二期,国际风云,日趋紧张,全世界的反侵略的民主势力正与侵略的反民主势力作尖锐的斗争。在这样的国内及国际的新的形势之下,纪念中华民族解放史上这最悲壮最光荣的一页,不应仅是追念已往,尤应于追念既往之中,抽取适合于时代要求的宝贵教训,以作我们全国同胞抗战建国的指针,由此加强全国同胞在救国建国的工作或行动上的努力。

首先使我们感奋的是诸烈士为民族争自由为国家争人格的视死如归的牺牲精神。我们全国同胞,尤其是在前线浴血抗战的爱国将士,为着抵抗日本帝国主义的残酷侵略,受尽艰苦而无怨,就是发挥诸烈士英勇壮烈的精神,继续诸烈士未竟的志愿而努力奋斗。回想诸烈士当时那种死不反顾慷慨就义的悲壮气概,真可以动天地,泣鬼神,为中华民族永远可以自立于世界的保证!这种精神是我们伟大民族的至可宝贵的遗产,是我国在今日人人应该记取与实践的遗训。我们看到最近捷克亡国的惨象,更应纪念诸先烈遗下的伟大精神——反抗侵略的精神。捷克惨遭德国法西斯不血刃而灭亡之后，捷境内人民自杀与被捕的日益增加，每日被捕的有几千人，都是由德秘密警察下令捷警执行的。著名的科学家和律师，乃至九十九岁高龄的布拉格大学哲学教授亦被拘捕。三月十八夜在布拉格一处自杀者就有二十二人之多。与其国亡而遭此惨遇，不如预以一切牺牲为国家民族争取自由解放。这是诸先烈给与我们的至可宝贵的遗训，是我们所要始终坚守不渝的。

其次我们还须认识当时诸先烈不惜牺牲一切为中国争取者为何物，由此加强我们当前所要努力的目标。中华民国虽成立于辛亥八月之武昌起义，而发端在实际上是辛亥三月之黄花岗诸烈士的殉国行为。当时诸先烈的目的不仅在消极方面推翻君主专制，尤在积极方面建立民主政治的国家。所以中山先生在《中国革命史》一文中讲到“辛亥之役”，有这样的几句话：“此役所得之结果：一为荡涤二百六十余年之耻辱，使国内诸民族一切平等，无复轧轹凌制之象；二为铲除四千余年君主专制之迹，使民主政治，于以开始。自经此役，中国民族独立之性质与能力屹然于世界，不可动摇；自经此役，中国民主政治，已为国人所共认。”但中国的民族解放与民主政治的完全实现，仍有待于继续的努力。中山先生在同一文中，提及“讨袁之役”，说过这样几句愤慨的话：“……一由专制之毒，深入人心，习于旧污者，视民主政治为仇雠，伺瑕抵瑾，思中伤之以为快！”依目前形势，我国政府与领袖已一再昭示民主政治的必要，把内部的民主政治与对外的民族解放运动打成一片，团结全国的力量于民主政治之下，也可以说用民主政治更团结全国力量于政府与领袖领导之下，为争取抗战建国的胜利而共同努力，这是符合于中山先生所给与我们的遗教，也是黄花岗诸烈士当时所以不惜牺牲生命，为全国同胞所要争取的对象。当时壮烈殉国的林觉民烈士，临死给他爱妻的遗书，说他死后，国事尚有同志继续努力，所以他死而无憾。我们全国同胞悲痛地追念着烈士的遗言，今后对于国事所应特别努力的有两件大事，一件是争取抗战的最后胜利，一件是民主政治的完全实现。这两件大事不是分离的，彼此之间实有非常密切的联系。民主政治实现的程度与抗战胜利的进程实成正比例。这个理由，是在于民主政治的核心是与全民动员成为异名同质的内容；换句话说，就是要尽量使更多的国民发挥他们的自动性与创造性，以最高的热诚参与抗战建国的各部门的工作。所谓民主政治不仅仅是指有议会，有选举，而且指各部门工作的组织，尤其是民众团体、青年组织、都须民主化，使民众运动得到广大的开展。林觉民烈士临难时念念不忘于继起努力的同志，民主政治的主要作用就是要使最大多数的国民都有组织地起来，成为整千整万林觉民烈士的化身！

我们应该本着诸烈士的艰苦奋斗的精神，向着诸烈士所遗下的未竟的事业，配合当前国内国际的形势，加紧努力，才是真正纪念黄花岗的诸烈士！

（原载 1939 年 3 月 25 日重庆《全民抗战》五日刊第 61 号，署名韬奋。）

弥漫日本的“危险思想”

据日本报纸所载，依日本文部大臣荒木的命令，约有五千名大学教授及其他教育机关的教师，须参加考试，以便“表示各人意识上的观点”。同时，该部有所谓特种委员会，将详细审查各教授及各教师所编著的书籍，以判定其中是否含有“危险思想”！据荒木之流的人看来，有所谓“危险思想”的大学教授及教师竟有五千名之多，如再进一步想，由这五千名的教授及教师所传播及的无数青年更不知恒河沙数，“危险思想”可说是弥漫日本了！这在日本的军阀统治者是不得不感到发抖的，所以对于思想言论不得不尽其压迫的能事。

侵略的国家所最怕的思想是反侵略的思想，是反侵略战的思想。侵略的国家所要争取的利益是极少数人的利益，（在日本便是极少数军阀财阀的利益）是牺牲多数人以保全少数人利益的勾当，因此大多数人便心不甘服，愤恨不平，于是统治者对于人民的思想言论便横施压迫，在人民方面认为正当的思想，在统治者却认为“危险思想”。我们看到日本统治者愈栗栗于“危险思想”，愈可以看出日本人民正当思想的开展。这从保障世界和平的观点看来，是极好的消息，是可以令人惊喜的消息！

日寇对中国的侵略战进行愈久，他们国内人民的生活亦愈陷入更苦痛的境域，于是为大众鸣不平的思想必然是要涌现的，大众的利益和少数人的利益起了冲突，于是为大众利益的思想都是“危险思想”！我们看到日本统治者愈栗栗于“危险思想”，愈可以看出敌国国内困难的加深，这从中国争取抗战胜利的观点上看来，也是极好的消息，也是可以令人惊喜的消息！

在另一方面，荒木之流所不能了解的是思想为事实的反映，事实存在，思想虽遭受压迫，也不会消灭的。日本有着侵略的事实，反侵略的思想是不可能消灭的；日本有着因为侵略战而使人民陷入水深火热的事实，为大众利益呼吁的思想也是不可能消灭的。这种思想在日本统治者看来觉得“危险”，在日本的人民看来是最安全的思想，最正当的思想，最正确的思想！在人民方面是最安全的、最正当的、最正确的思想，而在统治者却要硬把它认为“危险思想”，横加压迫，结果不但不能消灭它，必然的趋势是愈压迫愈广播愈发展，这是我们稍稍回想各国的思想史而是可以恍然大悟的，否则中国秦始皇的焚书坑儒，俄国沙皇的摧残思想，都可以大告成功，何以一则传仅二世，一则尼古拉二世要被杀头呢？所以我们敢断言荒木的压迫思想言论，不但绝无功效可言，而且反要加强日本人民的反侵略反战与反压迫的思想。

中国为整个民族的利益而抗战，是反映全国人民的一致要求，是为着全国最大多数人的利益，与日本的情形恰恰相反。在中国只有汪逆精卫之流的汉奸思想是为全国所不容的，而且因为他们的思想为全国所不容，所以也够不上有什么“危险”。此外就都是巩固团结一致对外的思想，如有人违背了这个原则，便无形中被全国人所唾弃。在“国家至上民族至上”的目标之下，巩固团结一致对外的思想是可以通行无阻的。像日本那样为着少数的利益而指为多数人谋利益的思想是“危险思想”，在中国是不能存在的。日寇愈打愈弱，中国愈打愈强，这也是一个重要的关键。

（原载 1939 年 7 月 8 日重庆《全民抗战》周刊第 77 号，署名韬奋。）

汪逆傀儡戏急于登台

极想开锣出丑的汪逆狐群狗党的傀儡戏，因为他们的主子日本强盗的踌躇，因为老牌汉奸与新牌汉奸的倾轧，延期又延期，据最近中央社香港转来东京外讯，米内因汪逆伪组织鼓吹已久，不能不拉出交卷，汪逆又已俯首听命，故与阿部谈话后，即与畑俊六密谈一小时，于十五日下午七时入宫，已决定任命阿部信行为日本派赴汪逆伪组织之专使，阿部定二十日赴沪。又据另讯，汪逆等已于本月十七日在日寇卵翼之下到了南京，当日即往所谓“中国派遣军总司令官官邸”去向西尾献媚，表示听了令人肉麻的“不胜感谢”。看来汪逆傀儡组织也许在下月里就要出现了。

汪逆自从背党叛国以来，在最初还靦然通电著文，放着“和平救国”的烟幕弹，有一些忠厚的同胞想到他在追随中山先生的时候有过一段革命的历史，以为人之不良，何至于此，多少还被他的烟幕所迷惑，但是后来他愈演愈丑，在上海“歹土”里无恶不作，杀人绑票，威吓利诱，以及公开向敌人摇尾乞怜的种种丑状，已令任何人不免作三日呕，最后卖国密约被揭开，他的卖国铁证，更无可掩饰，以这样狗彘不食全国共弃的奸逆，被日寇拖上傀儡台，只有令人掩鼻而过，这种傀儡戏对于日寇所梦想的“结束中国事件”没有什么效用，是非常明显的，想到这一点，汪逆傀儡戏的登台，简直不值得我们的论述，但是我们对于站在汪逆后面替他撑腰的日寇的阴谋，却不可不存着很高的警觉性。

日本军阀屡次公开宣言汪逆伪组织即使成立，亦不能“结束中国事件”，为什么一面再三延搁它的开锣，一面仍把它作为大吹大擂的材料呢？这在他们的第一个阴谋是要藉此引诱我们对敌妥协投降。他们要努力暗示，汪逆也是他们所看不起的，他们还要继续执行他们的诱降计划。但是由于我国的最高领袖坚决领导抗战，全国爱国同胞坚决拥护政府的抗战国策，敌人的这一个阴谋是完全被粉碎了。由于敌人在中国的惨无人道的暴行，由于敌人勾结我们的民族败类订立亡国密约之被揭露，由于我国三十几个月英勇抗战的收获，多数中国人对于妥协投降必致亡国的真理，已有了深刻的认识。但是日暮途穷的日寇，对诱降的幻想仍然不肯放松，他们仍然要无孔不入地传播毒菌，我们对于敌伪的种种含毒宣传，必须随时随地予以严厉的打击。

日寇拉汪逆等上傀儡台，还有一个大阴谋，即梦想使中国的对外争取民族自由独立的正义战，变成自相残杀的内战。他们梦想把中国变成第二西班牙，把汪逆变成东方佛朗哥。这样，他们不但可使中国人残杀中国人，在国际上还可以大放烟幕，强调他们“反共”的藉口，使同情中国反侵略战的各国都由此移转视线，收回他们对中国抗战的同情和援助。但是根据最高领袖所公开宣示的国策四原则之一，中国是永远不参加所谓“防共协定”，我们必须坚持团结抗战，必须严厉打击敌伪一切挑拨离间破坏团结抗战的阴谋。我们认定汪逆一群奸伪是日寇的走狗，而日寇是我们的民族敌人；我们加紧打击日寇，即附带打击汪逆一群；打击汪逆一群即无异打击日寇。我们给与日寇阴谋的答复是加紧团结，加紧打击敌伪，争取更大的胜利！

（原载1940年3月23日重庆《全民抗战》周刊第115期，署名韬奋。）

伦敦与重庆

德国连日轰炸伦敦，争夺英伦海峡的控制权，作为在英伦登陆进攻英国本部的前奏，四千余架飞机飞伦敦施行狂炸，全市起火数十处，热闹市区数英里之远尽成灰烬，人民死伤达四五千人，有防空室被炸倒塌，避难者全部被活埋，有容纳千人的防空室的通气管中弹，死者之中有怀抱幼孩的妇人及卧于摇车中的婴孩多人，古色古香的世界名都伦敦竟被造成烟雾弥漫，火耀十里，死伤枕藉的"人间地狱"！我们在英勇抗战抵御日本强盗侵略的中国人民，看到我们的战时首都重庆遭受日寇轰炸的惨酷，尤其是去年五三，五四，及今年八月十九和廿的惨祸，全市精华付之一炬，人民的流离死伤，尤深惨痛，由于我们所受的苦难，对于英国人民在战祸中所受的苦难，不禁有着深刻的同情，同时对于伦敦与重庆，也不禁发生一种联想。

由联想而发生比较。中国人是半殖民地的人民，是一向受人欺凌的弱国人民，抗战以后，奋勇杀敌，争取民族解放，在国际上的地位虽已非昔比，但我们的民族革命尚待完成，却是事实，所以我们的苦难似乎是终于无可避免的。至于英国人却是所谓强国的人民，但是也终于未能避免今日的苦难。我们的苦难是由于帝国主义的日本侵略半殖民地的国家，英国人民的苦难却是由于帝国主义国家彼此之间的争霸战。反侵略战和帝国主义的争霸战，彼此之间是有着本质上的差异，但是反侵略国家的人民和帝国主义国家的人民大众同是受着帝国主义的遗患，却是一样的，这表示了争取民族解放的人民和帝国主义国家的人民大众，在这一点上是有着共同的利害，应该联合起来共同奋斗。

伦敦和重庆遭受各自的敌机轰炸相同，但中国是全由日本强盗发动侵略，战祸的惨酷结果，其责任应全由日本负之！中国不能负责，至于英国之受德国进攻，是由英国张伯伦政府始终希望希特勒“东向”，在六七年间从种种方面帮助希特勒增强力量，为虎添翼，所谓养痈遗患，使英国人民今日食其恶果，英国张伯伦政府对于英国人民实在客观上做了间接的刽子手，这个铁的事实是任何人所无法否认的。在另一方面，由于英国保守党政府于“九一八”以后，一味纵容日本强盗在远东的横行，未能与中国合作制裁，也是增加了日本对中国人民施行蹂躏的原因之一。它不但害了伦敦，在某种意义上也害了重庆——中国！

伦敦和重庆虽遭受各自的敌机摧残，但由于战争本质上的差异，中国人民的饱尝苦难，很简单明瞭地了解为什么——为着反抗日本侵略，争取民族的自由解放；而英国人民于饱尝苦难之余，对于作战的目的仍多含糊，这只要看英国与德国开战之后，全国各方面对于“战争目的”(War aims)还纷纷争执，闹个不清，便可以窥见一斑：这是伦敦与重庆间的又一个差异。在中国倘有人讨论“战争目的”，那便要被人看作发疯！

伦敦与重庆之间却还有一个共同点：德国对英力求速战速决，英国却努力造成持久战；日本对中国也力求速战速决，中国也在努力继续持久战。无论两方的战争在本质上有根本的差异，但在持久战这一点上却有着共同点。怎样能持久战以困死敌人呢？无疑地是在迅速加强力量。英国除自身努力增强之外,并以敏捷手腕和坚决态度,迅速获得美国的合作,而逐渐改变了英德力量的比重,苏美在远东的地位不逊于美国之在欧洲,这一点也是值得我们加强努力的。

(原载1940年9月21日重庆《全民抗战》周刊第138期,署名韬奋。)

造谣与辟谣

我们看到塔斯社自从欧战爆发以来，几于继续不断地忙着辟谣，使我们深深感觉到我们所处的简直是一个造谣世界！该社对英国辟过谣，对美国辟过谣，对法国辟过谣，对罗马尼亚辟过谣，对希腊辟过谣，对意大利辟过谣，对德国辟过谣，但是对各国虽辟过谣，总还不及对日本帝国主义辟了那么多的谣，尤其是在较近期间为甚。倘若我们可以说现在的世界是个造谣的世界，日本无疑地是个造谣国！

日本强盗在不久以前造谣说建川和斯大林约好了晤谈日期，这里面固然含有不少的阴谋，表示日苏这么亲昵，足使英美惊心，中国焦虑，而同时在气量狭小的日本鬼子更感觉到这是多么一件体面绝顶的事！但是塔斯社却奉命辟谣，声明这与事实完全不符！

但是造谣国并不丝毫感到羞耻，最近又利用外国通讯社传播谣言，说“外交界息，日本已与苏联议妥，划定远东势力范围，并谓苏联同意停止援华一节亦包括在内。”日本强盗正在洋洋得意，自以为增加了一位“强盗同志”，替它的强盗行为张张声势，但是塔斯社却于本月十五日又奉命辟谣，声明这与事实完全不符！

但是无论如何，造谣国是不怕打嘴巴，接着又利用外国通讯社传播谣言，说“日本驻苏大使建川曾建议‘如苏联加入三国协定，则以部分或整个英属印度让与苏联’，又建议‘苏联以东部西伯利亚让与日本’”，在日本强盗总是情意殷殷地要拉苏联做一位“强盗同志”，并欲使全世界的人都把苏联看作和日本无异的“强盗同志”，但是塔斯社又于本月十五日奉命辟谣，于声明这与事实完全不符之外，并加上了“荒谬绝伦的谰言”的考语！

这种声明，在深明苏联立国的本质和其外交政策的人听了，只觉得毫无足异，虽则这种声明不免使强盗失望，同时也使有志反苏有志破坏中国抗战者失望。

日本强盗因中国坚持抗战，在军事进攻方面难有发展，于是以谣言攻势配合其和平攻势，公然在报上登载“十月廿四日德意法三国驻渝大使曾向中国政府建议与日本媾和”，于是我国王外长也不得不出面辟谣了，指出抗战以来德意大使根本未到过重庆，并严正声明“我国具有最大决心，抗战到底，无论日人如何散布谣言，均难掩蔽此举世共见之事实”，于是造谣国又出了一次丑！

日本强盗明知谣言终要揭穿，为什么一造再造，乐此不疲呢？这是因为即在短时期内也还足以欺骗二种人，协助一种人。所欺骗的二种人是头脑不清的人和不肯面对事实的人；所协助的一种人是原来怀着鬼胎，有志中伤中国与最可靠的友邦的亲善关系及破坏中国抗战的人。无论是前二种人或后一种人，在日本强盗的阴谋尚未被揭露的时期内，无论怎样短，（有时并不短）只要多少能松懈我们的抗战意志或工作，或只要多少能造成我们内部的纠纷，减少我们的抗战力量，在敌人方面都认为是杰作，都认为是有收获的。而且继续不断地造谣，无孔不入地造谣，“集小胜为大胜”，我们仍然不应忽视敌人的毒谋。我们不仅要提高警觉性，不为敌人的谣言所欺骗，我们不但要辟谣，而且要以铁的事实粉碎敌人的谣言。

敌人谣传我们“媾和”，我们必须以巩固团结和加强抗战的铁的事实来答复它。

（原载1940年11月23日重庆《全民抗战》周刊第147期，署名韬奋。）

言行一致的政治

孔丘先生曾经发过愤慨，说他最初听人说什么，就相信这个人的行为也是这样，后来感觉说的话和做的事未必能符合，于是他听人说什么，不能就相信，必须按着他所说的话，来在实际上观察这个人所做的事究竟怎样。

孔老先生的这种经验是很值得我们注意的，因为世间实在不少满口仁义道德，实际男盗女娼的人！这类人公开说的话，有时听来也好像头头是道，像煞有介事，但是你如仔细观察他在实际上的行动，却和他所说的话恰恰相反！这叫做言行不一致。

在言行不一致的人，自以为可以达到欺骗的目的，但是在听的人，……在最初也许要像孔老夫子最初那样上当，但后来看到事实并不是这么一回事，也就必然好像孔老夫子后来的进步，要把说的话和做的事比较比较，如果发现言行不一致，便不再上当，说的人的信用便从此破产了。说尽好话，做尽坏事，在这种人自己也许洋洋得意，我们旁观者清的人，却不禁为之慨叹不置！

观察个人如此，观察一国的政治也是如此。例如我们的民族敌人日本国。它在表面上未尝不自称是实行了宪政的进步国家；自跻于英美民主政治之林，好不自豪！天皇来一道敕语，近卫发一篇谈话，好不冠冕堂皇！但是在重重压迫下的人民，虽“耳语”运动亦受严禁，大批拘捕“思想犯”，妄想以独裁的“新体制”来消灭各政党，对言论出版集会结社的民主权利，压迫摧残，无所不用其极。这样的国家，尽管有暴力强制人民，但是因为言行不一致，却永远引不起人民的真正信任。它自己言行不一致，却最怕别人说公道话，所以日本的议会便有只准点头鼓掌，不许演说质问的别致作风！

（原载 1941 年 2 月 22 日重庆《全民抗战》第 157 期，署名韬奋。）

打回鸭绿江边去

从一九三一年的北大营的炮声响后，到现在，已经有整整的十年了。这十个年头中的历史鲜血淋淋地活在每个人的心头，用不着我们在这里细细追溯。“九一八”的十周年纪念之特别使我们触目惊心，也不只是因为它向我们提醒了这十年的历史——整个民族在这十年中所蒙受的耻辱与苦难，三千万东北同胞至今还在过着的被蹂躏与践踏的生活，我们何曾有一时一刻忘掉？——而是因为它像一声警钟在告示我们，这一切羞辱与苦难必须加以彻底清算了。

眼前正是我们去向敌人索还从九一八以来的全部血债的时机了。纵观世界局势，十年来从未有一个时候，我们的民族解放工作是处于像今日这样有利的情况之下。民主国家的反侵略反法西斯的大团结已在战火烽烟中展开了全世界的光明的远景，眼看西方的侵略者将难于度过下一个冬天，而在东方，英美苏的援华制日的步伐也日益整齐而加紧了。这种情况是在九一八事变时所难于想象到的，既然在艰苦抗战了四年以后终于打出了这一个局面，我们还不赶快去向敌人算一算总账么？回看国内的情况，这十年内的进步也不是轻易计算得出来的。抗战团结的局面在从人民大众中所发出来的无穷有生力量的支持之下始终坚持着，那些对九一八事变和跟着而来一连串的屈辱历史要负最大责任的罪人们——以汪逆为首的亲日亲德意分子已经纷纷露出原形,滚出民族的阵营。□□□□□□□□[1]:让我们更整饬我们的队伍,动员反攻,收回一切失地,直到鸭绿江边;洗刷一切耻辱,争回民族的光荣!

难道我们还没有反攻的力量吗?我们有的,但是这些力量还没有很好地配合与发挥出来却也是事实。既然我们曾经因为相当地开展了政治上的民主,初步地建立了全国的团结,于是得能在这四年抗战中发挥了强大力量;那么,在今天,只要认真实行民主政治,切实巩固民族团结,一定能产生无限量的有生力量,以实行反攻。再配合以目前有利的国际局势,打回鸭绿江边去就不是一个幻想。反之,倘不这样做,我们就不得不继续生活在自九一八以来的耻辱之中。

只有孱头与奴才才日夜幻想敌人自动悔过屈服,企求他人为自己复仇,我们要有像古代的复仇者一样的气概,纵然有旁人拔刀相助,也要使敌人的血流在自己的刀下。事实上,英美苏的共同压力纵然能断绝日本南进北进的路,但对西进,它是绝不会放松的。透过汪伪政权,他正力谋加强与巩固其对沦陷区的掠夺与控制,同时继续实行着对我敌后游击区域的大规模扫荡。对于这些,我们绝不能采旁观的态度。必须认真准备和赶速实行反攻,来击破他的一切阴谋活动,否则敌人在布置妥当的时候,再度实行对我大后方的进攻是完全可能的。国际的援助当然是大大有助于我们的实行反攻,但我们不是说,只要外援增多,我们就能反攻;而是要堂堂地向一切友邦说:因为我们要实行反攻了,你们就更不必对日本作不必要的让步,更应该多给我们实际帮助。

在自力更生民主团结的基础上赶速发挥全力以实行反攻,这已经是当前的迫切任务。一切跟培养与团结反攻力量相反的政策与设施必须立即停止了!在九一八的纪念钟声之中,鸭绿江水在召唤着我们!

(原载1941年9月13日香港《大众生活》新18号,未署名。)

---

[1] 刊载原文即如此。

对国事的呼吁

我正处在长期惨苦的病痛中，环境的压迫和重病的磨折，都可用我坚强的意志与之抗争，还能泰然处之，但每一念及祖国的前途，则忧心如捣，难安缄默。

抗战到了第七个年头，国际形势是民主阵线一天天的胜利，法西斯一天天的崩溃，对中国抗战很为有利。敌伪在沦陷区虽然实行欺骗怀柔政策，但人心必然向着祖国，向着抗战的胜利，足见我们的前途充满了光明。然而当这民族的苦难快到尽头，光明的胜利临到面前的时候，国民党内反动派却变本加厉，策动对日妥协，调回大军，围攻陕甘宁边区及其他抗日民主根据地的阴谋，内战危机系于一发。我们知道以国共合作为中心的全国各抗日党派的团结，是发动抗战坚持抗战争取最后胜利的最基本条件之一，也是抗战胜利以后建设新中国的最基本条件之一，而且团结与抗战二者是不可分离的，能团结才能抗战，破坏团结必然就走上妥协的道路。七年多来国民党内反动派始终企图中途停止抗战，施尽一切阴谋诡计，破坏团结。靠着全国人民的力量，克服时时发生的阴谋危机，才使团结抗战坚持到今天。于今我国能废除不平等条约，位于四大强国之列，乃是由于全国人民坚持团结抗战的结果。国民党内反动派这次对敌妥协进攻共产党的策动，实是危害国家荼毒人民的滔天罪行，我们必须以全国人民的力量，全国舆论的力量，全国各抗日党派的力量，以及海外数千万华侨的力量，共同揭露国民党内反动派这种阴谋，坚持团结，坚持抗战到底。

其次，民主政治是中山先生三民主义的最宝贵的遗产，也是全国人民所最热烈希望实现的目标。民主政治同时是坚持抗战精诚团结的最基本条件之一。当我在敌后抗日民主根据地，亲眼看到民主政治鼓舞人民向上精神，发挥抗战力量，坚持最残酷的敌后斗争，并团结各阶层以解决一切困难的情形，我的精神极度兴奋，我变得年青了。我对于伟大祖国更看出了前途光明。但是国民党内反动派却仍用一切方法来反对中山先生最宝贵遗产的民主政治，他们有的公开宣扬法西斯主义，认为民主与抗战不相容，或者反复因循，用延宕政策，一再自食其言，拖延民主政治的实现。最近国民党十一中全会又宣布需在抗战结束一年之后，方召开国民会议，实行宪政，便是延宕欺骗政策的一再重演。再不然，就实行挂羊头卖狗肉的民主，我所亲自经历过的国民参政会，演变至于今日，已成为国民党 CC 派所操纵的御用工具。国民党内反动派的所以反对民主政治，其目的无非为实行法西斯的一党专政而已。为了争取抗战胜利，祖国解放，民主自由，我们必须坚决反对这种拖延的政策，坚决反对这种伪装的民主政治，而主张以全国人民为本位的民主政治，并且要求立即实行。要办到此点，国民党必须诚意取消一党专政，诚意接受各抗日党派共同抗日，共同建国原则。否则，一切都是空话。

最后，我们知道文化教育是近代国家最基本最重要的工作之一。在抗建时期，应该更加发扬和提倡文化教育的活动。然而国民党内反动派，害怕人民知识的启发，进步思想的普及，不惜用种种的方法来摧残文化教育。近数年来，不依标准审查书刊，任意停止书刊出版，把持新闻出版事业，违法封闭书店报馆，包办学校教育，停聘有正义感的教授教员，学校管理特务化，与摧残文化教育，戕害青年的罪行，罄竹难书，而于今尤烈。我认为人民应有思想研究的自由，言论出版的自由，必须立即取消不合理的图书审查制度，必须立即取消将青年当囚犯的特务教育，必须立即取消残害进步文化人士和青年知识分子的罪行。我自愧能力薄弱，贡献微少，二十年来，追随诸先进，努力民族解放，民主政治和进步文化事业，竭尽愚钝，全力以赴，虽颠沛流离，艰苦危难，甘之如饴。此次在敌后视察研究，目击人民的伟大斗争，使我更看到新中国光明的未来。我正增加百倍的勇气和信心，奋勉自励，为我伟大祖国与伟大人民继续奋斗。但三四年来由于环境的压迫，我的行动不能自由，最近更不幸卧病经年，呻吟床褥，不能不暂时停止我二十余年来几于日不停挥，用笔管为民族解放、及人民自由进步文化事业呼喊倡导的工作。我个人的安危早置度外，但我心怀祖国，倦念同胞，苦思焦虑，中夜彷徨，心所谓危，不敢不告。故强支病体，以最沉痛迫切的心情，提出几个当前最严重的问题，对海内外同胞作最诚挚恳切的呼吁，希望共同奋起，各尽所能，挽此危机，保卫祖国。

民国三十二年十月二十三日写于上海病榻。

（1944年10月11日国民党图书杂志审查委员会以"诋毁政(府)，触犯审查标准第二项第三条"为罪名，无理批复韬奋遗作《对国人的呼吁》在《群众》期刊第9卷第19期上"应予免登"，全文扣留。

1944年10月8日延安《解放日报》发表时恢复原稿全文，改题《对国事的呼吁》。）

人生随笔

愚意以为非有几分呆气，勇气鼓不起来，正气亦将消散。

转到光明方面去

世界上有许多人一天到晚心绪恶劣，愁眉哭脸，在苦闷与失败里面过日子；都是因为他们对于生活存着错误的心理。他们好像从来不把脸朝着太阳光，却把背朝着太阳光；这样一来，望着前途，当然只看见黑影子了。但是我们要知道，我们的确能够在光明中过生活——只要我们肯睁开眼睛，放宽胸襟，看得见人生的美丽，愉快，与安慰。

自己要上进，只有靠自己努力去做。如肯立定志愿，转到光明方面去，你要无时无地不欣然的向着所定的目标前进，无论什么外诱，不能动你丝毫；这样做去，包能达到成功的结果。你要明白，你现在所处的境遇怎样平常，所处的位置怎样低微，所做的事业怎样有限，都一点儿无关紧要；最紧要的，与你前途有极大关系的，是你现在所朝着的方面——你心目中所常想的，所念念不忘的方面。你试想：倘若你一直立住望着山下的黑暗深谷，能否有达到山顶的时候？如你自愿安于困苦失败的黑暗深谷，念念不忘在这种黑暗的方面，那末虽有健康，美丽，安慰，成功的高峰在望，你心目中并没有它的影像，尽管埋着头望黑暗处钻，也不能引你上进。

我们如能改变我们的人生观，便能改变我们的生活。假使我们脑子里充满了穷苦愤恨疑虑的观念，好像戴着有颜色的眼镜看东西，外面东西的颜色也跟着它变，这样看出去，没有一件东西不是黑暗悲惨，可恨可恶的，我们的生活不受我们思想的影响；你倘若一直向黑暗方面念念不忘，终有一天要跌到那个深渊里面去！你走路当然不得不向你所朝着的方向走，如要达到愉快与成功，心理却常常向着与它相反的方面，便永远休想达到；如心理常常向着恐怖，疑虑，靠不住，而要实现与它相反方面的好结果，也无异于向着西藏前进，要想达到美国的诗家谷，当然也是绝对不可能的事。

世界上最重要的东西莫过于我们的心理，我们要知道人类是应该要愉快的享受健康，幸福，安慰的生活。倘若我们还没有得到所应得的部分，这因为我们功夫还没有做得到步，还要努力的做去。若只不过一天到晚在恐怖，错误的思想，灰心，怨尤，与烦躁心境的广漠里面，横冲直撞，徒然耗神废时！因果律是人人逃不掉的。所谓因果律，就是说收成迟早总要与耕耘相应。我们固然不能希望不用力而有所成就，但是如果我们用了适当的心理对生活，做事做得不错，做得高兴，能诚实，仁爱，勤于助人不自私自利，迟早必能得着由这种耕耘所出来的收成，决然无疑。

总之，我们如朝着光明的方面前进，心目中无时没有所欲达到的目标，用坚毅的意志，百折不回的精神，活泼快活的心境，无时无地不向着这个光明的方面前进，决不念念与此相反的黑暗方面，我们的一生，便可有惊异的进步。

（原载 1927 年 2 月 20 日《生活》周刊第 2 卷第 16 期，署名恩润。）

有效率的乐观主义

有一个名词，个个人的脑子里都应该有的，个个人的心里都应常常想到，常常念着的，这就是“乐观主义”。一个人的目的愈远，计划愈大，他的工作所经过的途径也愈远；在前进的时候，有许多愁虑，困难，穷苦，失望，都是当然要碰到的。乐观主义的人，就是不怕这些恶魔，反而振起精神，抱着希望，向前干去！倘被恶魔所屈服，便亡了；倘能战胜恶魔，便是胜利！

凡是要做得好的事情，都不是随随便便就行的，都不是容易的。你自己要立于什么地位？要达到什么地步？情愿付什么代价？你所希望的地位或地步总在那里，不过必须先付足了代价的人，才能“如愿以偿”。沿着大成功的一条路上，有许多小失败排列着，最后的成功是在能用坚毅的精神，伶俐的眼光，从这许多小失败里面寻出教训，尽量的利用他，向前猛进。而这种“寻出”和“尽量的利用”，惟有抱乐观主义的人才能够办到。

牛顿发明地心吸力学说的时候，全世界人反对他；哈费（Harvey）发明血液循环学说的时候，全世界人反对他；达尔文宣布进化律的时候，全世界人反对他；白尔（Bell）第一次造电话的时候，全世界人讥消他；莱特（Wrights）初用苦工于制造飞机的时候，全世界人讥消他。

讲到我们中国的“国父”孙中山先生，最初在南洋演讲革命救国的时候，有一次听的人只有三个。这许多人都要抱着乐观主义，极强烈的乐观主义，使他们能战胜全世界的糊涂，盲从，冷酷，恐怖，怨恨，反抗。而且工作愈伟大，所受的反抗也愈利害，简直成为一种律令，对付这种利害的反抗，最重要的工具是乐观主义。

有许多人以为乐观主义的人不过是“嬉皮笑脸”，“随随便便”，“一切放任”，“撒撒烂污”，“得过且过”，“唯唯诺诺”。诸君切勿误信这种谬说。真正的乐观主义的人是用积极的精神向前奋斗的人，是战胜愁虑穷苦的人。这类的苦境，常人遇着，要“心胆俱碎”，“一蹶而不能复振”的；只有真正乐观主义的人才能努力奋斗，才敢努力奋斗！所以讲到乐观主义还不够，要有“有效率的乐观主义”才行。

（原载1927年4月24日《生活》周刊第2卷第25期，署名心水。）

闲暇的伟力

“闲暇”两个字，用再平常一点的话讲起来，就是“空的时候”。

金屑　在美国费列得费亚的造币厂地板上，常有造币材料余下小如细粉的金屑，看过去似乎是很细微不足道，但是当局想法把它聚集拢来，每年居然省下好几千圆的金洋！能用闲暇伟力的成功人，也好像这样。

短的闲暇　我们常听见人说：“现在离用膳时候只有五分钟或十分钟了，简直没有时候可以做什么事了。”但是我们试想世界上有多少没有良好机会的苦儿，竟利用许多短的闲暇，成功大业，便知道我们所虚掷的闲暇时间，倘若不虚掷，能利用，已足使我们必有所成。此处闲暇时间外的本来的工作时间尚不包括在内，可见闲暇的伟力，真非常人所及料！

格兰斯敦　格兰斯敦是英国最著名的政治家，他的法律的政治的名著，世界上研究法律政治的人无不佩服的。但是他一生无论什么时候，身边总带一本小书，一有闲暇的时候，就翻来看，所以他日积月累，学识渊博。大家只晓得他的学识湛深，而不晓得他却是从利用闲暇伟力得来。

法拉台　法拉台(Michael Faraday)是电学界极著名的发明家。

他贫苦的时候是受人雇用着订书的，一天忙到晚；但是他一有一点闲暇，就一心一意做他的科学试验。有一次他写信给他的朋友说："我所需要的就是时间，我恨不能买到许多'写意人'的'空的钟头，甚至空的日子'。"但是有"空的钟头""空的日子"的"写意人"，反多一无贡献，和"草木同腐"，远不及"一天忙到晚"的法拉台，就在他能利用闲暇的伟力。

虽忙　一个人虽忙，每日只要能抽出一小时，如果用得其法，虽属常人也能精熟一种专门科学。每日一小时，积到十年，本属毫无知识的人，也要成为富有学识的人。

心之所好　尤其是年青的人，在本有工作之外，遇有闲暇时候，总须有一种"心之所好"的有益的事做。这种事和他原有的工作有无关系，都不要紧，最要紧的是真正"心之所好"，有"乐此不疲"的态度。

现今　"现今"的时间，是我们立志可以作任何事的"原料"；用不着过于追想"已往"，梦想"将来"，最重要的是尽量的利用"现今"。

（原载 1927 年 10 月 9 日《生活》周刊第 2 卷第 49 期，署名惭虚。）

做领袖的真本领在那里?

领袖不是摆架子的代名词,也不是“封建势力”的遗物,是有系统有稍大规模的事业上少不了的一个分子。所以无论机关的大小,总要有一个领袖。

“衣之提挈,必在领袖。”所以用来“喻人之能提挈其下者”。这个“下”字,并不含有阶级的观念,是指做一种事业里一小部分事务的人,合了许多小部分的事务,聚起来便构成那种事业的全部的事务,做领袖的人就在于能够“总其成”。换句话说,做领袖的人就在能有顾到全部的眼光,观察全部的能力,监督全部的工夫,改进全部的计划,解决全部困难的手腕:犹之乎提了一件衣服的领袖,全件衣服都整个的在望,都妥妥帖帖的,整整齐齐的;样子好不好,有没有要改良的地方;料子好不好,有没有更改的地方;发见破绽,应如何改造或补造才好看……

有某君是一位做银行总裁的介弟,自费去美国学得工程师学位,但是实际的经验,却不见得怎样高明。回国后居然被一个规模颇大的自来水公司请去担任工程师,手下管得着的技士职工等等,倒很不少,在他的专业方面,总算是立于领袖的地位了。但是有许多工人的经验,反比这位工程师好得多,等到他“像煞有介事”的出几个命令,已被他们看穿了，于是都看他不起！你出你的命令，我做我的事情，不与你理会。结果那位堂而皇之的工程师，只做得一个孤零零的独脚戏的工程师，实在觉得无趣，并且觉得难堪，只得辞职，不干而去。

还有一位是国内某工业大学的毕业生，因为实际的工程事业做了不少，尤其因为他是从小的位置做起，对于机器方面，可谓“熟极而流”，经验非常丰富。他的才干为某巨公所赏识，请他担任某纱厂的工程师，所管的职工以千计。职工里面有几位撒烂污朋友，被他初接任时就开除了几个。职工里面有多人本以为他是徒挂学校出身的空招牌，那里真懂得机器的实际巧妙。所以有几个特别奸滑的工人，欲求泄怨，于退工的时候私把机器里面某个最重要的螺钉拆去，一面暗里通知众工人叫他们第二天早晨群聚工厂门口，约好不即进厂，看那位工程师机器开得成开不成。那里知道那位工程师对于机器，一看便看出毛病，一修便把他修好。所以第二天大众聚在门口，已见烟囱里的烟如常的涌出，机器的动声如常的震耳，只得面面相觑，相率入厂，还以为大上那几个奸滑朋友的老当！从此知道那位工程师的实在本领，翕然服从，没有什么话说！

以上两位都是我的朋友，上面所叙的事实，就是他们本人看见我，也都自承的。我还有一位朋友，曾担任北京某著名报馆的总经理，在他未接任以前，报馆里的编辑部和营业部的经理总是积不相能，后来那位营业部经理升为总经理，更弄得干不下去！这位朋友一接手，事事妥帖。何以故呢？因为他做过总编辑，为编辑部同事所心折，又做过营业部经理，对于营业的诀窍，头头是道，没有人敢欺他，所以他现在坐在那把领袖的交椅上，大稳而特稳，大胜任而特胜任！

可见做领袖的真正本领，不在空架子，全在有真实的令人心悦诚服的智能魄力眼光与手腕。这种种方面的养成，全靠在从小做起的时候，处处用心，时时留意，不是一蹴可几的。没有这样素养的人，就是立刻有人拿一把领袖的交椅给他坐上去，恐怕一交跌了下来，爬都爬不起！

（原载1927年11月6日《生活》周刊第3卷第1期，署名心水。）

热　诚

什么是“热诚”？用上海话来说，就是“起劲”。与“起劲”处于相反地位的就是所谓“懒洋洋”，再说得坏些，也可以说是“阴阳怪气”。我们遇着懒洋洋的或是阴阳怪气的朋友，要不要讨厌？既要讨厌，自己就该向热诚或起劲的一条路走。

著名政治家克雷氏(Henry Clay)曾经有几句话说出他的热诚精神。他说:“别人演讲重要问题的时候，心里觉得怎么样，我不知道；讲到我自己呢，遇着这种时候，我心目中所有的只不过当前的那个重要题目，此外对于身外的环境，自身，时间，周围的东西，都好像一无所知，一无所觉。”这样起劲的演说，当然要使人感动。

有一位著名的银行家说:“一个银行如果真要大成功，要寻聘一位常把这个银行带到铺上的行长。”这是说这种行长对于该行事业的起劲，专注思想于这种事业的精神，不是真把一个那么大的银行搬到那么小的一架床铺上去。

名小说家迭更司(Dickens)说他常被他所经营的小说里面的理想人物和文字的计划所缠绕，非把他们用文字描写出来，简直不让他睡觉，不让他休息！这样起劲的做小说，当然要写得活龙活现，使人读了对着他笑，对着他哭，对着他太息和对着他欢跃！

艺术家的不朽作品，所以能成，也全恃他有勇往直前的爱美的热诚，非把他表现于大理石上或是帆布上，也是不能让他安闲的。

大思想家恩默省(Emerson)曾经说道："世界史上所记载的惊天动地的大事业，都是热诚之凯旋。"

热诚能发生新精力；热诚能启迪新智慧；热诚能增加新兴趣；热诚能战胜恶环境；热诚能给我们以最后的胜利！

(原载1927年11月20日《生活》周刊第3卷第3期，署名惭虚。)

坚毅之酬报

一个人做事,在动手以前,当然要详慎考虑;但是计划或方针已定之后,就要认定目标进行,不可再有迟疑不决的态度。这就是坚毅的精神。

大思想家乌尔德(William Wirt)曾经说过:"对于两件事,要想先做那一件,而始终不能决定,这种人一件事都不会做。还有人虽然决定了一件事的计划,但是一听了朋友的一句话,就要气馁;其先决定这个意思,觉得不对,既而决定那个意思,又觉得不对,其先决定这样办法,觉得不对,既而决定那样办法,又觉得不对;好像船上虽然有了罗盘针,而这个罗盘针却跟着风浪而时常变动的;这种人决不能做大事,决不能有所成就,这种人不能有进步,至多维持现状,大概还不免退步!"

有一个报界访员问发明家爱迭生:"你的发现是不是往往意外碰到的?"他毅然答道:"我从来没有意外碰到有价值的事情。我完全决定某种结果是值得下工夫去得到的,我就勇迈前进,试了又试,不肯罢休,直到试到我所预想的结果发生之后,我才肯歇!……我天性如此,自己也莫名其妙。无论什么事,一经我着手去做,我的心思脑力,总完全和他无顷刻的分离,非把他做好,简直不能安逸。"

坚毅的仇敌是“反抗的环境”，但是我们要知道“反抗的环境”正是创造我们能力的机会。反抗的环境能使我们养成更强烈的抵御的力量；每战胜过困难一次，便造成我们用来抵御其次难关的更大的能力。

文豪嘉莱尔（Carlyle）千辛万苦的著成一部《法国革命史》。当他第一卷要付印的时候，他穷得不得了，急急忙忙的押与一个邻居，不幸那本稿子跌在地下，给一个女仆拿去加入柴里去烧火，把他的数年心血，几分钟里烧得干干净净！这当然使他失望得不可言状，但是他却不是因此灰心的人。又费了许多心血去搜集材料，重新做起，终成了他的名著。

就是一天用一小时工夫求学问，用了十二年工夫，时间与在大学四年的专门求学的时间一样，在实际经验中参证所学，所得的效益更要高出万万！

（原载1927年11月27日《生活》周刊第3卷第4期，署名惭虚。）

老而不老

伍廷芳博士以善诙谐闻于世，他在美国做公使的时候，美国交际场中遇有聚会，差不多非有伍老博士便不能尽欢，尤其因为他的年纪虽老，而兴趣浓厚，笑颜常开，笑话常有。

有一位朋友告诉我，伍老博士有一次在南洋中学演说，一走上演台，就先用一句英语说："I am seventy years young!"弄得全堂哄笑！这位老头子真会掉枪花！我们知道英语说多少岁数，总是说"怎样老"，十岁的说"十岁老"，二十岁的说"二十岁老"。伍老博士到了七十岁，偏说"我是七十岁幼"！这是表示他老而不老！年老而精神不老！

伍老博士所用的"幼"字代"老"字，在英语尤能相映成趣，非译文所能尽达。

一个人年岁大而老，是无可如何的事情：但是虽年老而精神要不老，否则便是"老朽"。

现在还有一班年青的人，未老而已老，或则"老气横秋"，或则"暮气沉沉"，那就更不应该！

老年人的好处在有经验，在持重，在镇定；少年人的好处在有勇气，在肯做，在向前。倘能把这两方面的好处合起来，老也好，少也好，都是大有作为的人物。

（原载 1928 年 3 月 11 日《生活》周刊第 3 卷第 17 期，署名韬奋。）

孤　独

近读美国前总统威尔逊氏的演说集，有一句话使人不胜感慨而兴奋。他说："林肯是一个孤独的人！"（"Lincoln was a lonely man."）

林肯何以是一个孤独的人？他的思想，他的抱负，他为国为民的苦心孤诣，他为民为国的辛勤奋斗，生前有那一个人真懂得他！当时同党的人有人叛他的，当时不满意他的人，甚至说他是一个猴子，有人加以衣冠，利用作傀儡；一旦被刺，国人追念前勋，全国挥泪，则这位孤独的英杰，已经瞑目了！我读他的传记，不禁掩卷唏嘘，感不绝于予心！

一个人须内心有所自主，如一人誉之而喜，一人毁之而忧，决做不成什么好事！

有某君说做人要做到不怕骂，才能有所成就。这句话虽有深意，当然也很有流弊。我以为先须自己深切的考虑，自己的主张是否正大？自己的工作是否正当？如自信问心无他，便当公而忘私，奋勇做到底，置成败利钝于不顾，做一个孤独的人而于心无所怨怼。倘若卑鄙污浊，效法"笑骂由他笑骂，好官我自为之"的无耻态度，那便"差之毫厘，谬以千里"！

"林肯是一个孤独的人！"我们奋斗的时候，要常常玩味这句感慨而兴奋的话！

（原载1928年4月1日《生活》周刊第3卷第20期，署名韬奋。）

胡适之先生劝人发痴!

最近各省教育代表及教育专家,在南京开全国教育大会,极一时之盛。各代表及专家会后到沪,商务印书馆在东亚酒楼设宴款待,胡适之先生演说,竟大劝人发痴!他说我们无论做什么事业,若能做得发痴,总有多少成效。像王云五先生近来对于四角检字法的提倡,便有点发痴:东演说,讲四角检字法,西演说,也讲四角检字法,东拉西扯都不外四角检字法,好像天地间只有这一事,简直成了一个痴子!

胡先生说到这里,又提到在座的杨卫玉先生。他说杨先生开口职业教育,闭口职业教育,也好像天地间只有职业教育是最重要的,也成了一个痴子!

最后胡先生现身说法,他说他自己数年前对于白话文的提倡,也是痴得很,所以不无成效;最近所提倡的"汽车文明",是随随便便说的,并没有做到痴的程度,所以还不见什么成效。

胡先生劝人发痴,这种痴子大可以做得!

世界上科学发明家兼作痴子的很多很多!试举一二事为例。相传发明引力原理的牛顿(Sir Isaac Newton)[1]有一天早晨正在凝思,

[1] 原文作"Jsaac",疑误。

旁置一炉，炉上一小锅开水，女仆置蛋其旁，备他煮吃，他想到一半，竟把手中的表当作鸡蛋放入锅里大煮而特煮，把一只好好的表煮坏了！痴得可以！

现在还健在的电学发明家爱迭生（Thomas A. Edison）[1]，听说他结婚的那一天，和他的新夫人同乘一辆车子经过他的实验室，他忽然想起实验室里一件正在实验的东西，把车子停在门口，请他的夫人略等一下，他自己跑进实验室里去验一下，不料他这位“痴子”新郎进了实验室之后，一心一意想着所实验的东西，东挖西摸，竟又实验起来，把新娘忘在门外！后来那位新娘等了大半天，实在等得不耐，跑进实验室去问一下，“痴子”新郎看见了新娘，才恍然若醒！陪着一同回去。这真痴得可以！

我国俗语有句话说：“精诚所至，金石为开。”本文里所谓“痴”，就是“精诚所至”，不但“好之”，而且“乐之”，能有这种“发痴”的精神，虽排万难，若行所无事！“痴子”盍兴乎来！

（原载1928年6月24日《生活》周刊第3卷第32期，署名心水。）

---

[1] 原文作“Edson”，疑误。

肉麻的模仿

模仿本来不是坏事情，而且有意义的应需要的小模仿反是一件极好的事情。例如模仿外国货以塞漏卮，模仿强有力的海陆军以固国防，模仿良好品性以正心修身，何尝不好？但是无意识的模仿，便有不免令人肉麻的地方！

自从《胡适文存》出版以后，好了！这里出一部“张三文存”，那里又出一部“李四文存”！好像不印文集则已，既印文集，除了“某某文存”这几个字外，就想不出别的稍为两样一点的名称！我看了实在觉得肉麻！这种没有创作精神的“文豪”，只怕要弄到“文”而不“存”！

还有许多做文章的人，见别人用了什么“看了……以后”作题目，于是也争相学样，随处都可以看见“听了……以后”，“读了……以后”的依样画葫芦的题目，看了实在使人作呕！我遇见这一类题目，便老实不再看下去，因为“以后”的内容也就可想而知！

交易所初开的时候，随处都是交易所，好像除了交易所，没有别的生意好做！后来跳舞场开了，也这里一家，那里一家，好像可以开个不完！不细察实际需要而盲目模仿的事业没有不失败的，交易所和跳舞场便是好例。现在又群趋于开设理发店，将来若非一个人颈上生出两个头来，恐怕不够！

即讲到本刊的排印格式，自信颇有“独出心裁”的地方，但是近来模仿我们的刊物，已看见不少，听见有一种刊物的“主人翁”竟跑到印《生活》的那家印刷所，说所印的格式要和《生活》“一色一样”！我们承社会的欢迎，正在深自庆幸，并不存什么“吃醋”的意思，不过最好大家想点新花样，若一味的“一色一样”，觉得很无谓。

我们以为无论做人做事，宜动些脑子，加些思考，不苟同，不盲从，有自动的精神，有创作的心愿，总能有所树立，个人和社会才有进步的可能。

（原载1928年8月12日《生活》周刊第3卷第39期，署名韬奋。）

仗义执吠的狗

老友张竹平先生住在上海辣斐德路，他告诉我说昨天上午（八月十五日）他家的门口出了一桩奇事。有一部汽车如飞的驶过，刚到他的门口，把一个走路的人轧伤，立刻"呜呼哀哉伏维尚飨"，鲜血淋漓，僵卧于地，那个开车的人看见闯了祸，车也不停，正想"溜之乎也"，张先生寓所隔壁某西人家里却养有两只警犬，看见一个人被那部汽车轧倒于地，红血喷涌，不管那部汽车开足马力，居然大抱不平，狂吠飞腾，奔向车前拦阻前进。那个开车的还想逃，那两只警犬竟"义愤填膺"，同向车上开车的人奔扑阻挠，这个时候，那个开车的人手足竟不得自由，街上看的人也越集越多。结果他竟不免"捉将官里去"！

那两只狗，见义勇为的时候，他们心里到底有无意识，未曾用过"心理测验"来测验一下，在下不是狗类，当然不敢武断，不过看他们所遇的情况及所作的对付行为，不能说是没有意识的举动。我尤其觉得当今"唯唯诺诺"的社会，只有势利不问是非的社会，能有"仗义执言"的人，已若"凤毛麟角"，看到这种"仗义执吠"的狗，更不禁"感慨系之"。

"圆颅方趾"本不是"梅花足迹"的同类，那两只警犬竟"有救无类"（从《论语》"有教无类"脱胎出来的），奋不顾身的做去。若有同属于一个民族的人，眼见穷凶极恶的强暴，占了我们的土地，杀了我们的吏民，还不能开诚布公，互泯私见，消灭意气之争，搁开个人权利，万众一心的振作精神，从事建设，积极御侮，那就对着这两只狗都不免惭愧！

骂人做狗，当然要“像煞有介事”的板面孔，至于人不如狗，则又如何？

（原载1928年9月2日《生活》周刊第3卷第42期，署名韬奋。）

唯唯诺诺的脚色

平日交到一位唯唯诺诺的朋友，你说这般这般，他连忙称是；你说那样那样，他又连忙称是，一切顺手的时候，你和这样千是万是的朋友在一起，也许觉得舒服得很。但是一旦你有了特别重要的事情，你要有人对你所拟定的办法加以精确的批评，补你思虑所不及，或要藉此取决行止，你便不想去问这样唯唯诺诺的朋友了，你便渴望求得一位“是其所是而非其所非”的得力朋友了，你便要就教于一位肯用脑子能用脑子的朋友了。

各机关里面用人，也有相类的情况，所以各业领袖倘是贤明的，他所朝夕访求的人材，决不是唯唯诺诺的一派，因为唯唯诺诺于他是毫无所补的；你如果不管他的计划到底好坏，不用自己的脑子思考一番，便唯唯诺诺起来，那末他的计划倘若本来是好的，多了你的唯唯诺诺一下，并无丝毫的增益，他的计划倘若本来是不行的，受了你的唯唯诺诺一下，反而促他走入歧途，弄得一团糟！他所殷切访求的是肯用脑子能用脑子的人，因为这种人才能增加他的事功效能，才能替他分负责任。

前几年有某君自美留学回国后，在市政某机关得到一个位置，和社会上所谓领袖人物颇有周旋的机会，但是他一味采用“唱喏”主义，对于他们所计议或所讨论的事情，他总是千是万是，或在他们已讲的话上而再添说几句“为蛇添足”的话。后来那机关里的一位领袖寻出他的短处，对人说“他是没有脑子”的！遇有比较重要的事都不和他商量。

这样看来，做唯唯诺诺的一派的人，最初虽未尝不可令人“适意”，一旦“拆穿西洋镜”，他的信用便从此“荡然无存”！

上面所述某领袖骂唯唯诺诺的人为“没有脑子”的人，脑子原是人人有的，不过对于无论什么事不加思考而无所不“是”的人，虽有脑子而不用。器具则愈用愈利，愈不用则愈钝，人的智慧则亦有然；所以其初不肯用，后来便要做到不能用的地步；于是虽有脑子等于“没有脑子”。

在唯唯诺诺的反面，便是无论对于什么事情，要养成判断的能力；要用自己的脑子思考一番，依自己思考力所得的结果，下一断语；我以为是的还他一个是，我以为非的还他一个非，我以为应该这样办的，或以为应该那样办的，便自己打定一个主意或态度。

有一天作者和几位朋友谈天，其中有人已居于领袖的地位，也有人还是处于“助手”的地位，有一位处于“助手”地位的朋友欿然不自信他有独当一面的能力，我问他何以见得，他说因为恐怕没有独立的判断能力，有一位已居领袖地位的朋友说：“你从来未曾独当过一面，当然用不着独立判断能力，没有用过不能说是一定没有，等到你身临独当一面的时候，非当机立断不可，你便须用着你的独立判断力了。”这一句话固然可以振作一般“自馁者”的精神。但是我却再有进一步的建议，就是一个人目前所处的是“助手”的地位，所处理的事情，其最要的决定权虽在所谓“领袖”，但是他对这件事也未尝不可先用自己的脑子考虑一番，自己假定一种“我以为应该要这样办的”办法，看看后来那位“领袖”所拟的办法是否和他所假定的符合，并留意随后的结果，研究结果差异之症结所在，这样一来，岂不也是有运用判断力的机会？岂不也是可以养成独立的判断能力？这样寓“修养”于“做事”里面，实在是增加自己材能的好方法，而其最重要的条件是要“肯用脑子”。

最后我们还有一点要提出的，就是唯唯诺诺的反面并不是“盲目的反对”。社会上有一种人在机关里，或在会场上，无论对于什么“计划”或“建议”，总是要保持一种“死作对头”的态度，不管对与不对，总是要反对的，这是所谓“捣乱分子”，虽与“唯唯诺诺”处于相反的绝端，也是要归在“没有脑子”的一类。

（原载 1928 年 9 月 16 日《生活》周刊第 3 卷第 44 期，署名心水。）

礼貌要整顿一下才好！

咱们的同胞生在数千年的“礼义之邦”，当然是有礼貌的！

你看大多数仍旧喜用拜跪礼的结婚，跪了又跪，拜了又拜，跪啊！拜啊！弄得新郎新娘的两个腰，两双腿，酸痛得不亦乐乎！至于虚耗于这种繁文缛节的宝贵时间更不算什么。这种把戏不是自以为有“礼貌”吗？

你看大多数请客上席的时候，并不由主人指定座位，却由客人来你拉我扯，好容易拉扯了半晌，才舒齐的坐下。这种怪现象不是自以为有“礼貌”吗？

不幸多了几位客人，由主人肃入饭厅的时候，或是一同向主人辞别而将要走出客厅门口的时候，又要大家不肯先走，也要你让我，我让你，让个不休，同时也就是嚷个不休！这不是自以为有“礼貌”吗？

自命有礼教的家庭，后辈和前辈同走的时候，不敢并排走，要俯首垂臂，跟在屁股后面，做出奴隶的丑态！这不是自以为有“礼貌”吗？

但是你到火车站去买票的时候，上电车的时候，往影戏园去买票子的时候，遇着人多的时候，老不客气，便要挤得你水泄不通，东推西轧，好像打仗一样！这种可怜的怪现象，本是社会上人士所“司空见惯”的，似乎不值得提起，但是我们如想到犯这个毛病的并不限于没有知识的人，就是自命属于知识阶级的人，也常常被人看见在这种人山人海中乱碰乱钻，便觉得有大声呼喝的必要。

西人遇着人多的时候，常有“成行”的良好习惯，他们叫做 Line up，就是列成一行，先到的列在前面，后到的列在后面，按次轮到，不许紊乱，买火车票或戏票的时候如此，无论什么事情有轮次可能的时候都如此，他们差不多成为“行所无事”的自然习惯，但是在咱们“礼义之邦”的一般国民还属绝无仅有。

说到这里，我很难过的忆起一位亲戚告诉我的一件事来。他在美国求学的时候，那个大学里的中国学生只有他和新由中国到的某君。在开学的那一天，学校里许许多多同学正因某事在那里“成行”的时候，他们两位当然也夹在里面。可是那两位里面新到的某君，因为没有“成行”的习惯，立在那里看见前面立着的人一个一个依次的轮到，他列在颇后，心里有些不耐，于是偷偷捏捏的离开自己所立的地位，静悄悄挤到前几个位置里，希望可以立得前面一些，可以早些轮到。不料被左右的美国同学看见，某君自以为极可随便无关重要的事情，竟引起了众怒，有几个美国学生把他拖到最后的一个位置上立着，连原来的那个“颇后”的位置都得不到！当时我的那位亲戚以同国的关系，心里明知某君的错误，仍表同情于他，深恨美国同学的“横暴”。他在美有年，所交得的美国好朋友也不少，事后他和几位美国好朋友谈起这件事，说美国学生未免太使中国学生难堪。但是那几位朋友都一致的以为这并不是专对中国人才如此，就是他们遇着本国人也如此。他们说一个人任意钻到前面去，似乎不要紧，倘若许多人都效尤不守秩序，那一“行”很整齐的秩序，岂不是要扰得一团糟；结果非但不能省时间，反因拥挤倾轧而多费时间。这当然是很显明的道理，所以我的那位亲戚，心里也只有惭愧而已，“夫复何言”！

我在上海有一次在电车站等电车，看见一位西妇手上携着一个四五岁的外国“小把戏”，车停之后，有另一个女子正想登车，那个“小把戏”想抢上一步先登，陪着他的那位西妇（似乎是他的娘），赶紧说道：“要让妇女先登。”（Lady First.）那个“小把戏”便很驯良的等着。我们在这种地方，很可以感觉“有礼貌的良好习惯”最好从小就要注意起。但这种话是对做父母及小学教师说的，至于青年，壮年，乃至老头儿，只要自己留心，何尝不能把恶习惯改去。

话说得远了。我们的意思以为中国的礼貌要“社会化”；例如他们在家中客厅里请客让坐位的时候，那样“不惮烦”，在火车站买票的时候只要肯分出百分之一二的“客气”就好了！

（原载1928年10月7日《生活》周刊第3卷第47期，署名心水。）

“吃”而且“拍”

最卑鄙 社会里面有一种最卑鄙的人，便是“吃”而且“拍”的脚色。

什么叫做“吃”，就是对于“吃得牢”的人，是他管得着或自以为管得着的人，或无力和他计较的人，总是摆他的臭架子，常有颐指气使之概！

心理 我们试分析这种“吃”的心理，不外乎要使对方的人觉得他的“高大”，对他增加“敬意”；推他的本心，也不过要人对他“心悦诚服”。

错了 但是他错了！一个人的“大”，一个人的“可敬”，一个人的“配悦配服”，要完全由别人的心目中做出发点的，不能由“自大”就可以达到目的的。

就职务上说，如果你的职权都比别人大，而你对于你的职权又是“内行”，别人所经手的事情是要和你接洽，是要受你监察，在实际上你就是和颜悦色，有相当的礼貌，决不因此而“小”。否则就是你的眼睛生在额上，甚至生在额骨头后面去，目中看不见人，也不见得就“大”了起来！总之“大”要从别人心目中出发，“自大者”不“大”！

就本领上说，你不动声色的把本领用到你所应做的事务上去，别人自然而然的觉得你的可敬，别人自然而然的觉得你配悦配服。你若把本领放在面孔上，别人便“勿买帐”，就是表面上也许不得不对你敷衍，心里总是“勿高兴”！换句话说，你要别人“敬”，反因此使别人“厌”；你要别人“服”，反因此使别人“看不起”，何苦来！

拍　说也奇怪，工于“吃”的人，也往往工于“拍”，所以这种人可以说是“吃”而且“拍”。什么叫做“拍”呢？这很简单，就是“谄媚”。“拍”的表现可分形态和语言两种。形态方面例如一鞠躬就要九十度，两手垂直步武“二爷腔”，言语方面例如一回答就把“是”字像联贯珠似的挂在嘴上。至于行为方面当然还有“拍”的妙用。

心理　我们试分析这种“拍”的心理，不外乎要“讨好”。其实只有用真本领来服人是有永久的性质，靠“拍”来“讨好”的，虽可乘“谄媚”的普通心理，使受者最初也许被他欺了过去，终究要拆穿西洋镜的。我有一位朋友亲见有某甲在某机关里服务，对于那机关的领袖方面，“拍”的工夫用得十足，在形态和语言方面当然是应有尽有，有一次那领袖有喜事，同事送公份，他却另外送一份很重的礼物。礼物是依交情而有厚薄的，重礼本不一定是怎么样坏的，不过他的重礼并非有什么厚交情，却是出于厚“拍”。后来他对职务上“撒烂污”，“撒”了一次，受他“拍”的人还包庇他，“撒”了好几次之后，受“拍”的人也只得请他另换一个地方去“拍”！请他“卷铺盖”！

礼貌　在社会上应人接物，当然要有礼貌，我们并不是说要装出桀骜不驯的神气，才算美德，不过“拍”的丑态，和“拍”的陋行，却为君子所不取。

少你不得　无论做什么事，能实事求是的切实做去，使用你的机关觉得在事业方面少你不得，就是你要走，也要把你拉住，用不着“拍”！

（原载1928年10月21日《生活》周刊第3卷第49期，署名心水。）

高　兴

咱们孔老夫子有个最得意的门生,《论语》里说他“一箪食,一瓢饮,在陋巷,人不堪其忧,回也不改其乐”。这位颜先生并非因为没菜吃,住在破烂的房子,做了这样的一个“穷措大”而不快乐。他所以还能那样高兴,是因为他对于所学实在津津有味,所以虽穷而不觉得;虽然穷得“人不堪其忧”,而他因为有心里所酷爱的学问在那里研究得实在有趣,所以仍是一团高兴。这段纪事并不是奖励人做穷人,是暗示我们总要寻出自己所高兴学的,所高兴做的事情,高高兴兴的去学,高高兴兴的去做。

电影发明大家爱迭生幼年穷苦的时候,就喜欢作科学的实验;他十几岁在火车上作小工的时候,有一天藏在火车里预备实验用的玻璃瓶偶因震动倒了下来,硝镪水倒了满处,给管车的人狠狠的打了两个耳光,把他一搂,丢到火车的外面去!他虽这样的吃了两个苦耳光,到老耳朵被他弄聋,但是他对于科学的实验还是很高兴的继续的干去,不因此而抛弃,因为这原是他所高兴学的所高兴做的事情。

这样的“高兴”精神,是最可宝贵的东西:我们倘能各人寻出自己所高兴学的所高兴做的事情,朝着这个方向往前做去,把所学的所做的事,好像和自己合而为一,这真是一生莫大的幸福。所以做父母师长的人要常常留意考察子女学生的特长和特殊的兴趣，就此方面指导他们，培养他们；做青年的人要常常细心默察自己的特长和特殊的兴趣，就此方面去准备修养；就是成年，就是在社会上的人，也要常常注意自己的特长和特殊的兴趣，就此方面继续的准备修养，寻觅相当机会，尽量的发展，各尽天赋，期收最大限度的效率。

和“高兴”精神相反的就是“弗高兴”；表面上虽在那里做，而心里实在“弗高兴”，心里既然弗高兴，当然只觉其苦而不觉其乐。《国策》里说“苏秦读书欲睡，引锥自刺其股，流血至踝！”历来传为佳话，许多人称他勤苦求学的可嘉！我以为这样求学并不是因为他高兴求学而求学，并不是因为他觉得求学中有乐处而求学，乃是把求学当作“敲门砖”，当一件苦事做，所以这位老苏只不过造成一只“瞎三话四”的嘴巴，用来骗得一时的富贵，并求不出什么真学问来。我们以为求学就该在求学中寻乐趣，否则无论他的股刺了多深，血流了多少，我们却一点不觉得可贵，反而认为是戆徒的行为！

“高兴”精神之所以可贵，因为它是由心坎中出发的，不是虚荣和金钱以及其他的享用所能勉强造成的。在下朋友里面有某君现在从事一种高尚专门的新式职业，闻名于社会，进款也不少，出入乘着的是自备的汽车，住的是括括叫的洋房，在别人看起来，总觉得他“呒啥”了。但是我有一天和他谈起他的职业，才知道他对于所做的事情并不喜欢，而且觉得讨厌，要想拚命的赚几个钱之后改做别的事情。我觉得他在物质的享用上虽“呒啥”，而精神上的抑郁牢骚，充满“弗高兴”的质素，竟不觉得有什么做人的乐趣！我心里暗想，这位朋友真远不及箪食瓢饮住在陋巷的穷措大颜老夫子的快乐。为什么缘故？因为一个“高兴”，一个“弗高兴”！做到了高兴做的事情，就是箪食瓢饮住陋巷还能高兴；做弗高兴做的事情，就是洋房汽车还只是弗高兴！

高兴的精神固然可贵，但是倘若趋入歧途，也很尴尬！上海有著名律师某君高兴于嫖，虽他的夫人防备之严有如防盗，他还是一团高兴的偷嫖。他虽十分的惧内，但是惧内的效用竟不能损他高兴的分毫，他的夫人一不提防，他就一溜烟的溜出去了！他所乘的是自己的汽车，一到了窑子的门口，总叫他的汽车夫把空车开到远远的一个地方停着，以免属目，他夫人的目。恰巧有一天他和一位“白相朋友”到某大旅馆开一个房间，正在征妓取乐，不料密中一疏，竟任汽车停在那个旅馆的门口。他的夫人忽然心血来潮，到他事务所来“检查”，寻不着他，于是立即乘着一部黄包车，在几条马路上大兜其圈子，实行其“巡查”，寻觅她丈夫的汽车。也算这位大律师触霉头，她凑巧寻到那个旅馆门口时，看见自己汽车的号数赫然在目。当时在汽车里正在进行打瞌睡的汽车夫阿四，于朦胧之际忽见“太太”来了，知道“路道弗对”，便装作不知道主人到那里去了。这位“太太”那肯罢休，睁圆了眼睛，一把抓住阿四，大声吓道：“你不说出来，明朝停你的生意！”阿四想“停生意弗是生意经”，只得老实告诉她。于是这位发冲眦裂的“太太”三步作两步走，奔入那个房间，好像霹雳一声，把那位大律师抓了出来，立刻赏给两个结结实实的响脆耳光！那位陪伴的朋友看见来势汹汹，三十六着，走为上着，一溜烟的躲而且逃！这位大律师虽经过这一场恶剧，他现在对于嫖还是一团高兴，还是东溜西溜的偷出去。爱迭生的不怕吃耳光，吃了耳光还要高兴，终成了一个有贡献于全世界人类的科学发明家；这位大律师的不怕吃耳光，吃了耳光还要高兴，也许终至倾家荡产，弄得一塌糊涂！

还有一点，我们也要注意的，就是具有特别天才的人，如上面所说的颜回和爱迭生之流，他们的高兴精神也许开始就有，至于比较平常的人，往往要先用一番努力的工夫，做到相当的程度，才找得出兴趣来，所以努力也是不可少的，不过在努力的进程中，一面努力，一面逐渐的有进步，同时即于逐渐的进步中增加高兴的精神，也就是于努力之中有快乐，不像苏秦那样刺着股，流着淋漓的血，强做那样弗高兴的事情！

（原载1928年12月2日《生活》周刊第4卷第3期，署名心水。）

静

我们试冷眼观察国内外有学问的人，有担任大事业魄力的人，和富有经验的人，富有修养的人，总有一个共同的德性，便是“静”。我们试细心体会，可以看出一个人的学问，魄力，经验，修养等等的程度，往往和他们所有的“静”的程度成正比例。

静的精神之表现于外者，当然以态度言词最为显著。我们只要看见气盛而色浮，便见所得之浅；邃养之人，安详沈静，我们只要见他面色不浮，眼光不乱，便知道他胸中静定，非久养不能。

我们试看善于演说，或演说有经验的人，他的态度非常沈静安定，立在演台上的时候，身体并不十分摇动，就是手势略有动作，也是很自然的。惟其态度能如此之安定自然，所以听众也感觉得精神安定，聚其注意于他的演辞。初学演说或演说毫无经验的人，往往以为在演台上要活泼，于是摇手动脚，甚至于跑来跑去，使听众的眼光分散，注意难于集中，真所谓“弄巧成拙”！

做领袖的人，静的精神之表现于态度者尤为重要，遇着重要事故或意外事故时，常人先要惊慌纷乱，举止失措，做领袖的便要绝对的镇定，方可镇定人心，不至火上添油，越弄越糟。

不必说什么机关的领袖，就是做任何会议的一时主席，也须要具有“静”的精神的人上去，才能胜任愉快。

“静”的精神之可贵，不但关系外表，脑子要冷静，然后思想才能够明澈缜密。有了这种冷静的脑子，用来研究学问，才不至受古人所愚，才不至受今人所欺，一以理智为分析判断之准绳；有了这种冷静的脑子，用来应事应人，才能应付得当，不受欺蒙；有了这种冷静的脑子，用来立身处世，才能不为外撼，不为物移，才能不至一人誉之而喜，一人毁之而忧，才做得到得意时不放肆，失意时不烦恼，因为有了这种冷静的脑子，胸中有主，然后不为外移。

昔贤吕心吾先生曾经说过：“君子处事，主之以镇静有主之心。”又说：“干天下大事，非气不济，然气欲藏不欲露，欲抑不欲扬，掀天揭地事业，不动声色，不惊耳目，做得停停妥妥，此为第一妙手。”这几句话很可以说出静的妙用来。

但是我们所主张的“静”是积极的，不是消极的；是要向前做的，不是袖手好闲的。例如比足球的时候，守球门的人多么手敏眼快，但是心里是要十分冷静的，苟一心慌意乱，敌方的球到眼前还要帮助敌方挥进自己的门里去！我们是要以静为动之母，不是不动。关于这一点，吕心吾先生还有几句很可以使我们受用的话，我现在就引来做本文的结束：“处天下事只消得安详二字，虽兵贵神速，也须从此二字做去。然安详非迟缓之谓也，从容详审，养奋发于凝定之中耳。是故不闲则不忙，不逸则不劳。若先怠缓，则后必急遽，是事之殃也，十行九悔，岂得谓之安详？”

（原载1928年12月16日《生活》周刊第4卷第5期，署名心水。）

新女子最易上当的一件事

本刊所受的刺激　本刊自创设“读者信箱”以来，所发表的公开的信，虽因篇幅有限，为数无多，而每天接到读者的来信，如雪片飞来，大有应接不暇之势，其中有许多男女同志的信，商量秘密的事情，连父母方面都听不到他们的话，竟承他们通信和编者商量，他们的本意，原也不要在本刊上公开发表；这种不许公开的信，在编者方面，当然在道德上须负绝对严守秘密的责任，就是有时征得投函者本人的同意而酌量发表，也往往用他们的假名。编者每日一到夜里，独处斗室之中，就案旁拥着一大堆的来信，手拆目送，百感猬集，投函者以知己待编者，编者也以极诚恳的极真挚的情感待他们，简直随他们的歌泣为歌泣，随他们的喜怒为喜怒，恍然若置身于另一天地中，与无数至诚的挚友握手言欢，或共诉衷曲似的，辄感负托之重，期望之殷，竭我智能，尽忠代谋。本刊以做到读者的一位好朋友自期，就此事的情形说，本刊在精神上所得到的好朋友却已不少。

最近就许多女同志的来信内容说，我们觉得有一件事是新女子最易上当的，而且这种容易上当的事情，倘无相当觉悟，将随风气之开而愈益蔓延，受其害者将愈众！

朋友无妨　有某女士在某大学肄业（女士来信声明不愿将姓名

发表），她生平只有一位心腹女友，她平日就呼她做“妹妹”。这位“妹妹”在同学中却交上了一位男友。在文明的时代，男女交朋友，只要是光明正大，本算不了一回事。不幸这位“妹妹”后来竟答应那位男友的要求，瞒着生平知友某女士，和他在校外发生了生理上的关系，等到“结晶品”膨胀起来，才知道对方已有了妻子，才向某女士哭诉求援。某女士来函本刊商量办法，本刊的信覆去尚未达到，又接到某女士的来信，说那位男友糊里糊涂教人替她打胎，一命呜呼了！后以女家系所谓礼教世家，恐家丑外扬，竟含糊了事。我们读某女士哀念挚友惨死的那封凄惨的信，亦为之泫然，但竟来不及援救！这一类的事情已数见不鲜，不过描述的悲哀程度，以这位女士的来信为尤甚，使人看了真要淌下泪来！

交朋友是可以的，但须交益友。在女子方面，只要看所交的男友有不合理的生理上的要求，就是他百般言爱，但未有彻底了解而且正式结婚之前，遽有此要求，便是很危险的途径，应拿定主意，毅然拒绝。这一点如拿得定，就是发现对方靠不住，顾而之他，也不至于有何凄惨的结果。如对方是好人，由于一时的卤莽，经此拒绝，益可坚其德性，若以此为要挟，则可见对方品性之无可取，何可屈从？马振华女士之死于汪某，也是这一点没有拿得定所致。

未婚夫妇　既已订婚，有些女子便觉名分已定，一切似乎都可以随随便便，其实也是很危险的，也是不可上当的！我们就所知道的许多事实里面，姑把沈香如女士告诉我们的一件事，撮述如下：“婚姻自主，恋爱自由，是打倒买卖式的旧礼教的婚制：这诚然是新时代所应取的新制度。但总要认明主见做去，方不致堕入水深火热的惨境……我有友某女士，从小由父母作主，凭媒说合与一位孔君订婚，他们两家本是老亲，从小就很熟的，后来彼此年岁渐大，因受潮流的激荡，虽属旧式订婚，却彼此常通音讯，有暇的时候，也就在人静的地方，卿卿我我，绵绵情丝，亲热得什么似的，竟发生了不应有的关系。那时她在初中肄业，孔君已升入高中。后来孔君转学海上某大学，爱上了一位女学生邹女士，竟对原配之婚姻认为父母偏面作主，自己未曾同意，提出解约。吾友的失身于未婚夫早为亲友所闻，以为终身所托有主，亦不以为意，忽闻此晴天霹雳，气忿已极，曾悬梁觅死，经人察觉拯救……”

这种薄幸的男子，当然是“罪莫大焉”。但在现在的社会状况之下，这种男子还能乐其所乐，所苦的只有被他始乱终弃的女子！倘若不“发生了不应有的关系”，就是不幸遇着这种薄幸的男子，结果也不至如此“尴尬”。

或者有人说　或者有人说，你所举的是靠不住的未婚夫，如果是靠得住的，随便一点，有什么要紧？关于这一层，我们要贡献两点：（一）人性之中原含有理性和兽性，理性胜过兽性的时候便是好人，兽性胜过理性的时候便是坏人。所以一个人除了自己的理性做主宰外，还有社会的制裁，甚至法律的制裁，使兽性不得纵肆。一个人就是好人，他的人性中既不免含有兽性，除他自己的理性外，如有社会及法律的制裁，当然更稳妥些，因为有时他的兽性也许要发作，便可因此而敛迹，使他的理性占得优势。一个女子的未婚夫也许真是好人，但在正式结婚之后，法律上保护做妻子的规定更严，便多一层保障。若在未正式结婚以前即随便失身，便含有一种危机，因为解约究竟比离婚容易。换句话说，正式结了婚，便多一重保障，使男的方面的兽性因有所顾忌而不易猖狂。就是你所爱的男子是好人，他总是人，既是人，我们便不该徒唱高调，便应该知道他实含有兽性，既含有兽性，便须有相当的制裁才能永持他的理性，所以就是未婚夫是好人，在未正式结婚以前，女子也不应该随随便便的失身，否则总含有危机的。（二）未婚夫妇先发生生理上关系，而有良心的男子不至始乱终弃的，当然也有。就是这样，我也觉得到了正式结婚的那一天，愉快的程度也大大的减少。我所参加的友人婚礼，也遇着这种情形的，我在观礼的时候，因为知道他们的秘密，也就觉得那个婚礼是多事，是毫无意味的！问问这种人的本身，有的也肯老实说是索然无味的。惟有能洁身自爱的，到了那一天才觉得是异常神圣的异常愉快的一天。

责任　关于责任的一点，可以分几方面说。第一方面是女子的自身。天下事责任和权利是相依的；要享某种权利，先要负得起某种责任。从前的旧式婚约是全由父母作主的，父母负选择的责任；现在由本人自由选择，本人对自己便应负责任。在未正式结婚以前勿贸贸然发生不应有的关系，无论对方是何如人，总是保障自身前途幸福的事情，如对此事不能自负责任，万一发生不幸的事实，乃是自己害自己，“夫复何言”！这是我们对于一般新女子所要贡献的忠告。

父母师长　就是现在的婚姻注重自由选择，但父母师长仍是处于指导及护卫的地位，对此等事应负指导及护卫的责任，不应袖手旁观，更不应于平日静默无言，对此事无所训诲。

例如最近上海所发生的一件始乱终弃的事情，有粤籍十七岁女子唐润珠于本年三月间被合昌铜铁机器厂小主粤人萧培基(年十九岁)所诱，怀孕后，萧允许央媒作伐，白头偕老，女以啮臂情深，已不啻未婚夫妇，乃萧于八月间重行订婚郑氏女，将唐女遗弃不顾，润珠得悉，据情告知父母，双亲引为家门大辱，将女立予驱逐，女不得已，避至戚家暂住，万分懊丧，延律师向法庭起诉。据唐女士在庭上所言，有一部分详情如下：“我家与被告家本属旧谊，是以对方于萧培基自幼相识，惟伊于去年六月间常到我家闲谈，并无别事发生，直至本年三月初旬，被告以教授我英文为由，傍晚潜至楼上我之卧室，百般引诱，遂致失身，从此以后，不时到来，托词教我英文……本年正月间，我尚未失身，与被告因两相恋爱，遂偕往半淞园同摄照相一帧……至五月间我觉腹中怀孕，被告到来，我即告之，伊云我当央媒与汝父母求婚……当时我的母亲以被告时常到来，亦有疑心，遂向伊母言之，伊母答允央媒说合，但并不着媒到来，后至八月间，被我探悉被告于是月念五日聘郑氏女为室，是以只得告知父母，与被告以前经过情形，并声明怀孕已多月，双亲得悉，大为震怒，遂将我驱逐出外，我只得往亲戚母舅处暂住……”

自愿做无耻事情的女子不足道，不过像唐女士这样的事情却很可怜，她完全把未婚夫视对方，以为彼既以未婚妻视我，我何妨以身委他，便上了大当！在这种地方，她的父母便要负缺乏指导的责任。在平日做父母的人便应把不可上当的教训，谆谆训诲女子，使她心有定见，便不易受人“百般引诱”。还有一层，做父母的人，应该使女子知道婚姻的事情当公开进行，心有所爱，即当明告父母，俾父母协同观察考虑，等到“亦有疑心”，已来不及了！平日不加指导和护卫，一旦“大为震怒”，“驱逐出外”，于事何济？这是我们对于做家长师长的人所要贡献的忠告。

（原载1929年1月20日《生活》周刊第4卷第10期，署名编者。）

尽我所有

我们常看见有许多学英文的人，遇了用得着的时候，总怕开口，所以学校里有的请了外国人教英文，遇着师生聚会或宴会的时候，常有一堆学生躲来躲去，很不愿意和他同席，更不愿意和他多谈。这是什么缘故？也许是因为他觉得自己说得不好，怕出丑。其实你是外国人，西文是你的母音，我是中国人，本来不是说英语的，我懂得多少就说多少，能说得多好就说多好，如果说得差些，我总算“尽我所有”说了出来，有不行的地方，有机会再学就是了，一些没有什么难为情！若本来自己不行，却扭扭捏捏遮遮掩掩，试分析自己此时的心理，岂不是要表示我原是不错，不过不高兴说就是了！自己没有而要装做有，这便是不知不觉中趋于“伪”的一条路上去！天下作伪是最苦恼的事情，老老实实是最愉快的事情；“尽我所有”便是老老实实的态度，有了这种态度，岂但说什么英语心里无所畏，做什么都有无畏的精神，说英语不过是一种较为浅显的例罢了。

在校里做学生的时候，在课堂里倒了霉被教师喊着名字，叫起来考问几句，胆小一些的仁兄，往往也吓得声音发抖，懂得两句的，只吞吞吐吐的答出了一句！这里面当然也有“撒烂污”的朋友，但是也有很冤枉的。既经懂了何以还有这样的冤枉？也是缺乏“尽我所有”的态度。有了这种态度，只要在自修的时候，“尽我所有”的能力用功，答的时候“尽我所有”的知识回答，既经“尽我所有”，于心无愧，如再不免“吃汤团”，所谓“吙啥话头”，用文绉绉的话便是所谓“夫复何言”，我害怕要吃，不害怕也要吃，怕他作甚！这样一来，心境上便成了所谓“君子坦荡荡”，不至于做“小人长戚戚”[1]了。

做学生对付功课需要这种“尽我所有”的态度，就是我们要求自身的发展，也何尝不需要这种态度。有人告诉我们说，我要升学没有钱，做不到，学生意心里又不愿，怎样好？他不知道我们要求发展，只有以目前“所有”的境地做出发点，不能一步升天的！没有钱升学诚然是不幸，但是天上既不能立刻掉下钱来，学生意的人也不见得个个都无出息，也是事在人为，我们便须利用“尽我所有”的凭藉而往前做去，否则就是立刻急死也是无用的！而且我们深信果能抱着“尽我所有”的坚毅奋发的态度往前干，不怕困难的拚命的干，总有达到目的的日子！只怕我们不干！只怕我们不能“尽我所有”！

岂但无力升学的苦青年，社会无论什么人都有他们说不出的苦痛，说不出的不满意，最需要的也是这种“尽我所有”的态度，尽量利用我们所有的能力，所有的凭藉，无论或大或小，总是“尽我所有”的往前干，干到不能干无可干再说！有了这种态度，只望着前途，只望着未来，不知道什么是困难，不知道什么是危险，不知道什么是烦闷，不知道什么是失望，但知道“尽我所有”的往前干，干到不能干无可干再说！俗语所谓“做到那里算那里”，一个人本来不能包办一切，本来只能“尽我所有”，此外多愁多虑多烦多恼，都是庸人自扰的事情！

这种“尽我所有”的态度，岂但从个人事业的立场言是非常需要的，就是我们想到社会的改进方面，也要有这种态度。即就全国不识

---

[1] 原文作“小人常戚戚”，此处做了修正。

字的人民一端而言，约占全数百分之八十，而现在的德国和日本，全国不识字的人仅达百分之十，国民的知识程度相差如此之远，想到以全民为基础的民国前途，很容易使人气馁。但是我们决不能因“气馁”而能为国家增加丝毫的进步，也只有抱定“尽我所有”的态度，一人的力量能做多少即做多少，一团体的力量能做多少即做多少，一种刊物的力量能做多少即做多少，“尽我所有”的往前干！干一分是一分！干两分是两分！前途怎样辽远，我们不管！“尽我所有”的向前猛进！

（原载1929年1月20日《生活》周刊第4卷第10期，署名心水。）

无若有

据说几年前某省有一位省视学某君闹了一件笑话。做省视学的人原须巡视考察本省各处的官立学校，所以这位省视学也就东奔西跑的巡视考察。他的国文很不差，英文则二十六个字母也许还念不大清楚，人各有所长，这层原不足为病；所以会闹出一件笑话者，因为他本来不懂英文而却装出十分懂得英文的样子，于是乎糟！到底怎么一回事，请让我提出来和诸位谈谈。

他有一次到一个小学校里去视察，走进一个英文课教室，那位英文教员正在那里授课。这位不懂英文的视学先生立在旁边背着手，挺着胸，睁着眼，伸着耳，严而肃之的站在那里听着。那位英文教员看见他那样神气十足的样子，以为他的英文知识一定是很高明的，提心吊胆，已经捏了一把汗，用着生平未曾使过的大劲儿拚命的教，把所有的本领都显了出来。这位视学"像煞有介事"的听了好一会儿，才大踏步的踱出教室，那位英文教员当然如释重负，才勉强的松一松呼吸。据说这位英文教员其实还不差，不过给某君的十足架子吓到那样地步，真是冤枉。

这个小学校长请到了这样一位的英文教员，原也是很费一番苦心，而且听见人说他很不差，所以平常很觉得是一件得意的事情。那天这位视学出来之后，他就欣欣然跑上去问道："你看这位英文教员怎样?"不料某君却从容的回答他道："读音不准。"这位校长听了好像冷水浇背，十分"呒趣"，等到这位视学跑到别个教室的时候，他就偷把"读音不准"的话告诉那位"蹙眉头"的英文教员，那位英文教员听了心里很不服，而且后来知道了那位视学先生的英文并不如他其先所想的那样高明，伺他视察各教室完毕走到应接室休息的时候，也跑进那里和他"瞎缠"，有意和他大讨论其 adjective，verb 的用法，某君其先还假痴假呆的唯唯诺诺，后来经不住这位英文教员的有意盘诘，弄得火上心来，板着面孔，说："你有什么大本领，一直在这里缠扰不清。"英文教员此时已到了破脸的地步，就老实的说："你刚才说我的英文不行，请你今天当面就考一考。"某君也不肯退让的说道："考就考！你把一篇东西立刻译成英文。"英文教员问译什么，视学就选定古文《桃花源记》，这位教员虽觉得有些难交卷，但在盛气之下，也只得捏着鼻子勉为其难，用了九牛二虎之力，出了全身流遍的汗，居然当场译成了交卷，不过于交卷之后，却提出一个条件，要那位视学先生当面改给他看，当面评定优劣，这一点在某君又是很尴尬的问题。但他当面当然坍不起这个台，亏他总算能够临机应变，大声嚷着道："天下有这样随便的事情！评定优劣，还要由我去召集视学会议，共同严格的评定才行……我还要叫教育厅长看看!"英文教员当然不肯，彼此噜苏了半天，到底视学的权力大些，那篇"欧化的"《桃花源记》究竟给他拿了出校。某君"凯旋"而出，拿着这篇译文，好像亡命的奔回家中，先请教友人某甲，某甲的英文原也不甚高明，听见是什么《桃花源记》，便挖苦他道："你自己懂得几个英文字？却把《桃花源记》来考起别人的英文！我却干不了!"他不得已，又去请教一位英文确实很好的友人某乙，某乙将译文仔细的看了一遍，却说全文实译得不错，大加称赞一番，弄得某君的尴尬程度更深一层！他原想设法就译文吹毛求疵，由教育厅办一件公文，把那位胆敢破坏视学尊严的英文教员申斥一番，如今无毛可吹，无疵可求，却反是一篇“译得不错”的东西，真是太为难了这位视学先生的“荩筹硕划”了！幸他总算能够临机应变，跑到教育厅去弄到一件公文，把那位英文教员“传谕嘉奖”一番。那位英文教员得到这样公文的时候，当然觉得出乎意表之外，但他想到“读音不准”的冤屈，仍不甘心，竟将和盘托出，到教育厅去控告这位省视学，后来因“官官相护”的常例，告虽告了一顿，厅里对此也就马马虎虎的了事，但某君的受窘总算“十足”，恐怕比在英文课教室时候的“神气十足”之“十足”，有过之无不及！

我们谈起这件笑话，不禁想起孔老夫子说过的几句话来：“知之为知之，不知为不知，是知也。”（见《论语・为政》）某君所以跑入很尴尬的圈里去，不外乎是因为他“不知为知之”的毛病。曾子曾经劝人“有若无，实若虚”，就是有本领，也不必摆在面孔上，何况把“无”做成“若有”，变成“无若有”，安得不尴尬？其实世界上有那一个是全知全能的？所以我们对于不知道的事情就老实承认不知道，这正是光明磊落的态度，有什么难为情？若遮遮掩掩，无论一旦露了马脚——而且这种马脚终有露出之一日——更觉难堪，而虚伪的心境，在精神上已感觉非常痛苦。我们当以不学为耻，不必以不知为耻。孔老夫子又曾经说过“多闻阙疑”，可见就是“多闻”的博学者，也未尝没有“疑”。而且天下只有于学问毫无研究的人，既无所知，亦无所疑；否则就是专门的学者，对他所研究的专门学问，有心得，亦必有疑义。心得是他已求得的成绩，作为再进研究的基础；疑义是他向前求的引线，促他再进研究的动机。所以搭足架子，装出无所不知的人，自以为是自尊，其实是妄自菲薄，自摈于进步的大道。

（原载1929年5月5日《生活》周刊第4卷第23期，署名心水。）

强盗一变而为小说家

在美国渥海渥州(Ohio)的监狱里,最近有一个强盗一变而为小说家。这个犯人在狱里的号码是五二四一,姓麦飞,名约翰(John Morphy),五年前在该州麦利翁城(Marion)犯了一起盗案,捉到官里去,定罪十五年有期徒刑。

他初入狱的时候,对于小说作法,毫无所知,而且不过受了初等教育。但他入狱的时候,立志在这长期拘禁的时间内,把自己造成一个小说家。于是他着手阅读关于短篇小说的著述,同时因为他自己英文程度太浅,进了一个英文函授学校。他这样发愤的用了四年的苦工,才开始作他第一次的短篇小说,就被一家杂志采用,居然登了出来,并且非常赏识,写信叫他继续的做。据说旧年一年里他继续的作他的短篇小说刊登杂志,共得稿费金洋七千圆(合中国国币在一万四五千圆,每月竟有了一千圆以上的收入)。

这件事情被州长杜纳海(Gov. Donahey)所知道,就把他减刑,于本年三月一日起试放以观后效。那一天这位由强盗出身的小说家欣欣然把一只衣箱装好,由渥海渥州买了一张火车票直往纽约,和几位出版家商售他近著的一本小说,现在已有买主,几个月内即可出版。他靠着他的一枝笔,虽监狱铁门的牢固,亦关不住他!

在下报告这件事，当然不是说强盗有什么提倡的价值，也不是说坐监牢是一件什么可喜的事情；我们所要特别注意的是人材高下，视其志趣，苟不甘下流，力自奋勉，有决定不移之志，有勇猛精进之心，虽强盗尚有去恶从善，蔚成著作家的希望，常人更不消说了。这是第一点。

一个人不怕目前的学识程度浅，根底薄，只怕不肯求进步，无心求进步。像麦飞只受过初等教育，英文程度又浅，居然因四年的勤奋，成了一位著作家，可见要使浅的程度变成深，薄的根底变成厚，全在人为。这是第二点。

人家敬重或唾弃，其权似乎在人，其实仍是在己。做了强盗便受社会的唾弃，做了著作家便受社会的敬重。一个人只要自己咬紧牙根，力图自强，不必孜孜于求人知，不必以凡人的毁誉而撄其方寸。这是第三点。

（原载 1929 年 5 月 12 日《生活》周刊第 4 卷第 24 期，署名秋月。）

吃尽资格的苦

我读了贵刊第四卷第八期“读者信箱”栏里涂小甫君所做的《大学毕业生》一文，觉得非常切要。社会上感受这种痛苦的人当然不少，我是感受这种痛苦很深切的一人，所以我不免要借此发几句牢骚的话。我可以说现在的人，只要有财产，能够进中学，而大学，或师范毕业出来的人，个个是人才。没有财产的人，不能进高深学校，那是永远不会是人才。现在的社会何等势利！商界我不熟悉，至于各行政机关及教育界，非资格不行。倘然是一个大学毕业生，要谋一件事，不论他有才没有才，对于事的会办不会办，人家总是一诺无辞。若是一个小学毕业生，或是连小学未入过的入，无论他办事如何切实，学力如何充分，要向人家谋事，人家连正眼都不来看你，纵然有一些事给你做，也不过是些书记庶务之类。我不是说书记庶务不屑做，可是克尽厥职的做，人家总认你是一个小鬼，不加青眼，而且是一朝天子一朝臣，等到一个校长或局长走时，就要连带解职，即使有飞天本领用到那里去呢？涂君所说的：“……若再老实说：我是小学毕业的，慢说被求的不来录用，他不说你再去读二年书，再来做事，已算是客气的了。”这几句话，的确是现在势利社会的通病。先生所说的“……他人岂因此而轻视他吗？断无是理”。先生！你是贤达君子，所以不会如此，岂知社会上都是庸碌之徒，有几个人能这样实事求是呢？其中有多少才能之士，因资格而终身埋没，那是何等可叹啊！

（下略——本书编者）

朱逸民

答：

社会是多方面的，一类的事实也有多方面的，像朱君所慨叹的社会上盲目的只重资格而不重“真才实学”，我们当然承认目前的中国确有一部分不免有这种不平的现象，就是编者个人闻见所及，也就不少。例如我国很著名的书业某机关，里面对于编辑员就很有这种趋势，中学不必说，你在国内大学毕业的，至多每月送你七八十元至一百二三十元，只要你挂了一块留学生的招牌，做的事情尽管一样，起码一百六十元。我有一位好朋友，可说是学贯中西，在那里面做了好几年，因为缺了一块留学招牌，做来做去还是一百二十元，眼看许多“饭桶”留学生（这是只指“饭桶”的一派，当然也有好的），坐享厚薪，做出来的东西，往往狗屁不通！有一次有一位什么德国留学生，做了一本游记，简直别字连篇，文笔疙瘩到了极点，因为来路大，该机关的编辑主持者不便拒绝，交给我这位朋友校订，被他修改了十之六七，修词方面差不多是他完全代做。他费了一番工夫，在书末著作者姓名旁边把自己校订的名义加了进去。后来这本书出版的时候，只有著者的姓名，并没有校订者的姓名，无非是因为校订者的牌子似乎不及那位写别字的朋友牌子“硬”，所以“白校订”，让那位写别字的大好佬“掠人之美”，在主持者也视为极公平的事情！后来这位朋友靠他的“真才实学”，另有好机会，便辞职高就。社会上往往有同样的事情，叫留学生来做，给他一种特别好的待遇；叫国内大学毕业生来做，便给他一种差些的待遇；如叫连大学牌子都没有的人来做，又要给他一种更差些的待遇。他们并不以事为对象，却以空资格为对象，这当然是很不公平的待遇。所以朱君的“牢骚”，我们不能说他完全是“无病呻吟”。

我在上面所说的话，不过助朱君张目吐气。但平心静气想一想，这种现象不过是局部的，并不是概括的。

其实，我们虽反对徒拥虚名的资格，而确有实际的资格却也未尝不可重视。倘若不是有名无实，则中学毕业者的学识能力，因研究的年数比较的多几年，当然应该比小学毕业者好些；大学毕业者的学识能力，因研究的年数比较的又多几年，当然应该比中学毕业者更好些；留学毕业者的学识能力，因国外学校设备之比较的完备，教授程度之比较的高明，当然应该比国内毕业者更要好些。所以我们倘有了名实相符的一个条件，有的事情，确须留学生而非国内大学生所能胜任者（这当然是目前的情形，将来国内教育精进之后，便不至如此），尤其是高等专门的学术；有的事情，确须大学程度而非中学生所能胜任者；有的事情，确须中学生而非小学生所能胜任者。不过这种实际的资格，有的地方不一定要取得学校的牌子，或衔头，也可以由自修，由在社会上从小做起，边做边学，经过若干年后，有相当实际的经验阅历，因而造成专门的学识才能，获得实际的资格。朱君所引在下答涂君的话：“……他人岂因此（指仅小学毕业）而轻视他吗？断无是理。”我的意思并不是仅仅小学毕业便可以引起别人的重视，是说不以小学毕业自封，能奋斗向上努力，得到相当的学识能力，做他所能做的事情，到了这个时候，决没有因为他从前不过是小学毕业而轻视他，而且还要特别的敬重他。我们前次答复涂君的一番话，因为涂君既无力升学，又以资格为虑，似乎资格非由升学是绝对得不到的。

我们就他所处境地，告诉他名实相符的资格也可由服务及同时自修而渐积成功的，只须有实际的能力，别人决不至轻视他。我们的向上努力，向上奋斗，势不得不从自己所处的境地做出发点，既无力升学，便须另走一条可通的路向前干。

（原载1929年6月2日《生活》周刊第4卷第27期，复信署名编者。）

无所不专的专家

天下无万能的人，也很少一无所能的人（除非自己糟蹋掉），倘知各就自己天赋能力的大小及趋向，加以培植，加以修养，加以学力，加以经验，各自用得其当，就所专攻的学识经验以从事专业而贡献于社会，在已则能使固有之天才获最大限度的发展，在社会则能因此而获得最大限度的裨益，此专家之所以可贵。

但在我国往往产生许多无所不专的专家。试略回想从前的政界，有人今日做司法总长，隔几时可以做教育总长，再隔几时又可以做内务总长……各部的什么长，在名称上似乎是各有所专，在别国是要选各得其所的专门人材充任，在我国则凡是做了大官的人就无长不可做，这是无所不专的官僚专家，到现在此种风气还是不免。这种风气所由来，当然有很深远的历史背景。我国从前虽有所谓士农工商，但农工商是够不上受人尊崇的，只有“士”是受人尊崇的，所以一钻入私塾，就可以听见什么“惟有读书高”的声浪，而所谓“士”者即是无所不专的专家，只要读过四书五经，什么都可以干！“相”是文的，“将”是武的，而读书人却可以“出将入相”，到了外面可以做将，一到了里面去就可以一变而为了相！医生原是一种很专门的事业，但在“医”字之上却加一个“儒”字，称为“儒医”，儒者是读书人也，于是读书人不但可以“出将入相”，又可以由旁路一钻而做“医”！

到了现在，环境虽不无一部分的变异，而这种深入人心的“遗风余韵”还暗中滋长着，于是往往虽受有专门的教育，而却不安其分，不肯专其所专，却喜欢掮出无所不专的虚浮的花样来，在社会上瞎混！有某君在文学上有了努力，并得到相当的名誉，却抛弃了他的特长和已往的经验而分心于别的不相干的事情。有某君在教育上有过相当的学识经验，不从这方面有所译述，忽然乱七八糟的发表些经济学上的译著，法学上的译著，政治学上的译著，反给真正有研究的人批评得焦头烂额。诸如此类的不经济的行为，不但于社会上是有害无益，而且把本人所固有的多少天赋，也随之埋没，未免可惜。

最好笑的是本国产生了骛外虚浮的无所不专的专家，遇有外国的专家到了，往往也把这样的态度来对他。例如美国的克伯屈博士，他固然是美国教育界的名宿，但他的特殊贡献是在“教育法原理”，不是包办教育上的一切，而到了中国之后，我国的许多大教育家却分列日期，第几日要他讨论大学教育，第几日要他讨论中学教育，第几日要他讨论初等教育，第几日要他讨论职业教育，第几日要他……好像几十代祖宗在教育上未解决的一切问题都要请他来解决一下！我够不上做教育大家，当时未曾列席，不过我看报上发表了这样的日期表，念他未曾做到“中国特产的无所不专的专家”，颇替他担忧。后来在报上看见他对于各日讨论的无所不专的教育问题，所答的话里面好几处是说：“这个问题，我不敢妄断，你们是要根据中国的特殊情形去解决的。”这不是这位专家“吃瘪”，实在是他未曾做到我国所崇拜的“无所不专的专家”资格！

中国“无所不专的专家”所以遍地皆是，阻碍真正事业的进步，他们本人不自量，无自知之明，及好出风头，固然是自己害自己，而社会却也不能辞其咎，因为一个人无论你专了什么，一旦成了什么名人，社会上人便当你是万能。这里请你做校董，那里请你做董事；你的文章尽管狗屁不通，有人争先恐后的请你做序文；你的字尽管写成鬼样子，有人争先恐后的请你题签；甚至包医花柳病的广告上，也要拉你写一个尊姓大名！

无所不能的人实在是一无所能，无所不专的专家实在是一无所专，即有一知半解，决难有深入的研究与心得，更说不到对社会有真正实际的贡献，不过把浮薄的虚声，大家骗来骗去罢了。

天下无万能的人，人贵有自知之明。为己身事业计，为社会进步计，这个观念都有认清楚的必要。

(原载1929年7月7日《生活》周刊第4卷第32期，署名心水。)

消极中的积极

据在下近来体验所得，深觉我们倘能体会“消极中的积极”之意味，一方面能给我们以大无畏的精神和勇往迈进的勇气，一方面能使我们永远不至自满，永远不至发生骄矜的观念。

孔老夫子是我国历史上的一位伟人，他视富贵如浮云，是何等的消极！据他的一位很刚强的弟子子路说，他明明是“道之不行，已知之矣”，又是何等的消极！但是他却不赞成当时长沮和桀溺（均与孔子同时的隐者）一流人的行为，他自三十五岁起由鲁国往齐国，周游列国，仍冀于无可为之中而或可获得多少的结果，一直奔到六十八岁才回到鲁国。孟子说他“三月无君则皇皇然”，则又何等的积极！

无论何人不能不承认孙中山先生是我国近代史上的一位伟人，据他自述：“……虽身当百难之冲，为举世所非笑唾骂，一败再败，而犹冒险猛进者，仍未敢望革命排满事业能及吾身而成者也……”以孙先生的眼光与魄力，在当时还是“未敢望革命排满事业能及吾身而成”，其消极为何如？但是“未敢望”尽管“未敢望”，却能于“一败再败”之余“而犹冒险猛进”，其积极又何如？

以“道之不行，已知之矣”为背景，以“未敢望及吾身而成”为背景，可以说是以消极为背景；以消极为背景的积极进取，不知有所谓失望，不知有所谓失败，因为失望和失败都早在预期之中，本为常例，不是为例外。世之不敢进取者无非怕失望，无非怕失败，以消极为背景的积极进取既不怕什么失望，也不怕什么失败，则明知向前进取尚有上面所谓“例外”者可得，坐而不动则永在上面所谓“常例”者之中，两相比较，还是以进取为得计；况且进取即不幸，至多如未进取时之一无所获，则本为消极的意料中所固有，静以顺受，无所怨怼。所以我说“消极中的积极”能给我们以大无畏的精神和勇往迈进的勇气；只有不怕失望不怕失败的人才有大无畏和勇往迈进的精神。

我个人对于人生就以消极为背景，我深信有了以消极为背景的人生观，然后对于事业才能彻底的积极干去。我记得陈畏垒先生在他所做的《人生如游历的旅客》一文里有这样的几句：“我们此地不能讨论到世界的原始和宇宙的终极，但是我们每一个小我的人生，所谓‘上寿百年’，年寿上是有限制的，古人说‘视死如归’，虽没有说归于何处，而大地上物质不灭的原则是推不翻的，我们不必问灵魂的有无，我们可以说我们最后的归宿便是形体气质——仍归于所自生的世界。宗教家言所谓来处来，去处去，我们要改为来处来，还从来处去。承认了这一个前提，那么我们自少而壮而老这一段生存的时间，岂不是和‘旅行’没有两样？”我完全和他表同情，我所以对于人生以消极为背景，也是因为感觉“每一个小我的人生”在“年寿上是有限制的”，“我们最后的归宿”都不免“形体气质——仍归于所自生的世界”。有了这样的感觉，我们便应该明澈的了解：我们所能做的事只有竭尽我们的能力，利用我们的机会和“生存的时间”，能为社会或人群做到那里算那里，决用不着存什么“把持”或“包办”的念头。再说得明白些，有一天给我做，我就欣欣然聚精会神的干去；明天不给我做，也不心灰，也不意冷。为什么呢？因为我想得穿了，我横竖要“仍归于所自生的世界”，我只能有一日做一日，有得做便做，没得做便找些别的做；我做了三十年四十年，或做了数天数年，在人类千万年的历史上有什么差异？如能给我多做几年或几十年，只要我做得好，在此有得做的时期内，已有人受到我的多少好处；做到没得做的时候，要滚便滚。有了这样的态度，便能常做坦荡荡的君子，不至常做长戚戚的小人；不但失望失败丝毫不足以攖吾心，就是立刻死了（奋斗到死，不是自寻短见的死），也不算什么一回事。

反过来想，就是有些成就，以我们在“年寿上是有限制的”“一个小我的人生”，其所作为在人类千万年历史上的事功里，所占地位之微细或犹不及沧海之一粟，只有尽我有涯之生向着无穷尽的路上前进，做多少算多少，有何足以自傲之处？所以我说“消极中的积极”能使我们永远不至自满，永远不至发生骄矜的观念，因为只有能把眼光放得远的人才能“矫首望八荒，乾坤一何大，安荣无遽欣，患难无遽憨”。（曾文正《不求》诗中语。）

（原载1929年9月22日《生活》周刊第4卷第43期，署名心水。）

绝对靠得住的是谁?

绝对靠得住的是谁?这个问题似乎很难得到一个绝对的答案。据心理学家郭任远先生的研究,他大概在人类里面寻不出绝对靠得住的是谁,所以他以为只有狗最靠得住。他很表同情于美国上议院议员佛斯德(Vest)说的这几句话:“在这个自私自利的世界上,人们唯一的绝对无私的朋友就是他的狗。无论贵贱贫富,无论饥寒饱暖,狗都不肯离开他的主人……”这样不知世态炎凉秘诀的狗,确是在人类中不容易寻得出的,怪不得郭先生欣然自认是“和动物发生恋爱的疯子”了。但是我觉得狗虽不无用处,到底是畜类,不能和我们谈话,不能和我们商量,超出某限度的时候也不能帮助我们解决困难,所以我虽也佩服狗的靠得住,却仍想试在人类里面找找看,究竟有无绝对靠得住的。

有人说绝对靠得住的似乎莫如自己的母亲。母子之爱是天地间最至诚的爱,这句话大部分似乎是很对的,但是有的时候也不一定能绝对的靠得住。传说悟一贯之旨,传孔子之道,述《大学》、作《孝经》,后世称为宗圣的曾参,性至孝,其母又以慈闻,但据《国策》里说,“人有与曾参同姓名者杀人,人告曾子母曰:‘曾参杀人。’母曰:‘吾子不杀人。’织自若。有顷,人又曰:‘曾参杀人。’母尚织自若。顷一人又告之曰：‘曾参杀人。’母惧，投杼逾墙而走。”以曾子之贤，而其母竟终不免无稽妄言之摇惑，绝对靠得住吗？至于现在新旧思想常在冲突的时代，做母亲的常因顽固成性，对子女婚姻的无理压迫，更时有所闻，靠不住的更多了。

亲生的子女绝对靠得住吗？谁敢担保！女儿是终要跟着他人走的，至讲到儿子，善于观人眸子的孟老夫子就说：“人少则慕父母；知好色则慕少艾；有妻子则慕妻子。”老孟当时研究过“实用心理学”与否，我们不得而知，但是他这几句话似乎很能写透一般人的心理。

有人也许以为常人称为“终身伴侣”的夫妻，总可以绝对的靠得住了。却也未必！男子弃旧恋新的随处都是，女子有许多并不是真心爱悦她的丈夫，不过自己不能自立，就是觉得对方讨厌，或有所不满意，因为要靠着吃饭，也只得小心把这个“饭桶”保护周到，不要让他打破。我常觉得她觉得他本身真可爱悦而护他，可谓之爱护；她心里并不觉得他可爱，不过因为没有法子另选爱人，又不得不靠他吃饭，才不得不护他，只得勉称保护——保护靠着吃饭的饭桶！你这个饭桶不够吃的时候，吃饭的人便不见得和你表同情了！

俗语说“在家靠父母，出门靠朋友”，朋友是否绝对靠得住？则请听听韩退之为柳子厚作墓志铭所说的几句牢骚语看：“呜呼！士穷乃见节义，今夫平居里巷相慕悦，酒食游戏相征逐，诩诩强笑语以相取下，握手出肺肝相示，指天日涕泣，誓生死不相背负，真若可信，一旦临小利害，仅如毛发比，反眼若不相识，落陷阱不一引手救，反挤之又下石焉者，皆是也。”交朋友原来是穷不得的！怪不得韩老先生慨然“呜呼”起来。

有靠得住的慈母的人，有靠得住的子女的人，有靠得住的爱人的人，有靠得住的朋友的人，听见我在上面说的一番话，也许要大不以为然，但是我要请注意的，我不是说这里面许多人都是绝对靠不住的，我的意思是说有可靠有不可靠，也许其先可靠后来不可靠，不是都能绝对的可靠。

那末除了非我同类的狗之外，绝对可靠的究竟是谁？我以为绝对可靠的只有自己。你无论如何穷困，你自己总是伴着你自己；你无论如何倒霉，你自己总是不离你自己；就是你上断头台，像法国女杰罗兰夫人那样慷慨悲壮的上断头台，她自己的那个嘴巴还要替她说出几句慷慨悲壮的至理名言。

曾文正曾经说过："凡危急之时，只有在己者靠得住，其在人者皆不可靠。"这是他由经验阅历中得来的教训。

这样观察在我们似有受用处：既知绝对靠得住的只有自己，则对于自己的能力须加意训练，丝毫不可存倚赖或侥幸的念头，也不必存怨天尤人的念头，只一往直前的力求自强。曾文正写给他老弟的信，还有几句很动人的话："困心横虑，正是磨练英雄，玉汝于成。李申夫尝谓余怄气从不说出，一味忍耐，徐图自强，因引谚曰：'好汉打脱牙和血吞'，此二语是余生平咬牙立志之诀……弟来信每怪运气不好，便不似好汉口气，惟有一字不说，咬定牙根，徐图自强而已。"

这不是他劝人做消极的容忍，是说对别人发牢骚无用，要自己振作自强起来才有办法。

（原载 1929 年 10 月 13 日《生活》周刊第 4 卷第 46 期，署名心水。）

挨 骂

伟大如孙中山先生，一生为我们的民族自由平等尽瘁，但是他就一生挨骂，他自己在"自传"里就说："当初次之失败也（按指一八九五年广州之役），举国舆论莫不目予为乱臣贼子，大逆不道，咒诅谩骂之声，不绝于耳。"甚至到他临逝世的那一年，由广州到上海，上海英人办的《字林西报》还发出孙先生不应住在租界的狂吃（详见黄昌谷先生讲述《中山先生北上与逝世后之详情》）。我想中山先生如果不能挨骂，决不能为中国奋斗至四十年之久，早就气死了。

林肯也总算是美国的伟大人物了，他为废奴及维持美国南北统一而奋斗，也是一生挨骂，甚至有人骂他不是人，是一个猴子由人加以衣冠而利用作傀儡的。我想林肯如果不能挨骂，决不能为美国奋斗至十余年之久，早就气死了。

即如本刊最近所屡次论到的德国逝世未久的史特莱斯曼，当他救国最力之时，即他挨骂最烈之日，他的救国事业实无时不在挨骂的荆棘中过去，挨骂简直是他的家常便饭。我想史特莱斯曼如果不能挨骂，决不能为德国奋斗至六年之久，早就气死了。

所以我们遇着挨骂的机会，无须烦闷，无须着慌，无须胆怯。有的时候，尤其是在我国的社会里，只要你肯努力，只要你想有什么小小的贡献，便有了挨骂的机会，最好是你不要努力，最好是你不要想有什么小小的贡献——大贡献更不必说——那才得安闲无事！

话虽如此，但是如骂得不错的，我们却也应该虚怀容纳，因为我们深信天下无绝对完善的人，无绝对完善的事，最重要的是要常常虚心诚意的在那里努力求进步，如果被人骂得对，正是多一个改良的机会，也便是多一个进步的机会。

听到骂得有道理的话，诚宜猛自反省，从善如流；听到无理取闹的话，只得向往先贤坚苦卓绝的经验，藉以自壮胆力与进取的精神，仍是要努力向前干去，仍是要尽心力向前干去。

（原载1929年11月17日《生活》周刊第4卷第51期，署名编者。）

校长供开刀

进过老式私塾读书的人，大概总读过两句文绉绉的话，叫做“文章教尔曹，惟有读书高”。现在的学问有了各科的专门，就是种田炼铁造房子开汽车等等都成了学问，不是仅仅能够胡诌几句“文章”便算有了天大的本领，这固然是不消说的；不过觉得“惟有读书高”而蔑视劳工神圣及努力工作自助的错误心理，仍是很难洗涤得干净。老友刘湛恩先生现任沪江大学校长，对于他自己头上那几根头发向来是很随便的，但是往往采取放任主义，没有工夫使它怎样整齐。前天他来晤谈，我瞧见他头上那漆黑一团的东西却修得很整齐，梳得很平服，问后才知道他是刚破钞了五块大洋请他校里的一位高足开刀的。原来他校里有一位同学王瑞炳君清寒好学，当他未入沪江之前，在某处担任小学教员的时候，当作玩意儿的学会了剪发的技能，近因困于学费，有志努力自助，刘先生听他有这样的本领，便慨然把他自己的一颗头给他实验，结果非常满意，并未曾累他头破血流，刘校长于惊喜之余，奖借有加，欣然从腰包里挖出亮晶晶的东西五块，送他作为开刀大吉的贺仪，听说王君现在生意兴隆，颇可藉此自给。我们觉得刘先生之不惜大好头颅，积极提倡有志青年之努力自助，及王君之毅然操刀一割，一洗寻常读书人轻视劳工的恶习，都值得我们的敬佩。

刘先生的夫人王立明女士对家务全用新法，诸事躬亲，对于社交也很注意，他们伉俪因常请朋友聚餐，忙不过来，特招请本校学生中之愿任堂倌者相助，每小时工资两角半大洋。招了许久，学生中对于堂倌一职究竟有些羞答答的未便走马到任，但最近居然也招到了一位。听说该校对于学生自助求学，提倡不遗余力，以上两事不过是两个例子罢了。

我觉得这种事情，物质上的报酬尚在其次，而鼓励自立的精神，实含有很大的价值。讲到这一点，我觉得陶行知先生做过的一首白话诗很有点意思：

> 滴自己的汗；吃自己的饭。
> 自己的事，自己干。
> 靠人，靠天，靠祖先，都不算好汉。

（原载 1930 年 1 月 12 日《生活》周刊第 5 卷第 7 期，署名韬奋。）

明哲保身的遗毒

富有阅历经验的老前辈，对于出远门的子弟常叮咛训诲，说你在轮船上或火车上，如看见有窃贼或扒手正在那儿偷窃别个乘客的东西，你不但不可声张，并且要赶紧把眼睛往旁急转，装作未曾看见的样子，免他对你怀恨。这样几句很平常的寥寥"训话"，很可以表示传统观念遗下来的"明哲保身"的精神。

有了这种精神浸润充盈于大多数国民的心理，于是大多数国民便只知有身，不知有正谊公道，不知有血气心肝，不知有国，不知有民族。所以当八国联军攻破京津时，顺民旗随处高悬；当联军占据北京时，该处绅士至请联军统帅瓦德西大看其戏，优礼迎迓；当天津尚在八国联军手里，该地绅士居然歌功颂德，鼓乐喧天的恭送匾额给德国将帅。所为者何？亦不外乎明哲保身而已矣！

对外存着这种明哲保身的态度，简直只要这条狗命可得忍辱含垢活着，国家尽管受侮，民族尽管受辱，都可以淡然置之，泰然安之，因为这种人所求者只不过明哲保身而已矣！对内存着这种明哲保身的态度，贪官污吏尽管横行，武人祸国尽管内乱，做国民的却尽管袖手旁观，各人只要一时苟延残喘，什么话都不敢说，什么意见都不敢提了。发了财的舆论机关，号称民众口舌，只要极简单的做几句模棱两可不着边际不痛不痒的社论或时评，所沾沾自喜者，每年老板可有二十万三十万的赢余下腰包，以不冒风险为主旨，拆穿西洋镜，亦不过明哲保身而已矣！

全国对内对外大家受着明哲保身的遗毒，以只顾自己一条狗命的苟延残喘为唯一宗旨，于是结果如何？在内则纵任少数人之倒行逆施，斫伤国脉，兵匪遍地，民不聊生，死于天灾者动辄以数百万人计，死于兵祸者动辄以数十万人计，这种死路都是大家但求明哲保身之所赐！在外仅就近事言，济南之变，白受日人惨杀的中国国民几何人？这种死路至少也是大多数国民对内对外人人但求明哲保身所直接间接酿成的惨剧！

最近上海由中国人开的大光明戏院开演侮辱中华民族的有声电影《不怕死》，洪深先生激于义愤，当场对观众演说，该院总经理中国人高镜清先生先则嗾使其所雇西人经理加以侮辱殴打，继则传唤其所恃西捕老爷加以拘捕管押，大概高先生也是深明中国人明哲保身的心理，自信很有把握，初不料洪先生却不是一个谙于明哲保身道理的人！我并觉得我国不谙明哲保身的人太少了，所以引起上面所说的一大拖感触，以为做今日内忧外患的中国人，应该人人养成不怕死的精神，为主持正谊公道，为力争国家民族的荣誉生存，就是一死也心甘意愿。其实做今日的中国人已经生不如死，就是这样的死去，反可以救救以后未死将死的许多惨苦同胞。我们要人人铲除明哲保身的遗毒；要把自己个人的生命看得轻，所属民族的荣存看得重；否则生不如死，何贵乎生？

历史上杀身成仁慷慨赴义的志士先烈，他们心性里最缺乏的成分是明哲保身的遗毒，最充分的是不怕死的精神——为主持正谊公道，为力争国家民族的荣誉生存不惜一死的精神。我国人受明哲保身的遗毒太多了，四万万五千万国民里面具有这种不怕死的精神者能渐渐增加若干人，即中国起死回生的希望能渐渐增加若干程度。

（原载1930年3月16日《生活》周刊第5卷第14期，署名心水。）

无乐观悲观之可言

做今日的中国人，够不上乐观，用不着悲观。我们睁开眼睛看看国事，能指出那几件事使得我们做国民的人可以乐观？再睁开眼睛看看社会的现状，能指出那几件事使得我们身居其中一分子的人可以乐观？除国事与社会现状外，除少数阔老及席丰履厚的享福者外，大多数平民各人有各人的苦况，真所谓一言难尽，呼吁无门，那几个人对自己可以乐观？乐观与否，就大多数民众言，是要受事实所限制；四方八面寻不出乐观的事实，便无乐观之可言。有人每日看报愈看愈动气，于是发誓不看报，采用闭着眼睛乐观的政策，但是眼睛尽管闭着，不能乐观的事实仍然四平八稳的存在，绝不因此消灭。倘若人人都采用闭眼政策，好像一群瞎子挤在一条黑弄子里，更永远没有得见天日的希望。有人听见东西各国在事实上比我们进步快，愈比较愈觉得我们事事落伍，事事不行，往往不问事实究竟如何，大大的埋怨供给这样比较材料的人，好像如果绝对不提起别人的实际情形怎样——尤其是进步的情形——我们掩着耳朵不愿听他们向前跑到了什么地步，我们尽管踱方步，或竟向后转，也可以不至悲观。这种心理可以称为掩耳的乐观政策，殊不想耳朵尽管掩着，别人进步很快的事实仍然存在，我们进步很慢的事实仍然存在，在别人无所损，在我们却因为做了聋子而故步自封。

闭眼政策和掩耳政策既均不能消灭不能乐观的事实，所余下的似乎只有悲观了，但是悲观难道就能消灭不能乐观的事实吗？悲观之不能消灭乃至减少不能乐观的事实，与闭眼政策和掩耳政策无异，所以我们诚然够不上乐观，也用不着悲观。

我们对江苏悲观，也许可跑到浙江去做浙江人；对浙江悲观，也许可跑到安徽去做安徽人；但是如对中国悲观，终究还是要做中国人，不能随我们的意思丢了中国去做美国人，英国人，所以我们既不由自主的生而为中国人，对中国只有一条路走，就是尽我们的力量往前干，随你乐观也好，悲观也好，觉得前途有望也好，无望也好，你只有向前干的一条路走，没有别条路走。我每想到这一点，就觉得无乐观悲观之可言，只有各尽我们的力量往前干。觉得国内事事落后，你既跳不出这一国的圈子——因为逃到天边地角还是个中国人——只有尽力使她不落后；觉得外国压迫得厉害，你既跳不出这一国的圈子，也只有尽力使她充实抵御的能力。成败利钝都说不到，只有往前尽力干去，干得一分是一分，干得两分是两分，暂时干不好，还得继续不断的干。除了这样尽力往前干的一条路外，并没有别条路走。既然只有向前的一条路走，不悲观要走，悲观也要走，不过悲观使你走不动，反不如不悲观的向前进，走进一步是一步，走进两步是两步，鼓着勇气继续向前！扎硬寨，打死仗！

（原载1930年9月14日《生活》周刊第5卷第40期，署名心水。）

无形的考试

我们在学校求学的时候，大家都经过所谓考试：自《考试院》成立后，迭颁各种考试规程；社会上用人的机关，亦渐多采用公开的招考：凡此种种都可说是具有形式的考试。除此有形的考试之外，还有一种无形的考试。这种无形考试的时期是做到老考到老，死的时候才是停考的时候；这种无形考试的题目是做完一个又来一个，做到死还做不完。我们对于这种无形的考试也须有一种拿得稳的正确态度，然后才能成竹在胸，镇定对付。

无形的考试虽然无形，但是我们倘若要有相当的成绩，须用点脑子替自己定一个适当的范围，在此范围内作尽量的努力。大才小用固然可惜，小才大用也要糟糕。我们一方面要彻底明瞭人不是万能的，一方面要彻底明瞭世上的事业是无穷尽的，我们倘以有限的精神才力而旮骛于不甚相当的多种事务，捉襟见肘，疲于奔命，不如就自己性之所近力之所及，聚精会神的干一件可以干的事业，加以充分工夫，持以恒心毅力，滴水不辍，可以断崖，精诚所至，金石为开，这一本考试卷子必有可观。据纽约电传，某广告公司邀请世界著名滑稽电影明星卓别灵演说，每刻钟愿出五千金镑，且不限其演说题材，卓别灵说："卓别灵是买不动的，我的表现工具是做戏，不是演说。"这种精神，便是他在自己所特创的滑稽电影剧的艺术上成绩特优的重要原因。若只会做戏而偏要演说，便决不会有好卷子。

有形考试的时间短的二三小时，长的也不过几天分开来考，这样几小时或几天的工夫，考者比较的尚易于忍耐得下。无形的考试——尤其是定了范围有了目标以后——少则数十年，多则终身尽瘁于此，这样长久的考试期间，不但需要充分的奋斗能力，并且需要充分的忍耐工夫。在此长时间内，没有充分的奋斗能力，固然不能振作有为，虽能奋斗而没有忍耐的决心，则一遇挫折，即急流勇退，或虽至二次三次以至多次的前进，而终于发生灰心悲观消极颓废等等病症，还是要考得一塌糊涂，甚至有人索性自杀——这就是逃考。考卷要好是要做的，逃考当然做不出好卷子来。孙中山先生最足令人佩服的地方便是他永远“考”不倒，他为中国民族自由平等奋斗了四十年，其中经过十次大失败，无数次的小失败，在在都有使他丢掉考卷或逃考的机会，但他总是硬着头皮应“考”，末了他还觉得自己的考卷未曾做完，交给后来的同志做下去。四十年做一本卷子还没有做完，性急的朋友往往并未曾做，或做而未得力，或虽得力而仅知奋斗不知忍耐，奋斗愈激，因缺乏忍耐力而更易趋入悲观，经不起长时期的考试。无形的考试非经长时期决不会有好成绩的，既经不起长时期的考试，考得不好，怨谁?

最后还有一点：有形的考试不过把已准备好的成绩表现出来，无形的考试不仅表现已准备好的成绩，同时还能随时随地在“考试”中得到经验，增富自己的能力。故在无形的考试中，学习和“考试”可以说是同时并进的。

（原载1931年3月7日《生活》周刊第6卷第11期，署名心水。）

人生意义

(上略——本书编者)我是一个学科学的人,尤其是学科学中最难学的一种物理学,我受科学的陶冶已有十余年,所以在科学上得到的知识也不少,尤其这几年在大学毕业之后,即在母校本系服务,事情虽忙,但是学业的进步尤较学生时代为甚。所以单在学问的方面说,将来或可有一点希望,也未可知。不过我们学科学的人终日是和ABC同实验室里的仪器过着生活,对于人情方面是非常冷淡。因此一直到现在,只觉得科学是有兴趣,而不知人生是什么了!

在我们所研究的物理学上说:宇宙间的一切皆是由于阴阳二电子构成,所以人也是这两种东西构成的,因而人是等于物的,人的生死不过是物质的变化,并不是消灭的,所以人的生死,依这种眼光看去,是一点无意义的。生死既无意义,那末人生还有什么意义?再进一步说,以宇宙这样的大,我们人体这样的小,时间这样的长久而无穷,人生寿命这样的短促,所谓人生的快乐悲哀,皆成为一瞬间的幻影,诸如此类的推想,人生还有什么意义呢?

有一次我同一位朋友谈话,他看我太消极了,他说人要努力奋斗，我说人就是努力奋斗又怎样呢？他说世上的成功皆是由人之努力奋斗而来。我说就是努力奋斗有了成功，那又怎样呢？人在希望未达到的时候，以为希望达到了，是非常之快乐，但是到了你希望达到时候，你也不觉得是怎样的快乐了。人没有饭吃，以为饭可以救命，及有饭吃，也不以为饭是可贵了。再深说句，古时的所谓圣贤俊杰，现在也不过是氢氧碳磷，现在的大人先生，也不过是一时的食色的逐鹿而已！这又有什么意义呢？

在我们所研究的科学上讲起来，与其他的学问又有不同的地方，我们所得到的训练，就是以我们最精密的科学，尚不能得到宇宙间正确意义，其他的学问更不必谈了；所以世界上的各事是无是非的，所谓是非，不过各是其所是，各非其所非而已，是非是依环境而定，此种环境以为是而换一环境则以为非矣。世界上无正确无是非，那末人生还有什么正确与是非，人生无正确是非，所以人生无意义。

我对于人生哲学的书是没有读过，这完全是我个人科学的人生观，不过我因为时间的关系，现在不能多写，以上不过是略写一点，不知编辑先生有如何的答复与批评，能使我有所满意也。

X

答：

关于人生的意义问题，记者觉得《生活》第三卷第三十八期里登过一篇胡适之先生答某君书，其中有几句话颇有参考的价值，我现在撮述几句如下："我细读来书，终觉得你不免作茧自缚，你自己去寻出一个本不成问题的问题：'人生有何意义？'其实这个问题是容易解答的。人生的意义全是各人自己寻出来，造出来的：高尚，卑劣，清贵，污浊，有用，无用，……全靠自己的作为。生命本身不过是一件生物学的事实，有什么意义可说？生一个人与一只猫，一只狗，有什么分别？人生的意义不在于何以有生，而在于自己怎样生活。你若情愿把这六尺之躯葬送在白昼作梦之上，那就是你这一生的意义。你若发愤振作起来，决心去寻求生命的意义，去创造自己的生命的意义，那么，你活一日便有一日的意义，作一事便添一事的意义……总之，生命本没有意义，你要能给他什么意义，他就有什么意义。与其冥想人生有何意义，不如试用此生作点有意义的事……”综结胡先生这几句话，有两点很可以特别的注意一下：第一点是人生本来是没有意义的；第二点是人生的意义是靠各人自己造出来的。这两点我都表同意，不过我却不觉得X君此信是“白昼作梦”，认为有好几处他本着科学家怀疑的态度，很能引起我们研究的趣味。

X君认生死无意义，诚然，但不能因为“生死既无意义”，便断定“那末人生还有什么意义？”愚意“生”与“死”尽管无意义，但在既“生”与未“死”之中间的一段生活的过程，未尝不可由各人努力造出意义来。

X君又因宇宙之大，而人生之短而致疑于人生没有意义。宇宙之大，而人生之短，这诚然是一件事实，这个事实如看得透，对于我们的修养上且有大益，因为能知天地之长而吾所历者短，知地之大而吾所居者小，知事之多而吾所成者实微乎其微，则对于个人之名利得失便看得不算一回事，对于骄矜自满的毛病也可以不至有。不过因生命之短而即断为人生之无意义，我却不以为然，因为人生价值在各人所自造者何如：苟有益于世，虽短不能抹煞其价值；苟不但无益而且有害于世，则“老而不死之为贼”，多活几年只有愈糟！

我觉得做人是不得已的事情，我们并不是在未生之前自己预定好计划，由自己高兴来生在世上的，现在既不由自主的生了出来，只得做人。既然只得做，消极比积极苦痛，懒惰比奋斗苦痛，害人比救人助人苦痛，所以只想择其比较在精神上可以减少苦痛的方面做去，如此而已。这是我个人直觉的不得已在这里做人的赤裸裸的简单态度。X君所提出的“又怎样呢?”“那又怎样呢?”，我只觉得无论“怎样”，既不愿立刻自尽，只得这样做去，想不出更好的办法。

最后X君认世界上各事是无是非的，愚意亦不以为然。愚意以为是非是有的，不过在现实的世事方面未必尽能适合于应是之是与应非之非而已。试举一件小事为例，女子缠足之有碍卫生，这种是非是很显明的，但在从前盛行缠足的时代，不缠足的女子反而嫁不出去，没有人娶，则当时是是其所不应是，非其所不应非，诚如X君所谓“无是非的”。但苟能不为不合理的习俗所拘，而能用理性来研究一下“为什么”，则缠足之为有碍卫生的恶习，固有其是非所在，不因人之从违而变其本质。是非之本质既存在，能否看透真是非之所在，则在乎各人在思想上的程度而异，我们所希望者，则在具有明澈思想者能感化或提醒一般糊涂虫而逐渐增加现实情形之更能合理。试再就女子缠足一端为例，闻蔡孑民先生在三四十年前举国崇拜缠足之时，他征婚即以天足为条件之一，则在当时，他对此事之是非固为独能合理，不能谓为无是非。世界文化的进步，就在乎能由不合理的是非而逐渐走到合理的是非之路上去。我们所应努力者，也在竭力减少铲除不合理的是非，竭力增加培成合理的是非。

（原载1931年3月21日《生活》周刊第6卷第13期，复信署名编者。）

倾轧中伤

孟老夫子曾说："为政者每人而悦之，日亦不足矣。"其实不但为政，凡事皆然；而且负责愈专努力愈勇者，"每人而悦之"亦愈难。试用冷静的眼光分析社会的心理，其中具有热肠侠义，见善如己出，但知鼓励辅赞之不暇者，虽不乏其人，然亦有自己懒走，最好别人也不要走；自己走得慢，最好别人走得更慢；自己干不好，最好别人干得更不好。否则眼见你的事业有法维持，甚至有法发展，往往妒火中烧，非立刻看见你摧残消灭，心中实在不甘！他们并不想要自己的事业能维持，能发展，全靠自己努力，决不是靠着中伤别人而能达到维持自己发展自己事业的目的。

在这种倾轧中伤的空气之下，倘若自己没有坚定的主意，镇定的精神，往往易为外物所震撼，甚至非气死不可，至少也使你心灰意冷，一事不能办。曾涤生曾说："大抵任事之人，断不能有誉而无毁，有恩而无怨，自修者但求大闲不逾，不可因讥议而馁沉毅之气"；又说"我辈办事，成败听之于天，毁誉听之于人，惟在己之规模气象，则我有可以自主者，亦曰不随众人之喜怒为喜怒耳"。每诵昔贤困心横虑之经历语，未尝不为之神往。

（原载1931年3月28日《生活》周刊第6卷第14期，署名韬奋。）

办事上需要的几个条件

除了尸位素餐的官吏，坐领干薪的蠹虫，及游手好闲的纨绔子弟外，大概都不能和办事绝缘，所谓服务社会的“服务”两字的意义，也就是办事的意思。办事上所需要的条件，如在理论方面唱高调，简直可以著一本很厚的大作，但记者在此文所欲论述者，决不愿徒发空论，乃根据事实上的观察，与实际上的体验，以为我们在办事上有几个切实需要的条件。

假定一个人对于他所办的事，已具有相当的知识技能，他在职务方面能否胜任，至少还要看有无两个最低限度的条件：第一是肯切实的负责，第二是有细密的精神。

求之我国历史上的人物，其负责精神最足令人感动者，殆莫过于诸葛亮。他原来是“臣本布衣，躬耕于南阳，苟全性命于乱世，不求闻达于诸侯”，初不必负什么重要的责任，后来他因为“先帝不以臣卑鄙，猥自枉屈，三顾臣于草庐之中，咨臣以当世之事，由是感激，遂许先帝以驱驰”，于是他不负责则已，既已负责，便毅然“受任于败军之际，奉命于危难之间”，甚至不顾成败利钝，“鞠躬尽瘁，死而后已”，其忠肝义胆，照耀千古，故“出师未捷身先死，长使英雄泪满襟”，其感人之深一至于此，全在他的负责精神。刘备在时他负责，刘备死后他还是负责，生死不渝的负责。我们平常办事，固然用不着张大其辞，一来就说到“死而后已”；但既受信托办理一事，在人面前随口承诺的答应了下来，一转身便马马虎虎：办得好不好不管，时间赶得上赶不上不管，推一步走一走，催一次快一点，你不留神督促查询，他便随意宕挨延误，或草率交卷，好像货出不退换，满不在乎！遇着这种宝贝，你一次或两次上了当，以后简直不敢领教。事业范围愈大，你个人的督察能力愈难，所需要肯负责的同志愈亟，但对自己私事肯切实负责的多得很，对公事肯切实负责的实有如凤毛麟角。故肯切实负责的人，实为办事上最渴望而不易得的同志，因为只有这种人能使你放心，能分担你的责任。

其次最感缺乏的便是细密的精神。细密的对方便是粗忽，或是卤莽。姑舍大事而以小事为喻，有人替你誊写一封信，总要替你誊错几个字，使你非自己过眼总不能放心发出，其实只要于誊后细密的看一遍，便没有这个毛病。又如有人替你发信，也许把甲的信套进乙信封，把乙的信套进甲信封，弄得两边不接头，遇有重要的事件，时间上手续上的延误固不必说，有时信件内容有秘密之必要，他却如此替你公开起来！有时有附件要加入，他把这信发出，附件还附在他的办公桌上！小事如此，大事你便不敢交托他了。

以上两点是我们所可认为办事的最低条件，这都是可以用意志的力量和训练的工夫养成的。在“最低”之上，如要再作进一步的要求，愚意以为还有一个条件，便是自动的精神和创造的能力，能就所负的责任范围及所做的细密工作上，想出更好的计划，定出更好的办法，精益求精，与时俱进，此则具有超卓思想的异材，发展事业的柱石，不仅能不负所托而已。

（原载 1931 年 4 月 11 日《生活》周刊第 6 卷第 6 期，署名心水。）

能与为

“能其所为”与“为其所能”而能合并，在个人在社会都是莫大的幸事；初虽未能，肯学习而做到能，则由“为”而“能”，亦尚可有为；最下者虽“能”而不“为”，或不能而妄为。

一人事业上之成就与其能力为正比例；且自文明进化，分工愈精，则能力之专门化亦愈密，能于此者未必亦能于彼，故与事业之成就为正比例的能力，尚须注意其所专者是否适合于其所为。果有相当的能力，而此相当的能力又适合于所做的事业，其效率之增高，业务之发展，实意中事，在社会方面之兴盛繁荣，全恃此种事业获得此种人材；在个人方面之感觉兴味与愉快，亦全恃此种人材有机会尽心竭力于此种事业。此即所谓“能其所为”与“为其所能”合而为一。故有志于某种事业者，与其临渊羡鱼，毋宁退而结网，结网无他，即当对于此某业所需要之能力先加以充分的准备。昔人所谓“水到渠成”，所谓“左右逢源”，都是有了充分准备以后的亲切写真。

能力之养成，常有待于实际应付问题与处理事务时之虚怀默察，领悟诀窍，故“学”与“为”常可兼程并进，互有裨益。在此原则之下，虽最初有所未能，或能而未精，只须肯存心学习，未尝不可由“为”而“能”，古今来有不少对社会有重大贡献的人物，虽未有领受正式教育之机会，而犹能利用其天赋，由困知勉行而卓然有所树立者，都是由这条路上走出来的。不过要走得上这条路，一下走不到康庄大道，必须不厌曲径小路之麻烦；换句话说，即勿因事小而不屑为，当知"百尺高楼从地起"，天下决无一蹴即成之事，亦未有一学即能之业，无不从一点一滴的知识经验积聚而成，若小事尚不能为，安见其能为大事？

尤可悯者为虽"能"而不"为"。一种事业所以能有特殊超卓的成绩，全恃从事者能以满腔热诚全副精力赴之。若因循苟且，敷衍暇逸，即有能力，无所表现，虽有能为之能，等于不能，虽有可能，永为不可能。这种毛病，不在相当知识之无有，实在良好品性之缺乏——尤其是服务的精神与忠于所业的态度。还有一个大病根，便是畏难。这种人仅见他人之成功，而不知他人之成功实经过无数次之失败，实尝过无数次之艰苦。常人但见成功之际之愉快，不见苦斗时代之紧张；但闻目前的欢声，岂知已往的慨叹？任何事业的成功史中必有一段伤心史，诚以艰苦困难实为成功必经的阶段，尤以创业者为甚，虽已有"能"，在创业时期中必须靠自己打出一条生路来，艰苦困难即此一条生路中必经之途径，一旦相遇，除迎头搏击外无他法，若畏缩退避，即等于自绝其前进。

不能而妄为，其为害超过于虽能而不为，盖一则消极的无所成而已，一则积极的闯祸。此类人既不屑学习，又不自量力，好虚荣而不顾实际，善大言而不知自惭，阻碍贤路，贻害社会，决无自省之日，徒有忮求之心，怨天尤人，永难觉悟。自知未能者尚可使有能，实际无能而自以为有能或甚至自以为有大能，轻举妄动，虽至失败而尚不知其致败之由，乃真无可救药。

（原载1931年5月9日《生活》周刊第6卷第20期，署名心水。）

呆　气

我们寻常大概都知道敬重“勇气”,和敬重“正气”。昔者曾子谓子襄曰:“子好勇乎？吾尝闻大勇于夫子矣：自反而不缩,虽褐宽博,吾不惴焉;自反而缩,虽千万人,吾往矣!”这是从理直气壮中所生出的勇气。孟子说:“我善养吾浩然之气。”有人问他什么叫“浩然之气”,他说:“难言也,其为气也,至大至刚,以直养而无害,则塞于天地之间;其为气也,配义与道,无是,馁也。”这是天地间的浩然正气。但是愚意以为非有几分呆气,勇气鼓不起来,正气亦将消散;因为“虽千万人,吾往矣!”非有几分呆气的人决不肯干;“以直养而无害”,亦非有几分呆气的人也不肯干。试想富贵不能淫,威武不能屈,贫贱不能移,不是呆气的十足表现吗？

研究任何学问,欲求造诣深邃者,也不可不有几分呆气。据传发明地心吸力学说的奈端,有一天清晨正在潜思深究的有味当儿,他的女仆预把鸡蛋置小锅旁备他自煮作早餐,他一面沈思,一面把手上的一只表放入锅内滚水中大煮特煮,这不是呆气的表现吗？又据传说电学怪杰爱迪生结婚之日,与新夫人同车经过他的实验所,把夫人暂停在门外,自己跑进去取什么东西,不料进去之后,忘其所以,竟在一张桌上大做其实验,把夫人丢在外面许久,最后由新夫人进去找了出来，才一同回家去。这又不是呆气的表现吗？大概研究学问非研究到有了呆气的境域，钻得不深，求得不切，只有皮毛可得，彼科学家思创造一物，发明一理，当其在未创造未发明之前，人莫不讥为梦想，甚乃狂易，认为徒耗光阴，结果辽远，而彼科学家独能不顾讥笑，埋头研究，甚至废寝忘食，甘之如饴，非有几分呆气为后盾，岂能坚持得下去？

委身革命事业以拯救同胞为己任者，也不可不有几分呆气。彼革命志士，思为国家谋幸福，为人民除痛苦，而当其未达到谋幸福除痛苦之前，无一兵一卒之力，无弹丸凭藉之地，在他人见之，未尝非纸上谈兵，痴人说梦，认为必不可以实现，然卒以彼大革命家之规谋计划，冒万险，排万难，忍人之所不能忍，为人之所不敢为，刀斧不足以惧其心，穷困不足以移其志，置身家性命于度外，而登高一呼，万方响应，翕然从风，固为万流景仰，但在流离颠沛之际，非有几分呆气为后盾，岂能坚持得下去？诚以凡事非有几分呆气来应付，处处只计及一己利害，事事顾虑前途得失，无丝毫之主见，无丝毫之冒险精神，迟疑不前，趑趄不进，永在彷徨歧路之间而已。

此外欲能忠于职务，亦非具有几分呆气不可，在办公室中但望公毕时间之速到，或手持公事而目注墙上所悬时计者，大概都是聪明朋友的把戏，事业交在这种人手上是永远办不好，这是可以保险的。因为他所缺乏的就是忠于职务视公务如己事的呆气。降而至于交友，也以具有几分呆气的朋友为靠得住。韩退之所慨叹的“士穷乃见节义”，朋友穷了，仍不忘其友谊，此事非有较高程度之呆气者不办！

我们寻常的心理，大概无不喜闻他人之誉我聪明，且亦时欲表现其聪明；又无不厌闻他人之称我为呆子，而并不愿自认为呆子。初不料呆气也有那么大的好处！

（原载1931年5月16日《生活》周刊第6卷第21期，署名心水。）

工作的大小

工作有没有大小的分别？就一般的观念说，工作似乎是有大小的分别。我们很容易想到大人物做大事，寻常人做小事。这种观念里面，也许含有个人的虚荣心的成分，虽则没有人肯这样坦白地承认。但是有的人要想做大事，不满意于做小事，不一定出于个人的虚荣心，也许是出于很好的动机，希望由此对于社会有较大的贡献；依他看起来，大事的贡献较大，小事的贡献较小，因为要对社会有较大的贡献，所以不愿做小事，只想做大事。这个动机当然是很可嘉的。我们当然希望社会上人人都有较大的贡献，于是对于能够有较大贡献于社会的人们，特别欢迎。

不过什么样的事可算做大？什么样的事只能算小？什么样的贡献可算做大？什么样的贡献只能算小？这却是所谓仁者见仁，智者见智，不易有一致的见解。

我们如在军界做事，就一般人看来，也许要觉得做大将是比做小卒的事大。但是我觉得做丢尽了脸的不抵抗的大将，眼巴巴地望着民族敌人今天把我们的民族生命割一刀，明天把我们的民族生命刺一枪，而不能尽一点军人卫国的天职，做这样的不要脸的大将，实在远不如做十九路军淞沪抗战时的一个小卒。在这样的场合，一个小卒的工作对于国家民族的贡献反而大，一个大将的贡献不但是小，而且等于零！

也许你要驳我，说对民族敌人不抵抗的不要脸的大将，当然是太不要脸，对国家民族不能有什么的贡献，这诚然是不错，但是如做了真能抗敌卫国的大将，那便有了较大的贡献了。这样看来，大将的工作仍然是比小卒的工作大，大将的贡献仍然是比小卒的贡献大。

我承认这话确有一部分的理由，不过我们要知道一个军队要能作战，倘若全军队都是大将，人人都做指挥官，这战事是无法进行的；反过来说，倘若全军队都是小卒，如同一盘散沙，没有人指挥或领导，那末这战事也是无法进行的。所以在抗敌卫国的大目标下，大将和小卒在与敌作战的军队里虽各有其机能，但是同有贡献于国家民族是一样的，在本质上，工作的大与小，贡献的大与小，原来就没有什么分别的。硬看作工作有大小，贡献有大小，这只是流俗的看法罢了。

宜于做大将的材料，我们赞成他做大将；宜于做小卒的材料，我们也赞成他做小卒：从本质上看来都没有什么大小高低之分，我们所要问的只是他们为着什么做。

（原载 1936 年 6 月 18 日香港《生活日报》第 12 号，署名韬奋。）

第二辑

书评书话

本卷选收韬奋先生的书评15篇，书话14篇。

韬奋先生长期担任周刊主编，应刊物之需，撰写了大量书评书话。特别是创办《生活》周刊之初，因刊物经济条件所限，稿酬过低，其时影响力又尚未形成，组稿十分困难，韬奋先生只好编写合一，根据刊物内容设计的需要，撰写了许多书评、书话一类文章，以各种笔名发表，使得刊物面貌丰富多彩，引人入胜，藉此也形成了韬奋先生书评、书话短小通透、言简意赅的写作特色，这些文章入情入理，引人入胜，深得广大读者的喜爱。一位出版家和作家，他的书评、书话最能体现其文化价值取向和阅读审美追求，作为一个时代颇具代表性的杰出出版家、作家的韬奋先生，他的这些文章值得我们重温和细读。

书　评

于是很容易发生两种的流弊：一种是使人废书三叹，讨厌再看社会科学的书；还有一种是虽然硬着头皮看了，死读下去，在似懂不懂之间而却自以为很懂，那更造孽很不浅！

读《在晓庄》

关于书报的介绍，本刊原有所谓“介绍好读物”一栏；我们所欲介绍的是就一般读者看来觉得有趣味有价值的东西。但是我近来觉得有的书虽近乎专门的性质，其中也有很值得抽出来在本刊上谈谈的部分，所以便想另做近乎“读者录”一类的文字，弃繁取精，以节省读者的时间与精力，《读〈在晓庄〉》可以说是这类文字的第一篇。

程本海先生著的这本《在晓庄》，是将他在晓庄——南京的一个村庄——和陶行知先生等共同努力于“革命的乡村教育”所经过的片段生活，“从日记簿上选录那含有特殊意义的作品汇集起来”的。（全书一二三页，包括三十七篇短文，本年由中华书局出版，定价四角五分。）读这本书可以明瞭为中国教育放一异彩的晓庄乡村师范学校的实际情形，原是研究乡村教育者应看的一本好书，但是我觉得其中有许多事实和精神实值得我们虽然不是专研乡村教育的人的注意：

（一）我常觉得中国之所以乱糟糟，无非大多数人睡觉，纵任少数人瞎闹。中国现在虽号称有四万五千万人，但其中占人口百分之八十五的农民便是不识不知顺帝之则的睡觉朋友。他们睡觉的程度如何，请看本书里提起的这一件事：“码头庙离尧化门约两里许，每年于阴历三月十五日要举行轰动一时的迎神赛会，附近十几个村庄，男女辍业，一齐参加，到会者总有四五千人之多……”民国十六年那一次会期，恰巧著者由晓庄师校派在尧化门小学服务（按此校亦成绩卓著的一个乡村小学），认为这是实行社会教育的良好机会，便和几位同事的教师及小学生带了标语小旗风琴留声机等出去化装演讲。后来怎样？请听他接着说下去：“不一会，震天价响的锣鼓声远远地来了……果然有许多旗迎面而来……跟着红男绿女，手携着香，很虔敬地紧随着向前推进……有四人抬来的一座神像也排列在庙前……好奇心驱使我一步一步地走向那四人抬的神像前，看一看那牌位上的字，不禁吓了一跳，还堂而皇之什么‘当今皇帝万万岁’七个大字！……”怪不得著者要叹口气道“咳！青天白日旗帜之下，尤其是在首都附近的民众，还演出这种轰动一时的盛会，怎不令人叹息！”

（二）中国睡觉的国民实在太多了，尤其是占大多数的农民，著者和他的许多同志在晓庄所努力的工作，就是传播“唤醒农民”的种子。他们深信“乡村学校应当做改造乡村的中心”；他们深信“乡村教师应当做改造乡村生活的灵魂”；他们深信“乡村教师必须有农人的身手，科学的头脑，改进社会的精神”；他们深信“如果全国教师对儿童都有鞠躬尽瘁死而后已的决心，必能为我们民族创造一个新生命”。他们在学校的工作是这样：“本校的办法是主张在劳力上劳心。本校全部生活是‘教’‘学’‘做’。教的法子根据学的法子，学的法子根据做的法子。我们的实际生活就是我们全部的课程，……我们每天早晨五时有一个十分钟至十五分钟的寅会，筹划每天应进行的工作，是取一日之计在于寅的意义。寅会毕，即武术，本校无体操课，即以武术代。上午大部分时间阅书：所阅之书，一为学校规定者，一为随各个人自己性之所好者。下午工作有农事及简单仪器制造，到民间去等。晚上有平民夜校及做笔记日记等。”他们到民间去是“师生个个都穿草鞋或赤脚在田野工作”，真“和农民做朋友”，不是挂在嘴上吹的！关于这一点，书里有这一段有趣的纪述：

“我们学校自开办以来，处处以农民为对象，想尽方法以开通他们的知识，增进他们的生活于水平线之上。但是谈何容易？所以我们的步骤先要和农民做朋友为第一着。……起初，农友对我们很怀疑。抱着‘敬鬼神而远之’的态度，不敢和我们接近；久而久之，由认识而结成邻友了，不但我们时常到他们家里去玩，就是他们也扶老携幼常到我们学校去游玩，吾校各室都是开放，任他们自由进出，随便闲谈，看清我们的起居饮食和他们相仿佛，并非怪物；才渐渐相信我们是好人，由信仰而发生情感，一天天亲密起来了。”结果是：

“这里是一个荒芜荆棘的地方……形成了今日灿烂光明的晓庄，从颓败中建筑了伟大的房屋七八座，从荆棘中开辟了肥腴的田地和树林，把半开化的农民也陶冶起来了，把目不识丁的野孩也教养成活泼可爱的学童了……这样的为下层民众尽瘁的工作，实有大功于国民革命，决非嘴里喊着革命而实际却是猎取个人富贵利禄的勾当所能同日而语！”

（三）无论什么事业，最可贵的是能得到披肝沥胆，一片赤诚，兴趣浓厚，欣欣然共甘苦朝着目标努力前进的同志，也是著者所谓“真同志一人可以抵当平常的百人千人的力量”。我在本书里最觉可敬的是随处可以看出著者欣欣然津津有味向前干的精神。他在《自序》里说：“……自信一字一句都是从实际生活上得来的，而从内心的深处自然流露在笔尖上。换句话说：我的心灵已献给天真烂漫的小朋友和忠实可亲的农友们……”

（四）最后我还有一点零星的杂感，就是觉得这本书里有几处写得活龙活现，著者大有“写生之笔”，例如《农业的午餐》一文里说：“一个星期日的上午，小学生王金顺和他的妹子跑到小学，请潘先生和我二人同到他的家里吃中饭，起初，我们谦辞至再，而他去了又来，来了又去，一连跑了三次，说是他的爹，他的妈一定要请我们过去吃杯酒……”令人如闻其声。又如《在晓庄小学实习最后的一天》一文里，举行寒假休业式的一天，引导小朋友做感谢师长及父母的设计：“当时有许多参观的农友看见自己的孩子向他行礼，都高兴了不得。”土老儿们的惊喜局促窘态历历如绘。又如《怎样处理“告诉”》一文里说起小学生时常为了一些小事情便向先生来告诉：“一天，轮流着我做监护值日者，我刚刚走进工读室，玉龙来说：‘程先生，马荣骂我！’一会儿东来又来说道：‘程先生，李生瑞打我！’接着又是门外传来叫喊声：‘我去告诉程先生……’”儿童的稚气戆态活跃纸上。

十九，三，七，晚十时脱稿。

（原载 1930 年 3 月 23 日《生活》周刊第 5 卷第 15 期，署名韬奋。）

读《旅顺实战记》

旅顺是辽东半岛南端的一个险要的区域，旅顺口为黄海北岸的第一军港，港口二山交抱，门户天成，港内水大而深，可泊多数军舰。这样有裨于国防的天险，而我国自己不能保全，距今三十六年前（即一八九四年）日本垂涎朝鲜，我国出兵与日开战（即所谓甲午之战），海陆军一败涂地，辽东半岛被据，旅顺当然是随着抢去，不料俄德法看得眼红，于翌年强日本归我辽东，我国于原定赔款二百兆两之外，因此须增偿日本三十兆两，旅顺算是跟着回来，但不由自己力量取回的东西那里算数？所以又于一八九八年被俄国"租"去。后来日俄因同在中国北方争雄，日见俄国积极经营旅顺口及大连湾为海军根据地，以当时中国之无可无不可，俄国势力竟侵入黑龙江省，存心吞并朝鲜的日本以卧榻之旁岂容他人鼾睡，乃于一九〇四年向俄提出条件，谓彼此须担保中国及朝鲜的领土完全，同时建议俄在满洲及日在朝鲜所享权利须得保障。当时俄国那里看得起日本？对日本的噜苏完全不睬，日本乃用迅雷不及掩耳的手段，和俄开战，把中国的领土做他们的战场，俄大败，于是旅顺又自俄国之手而移到日本之手，中国只得眼巴巴望着他们抢来夺去！

本文原是要谈谈一本书叫做《旅顺实战记》，但我们一见这个书目，难免唤起关于旅顺的一段痛史，所以不得不很扼要的先把关于旅顺的以往历史略为说一说，现在要谈到这本书了。这本书是亲历过日俄战役的日本步兵中尉樱井忠温著的，由我国黄郛氏译成中文，据黄氏《六版感言》中所说，当时日文原本已一百七十余版，英译本与德译本亦各数十版。现黄译本已绝版，市上无从购买，我得阅此书是从一位老友处借来的。此书中文译笔过于日本化，看起来不很顺适，我以内容重要，耐着性儿看完，下面所引各段虽加有引句符号，但译文有的地方因求阅看顺适起见，曾经我修改过，文责当然由我自负。又此书虽出版为时已久，但从历史的眼光看去，尤其是由我国人的立场看去，仍很重要，我现在要提出三个要点：（一）从这里面我们看出俄国当时之所以败；（二）从这里面我们看出日本当时之所以胜；（三）从这里面我们看出日本军人心目中的中国人——不但在当时，直到现在还是这样。

（一）此役俄国兵众器精，远非日本所及，俄兵之魁梧奇伟，亦非矮小日兵所能望其项背，然俄终于大败者，实由傲慢，腐化，散漫，无死战决心所酿成。当时的俄军实在不把日军放在眼里，所以“从俄都出发赴阵地的火车中，先载着许多勋章赏金，坐在车里的将卒都趾高气扬……其情形宛如已战胜而入凯旋门者然。”据日军所获俘虏所供，谓俄军将校克扣粮食以饱私囊，故士卒皆饥怨。又一被虏之俄兵至不知其长官之姓名，其上下感情之隔阂可知。又一被虏之俄兵说：“我家有一最可爱之妻，彼在家亦必甚为我身而忧虑。我之将校虽谓日军有如泥土做的塑像，甚脆，不料日军竟如鬼神，勇猛不可当，我不得不为我妻而惜此生命……”

（二）反观日军之所以获胜，不外大畏重信在该书序文中所谓“不怕死不避死”的精神，及将校兵士亲爱和衷共同努力为国牺牲的精神，尤其是全国人民，乃至父母师友，乳儿老媪，均以兵士为国战死为荣，为己偷生为耻，蓄养于平日，勉励于临时。出征时乡党邻里争送“祈战死”与“勿生还”的旗帜。请听樱井在此书里说起出发日的情形及军士所得的永久印象：“似长蛇般的我联队，在国民之万岁声里一步一步前进……同胞中无论老幼，均手持国旗，而万岁之呼声从热心诚意中绞出，轰天动地，我等对此，实感觉无论如何决不能不报此至诚者。故后来曾有一次向敌垒突击时，各兵士狂发震耳之喊声，此时一若国民之万岁声亦在背后如潮涌而起……”有“上等兵”名山本武敏自战场中剪爪发以赠父兄，附入遗书，即其绝笔，中有此语：“……余曾二次参加决死队，然仍至今未死而留得余生，对于已死之战友，实觉惭歉万分……人世仅仅五十年……始终必有一次舍命之日，故执定与其瓦全不如玉碎之决心……苟不要命，即无所谓死……”当时日军最痛心的是俄军杀伤力强烈的“机关炮”，樱井谓“噫！惟此物实我等最恐怖之火器也……一瞬之间，无数弹丸均飞跃而出……一放射后，即宛如秋风扫红叶然，毙死部队，筑成黑山……”日军所恃者惟“枪剑与喊声”，决心“前进就死”，“聚集无数日本男儿之血块骨粉而成肉弹以射击敌垒”(故此书又名《肉弹》)，死尸高叠乃至“四重五重”，无怪彼等自谓“非决死队实必死队”，“人人抱……同归于尽之决心”，“在尸体上踏之越之，越之踏之，最后肉搏而达于敌前……”有大尉名松冈者，于夜间率队向敌突击，负重伤陷敌围中，“被打断之大腿间血潮如瀑布，迸涌而出，未几呼吸渐微，大尉心知命已难保，乃将怀间机密地图裂碎，然后与世长辞。”

（三）日本军人心目中的中国人何若，请看此书写日军在辽东上岸时的一斑：“无数土民牵牛或车，喧噪扰攘，来集于所上陆地之附近，其状态有非口舌所能形容者。噫！人耶！兽耶！彼等具极污极秽之丑脸，而浑浑然一事不知，殆即所谓亡国之民欤！垂眼视之，实可悯而可哀也。彼等初则甚畏日本人，恐怖万状，瞪目呆立，不敢接近，甚至战震而逃匿者亦有之。或谓此现象也乃俄兵虐民之结果，是或可信之一说，盖俄兵到处掠货财，辱妇女，种种暴动狼行，无所不为故也。然我军上陆以来，秋毫无犯……后来皆箪食壶浆以迎我皇军矣。虽然，彼等皆系抱金钱主义之狗奴，具有一种由祖先传来之吝啬根性，所谓要钱不要命之怪性质是也。苟怀中能贮入一万金，虽令其屈于粪壶中亦无不可……”我忍痛引此一段以告国人者，即日本军人的中国人已等于“亡国之民”，济南日军之敢于惨杀我国人，在彼等乃视为惨杀“亡国之民”，去年九月间东京日本军警逮捕我国留学生，挥以耳光，挞以木棍，强脱女生衣服至一丝不挂，极残酷侮辱之能事，在彼等亦视为对付“亡国之民”。我们即欲忍泪自认是有国未亡，但世界上未见有国之民而不得国家保障至如此之甚者，则又何以自解？

（原载 1930 年 4 月 27 日《生活》周刊第 5 卷第 20 期，署名韬奋。）

读《政治学大纲》

这是北京大学丛书之七，张慰慈先生著，民国十九年改订本。全书四百三十一页，商务出版，定价一元半。本刊不是研究政治学的刊物，故记者无意介绍此书的全部内容，现在只提出两点来谈谈，一点是做国民的职务，还有一点是做政府的职务。

孙中山先生在《民权主义》里把国家的权分为两种，一种是国民所应执行的政权，一种是政府所应执行的治权，他这样说："国家的政治大权分开成两个：一个是政权，要把这个大权完全交到人民的手内，要人民有充分的政权，可以直接去管理国事，这个政权便是民权；一个是治权，要把这个大权完全交到政府的机关之内，要政府有很大的力量治理全国事务，这个治权便是政府权。"中山先生又进而把"政权"和"治权"分析来讲："在人民一方面的大权是要有四个权：这四个权是选举权，罢免权，创制权，复决权。（编者按，各权意义见文末附注。）在政府一方面的是要有五个权。这五个权是行政权，立法权，司法权，考试权，监察权。用人民的四个政权来管理政府的五个治权，那才算是一个完全的民权政治机关。有了这样的政治机关，人民和政府的力量才可以彼此平衡。"本书著者根据这两段话，断言："孙中山先生是不肯模仿日本德国那种专制式的富强方法，又不肯模仿欧美那种民治式的方法，所以提出一个新方法，希望一方面能够有一个强有力的政府，又一方面能够使民权发达到极点。这个方法就是把权与能分开，人民是有权的，可是没有能力；政府是有能力的，可是没有权。”例如中山先生自己曾经说过：“讲到国家的政治，根本上要人民有权，至于管理政府的人，便要付之于有能的专门家，把那专门家不看作是很荣耀很尊贵的总统总长，只把他们当作是赶汽车的车夫，或者是当作看门的巡捕，或者是弄饭的厨子，或者是诊病的医生，或者是做屋的木匠，或者是做衣的裁缝，无论把他们看作是那一种工人，都是可以的。人民要有这样的态度，国家才有办法，才能够进步。”

著者提起中山先生讨论权与能应当分开的原则时候有一个很值得我们注意的比喻。他把《三国演义》里的诸葛亮与阿斗来比政府与人民。他说：“诸葛亮是有能没有权的，阿斗是有权没有能的。阿斗虽然没有能，但是把什么政事都付托到诸葛亮去做，诸葛亮很有能，所以在西蜀能够成立了很好的政府，并且能够六出祁山去北伐，和吴魏鼎足而三。”他又说：“现在民权政治是要靠人民作主的。所以中国四万万人，就政权一方面说，是像什么人呢？照我看起来，这四万万人都是像阿斗。中国现在有四万万个阿斗。人人都是很有权的。阿斗本是无能的，但是诸葛亮有的，所以刘备死了以后，西蜀还能够治理。”

著者引了这两段话之后，也有两段“很值得我们注意的”话。有一段是：

“‘中国现在有四万万个阿斗’，这一句确实可以使我们明白中国政治问题，特别是人民政府问题……假使阿斗没有一个诸葛亮，有一个曹操或一个董卓，阿斗虽有权，恐亦不晓得怎样去利用他的权……一个阿斗有一个诸葛亮能够治理西蜀，现在中国四万万个阿斗不晓要多多少少的诸葛亮才能治理中国。所以现在中国的政府问题一方面是怎样去找出无数有能的诸葛亮,又一方面是怎样去教育与训练四万万有权的阿斗,使他们遇着曹操董卓一类人物,晓得怎样去用他们的权。”

还有一段是著者对“阿斗”大作一番分析的研究:“‘人民是阿斗’,以阿斗这样的知识与程度,那能晓得他自己本身的利害,那能晓得用怎样的方法,最容易得到他的利益。中国‘四万万阿斗’之中,大部分连他们自己的衣食住尚不能顾全,知识幼稚到极点,又没有享受教育的机会,他们那有时间,那有能力,去研究全体社会的需要?至于那般上等社会阶级的‘阿斗’又自私自利,只知保全他们的特殊权利,不顾全体社会的利益。只有极少数知识阶级的特殊‘阿斗’稍能明社会上的需要,稍能表示一些公意,但他们既没有实力,又没有相当的保障,所表示的公意差不多等于废话……假使中国‘四万万个阿斗’个个都能发奋力行,就是学不到尧舜禹汤,最低的限度也得要学到像他们的爸爸刘备,有辨别善人恶人的能力,能够找得出像诸葛亮一类人物,付托国家大事,那末孙中山先生权能分开的学说才能实行,民权主义才能成为事实,人民政府才能发现于中国。”

记者介绍本书的话完了。我颇闻有人提起中山先生把人民比“阿斗”有点不舒服,这大概是他不愿意做“阿斗”,但中国弄得穷而且乱到了这个田地,人民无力起来说话,无力起来纠正,试问非十全道地的“阿斗”而何?至于处“诸葛亮”地位的人是否在那里做“诸葛亮”,那却非“阿斗”所敢知了!

六月十三日晚。

附注:人民有了选举权,可以举出相当人物充当政府官吏,执行政府职权;有了罢免权,可以停止那已经举出的官吏的职权,取消他们尚未做满的任期;这两权都是管理官吏的民权。人民所应管的除了国家官吏之外，其次的就是法律。创制权是人民有权决定有利于人民的法律交到政府去执行。复决权是人民有权修改旧的不利于人民的法律，叫政府执行修改的新法律。这两权都是管理法律的民权。

（原载1930年7月6日《生活》周刊第5卷第30期，署名韬奋。）

读《日本全史》

此书为陈恭禄君所编著,中华书局出版,全书共二十四篇,三百三十四页,定价一元二角。著者在自序里开首就说"中日关系之重要,二国人民无不知之,日人考察吾国情形,刊行书籍,不知凡几。吾人求一较善之日本史,乃不可得,作者斯书,亦欲少补其缺耳。"此书参考中日英美学者著述七八十种之多,文笔雅洁,条理井然,史书最易犯枯燥累赘的毛病,此书颇能免此弊病,故著者自序里所说的"较善"两字,可以当之无愧,记者此文所欲述,乃最近八十年来日本史上的两个重要时代:前一段可以说是饭桶时代,后一段可以说是奋发时代。(这是记者自造的名词,非原书名词。)饭桶诚非幸事,但虽饭桶而能奋发,则不至终于饭桶,犹不幸中的幸事。慨念我国自鸦片战争(一八四〇年)以后近百年来的史事,丧权辱国,处处不脱饭桶气息,现在亦正在由饭桶而入奋发时代,故说起日本八十年来的史事,愈不胜其感触之深刻。

日本的饭桶时代可算是开始于一八五二年美使陂理(Commodore Perry)之威逼通商。当时日人因由荷商所献世界地图,始渐知五洲地形,世界大势,但仍严守闭关政策,故政府有禁令曰:"凡外夷船艘驶近岸者,炮击之。渔夫私在海上与夷人贸易者,概行严禁。"故英美请通商均不许。“一八五二年，美总统以陂理为使，往通日本，陂理者本海军中将，尝至中国，故遣之……遂率重舰四艘而来，其船之大，炮身之长，皆亚洲人民所未尝见……陂理舰队驶至浦贺，日人骤见，远出意料之外，目为怪物。其时美舰行驶于波涛之中，进退自如，转动迅速。舰上水手，皆荷利枪，时发空炮，烟蔽近岸，声震如雷；居民闻之，皆大恐惧……译者谓赍国书，议立商约，劝其南至长崎，陂理不许，率舰深入海湾，凡船阻碍之者，皆令撤退，其不从者谓将炮击。若官吏来见，陂理必询其职位；苟非重臣，拒绝不纳。更测量海湾，扬言于众：将以资他日进战”。当时陂理之目无日本，横行无忌，可以想见，而当时的日本对之则如何？以兵力强弱迥异，只得命重臣迎接陂理上岸，再三恳求他议立商约的事责大任重，明年再来。明年陂理果来，又不得不遣使迎接，竟终被威逼议定条约。“日本自有史以来，未知有所谓条约，幕吏既无订约之经验才能，且怵于美舰之声威，心中疑惧，不知所为，惟陂理之言是从。”随后英、俄、荷、法相继照美法炮制，条约上均载有最惠国条款而为当时日人所莫名其妙者。所谓最惠国条款，凡订约各国，在日本所得权利概当平等；若一国享受特殊权利，其他凡订有最惠国条文之国，虽其约文上无只字道及此项权利，皆得据约要求享受。综观当时所定各约，日人于糊里糊涂中竟把国税协定及治外法权拱手让人而不自知其丧权辱国！国税协定，即被迫订约之国，其海关税率须与订约之国议定，后来如欲稍加增变，必求得其同意始可实行。治外法权，即外人在日犯罪为被告者不受日本法律上之裁判，但照其本国法律受判于其领事。此皆一国主权所关，而日人在当时竟视若无物，对治外法权之允诺，在幕府反视为省事之一法，欣然为之！我们称之为饭桶时代，实不为过。中国所受束缚之不平等条约，倘系在战败之后，城下之盟中订立者，而日本在当时则未伤一人，未毁一城，外舰朝入，不平等之条约夕定，同一饭桶，殊有大小之别。

日本的饭桶时代自一八五二年美使陂理威逼通商始至一八六八年(明治天皇即位力谋维新)止，共计十六年，其卤莽之程度已略如上述。其次请进而略述其奋发时代，则自一八六八年明治维新后(距今才六十二年耳)至一八九四年中日战争止，共计二十六年。日本奋发时代之最足使人注意者，即外交之胜利乃随内政之修明而来；国家主权之恢复乃随国力之充实而来。

奋发初期最重要者为政治改革与立宪运动。当时有所谓“幕府”者，割据一方，若江户幕府极盛时代，幕府之地约当全国三分之一，天皇徒拥听政任命之虚名，而“挟天子以令诸侯”(当时日本在幕府之下有所谓“藩侯”)，朝政实握于幕府首领所谓“将军”者之手。幕府云者，由将军招致贤能，治理军政，赏罚将士，其将士因功受过，治理其地，惟须忠于幕府，不得与朝廷通，不平等条约之上当，即此所谓幕府者主之，托天皇之命，统治一国，其下藩侯，自为区域，法律不一，钱币各异，交通困难，阻碍进化，开关后新知识输入，人民不能终困于此封建势力，终至威令扫地，藩侯离散而幕府覆亡。幕府既亡，藩侯仍拥据封地，自治其人，俨若列国，乃由维新三杰木户孝允，士久保利通，西乡隆盛合谋劝说萨长土肥四强藩，奉地归朝，遂废藩置县，各藩侯入京享十一之俸，其下四十万之武士，政府复收而用之。割据之势既终，维新之基益固，政令统一，力谋建设，海陆军之扩充，财政之整理，司法之改良，教育之普及，交通之发达，农工商业之前进，均在此二十六年内有令人惊异之猛进。卒于一八九四年将屡求取消而不可得之各国不平等条约一扫而空之，距今才三十六年耳。

十九，七，廿六，晚。

(原载1930年8月10日《生活》周刊第5卷第35期，署名韬奋。)

读《中国报学史》

戈公振先生所著的《中国报学史》,分我国报纸为四个时期：第一为"官报独占时期",自汉唐以迄清末,以邸报为中心,在此时期内,因全国统一于一尊,言禁綦严,无人民论政之机会。(清末虽有外报民报,为时极短。)这样说来,在二千年以前中国就有报纸了,但在昔官报所载无非皇室动静,官吏升降,与寻常谕折,备与官看而非备与民看,实际与现代所谓报纸者迥异,故我国现代的报纸实开始于外报,有西文华文之分,乃进而为第二时期,即"外报创始时期",此时期开始于一八一五年,距今一百十五年前。官报固无民意之可言,外人在中国办的报仅可代表外国人的意思,由我国人民所办的报纸则始于同治末年,距今五十七年前,是为第三时期,即"民报勃兴时期"。至第四时期则为"报纸营业时期",此时期开始于民国成立以后,党争岁不绝书,凡不欲牵入政治漩涡的报纸遂渐趋向于营业方面。

综述起来,官报时期开始于二千年前,外报时期开始于一百十五年前,民报时期开始于五十七年前,营业时期开始于十九年前：这是我国报学史的大概。此书关于此四时期内搜得之重要报纸样张颇丰富,最饶兴趣,为此书材料最可宝贵的部分。著者对第四时期的报纸有几句很痛快的话："夫自常理言之,报纸经济不独立,则言论罕难公而无私，但近观此种商业化之报纸则不然，依违两可，毫无生气，其指导舆论之精神，殆浸失矣。”

在第三时期的报纸，有声有色的《时务报》，其主笔即梁任公先生，时梁年才二十四岁，文字已为一时传诵，《时务报》为捐款所开办，梁与数同志实参与规划，而经理汪穰卿倡言为彼所创办，梁不服，此书录有梁著《创办时务报原委记》一文，即辩此事，其中述及梁初做主笔时的吃苦况味，颇有趣味，试撮录一段如下：“同人既议定此报为众人之事，不得作为一人之事，因得以公议向各同志捐助，而海内君子亦以公议之故而乐助之……今穰卿称《时务报》为彼所创办者，不知置捐款诸君于何地也？……启超自以不谙会计，惮管杂务，因与穰卿约，彼理事务兼外间应酬，而启超主报中文字……每期报中论说四千余言，归其撰述，东西各报二万余言（按指译文）归其润色；一切公牍告白等项，归其编排；全本报章，归其复校。十日一册，每册三万字。启超自撰及删改者几万字，其余亦字字经目经心，六月酷暑，洋烛皆变流质，独居一楼上，挥汗执笔，日不遑食，夜不遑息。记当时一人所任之事，自去年以来，分七八人始乃任之……”现在人提起《时务报》，都知道是当时最为有声有色的刊物，但有几个人注意到梁老先生当时“独居一楼上”的工作情形？

十九，十，五，晚十一时。

（原载1930年10月26日《生活》周刊第5卷第46期，署名韬奋。）

读《远生遗著》

距今十五年前记者还在上海南洋公学中院做学生，每天跑进阅报室的时候，心里最盼望的便是《时报》上又登出了远生的北京通讯。他的通讯之所以能特别吸动人，不是幸致的，是由于他的思想上的理解力，分析力，和文字上的组织力，能把新闻材料方面杂乱无章的谈话或议论，编成很有条理的文字，每于新闻中拾掇个人琐事，诙谐杂出，令人失笑，而绝无枯燥乏味的弊病。每遇有大事发生，他总是多方访求得许多珍闻，贡献给看报的读者，当他替《时报》作特约通讯的时代，实在是《时报》最有声有色的时代。我国新闻界出了一位这样的天才，仅自民国元年至四年的短时期中给他为社会效力的机会——这时期内是他对新闻业最有精彩的贡献——竟于民国四年被人误会而在旧金山惨遭暗杀，年才三十二岁，真为我国人才痛惜。但他究竟有此一段最努力而最有精彩的贡献，使后人有所追念，使他的天才不至完全虚掷，则尚是不幸中的幸事。能竭其天才而作最努力与最有精彩的贡献，则在其本人可谓心力已尽，无所愧怍，至于横祸之来，固有非本人所能自主而不能任咎者。

他死后由他的朋友林志钧君搜集他生前所作的文字，编成了四厚册，共数十万言，便是《远生遗著》，由商务出版。这部书的内容分四类：一部分是论说，一部分是报上发表的通讯，一部分是时评，还有一部分是杂著。我觉得其中以通讯为最有精彩，因为这原是他新闻记者的本色，原是他的特长所在。

论说一类中有题《平民之贵族奴隶之平民》一文，殊多沉痛语，兹撮录数句如下："今日中国无平民，争权利争自由者，则贵族而已矣，农工商困苦无辜，供租税以养国家者，所谓真平民也，则奴隶而已矣……大总统，革命元勋，官僚政客……此其品类不同，阶级亦异，然其享全国最高之奉，极其饮食男女之乐则一也。此等极乐世界中人，统计全国，最多不过百万，而三万万九千九百万之国民，则皆呻吟憔悴，困苦颠连……今日中国是否多数幸福？抑系少数幸福？"

远生不但眼光远，而且有胆量说话。当袁世凯炙手可热时，他在《遁甲术专门之袁总统》一文里有过这样的话："袁总统高掌远蹠，吾人诚不能尽知，但即其命令观之，则纯然满清时代之空文上谕……乃若用人之事，则大总统之条子交于各部者时有所闻。财政一项，则交通部财政部，与总统府，是一是二，何人知之？至于假公器以牢笼私人，则官制官规，束之高阁；藉特权以行肆赦，则大典大法，置之土苴。"

远生文字的特长尤在报上的通讯，试举一段为例。当民元由唐绍仪氏组阁时，他有《新政府之人材评》一篇通讯，中有一段言及当时新任交通部总长施肇基氏："交通部总长施肇基君，翻译之才特佳，以随前清监国为醇王时赴德谢罪之关系，故历资至哈尔滨道，后调入外部丞参上行走，专管中俄交涉，亦颇能勤恳无过，此次本拟为财政次长，以唐力引，遂长交通部……国务员全体到参议院宣布政见之前数日，施令路电邮航四司各拟说帖，于是四司司员之主稿者，乃一一作长篇条陈，几于应有尽有，施既不能一一采用，乃撮其要，纪其事，而登场演说时，其言遂不能不涉及琐碎，如议员发电必须由议长盖印，亦为其行政方针中之一种，且言此时复向议长点首，议长无法，亦只得如礼相还，至为议场上一笑话，然此自为材地所限，不足深文也。”以“翻译之才特佳”的人物而“拟为财政次长”，复“遂长交通部”！

远生实具有文学的天才，这也是助他成为新闻界出色人物的一个要素。他因有此天才，故随笔写来，都娓娓动人，试举一二例：他在《忏悔录》一文里有这样的一段：“记余为南浔公学学生时，一日大病，彻夜汗出如雨，气息仅属，以为必死，朦胧中自思死亦无恤，默想死后情形：一至明早，校中必电告吾在杭之族兄，此族兄者，寻常一官僚，对余殊无好感，然在势或不能不一来，来后检查余之书籍函牍，见余种种悖谬之文字，必深为叹息，薄葬之而去，犹将懊恼因其为我而耗此多金；余父母既早年见背，不审究竟有鬼与否，余没时年方十七，尚无妻属，闻吾死而落泪者，必亲爱吾之姑母及中表家人数辈耳，然数点眼泪数日戚戚之后，无可奈何，亦必置之……”

在同篇文中有一段写清末官僚之腐败：“余……一日因官费事往谒某抚台，此抚台者遍叱骂其同僚之人，虽以余为学生，礼仪有加，而语次即谓‘今日须以能力自活，如君等者大是可贵，故余（此抚台自谓）于昨日遣子出洋，即语以此义，若如彼等（指在座之官属）之毫无能力志气，专事钻营者，虽菩萨复生，亦岂能救其苦难？’余以为受此指斥者当拂袖而起矣，不料彼等胁肩谄笑如故，退而殷勤询余以彼之大帅所以加礼于余之故。”

袁世凯想做皇帝时，极想利用远生在新闻界的信誉替他帮忙，他到了紧要关头，为争人格计，逃出北京，随即赴美游历，不料仍有人疑他袒袁，竟把他暗杀掉。其实要利用自己或他人信誉而干不正当事情的人都未免太蠢。信誉的根源是平日令人敬重的行为所构成，行为一旦破产，信誉的根源立绝，信誉也随之破产，平素敬重的人可一变而为鄙视，那得利用？故利用人者其心诚不可问，任人利用者尤愚不可及。

十九，十，廿三，晚十二时。

（原载1930年11月9日《生活》周刊第5卷第48期，署名韬奋。）

读《锥指集》

此书为我国地质学家翁文灏先生所著，其最大优点在由专家用通俗的写法谈专门的知识，使不是专门研究该项专学的人看起来也能感觉兴味。全书二百七十四页，售价每册三元，民国十九年五月出版，北平地质图书馆发行，记者细阅一过，觉得很有价值，故已嘱本刊书报代办部接洽代售。书名《锥指》，著者在自序里述其旨趣曰："庄子云，以管窥天，以锥指地，不亦小乎？地质学以锥指地之学也，而吾之所得为尤少，以此名集亦自志其小而已。"这固然是著者的客气话，但记者以为人病万能，自以为万能者往往一无所能，我们倘能各自省察其天性与特长之所近，择最能胜任的工作而以全副精神赴之，范围愈专，贡献愈精，尽"小"何患？

此书内容共分六大部分：(一) 通论，(二) 地质学，(三) 地震学，(四) 矿床学，(五) 古生物学及考古学，(六) 地理学。本文为篇幅所限，仅想介绍"通论"中所述关于科学家的研究精神：

著者在《为何研究科学如何研究科学》一文里面有一段说："实用与学理二说似若反对，实非矛盾，科学目光固不能专注目前利急就之功，但因科学研究之结果，对于自然公律逐渐明白，则自然界种种势力及物类自然的容易供我们的支配与利用。设一譬喻：譬如十九世纪初英国电学名家法拉第(Faraday)等研究电学及磁学的时候,用一张厚纸,盖在磁石棒的上面,将铁屑撒在纸上,振动纸片,铁屑即排成曲线,证明磁力的方向。诸如此类,研究完全是学理的;绝未想到后来发电机由此发明,电车电灯电报都由此发生。再举一例:三年前天津曾有人为他大做百年纪念的巴斯笃(Pasteur),用很简单的试验证明空气中有微生物的种子;微生物只能因种传种,不能凭空的自然发生,亦是就事论事,谁也不想到现在医学上卫生学上种种应用,因此救了无数人的性命,延长了许多人的寿数。所以科学应用往往出于意外,现在以为有用,研究下去也许无甚结果;现在以为无用,也许研究下去,可以生出惊天动地的结果。所以研究科学的人,不管他无用有用,也不知什么叫有用,什么叫无用,但只知道我可以研究的东西拿来研究,研究的结果便是研究者最高之奖赏。莫说这种纯粹科学的精神是无用的,天下最大的善莫过于能信真理,使天下人人皆能信仰服从真理,则人类和平早已实现了。天下最大的乐莫过乎能得真理,试想科学给我们的知识,大至无外空间最大的望远镜所望不到的地方,小至原子电子顶强的显微镜所显不出的东西,我们都能推想得到,于人生的扩大有何等重要意义,也可说即此便是他的大用。"

著者在次一段接着说:"但是也不能说纯粹的科学家是只知研究不管实用的。刚才所说的法拉第是一位纯粹学者,大家知道毫无可疑的,他在一八三六年曾受 Trinity House 公司的雇用,研究用弧光做照海灯的方法。他受极微的薪水,在惊风骇浪中辛苦工作,于身体康健大受损害,他从未懈怠,亦从未要想别的酬报。他在七十岁上犹自去海边看察,自谓但能使航海的减少危险,保全生命,便是自身无上的奖赏。这便是科学家的实用的精神,科学知识便是人类的照海灯,须要照得人类平安才见得他的用处!"

对人群有所贡献,这当然也是科学家的心愿,但他在研究的时候却有昔贤所谓只知耕耘不问收获的精神。有了这种精神，成固可喜，败亦不至灰心，只知道继续的努力。我以为这种精神不特宜用于研究科学，我们无论从事任何事业，苟能常以这种精神自励，不计成败，不知得失，也只知道继续的努力，什么“灰心”，“失望”，乃至“烦闷”“怨尤”等等，都不是我们的字典里所应有的字。

十九，十二，十四。

（原载1930年12月27日《生活》周刊第6卷第3期，署名韬奋。）

读《最近三十年中国政治史》

关于历史的书，往往易有枯燥的毛病，使普通读者看了觉得沉沉欲睡，但是《最近三十年中国政治史》这本书虽有六五二页，不可谓不厚，却能使读者看下去很像看小说，感到兴趣，觉得著者对于繁复的材料有如左右逢源，拈来即是，整理之有条不紊，评述之明白畅快，能使读者对于已往三十年中我国的政治事实得到很清晰的概念。我在本文只想介绍此书的结论，就是第十二章《最近三十年中国政治史的解释和今后的去路》。

著者就三十年来政治斗争的现象，指出三种解释。第一是"列强压迫的关系"。"因为甲午战争的失败，列强乘势划分势力范围，于是一面促起维新派的变法运动，一面激成守旧派的大反动；因为辛丑和约大创痛，于是有维新运动的再起；因为有日俄对满蒙的角逐，与列强的投资竞争，于是有立宪和革命两派的积极进展；因为有四国联合对川汉粤陕铁道大借款，于是有武昌革命的爆发……最近三十年中国的政治革命运动，可总称为对于帝国主义求解放的运动。不过运动的总目的虽在求解放，而运动所得的成绩则常与目的相反。例如，维新运动的反动，所得到的就是辛丑和约；辛丑和约加于中国最大的痛苦，除了巨额的赔款外，便是东交民巷的'外交团'；因为那种巨额赔款的担保，把新旧关税盐税，一总列为赔款的财源，使中国财政上长期间失去了自由；所谓'外交团'，无论在何国是罕有的，止有中国，因为满清三数权贵利用无知的愚民，为无区别的排外运动，因而造成所谓'辛丑和约国'的外交团，画定东交民巷的使馆区，自此东交民巷的外交团渐渐成为共同宰制中国的太上政府……最后，在'打倒帝国主义'的呼声最烈的当中，日本人公然在山东施行无忌惮的惨杀。这些事实，使我们感觉中国三十年来所谓求解放的运动，前途越走越辽远；所以越走越辽远的原故，我们不能专归罪于帝国主义者的强顽，还是我们国民的自身上含有不易拔除的弱点；换句话说，就是三十年来的政治斗争，还含有别种意义，须待解释。"于是著者进而指出：

第二是"社会经济的关系"。"帝国主义对于中国的压迫，何以如此的强顽？最浅薄的答语，必定说，前半期是由于满清政府的无能，为帝国主义者所愚弄；后半期是由于军阀的肆虐，与帝国主义者相勾结……但是我们要问满清政府何以无能，军阀何以能肆虐？这个问题使我们不能不推求到满清政府与军阀所统治的中国社会上去。例如戊戌到庚子的大反动，满清权贵所利用的是若干万的拳民；拳民就是生活无靠的失业者。为什么有这些生活无靠的失业者呢？就是中国资本穷乏，生产事业不发达的原故……军阀肆虐的工具，第一就是佣兵；佣兵就是生活无靠的失业者；惟有资本穷乏，生产事业不发达的社会，才有这些失业的可怜虫肯替军阀做工具……军阀肆虐的工具，除了佣兵以外，还有一班穿长衫的大小官僚，大小政客；官僚政客有时也利用军阀作工具，但是大多数的官僚政客，还是自己作军阀的工具。这一类的工具，比佣兵的生活要求当然要高一点，但一样的是生活上没有去路的可怜虫……到了后来，更成为一种循环性，就是内部的混乱越长，生产力就越减退，失业的游民越增加，帝国主义的资本势力越扩大。"

著者所指出的第三点，我认为是最重要的，就是国民知识的问题，他称为“社会文化的关系”。“我国的混乱，由于经济落后；经济落后就是由于生产方法落后；生产方法的落后，由于生产技术的落后，就是知识落后，社会文化落后。例如，西方发明了蒸汽机，利用它生产，利用它运输，促成了工业革命，造成了资本主义，演为帝国主义，向海外求商品的销场和原料供给场，因此借着烧鸦片的问题，打开了中国的门户，蒸汽机的轮船冲入了中国的长江；而中国知识阶级的第一流人物胡林翼由中国最高的学府翰林院出身，作到湖北巡抚看见了那两只冲入长江的蒸汽船，骇得‘变色不语，勒马回营，中途呕血，几至堕马’，除了‘摇手闭目，神色不怡的说此非吾辈所能知也’以外，别无办法，这不是知识落后，文化落后的表证么？那时候，日本也是文化落后的国家，但在明治维新时代，充量的采用西方新文化，把西方所有的新方法，新制度，充量的吸收模仿……甲午败后，新派的志士对于中国的文化怀疑了，但是大多数的上流知识阶级翰林学士御史们，还是相信‘洪钧老祖已命五龙守大沽，夷兵当尽灭’，相信义和拳的‘八宝物法’可以制枪炮，所以才惹起辛丑和约的悲剧来……中国二十多年来的新式教育机关，除了粗制滥造，培植了一些半生不熟的新官僚政客，在政界上发生供给过剩的现象，变为酿成军阀战争的酵母外，试问在社会文化的实际的进步上，到底有若何的表现？”

其次请介绍著者所建议的“去路”，或称为“活的路”。他说“活的路怎么样呢？第一就是停止无意义的相互屠杀，回复社会的安定。混乱是中国目前第一个大敌，‘安定’是中国目前第一个救主。要安定才有建设可言；要安定才有促进文化的机会；要安定，生产的能力和资本才有增加的希望。安定不是安坐不进，不是不求革新，只是不以武力彼此相互屠杀为革新唯一的手段。”

“第二，要保持社会的安定，必须使社会一般的优秀分子有言论上建议和批评的自由，使社会一般的人民有辨别是非的机会，养成社会辨别是非的能力，才能发生有力量的舆论。”

著者提出这两个建议后，综结的说：“中国的民族并不是天然的姿禀上不及西方民族；并不是天然的姿禀上没有创造文明的能力。因为地理的关系，以前孤立在东方，和她相接触的民族都是文化落后的，没有别种进步的文化可以供她的观摩参证，所以停滞不进。现在假使能够把‘混乱’的敌人去了，以‘安定’作我们的救主，以言论自由养成有力量的舆论，作‘安定’的保护者，我相信决不至长处于文化落后，生产落后的地位；文化有进步，生产力一天一天的向上，就走到活的路上去了。”

著者的建议虽不能概括今日的需要，但认为由“安定”和“有力量的舆论”可走上增高国民文化及增进国民生产力的活路上去，确是今日中国最急切的需要。

（原载 1931 年 7 月 25 日《生活》周刊第 6 卷第 31 期，署名韬奋。）

读《东省刮目论》

此书民国十九年四月出版，商务发行，译自日人藤冈启原著，全书二百十六页，译者汤尔和君。我们试先读译者《绪言》中的这一段，已可概见我们东北对于本国国计民生的密切关系，为他国所侵略之深为可痛，全国上下应准备实力以图挽救：

“行经北满之际，日与大自然相接触，往往百里不见村落。平原泱莽，藉远镜之力，无能辨其边际。时在秋初，一望数十里，赤者知为高粱，绿者知为大豆。驼羊牛马之群，动辄绵延数里。即此表面之资源，已足动心骇目，不必观安达、开原之露积，南满、中东之输送，营口、大连、安东、海参崴[1]之吞吐，固已舌挢不下。中原人士，苟非身至其地，决不能以想象得之，此敢断言者也。顾此犹其显然呈露者耳，至如地下之埋藏，其富源更不可殚述。以金属矿物论，金银铜铁铅无一不具。若论非金属矿物，除煤斤尤为丰富外，余如硅石、黏土、萤石、滑石、曹达、石绵等，又无一不具。铁之蕴藏量，据已知者不下七亿吨。较之日本全国，加以朝鲜，不过一亿二千二百万吨者，多至五倍。至于煤，则

[1] 原文作“海参威”，疑误。

埋藏至二十余亿吨。仅抚顺一区，已在十亿吨以上。尤可惊者为原油。日本全国并所得库页油田，合计年产不足十万吨。自抚顺发现油岩，每年可得原油三十万吨，足供三百年之采取。日本海军得此可以高枕，继今以往，不必仰给于西洋各国。此外若森林，若渔业，若盐，若蚕，若棉，若药材，若果实，无一不足以雄视东亚者……夫既日日詈人之侵略，而不知自己家财果有几许，世安得有此纨袴子？譬诸大声疾呼，鸣官而捕盗；然剽掠以去者果为何物？所失者究有若干？今之中国，度无能开此失单者……”

此书第一章为《从日本所见之东省》。著者根据日本内阁统计局最近之统计，日本人口每年增加达百万人之数，谓“日本之人口问题，与食粮问题相随属……非趋于经济亡国之运命不可……著者于是乃知于人口稀薄，拥有广大沃土与富源之东省开发，实为解决此一大问题之秘钥矣。”日本之需要“广大沃土与富源”，在日人说来尽管迫切，但原为中国的国土，中国是否需要此己所原有的“广大沃土与富源”，设有强盗掠夺，谓彼实出于迫切需要，被盗者是否应该谦让未遑，忍饥苦寒听其自由掠夺占据？日人非不知道此强盗行为之可虑，故著者在第五章《开发富源必要之诸政策》里也说：“东省为汉人殖民地，其为中国领土，自不待言，故对东省之外交政策，实为对华外交之一部”，所谓“对华外交”也者无他，挖空心思，想出种种方法迫我答应奉送，掩其盗行而已。同时似尚不免做贼心虚，故仍惴惴于所谓“中国之黎明”；惴惴于“中国成为国际场中发扬之狮。打倒军阀，收回国权，排除帝国主义之呼声，今已遍于全国”。而同时复表示其坚决侵略东省的野心，明目张胆宣言“吾人虽更纳第三次血税，亦断然确保之”。由此看来，在一方面，他们只怕我们知自强而妨碍他们的侵略；在别一方面，我们非力图自强，非能以充分实力恢复被掠夺的国家权利，则虽“日日詈人之侵略”，等于泡影，因为他们决以“血税”相抗，我们非准备"血税"的力量，终于"奉送"而已！

此书附录中附有所谓《山东之形势与日本》，日本既得肆无忌惮于东省，今又想到进一步的侵略，观著者谓"所愿者在使山东为中日共荣之理想地"，如见其肺肝然。将来逐渐蚕食，他们"所愿"的"中日共荣之理想地"大概无可限量！著者在此附录里又说："门司、青岛之间，五百六十四海里，即自东京前往，亦较赴库页岛为简捷。如玄海之类者，直如园林小沼。与其谓为外国，诚有国内之感……小麦，花生，棉花，牛，鸡卵等出产甚多，于京津为要隘，古来据此地者，可号令山西，甘肃，河南，盖重要地也"，以如此"重要地"而有"国内之感"，无怪竟继东省之后而被视为"理想地"！将来一步扩充一步，处处都是他们的"理想地"了！

（原载1931年8月29日《生活》周刊第6卷第36期，署名韬奋。）

读《一个内乱的分析》

近来常听见废止内战运动的声浪，内战而能废止，当然是人人赞成的一件事情，但内战之所由生，必有其原因，不去其因而但渴望其废止，这好像不去病因而但渴望不生病，恐怕不但难于恢复健康，且将病入膏肓！本刊关于此事的态度，上期已有一文略述梗概。在此甚嚣尘上之际，忽承吴景超先生由北平寄示所著的《一个内乱的分析》，特别引起我们阅读的兴味。吴先生以社会科学家的态度，就秦末汉楚之争作一番分析的研究。他说“我所以选择这个内乱的缘故，乃是因为这次内乱，是正史上有记载的第一次内乱，材料比较的丰富些”。他又说：“我的目的，在从这次内乱，寻出一个内乱的过程来，以为研究别个内乱的准备及参考。”由此可以知道他选取研究对象的理由和这番研究目的之所在。他在这本册子里所得的结论，全是根据事实上分析研究得来，有许多事实，我们此处没有篇幅重述，我们所特别注意的是他的结论。他根据分析研究的结果，“发现内乱有起点，有归宿，有中间的过程”，并列表如下：

苛政→人民不安→革命→现状推翻→群雄争权→统一完成→善政→和平恢复

他把“苛政及人民的不安”作为“秦末之乱所以发生的原因”，看似寻常，实为不可忽视的不刊之论。“一个社会里面，假如人人都能安居乐业，那么人民对于现状，一定还有好感，一定是要拥护的。反是，假如社会的环境，使大多数的人民感到生活的压迫，感到肉体上的痛苦，感到精神上的不自由，那么他们对于现状，一定要怀着满腔的怨恨，遇有机会，他们一定要起来推翻他……秦末的政府，是造成秦末之乱的主动者，他们在统一六国后的十二年中，所有的政治设施，不但是不能为民众谋幸福，而且是处处与民众的幸福背道而驰的。这些妨害民众幸福的设施，造成人民不安之心理……”诚然，军阀互争私人地盘的内乱不配称为“革命”，但这种内乱所以有人跟着干，也是“苛政及人民的不安”之为祟，要废止这种内乱，必须有积极的办法以去其根，必须有真的革命以代替伪的革命，才有实效。否则徒然维持祸机四伏的现状——“大多数人民感到生活的压迫”的现状——虽欲粉饰太平而不可得！

吴先生在这本册子里还有一段话也很值得我们的引述：“从推翻旧政权，到成立新政权，许多人以为革命的事业便算成功了。其实新政权的成立，只可以说是革命过程中一个重要的阶段，而不能目为革命的归宿。假如新政权成立后的设施，与旧政权相彷佛，那么只可说是以暴易暴，不但不能说是革命得到归宿，反而成为一个新革命的起点了。所以我们如想判定某次的革命是否成功，不能以推翻旧势力为标准，不能以成立新政权为标准，而应以新政权立后，看他是否能为民众谋幸福为标准。所谓为民众谋幸福，并不是空说的，乃是要实行的……所以新政权成立后，如真想为人民谋幸福，真想完成革命的工作，一定要实行革命的政治，让他的政绩来恢复社会上的和平，来得到人民的信仰。”

最后记者对于吴先生这本著作，有一点小小的批评，就是他把

“革命”这个可敬可爱的名词送给秦末一班为自己争富贵功名，以自私自利为出发点的“首领”及其徒党，我觉得很可惜。我以为必须真心诚意为大多数被压迫的民众奋斗而置个人得失生死祸福于度外的行为才配得上“革命”这个名称，若不过以自私自利为目的——无论是个人或集团——结果不过少数人之“弹冠相庆”而已，那里配称“革命”！关于当时几个“首领”的心理，吴先生也曾经提及，他说：“他们两人（指沛公与项羽）初次看到秦始皇的时候，都未免有点羡慕。沛公的反应是‘大丈夫当如此也！’项羽的反应是‘彼可取而代也！’可见他们的权利禄位思想早已蓄在胸中。后来沛公先到关中，看见秦宫室，帷帐狗马，妇女以千数，便引起他享乐的心理来……”只为个人的“权利禄位”着想，只顾到个人的“享乐”，拥护他们的也都以此为鹄的，怎配称为“革命”？

（原载1932年6月4日《生活》周刊第7卷第22期，署名韬奋。）

读《经济侵略下之中国》

这本书是留学日本帝国大学专研经济学的漆树芬先生费了数年的研究，又费了整整两年的工夫才写成的。这本书初版虽在距今六七年前(迄今已第八版)，但在现今仍有一读的价值，而且记者认为是很重要的一本佳著。著者已逝世，听说他的遗族因与出版此书的某书局发生版权纠纷问题而涉讼，致未继续出版，这是很可惜的事情，我们希望该书不久仍得重版问世。吴稚晖先生为此书所作序文，谓"近三十年关于新思潮之名著，译述者或著作者种类亦不少。然凡一编到手，读之忘寝食，一起读下，欲罢不能者，在吾经验中：第一部则为严又陵先生之《群学肄言》；过十数年，又有胡适之先生之《中国哲学史大纲》；至今又过八九年，而漆南董先生之《经济侵略下之中国》又迫我穷两日夜，一起读下，欲罢不能，此种动机何在乎？由于本书价值之高，自不待言，而简单追求其欲罢不能之原因，尚当别有浅解，则一曰闻所欲闻，一曰明白爽朗。"往往有一类新书以欧化的佶屈聱牙文字自鸣得意，使人虽硬着头皮读下去还是不懂！这本书虽有四百五十四页之多，不但条理井然，文笔亦流利可诵，"明白爽朗"，可谓切评。至于这本书的内容，著者在自序中有数语很可概括一下："以研究资本帝国主义为职志，以分析不平等条约为目的，以推论我国所受之利害关系为主意，以筹谋对付方法为归结。”

关于研究资本帝国主义者之侵略榨取方面，著者抉出他们旨在国际商场之争夺，和投资地之竞争，由此进而根据事实分析研究帝国主义在我国商埠作种种侵略及利用投资以吮吸我国的膏血。他们所以有这样的向外侵略与榨取，则以在资本主义的组织内实含有极大矛盾的存在，关于这一点，著者有下面颇饶趣味的申述：

> 资本主义第一之矛盾点，即在于使用机械一事……资本家是以营利为目的，对于自己的货物，照例要赚得多大之利益，才卖出的……设如现在社会确是入于社会主义实行时代，而一切生产品皆为社会各分子所需要之生活品的时候，则其所消费量，必达于极大，在此时就安置多数之机械而为大量货物之生产，其货物亦能尽数销出，不生问题。然而在资本主义的社会之下，情形却与此大异，大概资本家皆是为贩卖赚钱才从事于生产，照他们的本意，本是在希望得多数拥有巨万之买主，无如世上这一种富豪是极占少数……然如与无产阶级做买卖之时，此无产阶级又未具有大购买力，是机械之大量生产，对于资本主义实生牴牾现象。
>
> 资本主义第二之矛盾点，即是资本主义与资本本身之冲突，因为资本家所以从事于制造之动机，就是在赚钱。如他们的钱愈赚得多的时候，这资本遂愈得集中，然此种资本之集中即不外表示此资本阶级以外多数之人之日趋贫乏，而生社会购买力减少之现象。社会购买力如一旦减少之时，则生产即呈过剩……如照这个样儿长久不变时，则直是在自己之发动机上，由自己加了一个止动机，何异于自杀政策？

有了这两种矛盾，“一国内社会购买力既因此日渐减少，则其所生产之货物当然生过剩之现象;所集中之资本当然生停止膨胀之现象。驯至吐出无方,投下无地,资本主义根本上之危机于以毕露”,于是“向外发展,求海外市场以销货,求海外之投资地以销纳其资本”。故资本主义之必为帝国主义化,为必然之趋势。而我国乃在此情况之下,受各帝国主义的抽筋朘骨!

著者对于各帝国主义者对于我国之经济压迫,有种种事实之详晰说明,非本文的篇幅所能介绍,现仅介绍其结论:“我国今日之经济,从本书看来,已受资本帝国主义层层束缚,万不能有发达之势,换言之,即我们欲使我国成为万人诅咒之资本主义国家,亦事实有不能也,遑论其他!然则欲救我中国,非从经济改造不可,而欲改造我国经济,实非抵抗帝国资本主义国家不可。”“今日中国已成为国际资本阶级联合对我之局,并常嗾使军阀以助长我之内乱”,著者主张“一方联合全世界无产阶级弱小民族,以抗此共同之敌”,“他方内部实行革命……协我亿众之力,出以必死奋斗之精神,建设强有力之国家,始获有济!”

(原载1932年6月25日《生活》周刊第7卷第25期,署名韬奋。)

读《图书评论》

从前在《新月》月刊的"书报春秋"一栏里，最有声有色的书评要推刘英士先生做的。他的书评有真知灼见，严厉深刻，笔锋爽利，而又常含有幽默的意味，所以令人爱阅。最近出版的《图书评论》就是这位刘先生所主编的月刊，我连看了三期，觉得精神饱满，内容精审，很有介绍的价值。

该刊的宗旨，可见于该刊"启事"中的第一条："本刊拟集全国学者之心力，从事批评介绍大中小学校所用教科书参考书地图表解等，以期提高国内新出版物之标准，而达人人皆有好书可读之目的。"

就已看过的三期说，该刊重要内容除一篇有关书报研究的"专著"外，有"书评"，是由各人分任的；有"新书鸟瞰"，几全是刘先生做的，可见他用力之勤；有"杂志论文分类摘要"等等。

记者对该刊要作一点小小的贡献，就是除有精彩的"批评"外，最好对于重要的各门知识的基本书报能作有系统的介绍，例如关于经济学一门，举出几种门径上必须看的基本书报（除中文外，并须兼及西文），随后每遇有关于此门的良好新书（亦须兼及西文），即随时介绍，对经济学一门如此，其他各门类推。这样一来，有志自修专门知识的人必定要把这个月刊当做一位顾问或热心指导修学的好朋友。

以刘先生的学力眼光办《图书评论》，必能为我国出版界放一异彩，我们很诚恳的希望他继续努力。

附言：记者向来不愿作应酬的文字，这篇短文也是看了内容之后出于自动做的，不过我要向刘先生有个小小的请求，就是请该刊广告部勿因有此文而将记者的名字在报上作广告材料。

（原载 1932 年 11 月 19 日《生活》周刊第 7 卷第 46 期，署名韬奋。）

两地书

我最近用了每晚十时后的三个深夜，把最新出版的一本《两地书》好像一口气地看完。（“鲁迅与景宋的通讯”，上海青光书局印行。）这是他们俩由师生而恋爱，由恋爱而“成眷属”的四五年间的你来我往的一百三十五封的信。

我们在这里面看得到他们流露于字里行间的深挚的情谊和幽默的情趣，就是不认识他们俩的人，看了也感觉得到他们俩的个性活露纸上。许女士写给鲁迅先生的信，其先称“先生”，既而称“先生吾师”，既而称“师”，既而称“My Dear Teacher”，最后索性称“Dear”，她的这颗心是随着这称呼的进步而一天一天进一步的献给她的他了。有一次许女士在信里说了一句“夹入我一个小鬼从中捣乱”，鲁迅的回信就说“……其实是空言，恐怕于‘小鬼’也无甚益处”。随后她就索性在信末署名的地方，把“许广平”三字上的“你的学生”的字样，改为“小鬼”！书里关于诸如此类的幽默，很天真而自然的幽默，令人看着发笑的地方还不少。

这还是关于个人的方面，此外关于他们在社会里所遇着的黑暗或荒谬的情形，亦有深刻的描写而且也常常写得令人看了哭笑不得，我现在姑举几件事：

许女士乘轮船往广州去的时候，在船上同舱的有个姓梁的，“是基督教徒”，“她有个女友，和一个男友(?)不绝的来，一方面唱圣诗，一方面又打扑克……”

她在广州女师校当训育主任时，那样一天到晚的忙，忙到夜里九时十时后才有自己的时间，繁重辛苦极了，写到同事间的倾轧讽刺，更令人感到做事不易，所住的地方尤其特别，有三个“小学教员”住在她隔壁，“总是高朋满座，即使只有三人，也还是大叫大嚷，没一时安静。更难堪的有两位自带女仆婢子，日里做事，夜间就在她们房里搭床，连饭菜也由佣人用煤油炉煮食，一小房便是一家庭，其污浊局促可想。所以我(女士自称)的房门口的过道，就成了女仆婢子们的殖民地，摆了桌子，吃饭，梳洗，桌下锅盆碗碟，堆积甚多……但我这方面总是竭力回避，关起门来……”

鲁迅先生写他在厦大任教授时所遇的种种怪现状，亦颇可发噱。他先“住在国学院的陈列所空屋里”，“去上课须走石阶九十六级，来回就是一百九十二级；喝开水也不容易……”后来搬到教员寄宿舍，“器具毫无”，办事员“故意特别刁难”，经他“大发其怒之后”，器具才有了，“还格外添了一把躺椅”！还有一段写厦大“校员恳亲会”的事情：

“昨天出了一件可笑可叹的事。下午有校员恳亲会……不料会中竟有人演说先感谢校长给我们吃点心，次说教员吃得多么好，住得多么舒服，薪水又这么多，应该大发良心，拚命做事，而校长如此体贴我们，真如父母一样……”

(原载1933年5月20日《生活》周刊第8卷第20期，署名韬奋。)

社会科学研究法

这本书是平心先生近著，是青年自学丛书的一种。平心先生的文字，结构细密，婉转曲达，最擅长于说理，无论怎样艰深的理论或复杂的内容，经他的笔端以后，总使人感到豁然贯通，条理分明。这本书也具有这同样的优点。全书共分七章：第一章为绪论，第二章为怎样去鉴别社会科学的学说，第三章为学习社会科学的基本方法，第四章为社会科学上应用的具体范畴，第五章为社会科学的范围与研究步骤，第六章为研究社会科学的计划和读书方法，第七章为社会科学上的根本问题。

有些人以为研究社会科学只不过是在书本上做工夫，于是提倡研究社会科学的结果只是造成若干新式的书呆子，与现实的改进竟像完全不相干，这本书的作者对这一点便有很有力的纠正。他认为"我们学习社会科学并不是要把理论做装饰品，使自己好摆无聊的'学者'架子，最主要的却是向着两个目标进行的：消极方面是要训练自己对社会和历史发展的认识，以便能够适应时代的需要而生存，不致背反或乖离现实；积极方面是要养成自己变革现实的能力，以便为争取民族解放和创造新社会而努力。"但是要达到这两种目的，不能仅靠抽象的理论的知识，必须要通过具体的实践，所以作者更进一步作深切的剖析，说“有许多人对这问题却常常有一种不幸的误解，就是以为一定要首先把理论学得百分之百圆熟了，然后才有资格‘走进社会’，参加社会的实际斗争。这种把理论和实践截成两段的错误观念，事实上是最容易阻住人们接近和走向真理的。因为第一，一切科学的学习都靠实地证验，才能获得可靠的圆满的结果。社会科学既是不能像自然科学那样凭藉仪器，药品，解剖刀……做实验，当然就不能不靠人们亲自参加社会的实践运动去观察体验社会的实践现象。不然，要完全理解社会科学的理论与法则是不大可能的。第二，社会的现实无时不在变动发展中，虽然这种变动和发展逃不出一般社会科学理论法则，但有许多具体的问题决不是前人和同时代的人所能完全经验到的，因为它们在不断地出现，要求我们回答。假如我们不能深入社会核心，只是在社会边缘上站着，就没有法子具体地了解活生生的社会现象，不但不能使自己所学习的理论丰富活泼起来，而且会使它们变成为生硬的机械的教条。只有从实践中才能理解多种多样变化无穷的具体问题，获得许多为书本子里所得不到的新的发现。第三，有许多社会的实际条件决不是靠想象力所能理解估计的。因为它们过于复杂，所谓‘秀才不出门，能知天下事’，在社会科学的学习上就证明完全是胡说。例如东北义勇军和民族敌人抗战的真实情形，即使是一个高明军事家，如果他没有参加作战，也是想象不出来的。许多人对于客观的社会实际情形估计不够，或估计太高，就因为没有很好地利用实践来估量现实诸条件的变化与发展。”根据这样的剖析，作者得到的结论是：“学习和实用，理论和实践，不是机械地可以隔开截断的，它们必须要统一起来。唯有一面努力学习理论，一面随时参加实践，才能够使社会科学成为有用的知识。”我们认为这是学习社会科学最正确的态度。这也可为当今的大人先生们只知道劝学生到课堂里读死书的一个最有力的当头棒喝！

作者不但指导人对于学习社会科学应有这样的正确态度，就是在本书里的解释和讨论，也不仅是像一般社会科学书之只把抽象的原理依样画葫芦地背诵一遍，却处处把理论和现实联系起来，使读者感到亲切的兴味。例如他解释“动的逻辑的思维方法”的一个原则——“要从质和量的规定性和它们的相互转变来研究问题”——说到“由量变转到质变”，他举出这种种实际例子：“例如一个人在单独生活的时候，有时候不免表示胆怯，颓唐，伤感；但是当他一参加广大群众的行动队伍当中去，他和许多同他一样的人立刻胆大了，坚定了，而且抱有牺牲的决心了。这种群众集体的行动不但能改变个人的心理状态，而且能造成新的环境，新的气氛。”他接着又举一个实际的例子：“又如走私，在最近几年来一向就由某国人主持着，但最初范围还不很大，所以对于中国民族经济还没有什么影响。可是最近情形就两样了，‘走私’在华北华南——尤其是华北有大规模的系统的组织，漏税的日货比原先增加了一百多倍，于是中国商店工厂纷纷倒闭，民族经济危机表现得十万分严重了；同时英美各国在华的贸易也受到莫大的打击了。”这种观点也很可以使我们对于唤起民众共同奋斗抗敌救国必有效果的信仰心。分散的各个个人感觉微薄无力吗？大众联合起来，团结起来，便有极伟大的力量了。

最后记者还有几句话想要附带说一下。现在我们所有的中文的关于社会科学的书籍，尤其是译本，往往是佶屈聱牙，一个句子几行长，使人看着摇头不懂。（其实译者自己是否真懂也是一个疑问！）于是很容易发生两种的流弊：一种是使人废书三叹，讨厌再看社会科学的书；还有一种是虽然硬着头皮看了，死读下去，在似懂不懂之间而却自以为很懂，那更造孽很不浅！因此想到平心先生现在虽给了我们这样一本“导言”的好书，我们更希望他能再多抽出时间来多著或多译几本关于社会科学更深一级的好书。记者要替中国的大众文化界向平心先生作恳挚的要求。

(原载 1936 年 6 月 7 日香港《生活日报星期增刊》第 1 卷第 1 号,署名落霞。)

街头讲话

柳湜[1]先生的文章有个最大的优点，那便是文章的内容充满着实际的“生活经验”，他的这本《街头讲话》就具有这样的优点。解释社会科学的人往往犯着一个很大的毛病，满篇文章里堆满新名词，而内容都很贫乏，尤其是和现实离得十万八千里，使读者感觉到研究社会科学仅是硬着头皮多记些和现实不相干的名词原则，是所谓学者的专利品，不是一般人的事情，甚至不是一般人所能懂得的神秘的东西。柳先生这本书可以打破这个误会，是研究社会科学入门的一本好书。

关于理论和实际的生活经验应该联系起来这点，本书著者在“前记”(即本书序言)里已说得很明白，他说“我在和一些知识大概不相上下的朋友们讨论一个什么理论上的问题时总觉得抽象的理论不容易了解，在大家聚谈中，越说得具体些，越说得好懂，越博得大家会心的微笑，越说得抽象，越说得‘像煞有介事’，面孔上登时就减少笑容。认识的门对于大家好像是高不可攀的，这是我的生活经验。这种经验与现在有人提倡‘科学与文艺结婚’，‘理论形象化’这些呼声，恰相

[1] 原文刊登时排成“柳□”，疑为排版缺字，此处照实排了姓名。

符合，的确还是值得注意的一个问题。”又说“……所谓大众化的问题，并不是单凭学者的想象，不管大众目前的文化水准，接受性，而武断的创作的。”我觉得这些话都是为大众文化努力的作家所应该加以深切的考虑的。

本书共有五十篇，内容虽是按照社会科学一定的系统，但著者却出之以“谈天”的态度，所以不加以严格的分类，但为读者便利计，也可大概地指明那几篇是在谈什么。这五十篇里面，一——二两篇可作为“总论”看；三——六谈“社会”；七——十四谈“经济”；十五——二十八谈“政治”；廿九——三十三谈“道德”；三十四——三十八谈“宗教”；三十九——四十谈“风俗”；四十一——四十四谈“艺术”；四十五——四十八谈“哲学”；四十九——五十谈“科学”。

著者在第一篇里说：“在中国社会科学还未能变为街头的东西，是不能否认的！同时街头人一天天急切的要求着它，也同样的是一件事实，《街头讲话》就是想按着目前的街头人的需要，对于街头人应该知道的关于社会科学基础知识方面，作一点随随便便的讲话。”著者在本书里确做到这一点。例如关于“商品”和“价值”的意义，他就用日常生活里所习见的“一盒火柴”来作生动有趣的解释。他这样地说：“……这盒火柴是一件商品，同时又不是一件商品，你说这够不够奇怪呀！不奇怪就不成为秘密，没有秘密就使得我没有话说了。”这在“街头人”听来当然是要睁圆着眼等候着下回分解的。他接着说：“我说他是一件商品，因为我给了烟纸店老板太太三个铜板，他才把这盒火柴同我交换，我如果缺一个铜板呢？烟纸店老板的太太就要骂出‘瘪三！你也配用火柴吗？’”

但是这盒火柴为甚么“同时又不是一件商品”呢？你且听他说来：“但是，我买到袋里了，现在我将它放在香烟盘上，一根一根消费，眼见得不到三天，都用光了，剩下的自来火杆子，堆满了一个香烟盘子,最后被娘姨倒到垃圾箱内去……一切就此完事。这火柴到了我们的手里后,再也不能有外遇了。我当然也无去收回我花的那三个铜板。所以从进到我的袋里,就是说它已走出了流通界,好比女人走出了交际场,已嫁定了人了。这时这盒火柴原来是叫做商品的,不再叫做商品了,这不过变为一种消费物,这犹如小姐嫁了人以后,一定要改称太太的。”

但是我们仅知道这一盒火柴可被称为商品,又可以被称为消费物,还不够,我们还要问:为什么烟纸店老板要怕我们没有火柴吸烟,而特意替我们预备那许多火柴摆在货架子上呢?著者用幽默的口吻代你向他发问:“你在说说疯话呀?烟纸店老板的太太又不是你的爱人,她那里关心吸烟没有火柴这些鸟事,她的目的是赚钱呀!她那里要直接到瑞典去,她是从大的批发店批发的……那瑞典的火柴公司,才是真正供给你火柴的人啊!”于是著者下断语说这些人都不过是在打算他的荷包内的三个铜板罢了。他接着提出的问题是为什么这盒火柴能和几个铜板交换?“现在烟纸店接受我的三个铜板,给我一盒火柴,按照交换的道理,必然是我这三个铜板中已含一盒火柴的价值。这是一切商品中包含的秘密,没有这秘密,一盒火柴是不能挂上商品的徽章,到市场上去招摇的。”

于是他便谈到“价值”这件东西了。他追问着:

“然则,这‘价值’又是什么东西呢?如果不是要交换,我们一定要想到人类的字典中一定不会有这个名词。它也同商品一样,是交换社会所特有的徽章。我们如果不管交换不交换来看一件物品时,我们只看见,除开物品的物质构成要素,以外就只有人花在制造这物品上的劳力。在共同生产与消费的社会内,这劳动是人与人间彼此互助的,并没有论斤论两的必要。这其间,人与人的关系,十分明白清楚。”“至于说到一双跳舞袜子挂上两块半大洋的牌子,这两块半是价格,价格的决定虽然还要受市场供给需要等影响,但最基本的是由价值去决定的。”

著者还接着用寻常而却生动的事实,解释“劳动力”和“资本”等等,这里不多说了。

我介绍这本书,愿意引用著者在最后一篇里的最后一段话作结束:“最后我要告诉大家,我们对于赛恩斯先生,是万分欢迎的。但他什么时候才能被我们邀请到家呢?那就是我们能有了一个能让他展布雄才的社会的时候。中国现在离技术改造的时候,恐怕还远罢!在当前的社会关系下,技术是无法改造的。一切赛先生的忠实门徒们!你们目前的任务是在救亡中负起战斗的工兵的职责呀!我们大家一块去创造中华民族生存的条件罢!”

(原载1936年6月14日香港《生活日报星期增刊》第1卷第2号,署名落霞。)

书　话

孟老夫子对于鱼与熊掌所以感到困难，是二者不可得兼，顾此失彼，你既得兼，只是先后问题，选你最喜欢吃的先吃就行。

读书乃极乐之事

青年夭折，实为至不幸之事。其间以弱质赋自先天或遇意外之疾病而至夭亡者，青年自身不能任咎外，其余自为之而自致之者，则自杀以间接害国之罪，无可逭也。以吾平日所观察，其自致原因，略有数端：（一）不知读书之法而自残其生也。读书非受苦之事，乃极乐之事。读中国之文学，则若日与中国之文豪促膝畅谈；读外国之文学，则若日与外国文豪同室共语。言者亹亹，听者津津。自来未闻与人促膝畅谈，同室共语，同座会话，而有伤及身体之事也。此唐师蔚芝所以有读书与卫生不必分为二事之说也。而世乃有因勤学而至精神昏昧，颜色枯槁，气息奄奄，弱不胜风，甚至不保其生者，何也？大凡今之学生，于读书之时，鲜能去其忮求之私。忮心求心太盛，即足自残其生而有余。此其理由一也。又学生之最大病根，莫大于其心目中除考试之外，几不知有他。故平日则闲游度日，至考试临前，则寝食不安，起居失常，伤其脑系，害其身体，体质弱者，以此之故。不久二竖骤至，与之偕返道山矣。此其理由二也。（二）不知克制俗欲而自残其生也。吾人以渺渺之身，立于世间，虽若沧海一粒，似无重轻，而大之立功立业，小之报亲裕后，皆所寄托。况此身既受教育，即为一国之中坚人物，当如何敦品励学，以报社会国家之恩，我何可自暴自弃也！乃学风日偷，世道日下，而诲淫导欲之图籍，更复日增月盛，推波助澜，以诱惑青年。青年之不知自爱者，一堕其中，有不因此而日趋于夭亡之途者几希。呜呼！自致夭亡之原因，实以此事为最速为最多也。昔梁任公先生作禁早婚议，言极沈痛。而岂知目今无形之早婚，害人之深烈于毒蛇猛兽也！夫一人之生死何足惜，使荡而成风，虽亡国灭种可也。吾故敢以一言忠告吾可爱可敬之学生曰，清心寡欲，敦品励学，长寿之独步单方也。有闻吾言而激刺兴起者乎，予日望之。

（原题为《医学博士俞凤宾氏学生卫生宗旨谈（续）》，该篇为节选。）

（原载1915年9月20日上海商务印书馆《学生杂志》第2卷，第9号，署名交通部上海工业专门学校中院二年生邹恩润。）

专一静穆与修学之关系

士之负笈入校，所志无不在学，即无人不欲修学。然人人修学，未必人人皆得其所学。或入室而得深造焉，或仅窃皮毛而止。其下焉者，入校数载，光阴虚掷，绝无所得。夫所志同，修学同，而结果乃不免异辙，其故何哉？岂天之降才尔殊耶？抑于修学之道未之讲也。夫修学之道，亦难言矣，岂末学如余者，所可道其万一。虽然，吾尝体验诸己，默察夫人，以为为吾侪修学之障碍，日与吾所志为仇敌，使吾无所进而日即退步者，莫若分心与浮躁。欲救其病，厥惟专一与静穆。

羿，古之善射者也，其教人射，必志于彀。弈秋，古之善弈者也，诲二人弈，一则专心致志，一则心在鸿鹄。所学同，所师同，而所得终异。虽善弈如弈秋，莫如之何。故修学之成就与否，全视专一与否为转移。不然，虽良师益友，亦爱莫能助矣。夫善读书者，一书未毕，不知有他书。非不知有他书也，以其精神专一于此书，目在是，耳在是，心在是，外此无所视焉，无所闻焉，无所思焉，甚至无所好焉，无所乐焉。故虽有他书，如无他书。如此修学，读一书自得一书之用。反是即读如不读耳。曾湘乡尝谓善读书者，须视书如水，而视此心如花如稻如鱼如濯足。吾谓使修学者心猿意马，杂念纷腾，汎汎一读，毫无心得，必无如此乐境。盖心不专一，则心与书且不相容，不相入，安得视书如水，而视此心如花如稻如鱼如濯足耶。不能视书如水，而视此心如花如稻如鱼如濯足，则心与书愈不相容，愈不相入矣。心与书愈不相容，愈不相入，则徒存求学之名而已矣。志在求学，乃徒得其名而遗其实，可乎哉？试观西国发明家之成功，何一非恃此专一之精神，使其理想成为事实，为社会造幸福，为人群谋进化。爱狄逊者，发明家之一也。当其发明凯特风也，语友人曰："凯特风者，蓄于余胸中者殆三十年，今日始得实现。"其书室中有一短榻，常以深思至彻夜，辄假寐其上。盖其数十年中脑力心思，无不集注于此一点，其专一之功为何如者。奈端之发明引力原理也，尝展卷有所思。仆人备膳，置锅及鸡卵于其几旁。奈端心不在焉，以手中所握之时表为鸡卵，投于锅中，尚不自知。其心思之深入，精神之集注，岂常人所能望其万一。至今思之，令人神往。其专一之功又何如者。呜呼！修学者徒惊叹伟人所成之事业如彼，而不知其所以成业者乃正在此，可不闻风兴起哉！即观吾国之俊豪贤杰，其进德修业，亦何莫不然。吴康斋，明儒泰斗也，自谓倦卧梦寐中，时时惊恐，为过时不能学也。其专一之功为何如者。又读曾湘乡日记，谓夜阅荀子三篇，三更尽睡，四更即醒。又作一联云：天下无易境，天下无难境。至五更又改作二联，一云：取人为善，与人为善；乐以终身，爱以终身。一云：天下断无易处之境遇，人间那有空闲的光阴。尝叹昔贤修学，乃至梦寐之间，其精力思虑，未尝稍移，其专一之功又何如者。今则世运日进，学问日新，吾侪所学，虽与康、曾二先生不无异同，然而前辈专一之精神，实有过人之处。士如有志修学，必法此以自策励，而后庶乎有成，则断断无疑义也。修学者其知所勉矣。

虽然，修学之道，专一尚矣。而静穆之于专一，实犹辅车之相依而不可离。学者而不静穆，则专一之功决无由致。盖读书索理，端赖脑力。脑力之可贵，端在清明。今夫飞扬动扰，憧憧往来者，昏乱颠倒，精神散漫，以此修学，则未终卷而昏昏欲卧，一过目而茫茫无主，欲其专一，势必不能。静穆者则不然，如春风拂弱柳，细雨润新苗，渊涵闲正，深沈凝重，内而绰然有馀，外则然无迹，身严重而神安定，心宽畅而气和平，机缜密而志果毅，内外交养，生机盎然，虚心涵泳，精神注集，以此修学，何患不专，更何患不成。顾或谓奋发蹈厉，为青年活泼之精神，何取夫静穆？不知体育操练，固贵乎奋发蹈厉。至于修学，则研究学理之事，当寓奋发蹈厉之精神于渊涵沈潜之中，则静穆尚焉。吕心吾曰："为学第一工夫，要降得浮躁之气定。"此言也可谓精辟无伦，先得我心矣。梁任公曰："吾辈之为学，欲进其学也。欲进其学，则不得不求理想之日新。吾辈之治事，欲善其事也。欲善其事，则不得不求条理之晰备。而此二者，非胸次洞然无芥蒂，则其效不可见。"然遵何道能使胸次洞然无芥蒂，则舍静穆莫由。修学者其知所勉矣。

（原载 1916 年 2 月 20 日上海商务印书馆《学生杂志》第 3 卷，第 2 号，署名交通部上海工业专门学校中院三年生邹恩润。）

《商榷最低限度当读之国学书》编者附言

商榷最低限度当读之国学书

吴佩君

佩自从订阅本刊，思想与文字俱有进步，编辑先生谓本刊旨在改进生活，同时并注意有益于青年之常识品性及文字，诚然诚然。吾以为欲在中国社会上有所贡献，除学得专门技艺外，尚须学得相当之国文根底，始能应付裕如，易于成功。而现在一般学校对于国学一门，大都不甚注意。即学校略知注意，仍在青年自己略知门径，多阅多看，方有实效可期。然以学校各科功课之忙，又不能多用时间于此，故吾常望有人指示最低限度当读之国学书，使青年对于国学能获相当之根底，以备应用，而又不至费时太多，望洋兴叹。此事关系于吾侪青年之生活前途甚大，尚望宏达不吝赐教。

吴君提出之"最低限度当读之国学书"问题，不但为现在一般青年所亟欲解决之问题，且亦为一般教育家所十分注意之问题。仅就记者个人闻见所及，本社与其他机关共同发起之毕业生就业指导委员会，成立尚未一月，收到失业青年来信达一百十九封，其中大学生不少，乃文字尚属通顺者仅有三人，其中尚有两人不免写别字，怨天尤人愈甚者，其文字愈令人不解，循此不救，则其他学问姑不置论，而国文一门，先不能应用矣，故记者认吴君所提出之问题，诚有注意之价值也。关于最低限度当读之国学书，梁任公胡适之两君各有一种书目发表，惟各举数千册，不但非一般青年所能读完，且购置亦非易事。今根据陆费逵君所拟之最低限度当读之国学书，略参鄙意，介绍于读者，尚希批评指正。

（一）经部

《四书》 最要，当熟读，先论语，次孟子，次学，庸。

《诗经》 全阅，就特别能了解而欢喜者熟读。

《易经》 全阅，文言系辞当熟读。

《礼记》 可选读檀弓，学记，乐记等篇。

《左传》 全阅，可选读若干篇。

《文字通诠》 此书精而易读。

（二）史部

《史记》 此书为我国史学界创作，识力亘绝千古，文字尤佳，宜全阅，并选读二三十篇。

《纲鉴易知录》或任何纲鉴阅一种均可。

如有余力，可读《国语》，《国策》，前后《汉书》，《三国志》，《资治通鉴》，《文献通考》等。

（三）子部

《老子》 全书仅五千言，为子部最要之书，当熟读。胡适《中国哲学史大纲》上册，此书可当诸子思想史读。读此一书，可窥诸子大略矣。

如有余力，可读《庄子》，《墨子》，《荀子》，《韩非子》，《淮南子》等。或更读《管子》，《孙子》，《吕氏春秋》等。如欲稍知宋儒理学，可读《近思录》，欲稍知明儒理学，可读《阳明先生传纂》。

佛书多而难读，如欲知大概，可读《佛学大纲》。

（四）集部

《古文辞类纂》 全阅，并选读一二百篇，如尚嫌宽泛，则读《古文观止》亦可。（文明书局《续古文观止》多清文。）

《古诗选》，《今体诗选》可就此两书选读三四百首，如嫌宽泛，则读《唐诗三百首》，《宋元明诗三百首》亦可。《陶渊明集》，《王临川集》，《曾文正诗文集》，《饮冰室文集》（如嫌宽泛可购《梁任公常识文范》，中华书局出版），专集浩如烟海，无从读起。此四家均文从字顺，而陶之恬淡，王之深刻，曾之集大成，梁之代表近二十余年思想，均为现代青年所必读。

（编者载1926年10月31日《生活》周刊第2卷第2期。）

评几家书局的笔墨官司

最近有几家书局在各报上登大幅广告，因抄袭问题大打其笔墨官司，这幕武剧中已出台的要角有中华书局，开明书店，与世界书局，听说商务印书馆亦将加入，这出戏总算闹得锣鼓喧天，喊声震耳。各书局既将事实宣布于社会，或有意倾听旁观者的意见，世界书局所登《宣言》并有"请社会公评"之呼声，记者亦觉此事可给与我们多少教训，故愿以第三者中立的地位，完全根据各方所宣布的内容，略加评论，惟评论不得不有所是非，记者所敢自信者，愚见完全根据已知的事实，不对任何方面存有丝毫偏袒的私见。

此戏露脸最早的是中华书局登全幅广告悬赏二千元，说世界书局新出版的《初中本国史》里的"本国史的回顾"一节与中华书局十二年初版的《新中学初级本国史》里的"全书结论"一章十同其九，又有所附地图两种完全相同，有能证明中华该书此章或两图系翻印而来以致与世界本不谋而合者，各酬金一千元，并将该两书此段文字及附图和盘托出，以供众览。天下最不足畏的是抽象的笼统的攻击，最可畏的是有确凿的具体的事实之检举；因为前者明眼人自能辨之，后者则非有事实上的辩明，决不足以释人疑惑。我们看了中华的广告以后，觉得世界如认为它所举的事实不确，应就事实有相当的答复，乃过了几天，只见世界登着关于该局中学教科书的大广告，并加有“光华灿烂于教育界”的标题。我们看到“光华灿烂”四字，愈觉得该局对于中华所检举的事实不该含混过去！

一波未平，一波又起，开明书店又大登广告，举出事实证明世界的《标准英语读本》抄袭《开明英文读本》，世界仅请律师作笼统的警告，对开明所举事实又无只字的解释。最后乃登一大篇宣言，只对同业竞争教科书一层埋怨了一大顿，对中华开明所举事实仍无只字的驳复。

记者以为此事至少可给我们两种教训：（一）自认没有错即应对事实辩明，自知有错即应光明磊落的承认，光明磊落的改去，这是直截爽快而免自寻烦恼的途径，昔贤所谓“人谁无过，过而能改，善莫大焉”，虽是老调儿，实有玩味的价值；（二）凡事但求自己站得住，平日处处靠自己的努力，勿存坐享他人辛勤获得的事功，否则自己露了马脚，埋怨别人何益？

（原载 1930 年 9 月 14 日《生活》周刊第 5 卷第 40 期，署名韬奋。）

一位文坛老将的学习机会

谈起我国一位文坛老将，也许是大多数读者诸君所很知道的，他便是别署东亚病夫曾孟朴先生。他从前做的那部名著《孽海花》，包罗六十年来的人物，说尽社会政治的变迁，固久已脍炙人口；最近出版的经过两年精心结撰的名作——《鲁男子·第一集》——又震惊一时。这《第一集》还不过是他六部精神贯穿的一部，已有十六万言，我们但望他著全这六部书，不仅是不朽的名作，同时是惊人的巨制。曾先生除创作外，并善于翻译法文的名著，所以胡适之先生写给他论翻译的一封信里有过这几句话："……西洋文学书的翻译，此事在今日直可说是未曾开始！先生独发弘大誓愿，要翻译嚣俄的戏剧全集，此真是今日文学界的一件绝大事业，且不论成绩如何，即此弘大誓愿已足令我们一班少年人惭愧汗下，恭敬赞叹！……祝先生父子继续此盛业，发挥光大，给我们做个榜样，使我们少年人也感慨发愤，各依性之所近而力之所能勉者，努力多译一些世界名著，给国人造点救荒的粮食！"曾先生的著作我在这篇短文里不能多所介绍，只得让读者自己去欣赏，我现在所欲特别提出和诸君谈谈的，是在新出版的《胡适文存·三集》里看见曾先生答胡先生的一封信，里面说起他老先生怎样得到学习法文的机会，很有趣味，他说："我的开始学法语，是在光绪乙未年——中日战局刚了的时候——的秋天。那时张樵野在总理衙门，主张在同文馆里设一特班，专选各部院的员司，有国学根柢的，学习外国语，分了英、法、德、日四班，我恰分在法文班里……那里晓得这些中选的特班生，不是红司官，就是名下士，事情又忙，意气又盛，那里肯低头伏案做小学生呢？每天到馆，和上衙门一样，来坐一会儿，喝一杯茶，谈谈闲天，就算敷衍了上官作育人才的盛意。弄得外国教授没有办法，独自个在讲座上每天来演一折独语剧，自管自走了。后来实在演得厌烦，索性不大来了，学生来得也参差错落了。这个特班也就无形的消灭，前后共支撑了八个月。"

"这八个月的光阴，在别人呢，我敢说一句话，完全是虚掷的，却单做成了我一个人法文的基础。我的资质是很钝的，不过自始至终，学一点是一点，没有抛弃，拼音是熟了，文法是略懂些了。于是离了师傅，硬读文法，强记字典，这种枯燥无味的工作，足足做了三年。到了第三年，居然有了一线光明了。那时在旧书店里，买得了一部阿那都尔佛朗士的《笑史》(Histoire Comique)拚命的逐字去译读，等到读完，再看别的书，就觉得容易得多了……直到戊戌变法的那年，我和江灵鹣先生在上海浪游。有一天他替谭复生先生饯行北上，请我作陪，座客中有个陈季同将军，是福建船厂学堂的老学生，精熟法国文学，他替我们介绍了……陈季同将军在法国最久，他的夫人便是法国人。他的中国旧文学也是很好，但尤其精通法国文学……我自从认识了他，天天不断的去请教，他也娓娓不倦的指示我……"

这位文坛老将学习法文的机会何等有趣！不知立志奋发有为的人，虽有机会摆在他的面前，不知用，不肯用，所以"前后共支撑了八个月"的"特班"，在曾先生是"做成了"他的"法文的基础"，在别人只落得个"虚掷"。他后来之得益于《笑史》，得益于陈季同将军，倘若不是他自己立志勤奋学习法文而随时随地留神，虽在"旧书店里"遇着了《笑史》，等于没有遇见，虽在"座客中"遇着了陈季同将军，也等于没有遇见，如同别人虽都遇着了"特班"，实等于没有遇着的一样。所以这种种在曾先生虽都是机会，在不知利用者便都不是机会。

机会似乎是一种可遇而不可求的东西，但机会实随处而是，要你自己有志愿有能力去利用它。

（原载1930年9月21日《生活》周刊第5卷第41期，署名心水。）

较近出版有精彩的两种定期刊物

办刊物似乎是一件很容易的事情，只要凑得上几篇不管噜苏不噜苏的拖泥带水的文章，呆照现成可以学样的格式交给印刷所去印它一下，便赫然出了一种新刊物。但是若稍稍为读者方面着想——稍稍为读者的时间与目力乃至经济方面着想，同时也就是为刊物的本身价值着想——似乎应该注意到一种刊物应有一种刊物自己的特色，也就是所谓独辟蹊径，不肯落入[1]窠臼，自开一条新路来走，尤当注意于内容之有精彩，使读者看了一遍，多少有所得，不觉得是白看。依此原则以观察较近创刊的定期刊物，其性质不过于专门而为一般人可以阅看者，就记者浅见所及，可得而举者有两种：一为上海人文编辑所所编行的《人文》月刊，一为南京长风社所编行的《长风》半月刊。前者已出七期，以现代史料为中心，而侧重于社会经济，选取实质的资料，使成系统的记载，删繁求精，以节读者心力，多记述，少论议，偶缀所见，纯取客观，其卷末"最近杂志要目索引"及"最近出版新书"尤便于读书界及著作家，在中国出版界可谓独树一帜，特有贡献，而非徒作表面上之模仿亦步亦趋的刊物。所微觉可惜者乃所

[1] 原文作"落人"，疑误。

用之文言颇偏矜奥，不易于通俗。

《长风》半月刊已出三期，据称“以介绍世界学术及发扬民族精神为目的”，其中以徐庆誉先生关于批评中西文化的几篇文章及朱经农先生写给大学毕业生的一封信为尤有精彩。徐先生阐发中国文化之优点，语有本源，议论精纯，朱先生则于诚恳中常有深刻而近诙谐的描写。都是言之有物值得阅看的文字。

（原载1930年10月12日《生活》周刊第5卷第44期，署名编者。）

全国图书馆之激增

据中华图书馆协会最近调查所得，现有之全国图书馆共有一千四百二十八馆。民国十四年十月首次调查仅五百零二，至十七年十月调查时，三年之间增加一百四十馆，此犹不足异，自十七年至今才二年，竟骤增七百八十六馆，图书馆之增加既是国民知识增进的表现，则此种激增现象实是一件可喜的事实。二三年来内战频仍，灾患迭乘，而与国民文化有密切关系之图书馆数量犹能有如此之增加，可见国民求知心之迫切，可见一般国民知识之增进，但在此可喜之点，当然尚含有抱憾之点，即假使国事安定，民业兴荣，则民智之长足的进步，更是意中事，更不止于此。

知识增进不限于读书，而读书实为增进知识之一重要途径。昔者曾涤生在军书房中，甚至四面受敌的时候，依然抽闲读书。孙中山先生一生在忙中过去，但他却也在读书的生活中过去。他一生的生活，无论是在有职务时，或者是暂在休养时，每日一有余闲，总是手不释卷。他就是在奔走革命忙得不可开交时，总带有几本关于革命方面的最新出版物，时常仔细研究，就是在火线上督战，也带有许多书籍杂志，军事上工作一停，便把书本拿到手里来，从容不迫的看下去。他所著的《三民主义》和《建国方略》等书，参考西籍数百种，都是在百忙中阅读的。

友人李公朴君出国两年，我最近问他何所得，他说不过学得读书的习惯，懂得如何读书，我觉此语很有意味。我国往昔把人民分为士农工商，读书好像是士的专利，农工商就好像无须读书。现在的世界潮流是无论你往那条路走，都有读书的必要。但晚近我国虽有新式的学校，大家好像仅把读书的事看作校内的事情，毕了业做了事便从不想看书，他们对于新出的好书好报是永远风马牛不相及的，所以往往年未老而思想已老，身未朽而思想已朽，因为他口粮虽未绝，脑粮已绝！现在图书馆竟能激增，这种毛病也许已减少了一部分，这是值得表而出之的一件事。

（原载1930年12月7日《生活》周刊第5卷第52期，署名韬奋。）

研究与盲从

孙中山先生自己曾经说过:“我一生的嗜好,除了革命之外,只有好读书,我一天不读书,便不能够生活。”所以他一生无论是在做事,或是在休息,每天除了饮食做事以外,总是手不释卷。不但从前在海外亡命旅行之中,总于艰难困苦中带有几本关于革命一方面的最新出版物,时常仔细研究;就是后来在火线上督战,也携带许多最新出版的书籍杂志,军事上工作一经停止,便看他的书。孙先生刚逝世后,吴稚晖氏有一次演讲孙先生的生平,说他最心折孙先生的一点,是他的一生好学的精神,提起“一九〇八年他(指孙先生)到伦敦时,似乎旅费甚窘,所以有位朋友曹亚伯在学生中凑了三四十镑送他,不料三天以后,我们到他寓里见他,已把那个钱买了一大堆紧要的书……直到前一月,皮海寰先生也对我(吴自指)说:‘孙先生真用功,他把最新欧美的社会学说,无不浏览。’”这便是中山先生给我们做好模范的研究的精神。

中山先生在他所做的《民族主义·自序》里面,很痛心地说起“陈炯明叛变,炮击观音山,竟将数年心血所成之各种草稿,并备参考之西籍数百种,悉被毁去”。后来他匆促演讲,才根据笔记刊单行本以饷同志,说“此次演讲既无暇晷以预备,又无书籍为参考,只于登坛之后随意发言，较之前稿，遗忘实多……尚望同志读者，本此基础，触类引伸，匡补阙遗，更正条理，使成为一完善之书……”可见孙先生不但自己富于研究的精神，并以研究的精神勖勉后人。

研究之所以重要，因为必须有充分的研究，而后不至作无意识的盲从；欲望人不作无意识的盲从，不但不可闭塞人的聪明，压迫人的思想，反而应该鼓励他作平心静气的仔细研究。世界大势所趋，私人资本主义终必灭亡，社会主义终必胜利，在有识者已认为无疑的倾向。中山先生认三民主义为社会主义之一种，为最适宜于中国国情的社会主义，在他虽早已胸有成竹，但对于“革命方面最新出版物”，对于“许多最新出版书籍杂志”，对于“最新欧美的社会学说”，仍是“无不浏览”，乃至“备参考之西籍数百种”！记者深觉我们在今日尤当效法这种研究的精神，政府以及领导国民思想的人们也应该容忍各人有这种研究的精神。

试以近事为例，苏联的五年计划，在欧美书报杂志固倡言其详细内容而无所忌，在日本更几于人手一编，骇汗相告，孜孜研究其得失与影响，在我国的译本则昙花一现，瞬即禁止发行，不易购买。记者之愚，以为盲从盲动不可，作客观的理论上的研究，正为避免盲从的最上法门，不宜强制压迫，闭塞聪明。中山先生固遗我们以《实业计划》，为建设的明灯，但实施时的具体细则，专门方案，仍有待于后继者之虚心研究，似无可疑，则“他山之石，可以攻玉”，深闭固拒，实非所宜。

盲从好像戴有色眼镜看东西；研究好像用显微镜细察；深闭固拒，闭塞聪明，则等于闭着眼睛不看！有眼睛不看，或不许看，便等于瞎子！瞎子更易于盲从，这是很显然的事实。

（原载1931年9月19日《生活》周刊第6卷第39期，署名心水。）

略谈读书的方法

一

自从苏联一个又一个的五年经济计划实行奏效之后，经济学家都喜谈“计划经济”，其实不但经济应有计划，就是读书也应该首先有一个计划。有些人读书没有一定的目的，今天随便拿一本看看，过几天又随便拿一本看看，这样读书，虽不能说他在知识上不是没有一些进步(这当然是指内容正确的书)，但是“无政府状态”的读书，收效究竟是很少的。所以我们读书应该首先有一个计划。

读书要有一个计划，必先决定自己所要研究的科目或中心问题。在学校里读书，学校里有着一定的课程，这课程便是学校替学生规定好的读书计划，你决定要读那一科，便须依照那一科的课程读去。这种读书计划比较的呆板，不能随着个人的选择而随便更动的。但在外国大学院的研究，便比较有伸缩性，要由选定了科目或中心问题的学生，和他们研究的科目或中心问题有关的教授，共同商定读书的计划。在这个计划里，依所商定的时间(一年或二年)，根据所欲研究的中心问题，把必须读的书和必须参考的书列举出来，在列举之中把各书的先后和研究的门径与方法都有系统地规定好。整个计划规定之后，学生便依据这个计划，在这位教授经常指导之下，研究下去。这种教授大概都是与某科或某中心问题有关系的专家乃至权威，他对于这一科或这一中心问题，当然彻底知道研究的方法和阅读的门径，对于学者是很有帮助的。学者在这样有计划的指导下，如真能切实研究下去，到了相当的时期，他对于这一科或这一中心问题的学问，可以得到完备的基础，如有志再深造，可作进一步的计划，根据第一个计划作进一步的研究。

我在英伦求学的时候，看到有好些中国的朋友不愿意读学位，认为学位头衔是没有什么意思的，但是遇着他们自己没有一定的读书计划时，我还是劝他们选读一个学位，因为要是选读一个学位，必须经过上面所说的手续，即必须选定一个中心问题，和一个有关系的教授共同商定一个读书计划，多少可以得到有系统的益处，比之没有计划的胡乱阅读有益得多。

以上所谈的虽然是偏于叙述外国大学院里的研究情形，但记者的意思当然不是说读书的人非到外国大学院里去不可，只是要介绍这种有计划的读书的原则，以备有志读书者的参考。

我特别声明，这种有计划读书的原则，在校外自修的人也可以采用的。

此外再举一个例子谈谈。在伦敦的英国博物馆的图书室里，对于每一专学的部门都有很明白的重要著作书目，可供读者随意查阅，非常便利。西文书籍还有一个优点，就是在一书后面，常有很有系统的参考书的介绍，尤其详细的是在书末对于书内每一章的课题都有书目的介绍，这书目的介绍不仅是随便撮举几本为著者所看到的，却是就每一章的课题范围，举出关于研究这个课题所必须看的重要参考书，而且把这些参考书依着程度深浅而排列着。这样的参考书介绍，于读者有极大的帮助，由于名著者或权威所指示的这种参考书介绍，差不多就可以等于该部门专学的读书计划。读者依着这个介绍，在图书馆里简直好像是在掘金矿似的，越“掘”越有趣味。这种办法虽不是在学校里有名师共同商定之读书计划，因为是由于自己努力“掘”出来的，可是有名作家对于某种专学的参考书作有系统的介绍，在原则上也就等于有人领导，至少是读者自己有方法找到名作者的领导。我深深地感到图书馆里的良好的书目分类及著者在书末的有系统的参考书介绍，是帮助我们造成读书计划的最好的工具。在中国，图书馆的设备实在太少而又太贫乏，关于专学的著作，对于参考书作有系统的介绍也不多见，这是使读书的人受到很大的妨碍或不便。我们在这两方面都应该特别努力。

这当然也不是说在现状下我们就绝对不可能有读书计划。我们还是可以尽可能地替自己定下一个读书计划。首先我们要决定那一部门的学问，或那一个中心问题，然后根据这个对象，就现在可能得到的书，由浅而深，分成几个研究的阶段，按着规定的时间，有计划地读下去，即不能有三年五年的计划，至少应有一年半载的计划。在这一年半载中，随时随地注意关于这一部门或中心问题的材料。除必要的有关的书籍外，如有充分的时间，其他方面的书报也尽可以看，但却以能够包围着这个中心问题为前提，而不是心目中毫无对象的乱看。这样有计划的读书，才有较大的收获。

二

对于任何部门的学问，如有意深造，最好能学得阅读一种外国文的能力。只能阅读本国文的人，关于外国的名著，当然也有译本可看，但是在我国译述的缓慢，以及正确译本的不易多得，阅读外国文的能力仍然是很重要的。就是在欧美各国，有志研究较深学问的人，对于一种或二种外国文的阅读能力也是很注重的。例如英国的专科学生，大学教授，大都能够阅读法文或德文的书籍，苏联是大众对于学习最热烈的国家，你在他们的青年学生里面，在他们的学者里面，乃至男女工人里面，随时随地可以发现他们有的能读德文，有的能读法文，有的能读英文。这是因为学术是没有国界的，学习狂愈高，外国文的阅读能力愈有迫切的需要。

能读一种外国文的人，读原文的社会科学的书，比读译文舒服得多迅速得多，也就是可以使读书的效率增加得多。正确的译本不易得，尤其是较深的书，常常易被译者译得“走样”，所以我甚至于感觉到仅能看译本的人看得很多之后，把许多“走样”的知识装满了一脑袋，在思想上也许不免要含有多少危机！所以我要奉劝真有志读书的青年朋友，最好能够学习阅读一种外国文的能力。这并不是一件很难的事情，学习读外国文，只须读得得法，一二年至二三年的努力是可以达到目的的。在我所认识的朋友，就有不少是自修（开始当然需要人教，但不一定要入学校）外国文而能够阅读外国文书报的。为着自己在学识上的深造起见，这种能力实在值得我们来培养。

（原载 1939 年 2 月 1 日重庆《读书月报》第 1 卷第 1 期，署名韬奋。）

复梅林

梅林先生：

五月七日来信收悉。关于怎样选读书籍的问题，现在我先略举一些书目如左，以供参考：

1. 关于一般的社会科学方面——社会科学二十讲，社会科学常识读本。

2. 关于哲学方面——现代哲学的基本问题，思想方法论。

3. 关于政治经济学方面——通俗经济学讲话。

4. 关于文学方面——新生代，怎样阅读文艺作品。

5. 关于修养方面——青年应当怎样修养。

以上各书，除第四项文学方面可根据自己的兴趣选读外，其余均为基础的读物。在最初选读的时候，进度不妨缓慢一点，务必细细咀嚼，使得每一个问题，都能有比较深刻的了解，在这些最基本的读物读毕以后，可以根据自己的能力与兴趣，逐渐选读比较专门一点的书籍，这样，当能使你的头脑逐渐武装起来了。（开始时当然只须先买其中的一本试读，用不着同时都买。）

此外，定期刊物也是需要经常阅读的。如《读书月报》，《学习生活》等，经常载有指导学习解释问题的文字，可以帮助自己的学习；如敝刊对于国内国际形势，经常刊载有系统的分析文字，反映各方面的社会动态，都是可以阅读的。同时，在这些刊物上，常常有新书介绍或新书出版预告，也可以作为你选读书籍的参考。

当你阅读了上述的基础读物以及经常阅读上述的刊物以后，当可有相当正确的辨别力，不至于轻易为人家的花言巧语所迷惑而走入歧途。努力向正确的理论学习，可以使自己有正确的人生观、世界观，认识工作的意义，预见光明的前途；可以使自己努力工作，积极向上，不致为暂时的挫折而消极颓丧。所以，正确的学习，对于一个青年实在是太需要了。

但是，一个参加实际工作的青年，在自学的时候，有两点不能不特别注意：第一，必须尽可能适应环境。就原则上说来，阅读正确的书籍当不致会受人家的误会，但在现在的复杂社会中，有些事情还是格外谨慎些好。如果你的工作环境比较开明的话，尽可在业余时间自由研究自己所爱好的学科；反之，则只能阅读环境所能许可的最大限度的书籍，避免越出这个范围，以引起不必要的误会。上述的书刊，均经合法审查通过，阅读是没有问题的，但提起这一点注意，对于你以后选读书籍时，也许可有一些帮助。

第二，你现在正在工作，便应当以工作第一，至于自己学习，只能尽量利用业余的时间，绝对不可影响到工作，原因是你既参加工作，便当对工作负责任，一天不脱离工作，在规定的工作时间内，就得以全部精力放在工作上，学习虽然对于自己有好处，也许间接对工作有帮助，但如因此而松懈了工作，一方面对不起自己的责任，一方面也更容易引起人家的误会，这一点，我想你一定很明白，但我在这里再提起一下，也许不是多余的罢！

专复，祝

努力。

韬奋上

廿九年五月廿八日

（梅林，读者。原件存韬奋纪念馆。此信写于1940年。）

《工作与学习》编者附言

（胡祖休、于敬烈来信略——本书编者）

我们接到很多青年朋友关于不满现业而急于另寻学习机会的来信，或苦于失业而急于寻得工作与学习都得如愿以偿的机会的来信，我们都依据各人的特殊情形，尽我们所知，分别径复，但因为这类的信太多了，其中都有着一个共同点，就是青年朋友们所最热烈渴望着解决的"工作与学习"的问题，尤其热烈渴望着解决的"学习"的问题，实有提出公开讨论的必要，同时因为篇幅所限，只得拣取在这里发表的二封信做公开讨论的根据。

在开始讨论"工作与学习"这个本题以前，有两件事我们要先附带说明几句。第一是介绍职业。有好些青年朋友写信来要我们介绍工作，都是非常诚恳迫切的，我们虽于十分同情与感动之中，想尽其心力有所帮助，但在事实上这却不是一个刊物机关所能胜任的事情，虽有时遇着人与事的凑合机会，可是可遇而不可求，就一般说来，什么机关正在需要人材，我们无从知道，如果胡乱地写出介绍信，也没有什么效果，所以关于这件事，我们深深感到惭愧。中华职业指导所一类的机关，对于这类事因责有专司，是应该可以胜任的，但在事实上也是登记者的数量远超于介绍出去者的数量，这如果是“人浮于事”的原因，那便是要从大处着手的社会问题，而不是一个介绍职业的机关所能补其缺憾的了。这是一件很严重的事情，我们特在这里把这个问题提出来，以促起政府和社会的注意。第二件事比较小，就是常有青年朋友写信来要我们介绍到新疆学院去求学，这件事我们不是不愿意尽力，却是在事实上无法办到，因为新疆学院并不在外省招生，该院院长杜重远先生早已因病辞职。有好几位青年朋友激于求学热情，“下了决心”不顾一切，冒险赴新，结果还是无法入境，尝尽艰辛而回。因为屡有这种情形发生，所以特在这里附带说明一下，希望青年朋友们注意。

现在请开始讨论工作与学习。这讨论可以分两部分：一部分是在现状下就各人可能的范围内作最大的努力；一部分是希望这个问题可以得到大规模的相当彻底的解决。关于第一部分，试先就第一信作者胡先生的情形说，他在事实上既“不做事又没有饭吃”，那就只有在“做事”的业余时间努力自己学习。一个人如果真有坚决的志愿学习，没有任何环境可以限制他的。学校固然是一种学习的环境，但是我们绝不认为除了学校之外，就绝对不能学习。胡先生说“十六岁初中毕业便没有读书了”，但是在来信中所举出的读过的几本书不是在业余时间读的吗？一定要坐在学校里读书才算是读书，这是应该纠正的不正确的看法！而且所谓学习，读书这件事只占其中的一个部分——虽然是一个很重要的部分。工作中的学习也是一个很重要的部分。胡先生也许说他目前的工作（银行）并不合于他的兴趣，所以说不上愿意在工作中学习。这当然不无理由，我们并希望他能留意更适合兴趣的工作机会，但在没有得到更适合兴趣的工作以前，仍只可以利用工作的环境作实际的观察。胡先生说对文学发生好感，也许想做文艺家，但文艺家不是可以专凭读书造成的，也要从观察实际的社会中培养起来。就是“铜臭气”吧，在文艺家也不妨观察观察，体验体验。丁玲女士在她的《作家与大众》一文中曾经说过，“每一个作家……一定已经在社会上生活了一段时日，不是离群的生活，不是饱食终日无所用心的生活，是深入的，沉潜在生活中过来的人，他对环绕在他周围的一切，有过思索，观察，有爱，有情，下过判断，存过理想。”听说茅盾先生著他的名著《子夜》时，为着其中需要关于交易所的实际材料，曾亲自跑到交易所中去作过长期的实验和调查，倘若他曾经在交易所中“闻”“闻”“那股铜臭气”，这番工作就可以不必要了。

其次谈到第二信作者于女士。于女士的向学热诚，也引起我们无限的敬意。我们对胡先生说的话，有一部分也可以适用于于女士的，就是在学校之外不是没有读书的可能。于女士因热烈求知，“很想进生活书店做一个店员”，其实，生活书店的同事每日也须工作七八小时，读书也在业余时间，和其他的事业机关一样，所不同的也许是同人买书可得到一些特别折扣（七折）而已。于女士当前所要解决的问题有二个：一是寻觅工作；二是如何“使自己的学识丰富起来”。关于第一件事，只有就近运用自己的社会关系留心适当的机会。关于第二件事，有了工作也许书的费用易于解决些，否则，在未有工作以前，也还可以斟酌自己的经济力，在可能范围内买书看；再不然，设法连合几位志趣相近的朋友合资买书，轮流着看，也是无办法中的一个办法。

最后我们要略谈“工作与学习”这个问题如何得到大规模的相当彻底的解决。这就非把教育制度根本改革使工作与学习在教育制度上能打成一片不可。依现在的教育制度，费用昂贵，中等之家培植子女已日感困难，职业青年更是不得其门而入。教育家陶行知先生最近曾经想出一种“自修的教育制度”，代替现在的学校制度。依这个新的制度，注重广设图书馆和科学实验站，小学程度以上的青年，都可以一面就业一面自修，免费利用图书馆和科学实验室，每隔若干时由国家举行考试，自修者都可以应试，依成绩给与证书或学位。在图书馆和科学实验站中经常有得力的指导员，以备自修者质疑问难之用。这样，职业青年一面工作，一面也就是在求学，家长的担负可以减少或竟可不必担负，在经济上不得不靠工作自立的青年也仍旧可以按部就班，根据自己的志趣，在学术的光明大道上继续前进。教育制度如果有了这样的根本改革，“工作与学习”这个问题应该可以得到大规模的相当彻底的解决了。（关于上述的新制度，陶先生将有详细的文章发表，记者在这里不过根据所闻，略述大意，倘有出入之处，文责当由记者自负。）我们希望陶先生能赶早抽出时间，把他的主张具体而详细地写出来发表，以供教育家的研究，以供政府的采择。

（原载1940年10月19日重庆《全民抗战》周刊第142期，署名韬。）

《越看越苦闷》编者附言

越看越苦闷

韬奋先生：

我和几个知己的朋友最近都感觉到一个共同的弊病，就是：(一) 越看书越觉得学问的无限，自己的太不够；(二) 越看书越觉得另有光明的世界，越觉得眼前的黑暗；(三) 越看书越痛恨眼前的黑暗，越觉得性急不能忍耐下去，但又无法见到光明的迅速实现。总的结果是苦闷！是苦闷的增加！有些朋友甚至因此越加深他们的悲观与消极！

在另外有些朋友，他们不大看书，偶然看的不过是那谈风月消闲天的小说等等，什么劳什仔的理论书，他们连睬都不睬的，但是也有一种便宜之处，那就是索性“不识不知，顺帝之则”，倒也得糊里糊涂而却自由自在地过他们的一辈子！

这样看来，看书，尤其是看理论书，只是自讨苦吃罢了！

先生必能了解我的意思，我的意思绝对不是反对看书，只是把看书所得到的苦楚不打自招地供出来，希望先生能替我和我的几位朋友解除这个苦楚，那是异常欣幸而感谢的。敬致最诚挚的敬礼。

袁承昌上。

廿九，十二，十三。

一个人的进步当然有许多途径，但是看书确是进步的一个极重要的源泉，所以经常要看书而且要有相当计划地看书，这在以求学为主体的学校青年，固然要注意到，即以业余自我教育为补充自己的职业青年也要十分注意到的。袁先生说有些朋友不看进步的书，在糊里糊涂中过着一辈子，在表面上好像颇令人羡慕似的，其实不合理的社会并不因为这班糊涂虫的不睬而不存在，甚至可以说正因为有这班糊涂虫的存在而延展了不合理的社会之存在。在另一方面说，社会的发展固然有其规律，但是人的努力对于历史车轮的推进作用是无可否认的，这就有待于认识正确者之自觉的努力，社会的向前进步和这种自觉的努力是成正比例的，糊涂虫之得"自由自在地"过日子，倘若是由于其他进步分子的努力，那他们便是在偷享别人所努力的成果，如果人人都存心做这样的懒汉社会便会要退步，即只有一部分人做着这样的懒汉，社会的进步方面也受到阻碍。而且从长远一些看，社会不进步而倒退，糊涂虫们的糊涂生活也是终极无法保全的。

袁先生的意思显然不是要提倡"糊涂虫"的生活，所以关于这一点，我们无须多所讨论，他所提出的问题是由于看书而得到的几种"苦楚"，希望能设法"解除这个苦楚"，关于这一方面，是值得略加讨论的。

书报被称为"精神食粮"，"食粮"是否有益于身体，要看它的内容如何，如果把有毒质的食粮往肚子里送，那是吃得越多，为害越大，不仅仅是"苦闷"而已！"精神食粮"也不能例外，故"吃"的时候也有加以选择的必要。袁先生提及"看理论书"，怎样的理论书，我们不得而知，为便于讨论计，我们假定认为是正确的理论书。正确的理论书是只有振作人的精神，鼓励人的努力，而应该不致于反而使人看了"苦闷"，甚至"悲观与消极"的。否则毛病不在书的本身，而在看书的人的方面。我国有句老话说"食古不化"，倘若看书而"不化"，那就是正确的理论书也要发生意外的结果的。这一点我们要唤起青年朋友们的注意，因为我们在事实上的确看到不少青年朋友虽喜欢看书，却患着消化不良的毛病，喜欢看书是良好的习惯，是进步的康庄大道，但是如果消化不良，往往越看越糊涂，越看越钻到牛角尖里去，那都是所谓“不但无益，而又害之”。

试举一二例子来谈。这封来信说“越看书越觉得另有光明的世界，越觉得眼前的黑暗”，这几句话的意义如果是说“另有光明的世界”是与现实脱离关系的凭空而来的世界，眼前尽是“黑暗”而不含有“光明”的胚胎，使人忽视了当前的实际努力而一心梦想乌托邦似的“另有光明的世界”，那必然是要使人感到失望的，因为这样一来，使人对于实际的努力不注意，而空想“另有光明的世界”之从天而降，事实上绝对“无法实现”，当然是免不了“苦闷”的，免不了“悲观与消极”的！其实正确的了解(这正确的了解是正确的理论应该能给与我们的)应该能使我们知道“光明的世界”绝对不是脱离现实而凭空降生的，它的产生的条件已含在旧社会的胎包里，只须条件成熟，新的社会——“另有光明的世界”——便会产生的，我们必须在“黑暗”中看清“明灯”之所在，努力加速必经条件的成熟，使实践的努力和理论的认识密切联系起来，不应脱离现实而作非非之想，反而怪看书看坏了！

说现实中完全是“黑暗”，一点没有“光明”，这样机械的看法是错误的。我们从历史上可以看出，进步的“光明”力量在最初总是从很小开始的，落后的“黑暗”力量在某时期可能是仍然可以吓人的。例如国父中山先生所领导的国民革命，在最初阶段和清廷的力量比起来，乃至在后来和北洋军阀的力量比起来，在当时不了解社会发展规律的人们也许要慨叹于“黑暗”的弥满而“光明”的细微，但是结果如何，历史的事实给与了我们很明显的回答。

来信又说："越看书越痛恨眼前的黑暗，越觉得性急不能忍耐下去，但又无法见到光明的迅速实现。""黑暗"是谁都不欢迎的（除非是黑暗吃饭或维持自己地位的人们），但是看了正确的理论书不应该只是"痛恨""黑暗"，而应该彻底了解"黑暗"之所由来；不应该只是"性急"，而应该彻底了解消除"黑暗"和促进"光明"的途径。所以看了理论书而真能消化的，不但不会感到"苦闷"，不但不会感到"悲观与消极"，而且由于彻底了解了社会发展的规律，把握住历史的动向，只有增加自己的勇气，加强自觉的努力。

但是这种自觉的努力，必须从现实做出发点，而不是空想着乌托邦似的"另有光明的世界"，这一点在上面已经略有说明了。还有一点须补充的是"光明"的，"实现"（由量变到质变）必须经过相当的过程，不能像孙行者那样的摇身一变。袁先生提及"无法见到光明的迅速实现"，我们觉得这一点的补充是很有必要的。"无论哪一个社会形态，当它还给一切生产力以发展余地，而这一切生产力尚未展开以前，是决不会灭亡的。而新的更高的生产关系，当其藉以存在的物质条件尚未在旧社会胎包里成熟以前，是决不会出现的。"这也是正确的理论给我们的指示。其实这个"理论"已有着许多事实的佐证。我们如稍稍阅看各国的革命史，便可以看到许多事实上的教训，即就中国而论，中山先生奋斗了几十年，临死时还须把革命事业交给他的继承者继续努力下去，当然，这个"理论"并不是叫我们坐待"光明"的自然地来到，并不忽视人的努力在这个过程中所起的推进的作用，因为"条件"的成熟也是有待于人的努力的，人的努力是可能加速或缩短这个进程，反过来，人的不努力也可能迟缓或加长这个过程的。所以"性急"只有更推动我们"忍耐"努力下去，而绝对不应该使我们"苦闷"，绝对不应该使我们"悲观与消极"。

根据我们在上面的研究，可见"自讨苦吃"并不是由于"看理论书”，而是由于看了以后没有好好地消化——没有得到正确的了解。

最后说到袁先生所劈头提出的“越看越觉得学问的无限，自己的太不够”，这是古人所谓“学然后知不足”，正是一种好现象，是一种进步的推动机，因为知道学问的无限，便不致以略有所知而自满，知道自己的太不够，便更要加紧努力，而不致故步自封。其实学问浩如烟海，无有止境，即世界上任何伟大的学问家也不能自信是已够了的。正是因为这个缘故，我们的自我教育要以最有效的最经济的办法求得最善的结果，加强我们的努力，那里可以反而以“苦闷”“悲观与消极”来妨碍自己的进步呢？

（1940年12月21日国民党图书杂志审查委员会无理批复《全民抗战》第152期上“免登”韬奋答复读者袁承昌的信，全文扣留。五十多年后，在编选《韬奋全集》时，编选者在南京中国第二历史档案馆的国民党档案里，发现当年被扣的一组韬奋的文章，使之得以重见天日。本文是其中的一篇。）

学习与读书

本港程明先生：

（一）学习的根据有二种：一种是根据你在工作上的需要，选习在这方面所需要的知识；还有一种是根据你自己所爱好的科目或所爱好研究的问题，就这方面的范围，搜集研究的材料。

（二）你为你们的厂里的一个团体所出的月刊的干事，感到材料缺乏，又不知用什么做主要材料。这要看这个月刊的宗旨，根据宗旨选用主要的材料。如果这个月刊是为促进同人修养而存在的，便可从同人修养上的有益材料着手。如果这个月刊是为着增加同人技能而存在的，你可从同人工作上所需要的实际材料着手。稿件缺乏，最好设法鼓励厂内同人投稿，或在同人中选得若干比较对此事有兴趣而又比较善于写作的人，组成编辑委员会，按期分配稿件，比一个人独撑，也许较有办法。此外如需要厂外的投稿，你也可以就友人中留意可以帮忙写作的人，加以特约。

（三）你的书架上已放满了书，不知从那篇着手看起，大有鱼与熊掌排列满前而不知从何着筷之感。这问题比较容易解决，要用一双筷子同时夹鱼与熊掌，很困难，不妨先吃鱼而后吃熊掌，或先吃熊掌而后吃鱼，孟老夫子对于鱼与熊掌所以感到困难，是二者不可得兼，顾此失彼，你既得兼，只是先后问题，选你最喜欢吃的先吃就行。倘若你都一样地喜吃，也可以随便先吃任何一样，反正你都可以吃到的，略有先后，并不妨事。

（原载 1941 年 10 月 4 日香港《大众生活》新 21 号，署名韬。）

初中学生怎样读书

菲律宾许初愿、许符诗、程龙狮、龚思静诸先生：

你们想在校里组织读书会，同时每个人也经常阅读课外各种进步的书籍，询问我们读书的方法。读书会的组织比较简单，办法却须根据实际需要，须以能使参加的同学都能得到实际的益处为前提。我们想，依你们的情形，关于书报方面的种类，大概可分为三大类：一类是课程以内的书；一类是与课程有关的参考书；还有一类是与知识有关而与课程不一定有直接关系的书。第一类是你们所读的教科书或听讲笔记；在你们出了课堂之外，也许仍然有一部分不大清楚，那末可请会员（指读书会）中比较高明的，就所提出的疑问，解释给大家听；或由大家就所提出的疑问加以讨论，得到明确的结论；如经过大家讨论仍得不到要领，可推出代表去询问有关的教师。这种有关课程内容的释疑解惑，可以协助同学的研究，解决他们的困难，必为同学所欢迎。

第二类是与课程有关的参考书，教科书的内容总是有限的，仅仅看了教科书的材料，对于所研究的课题，也许还未能十分清楚或充分，如能根据重要科目的需要，搜集补充的材料，在读书会中提出研究，对于同学的知识，必有很大的裨益。

第三类是与知识有关而与课程不一定有直接关系的书。前两类的书可以根据你们校里课程的内容，加以酌定，第三类的书却须另有根据。大概说来，一须根据你们会员的一般的兴趣；二须根据你们会员一般的知识水准（即容纳的力量）；三须根据配合当前时代的需要。由这三点的考虑，决定你们每时期内所要研究的部门。例如国际问题（这里面还可以分门别类），民主运动问题（这里面也有种种问题可以分成研究的部门），或其他大家喜欢研究，能够研究，以及和时代不是不相干的知识。你们都在初中求学，在开始时最好不要选阅艰深的书，免把同学吓退，或至少要减少他们的兴趣。

以上三类书的多寡分配，都须根据你们实际的需要（可由集体讨论决定）。倘若你们觉得大家对于课程内的书已懂得清楚，无须多费时间，第一类的书便可取消（即不必在读书会中再加解释或讨论），由此可以多费一些时间于第二类及第三类的书。假使课外的时间很有限，仍难于兼顾，那末第二类及第三类的书也没有同时都有的必要，可先选定其中的一类，着手进行。

决定了书的种类之后，其次是决定适当的书本或杂志，再次决定如何分配阅读，例如第一次约定各人读某书的第一章，指定开会时何人提出大概的报告，再由各人提出问题来讨论，由主席归纳成结论（开会时当然亦须有主席，临时公推，或依次轮流，或固定推好的干事之类，都可以斟酌情形办理）。如校中有良师，可以酌请他做顾问，关于选择书本或其他有关研究的问题，可以得到他的指教。倘有特殊问题需要他出席时，偶尔也可以请请他。此外，如校外有你们所敬重的学者，也可以每隔几时请一位来谈谈，把你们平日所怀疑而不能充分解释的问题，汇集起来请他“扫荡”一番。

读书方法，各部门有各部门应注意之点，非简复所能尽，上面不过揣想你们开办读书会时的需要，略作贡献，以后如有具体的困难问题，尽量写信来，我们当尽所知奉告。有必要时，我们也可以代为请教专家解答。

（原载 1941 年 11 月 8 日香港《大众生活》新 26 号，署名韬。）

第三辑

散文游记

自1933年7月至1935年6月，韬奋先生因遭受反动当局迫害，辗转流亡海外，在欧美度过了近两年的流亡、考察、学习生活，写下了《萍踪寄语》初集、二集、三集，发回国内发表。这些散文游记因内容鲜活、观察深入、描写生动、语言亲切流畅，单篇作品甫在《生活》周刊上发表，即受到许多读者的追捧，结集单行本即成为当时的热销图书。1936年11月，韬奋先生因“七君子”爱国事件入狱，在狱中，他又完成了《萍踪忆语》的写作，于1937年8月出狱后即予出版。此书受到诸多赞誉，被周恩来同志称赞为对美国社会考察的最好的读物。本辑即从《萍踪寄语》初集、二集、三集和《萍踪忆语》共选录29篇。限于篇幅，选录的散文游记作品对文学性有所侧重，对一些社会考察研究性文章则只好有所舍弃，这是需要予以说明的。

本书专辑选收韬奋先生的散文游记，目的在于展示这位优秀散文作家的文学成就。在新旧世纪交替之际，人民文学出版社曾邀约国内著名文学专家评选“百年百种优秀中国文学图书”，《萍踪忆语》一书即受到评委们的高度评价，高票入选。该书由作家出版社在“百年百种优秀中国文学图书”丛书中出版，受到新世纪读者的欢迎。

就好的意义说，这不能说他们没有冒险的精神，更不能说他们没有忍苦耐劳的精神，但是有这样的精神而却始终不免于“犬马”的地位，这里面的根本原因何在，实在值得我们的深刻的思考。

到香港以后

记者于七月十六日下午一点钟到香港，离上海八百五十九哩了。佛尔第号湾泊该埠五小时。记者到后就和同行的张君及同房的周王诸君共同上岸，船泊九龙，经渡轮才于数分钟后达香港。闻渡轮系港政府所经营，船极整洁，上轮及下轮的站上，搭客出入，都有隔开的途径往返，各不相混，秩序井然，售票入口处系用齿轮机拦住，每次仅限一人经过，付港币一角，机即开放一次（此种齿轮机，上海公共汽车已有采用的），毫无拥挤的弊病。此等处可见管理法的重要，管理法周密，公共秩序亦随之而增进。在这种组织下，搭客虽欲不守秩序而不可得。

张君到过香港三次，我们就请他做向导。他领着我们前进，向“德辅道”上跑（最热闹的一条马路，等于上海的南京路，但不及南京路的广阔）。我们的第一件事是要兑换港币备用。我们里面有一个拿出一张一镑的金镑票，向一个小钱庄兑换，张君已瞥见该店柜旁排着一叠纸，上面有个行情表，注明当日每镑可换港币十四圆余，而该店伙计参看该表后，对我们这几个人瞥了一眼，大概看出了我们这几个是外路来的阿木林，微微一笑，计上心来，便故意滴滴搭搭，把算盘打成了十三圆余，他不料我们里面这位张先生却已眼快，看见了行情表，但虽提出抗议，这位伙计仁兄却置之不理，我们便踉踉跄跄地跑到别家去了。

路上的男子除少数穿着西装外，多数都是穿广东式的短装，长衫很少，和在上海虹口一带所看见的气象差不多。女子的装束，有一部分是广东式的阔裤管，短衫；也可时常遇着摩登女子，穿着佐治纱的旗袍，赤着两条玉腿，耸着一对乳峰，苗条袅娜地过市。

香港是个山岛，我们久听见的是上山的电车，这天便去乘到山上去。电车比上海的大一半。座位横排，像二等火车里的横座一样，不过一边坐三人，一边坐两人，中留行道。车里也很整洁，轨道当中有一根钢条，有三个大拇指粗，山路峻峭，电车上下就靠机械的效用，被这根钢条拉上去。最斜直的时候，坐在车里几如悬空坐在墙上，非用手拉住椅旁，有倒悬之虞。科学化的机械效用，可谓无奇不有，这不过是小焉者的一端罢了。

香港有一特点，即寻不出一所中国式的屋子，屋子总是三四层或四五层的洋房，这不是说没有穷人，每所四五层的破烂洋房里住满了无数家的穷户，衣物杂件堆满了楼上临街的走廊或露台，再穷得无家可归的，便在夜里睡满了马路两旁的行人道上（香港马路旁的行人道，上面都有盖，可不受雨淋）。

乘电车到了山上后，气候温和，空气极佳，大家立刻感到呼吸后身体上的舒适，好像正在浴后全身轻松了许多。山上有宏丽讲究的旅馆，我所看见在该旅馆大门出出进进的都是碧眼儿，我国的豪绅和军阀官僚们在山上东一座洋房西一座别墅的亦所在皆是。这和马路旁的人行道上夜里睡满了的人们比较，当然是别一世界。

香港全岛面积约三十方哩，做英帝国主义的殖民地已有九十年的历史了。全岛人口约八十五万人，华人约占八十万人，英人约占一万四千人，以八十万的华人，却受统治于一万四千的英人的势力之下！

我做事向来谨慎，有的朋友怪我太谨慎了，但此次却遇着殊堪发噱的一位谨慎朋友，那就是一同上岸的那位王君。我们的船预定泊五小时，六点钟开。我们一点钟上岸，王君一上岸就惴惴然怕船开，每过几分钟即念念不忘；到了三点钟，他实在怕得不了，先独自一人赶回船上去了！

我们跑了不少的路，看了不少的地方，五点半钟回到船上，王君正在码头上替我们忧急着！

这只船到香港，去了一批搭客，又来了一批新搭客。旅行经验丰富的雷宾南先生便在香港握别，准备到广州去，我们很怅然地少了一位快谈的旅伴。那位娶了一位如花美眷的比利时女子的麻子先生，也不再在船上了，我们失了看热闹的爱的活剧的眼福。广东母亲和一个英国人合作所出产的几个健强的男女青年也去了。但在男女新搭客中却来了一群二十几个健强活泼的男青年，和一个轻盈妩媚的妙龄女郎。这二十几个青年是广州岭南大学的学生，因替该校体育馆筹款，结队赴新加坡作足球，排球，及篮球等运动的比赛。据说海外华侨虽受经济恐慌的影响，但对于运动仍很热烈，对于运动比赛的购票参观，仍然是很踊跃的。那位女郎是一位岭南大学的毕业同学的夫人，正作蜜月旅行，随她的丈夫一同到新加坡去的。

这班青年的体格大多数都是很健全的，这大概是因为他们是全校里在体育上比较上选的。他们尤其令我注意的是那样活泼快乐的精神。这班未出校门不知世故的天真孩子们，当然快乐，我只希望他们能从这快乐的精神中生出勇气来替社会干一番有益大众的事业，倘盲目着以为尽有无限的安闲的日子可过，不了解这时代剧变之将到来，那就大错了。此外还有一可注意之点，即他们的男女交际都很自然，就是那位妙龄女郎，在诸同学中周旋谈笑着，也落落大方，很自然。

十六日午后在我们的甲板一边角上，用厚木板隔成了一个游泳池，里面用厚帆布作壁和底，好像一个长方形的大水袋，池长二十几尺，宽十几尺，深约七八尺，用大龙头灌入海水。搭客中既到了一批运动员，所以当天下午就有我国的十几个青年跃入池里作种种的表演。有一个外国女大块头，也换了游泳衣加入凑热闹，大概因为池小人多，她的大块头运转不大灵便，所以转了几转，就爬上来。今天上午有个德国籍的家庭——一个也是大块头的五十来岁的母亲，两个十三四岁和十六七岁的女儿，两个七八岁和八九岁的小儿子——统统换了游泳衣钻入池里去大泳而特泳，只母亲老态中有些颟顸，其余的男女小孩都极健美可爱，尤可注意的是那位老母亲和那两个小把戏，这当然是他们从小就有利于养成这样习惯的环境。像我们的乡间的孩子，也很容易地有这样的能力，不过妇女却似乎很少了。

搭客的女子中有个四十来岁的外国大块头，那真是大——她的臀部至少有三尺多宽，所奇的是她带着这样的一个笨重的家伙，走起路来却飞快，并且居然也换着游泳衣，一团高兴地带着那样一个颟顸无比的躯体，跟入池里去表演。当她穿着游泳衣走过时，甲板上的左右观客都举行注目礼，她却行所无事地干她的。

昨天风浪略大，我还能勉强用膳，惟终日躺在甲板的藤椅上，今天上午风浪更大，几乎作呕，胸部也颇难过，吃了一粒晕船药，膳食的吃量减半，午后好些，后天要到新加坡了，有人说明天也许还有大浪，我不得不赶写这篇通讯，以便到新加坡时付寄。我会晕船，这真是一个大缺憾，因此我不觉得海行的快乐，希望早些登岸。

廿二，七，十八，下午，

佛尔第船上。自新加坡寄。

（原载1933年8月19日《生活》周刊第8卷第33期，署名韬奋。）

在船上的《生活》同志

记者在船上所填的英文名字不用“韬奋”两字的译音，上船后，船当局印发很讲究的搭客名单，看的人也只见着我的英文名字。但因同行中有一两位朋友是知道我干什么的，所以偶由辗转听到而特来和我晤叙的本刊读者，截至我提笔作这篇通讯时，竟出于我意料之外的有十余人之多。我们互道来历后，便很痛快的畅谈，立刻成了亲密的好友，这是使我最愉快的一件事情。他们对于本刊关心的诚挚，实在可感，问我身边带了有没有最近的《生活》，我临行时只带了当时最近出版的一份第八卷第二十八期，他们欣然索去传观，看到最后还给我时，纸角都卷了起来。

谈得尤其诚恳的有位江善敬君，他是国立暨南大学外交系的毕业生，现在母校服务，为人温和热诚，善气迎人。他说久想见我，不料在船上无意中遇着。他原是华侨，家在南洋的勿里洞，出来九年了，这次才回家去省亲，少年英俊，体格极好，他在校时原是一位运动健将，尤擅长足球。学校里的运动员大都只知道运动，置学识思想于脑后，而江君体格既好，又能注意到学识思想方面，一扫畸形发展的积习，殊可爱重。他并具有歌唱天才，在甲板上临风引吭高歌，激昂悠扬，令人意远。可惜我们同船到新加坡便须分别了。

江君说自本刊出版以来，他没有一期漏掉，每次还有本乡亲友托他在沪转寄数份，并说许多青年对于本刊的热望，我说本刊本身没有什么固有的力量，如诸同志认为不无价值，便是由于始终不背叛大众的意志罢了。倘认为不无一点力量，这仍是大众的力量。他极力劝我有机会时到南洋去看看侨胞的状况，不过说南洋的当局对中国从事文化事业的人异常畏忌，如去最好充作商人。记者在国内时，有朋友对我说，如去汉口一带，声明是商人，便检查得不厉害，如说是教员或学生，便检查得异常的烦苛，可谓“英雄所见略同”吧！知此诀窍的教育界中人，赴汉口一带时，为避免麻烦计，最好都在嘴巴上一变而为商界。

（以上十八日下午写）

船上有位黄伯权君，也是本刊的一位热心读者，无意中知道了记者也在船上，特来和我作一番长谈，他说在二十六期的本刊上看了《本刊今后编辑上的改革》一文后，知道我有新计划，但却未想到我突然有赴欧之行。黄君原亦华侨，年似五十左右，须发已斑白，身体魁梧健康，精神饱满；常旅行于南洋及国内各要埠，旅行经验很富，认旅行为增加知识经验的最好的一法。他说往各处广游后的见解，和不大出门时的见解根本改变；甚至一下船后，因见闻的新异，思想即有改变。所以他对记者此次远行，极表赞同。黄君初见记者时，表示惊异，据说惊异我比他想象中的年青，很殷勤地劝我在外多住几时，多多吸收新印象，多多研究新事物。他此次是由香港登轮赴新加坡的，我问他香港的工商业现状，他说和上海患一样的毛病，即内地乡村破产，资金集中香港，同时因城市的工商业不景气，金融停滞，同陷困境。此外黄君谈及南洋一带侨胞情况颇详，谓最大的危险为受世界经济恐慌的影响，侨胞失业大问题，现虽无确实的详细统计，但据他所知道，从前国人由厦门、汕头、香港等埠赴西洋移殖的每只船总乘得满满的，最近则出去的船上至多仅有一二百人，而由南洋一带装运回国的侨胞，一只船上往往有二三千人，回到破产的乡村或不景气的城市，都有问题，每月有几只船的往返，这种每况愈下的危象就很可怕了。

关于南洋侨胞的近况，船上有位本刊的读者C君在南洋十几年，谈得声泪俱下，因他还要到南洋去服务，为避免他也许要因我发表他的谈话而受到牵累，所以把他的姓名省却，把一定的地址也省却，只略述他所谈的事实，他说南洋群岛的统治者——尤其是荷兰——在文化及思想等等方面的压迫侨胞，苛刻达于极点，学校中教授青年不许提起“提倡国货”，因为他们认为提倡国货即等于抵制外货；连“尽国民的天职”的话语都不许有，因为他们认为中国人而能“尽国民的天职”，便是排外！什么抗日，什么国难，那更提都不必提了。在九一八后，有某岛某市的中国青年若干人（记者按：原有一定数目，现为掩护发言人起见省去）暗中在侨胞里面作国难及对日经济抵制的宣传，被当道全数捕去，虽未有证据，也拘囚起来，虽经当地中国商会及殷实商人力保，都不准，当道的答复很简单，只说这是中日问题，要关到中日问题解决之后，才许开审裁判。做中国人有何法想！就只得白白地受着拘囚，尝着铁窗风味！说也可笑，后来到了一·二八，十九路军在淞沪抗日血战的捷报传播遐迩，该市的中外新闻纸上连登着四天的十九路军的捷电，荷当道对他们素所轻视的中国人居然忽改态度，刮目相待，立即把所拘囚的中国青年由狱里提出审判，除两人仍被判决驱逐出境外，其余都判决无罪开释。谁知道抗日义军的威名竟间接能使海外若干青年得免无辜缧绁之苦！现在是我们“和外”的时代了，海外帝国主义者对于我们侨胞的待遇当然也恢复了原状。

据说侨胞现在所受的经济打击，重要的有两件事：一件是受世界经济恐慌的影响，还有一件是日本的积极猛厉的南侵。关于第一件事，大家容易明白。关于第二件事，有略加说明的必要。在九一八以前，日货在南洋销数占全部入口货百分之四十，在九一八以后，因我们侨胞的抵制，日货在南洋销数反而增加了一倍，占了百分之八十！原来在九一八以前，日货多由华侨批发，转售与土人，后来华侨抵制很严，日人就自己派人直接到南洋推销，并得到日政府的津贴和卫护，土人更为欢迎，遂一跃而增加一倍的销路。华侨原来居间批发，还有余利可得，这样一来，全部抛弃，而祖国又没有代用品可用，他们的日用品乃不得不勉力购买价格特昂的欧货，处处吃亏！日人在南洋报上大胆宣言，说十年后必能将华侨完全打尽！

我国即有国货运往南洋，也绝对不能和该处的日货竞争，因日人一发现有某种中国货流行，他们即得到日政府的津贴，造出同样或更好的货品，大减价出售，土人当然欢迎价廉物美的货物，使中国货无立足余地。一年打不倒，两年；两年打不倒，三年。毫无后盾的中国货，没有不被打得落花流水的。侨胞也都知道了我国现在是积极进行"和外"的政策，惟有吞声饮泣而已。

某君谈完海外侨胞种种受人凌辱的苦况后，与记者相对唏嘘者久之。

廿二，七，十九，上午，

佛尔第船上。自新加坡寄。

（原载 1933 年 8 月 26 日《生活》周刊第 8 卷第 34 期，署名韬奋。）

到新加坡

新加坡地势作椭圆形，处于马来半岛的极南，东西广约二十七哩，南北长约十四哩，面积二百十七方哩，为南洋群岛的枢纽，欧亚航运的中心，华人最初到该岛的约在二百年前，但距今一百零九年前（一八二四年）该岛的统治权却为英所占有。百余年前满目荒凉，遍地荆棘，数十年来才日趋繁荣，一跃而为世界第九的著名商埠。（近来的经济恐慌，随着旧制度总崩溃中的情形，见下节一文。）该岛居民民族混杂，好像各民族的标本陈列所似的，我们的船一到码头，即可瞥见各种各色的面孔，有白的，有黄的，有棕色的，有一团漆黑的。民族种别可分为中国人，欧洲人，马来人，印度人，混种人及其他。华人中以福建广东人为最多，约占全数十分之九。欧洲人以英人为最多；美，法，德，意等次之。此外如印人，亚拉伯人，犹太人，暹罗人，爪哇人，安南人，日本人，为数也很多。据一九三一年的调查，人口总数约六十万人，欧人近万，华人竟有四十万人左右，约占全部人口三分之二。位置离赤道仅九十英里，故全年皆夏，但据记者上岸后所感觉，还不及上海最热时候的那样热，入夜则海风习习，更为凉爽了。

佛尔第号二十日上午七点钟就靠了岸，因须由移民厅派员来验护照，所以等到九点半才得上岸。仅上岸游览而不打算居住的搭客，可不必验看护照，但仍须等到其他的护照全部验毕后才许上岸，船旁吊梯上立有两个穿着像水兵制服的一黄一白的人物立着，在护照未验毕以前，一概不许上下。所以到码头上迎接亲友的有数十人，也只得呆立着等候两三小时之久，船上搭客和码头上的亲友虽望见了，还是可望而不可即。英国人办事虽呆板，但秩序却很好。岸上等着迎接亲友的人们，有一对中年的广东男女，船上有人认识他们的，说是夫妇，丈夫是个特别魁梧肥胖的大汉，立在他身旁的妻子却是比他矮得两尺多的渺小清瘦的女子。新俗夫妇往往挽臂并肩而行，像这个妻子，恐怕就只得挽着她丈夫的大腿，把肩并着他的腹部而行了。

记者在船上无意中遇着厦门的中国银行经理黄伯权君，上次通讯里已提及，他到新加坡时有人来接他，我们旅行到各处时，最好在岸上有熟人照料引导，记者承他的介绍，由华侨银行的邵君陪伴着我们九个人参观了半天。我同房间的有三个人，加上一个张心一君，一个赴德学医的郭君(同房间的周洪熙君也是赴德学医的)，一个赴德学工程的李君，一个赴意大利学医的俄人，连邵君共九人，雇了两辆汽车，先到华侨银行参观，然后出发畅游全市。我们先看博物院，有热带的飞禽走兽的标本，最大的有鳄鱼，巨虎，毒蛇等等，有往昔土人和毒蛇猛兽斗争的种种器械，每物上都有卡片印着英文的说明，令人想见本岛在未开发前的种种恐怖状况，此外关于土人的习惯风俗，亦有颇多的陈列，这样的博物院很能增加我们研究历史的兴趣。马来人旧俗以头额生得扁扁的为最美，故从小即用人工把头额压扁，博物院中亦有一很大的模型，是一个马来种的母亲把一个厚厚的铁条缚在她的婴儿的额前，注视着希望他的头额能赶快的扁起来！憨态可掬，愚尤不可及，但天地间类乎这样愚不可及的事情还多着哩。

新加坡除沿海边的几条市街外，郊野的风景很美丽，平坦整洁的马路，两旁娇红艳绿，花草极盛，在绿荫中时时涌现着玲珑宏丽的洋房，我们坐在车里驶过时，左顾右盼，赏心悦目，好像“羽化而登仙”了似的！但美是美了，却因市面的不景气，经济恐慌一天紧张一天，有许多好房子空着，没有人住。

尤美的还有植物园，面积广阔，路径平坦而曲折，汽车可直通无阻，这里面的鲜花奇草，更是目不暇接，树荫蓊郁，翠绿欲滴，有一处小猴随处跳跃，猴身高仅尺许，毛极细润清洁，不避人，亦无任何拘束，啖以香蕉，即当人前饱吃一顿，吃后缘树急爬而上，轻捷如履平地。

午时我们仍回到华侨银行，略事休息后，团体拆散，各自随意游览，因佛尔第号下午五点钟才开。记者便偕同张心一和周洪熙两君另成一组，先陪周君往天南酒楼去寻访一位朋友，无意中和该处一位侨胞有一番值得记述的谈话。下午踯躅道旁，正在迷途中不知如何回到船上的时候，忽遇着《星洲日报》一位在上午到船上遍寻我不得的记者黄汝德君，这都是意外的事情，当在另文记述之。

廿二，七，廿一，上午，

佛尔第号船上。由哥伦坡发。

（原载1933年9月2日《生活》周刊第8卷第35期，署名韬奋。）

侨胞的愤慨

记者于七月二十日到新加坡后的大概情形，在上文中已略有谈及，现在请再补述一些。

那天中午我们一群八人回到华侨银行后，即分散自由游览或访友，记者便和张君心一陪伴周君洪熙同往天南酒楼访友，刚巧那位朋友出去了，周君乘黄包车赴附近兑换零钱，我和张君便暂在这个旅馆里的厅上坐着等候。我们在街上看见有许多店门关闭，已可概见商业的萧条，举眼看看这个旅馆里的住客名牌上，又见房间只有一半住满，其余的一半都空着，又想到市面的不景气，便和厅上一位看上去似管事人模样的某君谈起话来。我们先问他生意如何？他就短叹长吁的摇着头，说市面一天不如一天，最近全市关闭了的店户或住宅约有五千家之多了，证以记者沿途所见，他的话确是实情。记者问起侨胞生计的近况，他更感喟不置，说两三年来，南洋英属各地侨胞因失业而被驱逐回国者有十余万人，荷属各地侨胞因同样原因而被驱逐回国者亦有十余万人，新加坡一地即达四五万人，因此类侨胞多属工人，工厂停歇，失业者动辄数千人，当局深恐妨碍治安，故勒令回国。其中亦有因生计无法维持，由同乡各人你捐十圆，我捐五圆，凑成川资，自动回国，其实他们回国后也没有办法，前途茫茫，不知何处容身！

张君问他在此处的侨胞看不看国内的报纸，他说只看本地的报纸，又问他关于国内的定期刊物，侨胞喜看的是那几种，他提出《生活》周刊，说他自己也常看，侨胞看的很多，我问他为什么喜看，他说侨胞们觉得《生活》上所说的话是侨胞心里所要说的，记者听了唯有暗中惭愧，但既知道他是本刊的一位热心读者，便请教他的尊姓大名，才知道他姓李名恒亮，广东惠州人，原在荷属南洋营商，因商业不景气，不能维持，于九月前才到这个他的弟弟所开的旅馆里帮忙。他说他的祖父就到南洋，所以三代都是侨商，他自己并未曾见过祖国是个什么样子，但因侨胞在国外处处感到切肤之痛，他希望祖国争气的心也异常的殷切。谈到这里，他对国事愤慨极了，切齿握拳，声色俱厉，说侨胞们以一片赤诚对祖国主持国事的人，现在所干的是什么，做了什么成绩来给民众看！嘴巴上说得多好听！××主义，××宪法！结果造成若干搜括无遗的暴发户！民国十五年国民军北伐时代，荷属当局骇汗相告，说这一次中国的革命青年真要成功了，对侨胞的态度立刻转变，但是到了宁汉分裂，闹得每况愈下之后，外人又觉得纸老虎拆穿了，故态复萌，如火如荼的侨胞热望尽付流水！

李君说这是侨胞一致的愤慨，不仅他个人的意见。他说后切齿痛恨，大有怒发冲冠的神气！张君和我都为之悚然。

李君很坦然地说他自己不过小学毕业，没有什么学问，但是非之心和侨胞的公意，他是很明白的。我安慰他说：自命“学问”愈深的人，自私自利的观念也愈厉害，巧取豪夺的技巧也愈高明，献媚于帝国主义与军阀官僚而犹自鸣得意，自己反然认为“负责”的，都是“学问”号称渊博的人们！今后中国的一线希望，就系在天真朴实敢作敢为的大众！并极力安慰他，叫他不要过于悲观，大众的伟大力量是终要起来的，我们只须认清途径向前努力就是了。

我们听了李君的话——他说这也是海外侨胞的公意——还有一个似乎平易无奇而实为异常重要的教训，那就是：要获得民众信仰的任何政府，决不能靠宣言或通电上的花言巧语，更决不能靠欺骗民众或压迫民众的任何高妙手段，唯一的方法就只有做出实际有益大众的具体工作来。

李君谈话中提起张学良，说得怪有趣，说当他出国经过南洋时，侨胞所得的感想是不抵抗主义的张学良，在国外去用什么面孔去见人！据李君所听说，张氏到孟买时，曾请人代达甘地，表示要见一见甘地，被甘地严辞拒绝。这个新闻，记者在国内时却未有所闻，如李君所说的果确，大概是甘地还未愿意收纳我们中国的这位"高足"吧！

记者最后和李君分别时，才说明我是由生活周刊社来的，并以共同努力相勖，他很高兴，很诚恳地和我们握手告别。周君的朋友虽未访着，但记者却于无意中遇着这样一位能很诚实地将侨胞衷曲告诉我的朋友，可谓幸事。

我们三个人同在一个广东菜馆里吃了一顿简单合口的午餐后，便往各马路上买些零物，越跑越远，不知归路，问路也没有人知道意轮停泊的码头，上面却有火伞似的太阳很难堪地笼罩着，要雇车吧，车夫也都不懂我们的话。这一群"迷途的羔羊"正在徬徨歧途，不知所措，向前踉跄着瞎闯着的当儿，瞥见民国日报馆的招牌，认为这也许是可以问出结果的地方，便向着这方面跑，刚巧该馆门口有两位穿西装的青年正在谈话，我们便迎上去问意轮的码头，有一位不知怎的会问起我们里面"有没有韬奋先生在内?"张周两君即连忙答说有，记者很诧异，问明原由，才知道这位是《星洲日报》记者黄汝德君，他说那天上午佛尔第号船上有一位《生活》的女读者来新加坡任某校教员的(这位读者在船上时未来见我，所以记者还不知道，)上岸后告诉他说记者此次也乘该轮赴欧，他就跑到船上遍觅不得，正在寻访中，他不知道我正在做一只“迷途的羔羊”。当然，我们好像得到了一个救星，承黄君很殷勤地邀我们同往该馆参观，蒙该报经理林霭民君和总编辑傅无闷君热诚招待，我们在口渴脑胀后喝了几杯如获至宝的冰冻橘子水。《星洲日报》虽仅开办了四年，已为新加坡最有声誉的日报，每日出晨报晚报两种，销数共近三万份。傅君历任南洋各报主笔者二十余年，极富经验，林君一望而知他是一位精明干练热诚勤奋的人才，该报有他们两位合作主持，又有不少得力同事和衷共济，该报之蒸蒸日上，规模日宏，实意中事。我们并承林君亲自陪乘汽车送到船上，盛意可感，我们这一群迷途羔羊的困难问题竟得于无意中解决了。

傅林两君对于侨胞的经济危机和侨胞对于国事的种种失望，也有很详细的谈话。新加坡最大出产为树胶，从前价格最高时每磅到过三圆，后来价格最低时，每磅价格跌到五分，其差异实可惊人，破产失业者因此累累。至侨胞对于国事的失望和愤慨，所言尤足为李君所说的话的佐证。

廿二，七，廿一，下午，
佛尔第号船上。自哥伦坡发。

（原载 1933 年 9 月 9 日《生活》周刊第 8 卷第 36 期，署名韬奋。）

船上的民族意识

记者前天（二十一日）上午写《到新加坡》那篇通讯时，不是一开始就说了一段风平浪静的境界吗？昨天起开始渡过印度洋，风浪大起来了，船身好像一蹲一纵地向前迈进，坐在吸烟室里就好像天翻地覆似的，忍不住了，跑到甲板上躺在藤椅里不敢动，一上一下地好像腾云驾雾，头部脑部都在作怪，昨天全日只吃了面包半块，做了一天的废人，苦不堪言。今天上午风浪仍大，中午好了一些，我勉强吃了一部分的中餐，下午吸烟室里仍不能坐，写此文的时候，是靠在甲板上的藤椅里，把皮包放在腿上当桌子用，在狂涛怒浪中缓缓地写着，因明日到哥伦坡待寄，而且听说地中海的风浪还要大，也许到那时，通讯不得不暂搁一下。

船自新加坡开行后，搭客中的中国人就只剩了七个，一团漆黑的朋友上来了十几个（印度人），他们里面的妇女们手上戴了许多金镯，身上挂了不少金链，还要在鼻孔外面的凹处嵌上一粒金制的装饰品，鼻子上那一个窟窿就不知道是怎么挖成的！此外都是黄毛的碧眼儿。有一个嫁给中国人的荷兰女子，对于中国人表示特别好感，特别喜欢和中国人攀谈。

同行中有一位李君自己带有一个帆布的靠椅，预备在甲板上自己用的，椅上用墨写明了他的中西文的姓名以作标志。前天下午他好端端地舒舒服服地躺在上面，忽然来个大块头外国老太婆，一定要把他赶开，说这个椅是她的。李君把椅上写明的姓名给她看，她不肯服，说他偷了她的椅子，有意写上自己的姓名！于是引起几个中国人的公愤，我们里面有位甲君（代用的）尤其愤激，说"中国人都是做贼的吗？这样的欺侮中国人，我们都不必在国外做人了！这还了得！"我看他那一副握拳擦掌切齿怒目的神气，好像就要打人似的。还有一位乙君持极端相反的意见，他说："中国人出门就准备着吃亏的。"又说："自己不行（指中国），有何话说！"他主张不必认真计较。当时我刚在吸烟室里写文章，他们都仓皇地跑进来告诉我，我说老太婆如不讲理，可将情形告诉船上的管事人（Steward），倘若她自己也带了一张椅子，因找不到而误认的话，便可叫管事人替她找出来，便明白了。后来果然找到了她自己的椅子，对李君道歉，而且觉得很难为情。听说她原有几分神经病，甲君仍怒不可遏，说不管有没有神经病，总是欺侮中国人，于是他仍旧狠狠地热血沸腾地对着这个老太婆加了一番教训，并在背后愤愤地大说乙君的闲话。

中国人到国外易于被人凌辱，却是一件无可为讳的事实，理由很简单，无非是国内军阀官僚们闹得太不像样，国际上处处给人轻视，不但大事吃亏，就是关于在国外的个人的琐屑小事，也不免受到影响。例如船上备有浴室，如遇着是中国人正在里面洗浴，来了一个也要洗浴的西人，往往打门很急，逼着速让，那种无理取闹的举动，虽限于少数的"死硬"（Die-hard）派，无非含有轻视中国人的意味。

不过有的时候也有自己错了而出于神经过敏的地方。此次同行中有一位"同胞"（赴外国经商的）说话的声音特别的响亮，极平常的话，他都要于大庭广众前大声疾呼。除登台演说外，和一二人或少数人谈话原不必那样卖力，但是这位仁兄不知怎样成了习惯，不开口则已，一开口就非雷鸣不可。这当然易于惹人厌恶，我曾于无人处很和婉地提醒他，请他注意，他"愿安承教"了，但过了一天，故态复萌。有一夜他在房里又哗啦哗啦起来，被对房睡了觉爬起来的一个德国人跑过来办交涉。他事后愤然的说，在自己房里说说话有什么犯法，他觉得这又是选定中国人欺侮了！

自九一八中国暴露了许多逃官逃将以来，虽有马占山部及十九路军的昙花一现的暂时的振作，西报上遇有关于中国的漫画，不是画着一个颟顸大汉匍匐呻吟于雄赳赳的日军阀枪刺之下，便是画着前面有一个拖着辫子的中国人拚命狂奔，后面一个日本兵拿着枪大踏步赶着，这样的印象，怎能引起什么人的敬重？至于外国人中的"死硬"派，那更不消说了。这都是"和外"的妙策遗下的好现象！

到国外每遇着侨胞谈话，他们深痛于祖国的不振作，在外随时随地受着他族的凌辱蹂躏，呼吁无门，所表示的民族意识也特别的坚强，就是屡在国外旅行的雷宾南先生，此次在船上的时候和记者长谈，也对此点再三的注重，可见他所受到的刺激也是很深刻的。我说各殖民地的民族革命，也是促成帝国主义加速崩溃的一件事，不过一个民族中的帝国主义的附属物不铲除，为虎作伥者肆无忌惮，民族解放又何从说起呢？这却成为一个先决问题了。

廿二，七，廿三，

佛尔第号船上。自哥伦坡发。

（原载1933年9月16日《生活》周刊第8卷第37期，署名韬奋。）

月下中流——经苏彝士河

我们原定办法，由意轮船公司招待搭客往埃及首都开罗游览，愿去的每人缴费六镑半，汽车火车及午晚餐食等在内，三日上午由苏彝士城出发，可于当晚十点钟到波赛（Port Said）上原船继续前行。六镑半合华币在百圆左右，为数不能算小，但同行的好几位都觉得机会难得，不愿错过，我也觉得在小学时读历史，就看到书本上画着埃及金字塔和人首狮身（Sphinx）的像，虽行囊悭涩，到此也硬着头皮随众报名缴费，满心以为四千年的胜迹即在目前，不料二日下午得到取消的消息，虽省了百圆，却感到无限的失望和惆怅，也许此生就永远没有第二次的机会，因为我回国时想走陆路。

八月三日下午六点钟船到苏彝士城，仅停一小时，不靠岸，有几只送客登轮的小火轮和几只小船泊在佛尔第号的船旁，十几个阿拉伯人爬上来兜售报纸画片及其他杂物，搭客都拥聚在甲板上购买，我也买了两打关于开罗名胜及苏彝士河的景物相片，寄给本刊。

记者此次虽很失望地未曾到开罗去游览，但三日夜里经过苏彝士河的情形，却给我以悠然意远的印象。此时一轮明月高悬，蔚蓝的青天净洁得没有丝毫的渣滓，清风吹来，爽人心脾，搭客们多聚在船头特高的甲板上远瞩纵览，只见船的两边都是一望无际的沙漠，右为亚洲，左为非洲，离船大都不过十几尺或几尺，船头前挂着两盏好像巨眼的大电灯，射出耀目的光线，使前面若干距离内的河身好像一片晶莹洁白的玉田，在狭隘的运河中特别显得庞大的船身徐徐地向前移进，假如不看前面而仅望左右，又恍若一辆奇大无比的汽车在广阔无垠的沙漠上缓缓前驶似的。这夜记者在甲板上凭栏静眺，直看到十二点钟，才进到卧室里去睡觉，在睡梦中还好像明月清风，随我左右。

沟通红海和地中海，缩短欧亚海行路线的这条苏彝士运河，经法人勒赛普斯（Ferdinand de Lesseps）和无数工人十四年的辛勤劳力，中间战胜过无数次的破坏和种种困难，才于一八六九年十一月十七日正式开幕，距记者于月夜静寂中通过此河的今日，已六十四年了。这条运河长八十八英里，阔从一百码至一百七十五码，原来估价需二万万佛郎，后来用到四万万佛郎，约等于一千四百万金镑，合现价在二万万圆以上了。一半资本在法国募得，其他一半几全为当时埃及总督赛氏（Mahommed Said）所买，后来他把股子卖给英国政府，于是英政府在管理上便握有大权了（当时赛氏赞助勒赛普斯的计划甚力，现在苏彝士河尽头的波赛，意即"赛氏港"，就是为纪念他而取名的）。

说到起意要建造苏彝士运河的，颇有趣的是要轮到法国一世之雄的拿破仑。他在一七九八年进攻埃及时，忽想到要造一个运河通红海，便任命一个工程师名叫勒伯尔（Monsier Lepere）的视察并报告研究的结果。这个工程师奉命执行了，他的报告虽承认这个计划有种种的利益，但是宣言红海和地中海的水面不平等，要在地中海沿岸筑海港是一件不可能的事情，于是作罢。不料这就隐隐中种了今日苏彝士运河的种子，在此三十七年后（一八三六年）勒赛普斯被任为亚历山大的代理领事，到该埠时，所乘的船因查疫停顿，搭客不得即行上岸，他于无聊中展阅朋友送给他的几本书，里面有一本是勒伯尔的笔记，竟引起他对建造这条运河的浓厚兴趣，终靠他百折不回的努力，造成在亚欧航行上开辟新纪元的苏彝士运河。

八月四日晨走完了苏彝士河而达到波赛，有半天的停泊，虽不靠岸，但意轮公司有小火轮运送搭客上岸及回船，也很便利，记者便和同行的张、周、郭、李诸君同上岸一游。道路很平坦广阔，房屋虽属洋房式子，而且一来就是五六层，但在前面总是用木料造成突出的一部分，好像露台似的，围满着各种花样的窗户。街上遇着的都是穿着长袍戴着和土耳其人一样的帽子的男子，妇女除极少数穿西装的以外，大多数是头披黑纱，鼻以下部分也用黑纱围着，额前还挂着一个黄色木制像小塔的装饰品垂到鼻上。这也可见该处妇女解放还在什么程度了。

我们参观了一个回教教堂，里面地上用草席铺着，正殿用绒毯铺着地，到门口时须在鞋上套着草包似的套鞋，才得进去。听说一般人民每天须到各教堂洗手洗脚祷告五次，该教堂里有个引导参观的人，对我们大讲教义，引到里面一个狭弄里的时候，向我们要钱，给一个先仙，不肯休，加一个，才了事，我们都觉得虽听他讲了些教义，却被他敲了一个竹杠！在教堂里最注目的，是那班祷告者跪在地上高举两手，用足劲儿向下拜的那副神气。我们出门时望望脚上所套着的那双草包式的套鞋，倒也觉得奇特，便用所带的摄影机拍了两张照。

我们五个人共乘着一辆马车，做了一番马路巡阅使（波赛满街马车，汽车极少），其实波赛没有什么名胜可看，原也只有几条街市供游客兜几个圈子。此外还值得一记的有两件东西：一个是巍然屹立河边的勒赛普斯的铜像，连座共高五十七尺；一个是一百八十四尺高的石造灯塔，夜里每十秒钟显露强烈白光一次，在海上二十英里距离以内都看得见。

廿二，八，五，上午。佛尔第号船上。

（原载1933年10月14日《生活》周刊第8卷第41期，署名韬奋。）

海程结束

今天(八月六日)下午两点钟佛尔第号可到意大利的布林的西(Brindisi),算是到了意大利的第一商埠,明天中午可到该国名城威尼司(Venice),那时记者离船上岸,此次近三万里的海程便告一结束了。佛尔第号定于八月十二日由意开行,九月五日可到上海,记者的这篇通讯刚巧可由这同一的船寄回上海,这也是最迅速的一法。记者此次乘这只船出去,"海程结束"的这篇通讯又可乘这只船回来,可说是无意中的怪有趣的凑巧。

在这将要离船的前一天,我想把在船上的零星观感随便地提出来谈谈。

记者过印度洋和阿拉伯海时,因遇着飓风,吃了几天大苦头,好像生了病一样,对什么都兴味索然,自从八月一日以来,尤其是昨今两天,气候温和,日霁风清,船身平稳,我的脑部治安完全恢复,又活动起来了,对船上的各种人,各种事物,冷眼旁观,也饶有趣味——船每到一埠,便有一批人离船登岸,同时又有一批人上来,好像实验室里用完了一批材料,时时有新材料加入供你放在显微镜下看看,或试验管里试试。

在船上可供你视察的,有各国各种人同时"陈列"着任你观看。

记者此次所遇着的除几个同国人外，有意大利人，德国人，英国人，美国人，法国人，奥国人，荷兰人，比利时人，印度人，乃至爪哇人，马来人等等（不过日本人一个都没有，有人说他们非本国的船不坐）。架子最大神气最足的要推英国人，他们最沉默，最富有不睬人的态度，无论是一个或是几个英国人坐在一处，使你一望就知道他们是“大英帝国的大国民”！最会敷衍的要算美国人，总是嬉皮笑脸，充满着幽默的态度。大概说起来，各国或各民族的人，或坐谈，或用膳，都喜与本国或本种人在一起，这也许是由于语言风俗习惯的关系。在孟买下船后，来了几十个印度籍的男女，大多数是天主教中人，赴罗马朝见教皇去的。他们很少和西人聚谈，有一边的甲板上全被他们坐满了，看过去就好像是印度区似的。里面有好几个“知识分子”，对记者谈起被压迫民族的苦痛，都很沉痛，每每这样说道：“我们是在同样的政治的船上啊！”（他们都是用英语和记者谈，原句是：“We are in the same political boat!”）中国在实际上不是帝国主义的殖民地吗？所以记者对他们这句话只有悲慨，没有什么反感。

谈起船上的印度人，还有一件似乎小事而实含有重要意义的事情。在二等舱里有三四个印度搭客（记者所乘的是“经济二等”，略等于他船的三等，这是非正式的二等），都是在印度的大学毕业，往英国去留学的，有的是去学医，有的是去学教育，他们里面有一个在浴室里洗浴刚才完了时，有一个英人搭客跑进来，满脸的不高兴，对着浴盆当面揶揄着说道：“牛肉茶！”（beef-tea!）[1]意思是讥消印人的龌龊，其实就是存心侮蔑他。从此这几个印人都不愿到浴室里去，但他们“饮泣吞声”的苦味可以想见了！

据记者观察所得，大概在东方有殖民地的西人，尤其是亲身到过

---

[1] 原文作“beaf-tea”，疑误。

他们在东方殖民地的西人，对东方民族贱视得愈显露。他们大概还把自己看作天人，把殖民地的土人看作蝼蚁还不如！船上有一个在印度住了二十几年的英国工程师，和记者有过一次谈话，便把印度人臭骂得一钱不值。

有从爪哇赴欧的华侨某君，谈及爪哇情形颇详。爪哇荷人约二十万人，华侨约三十万人，土人有三千五百万人，最有意思的是他说住在阔绰旅馆的荷人，每人每日生活费需二十五盾（每盾合华币二圆），而土人每日每人的生活费只需一角（十角一盾），这样，一个荷人一日的生活费竟等于二百五十个土人一日的生活费了！又据说该地政府对于入口检查最严的是知识分子和书籍，如果你是个什么大学毕业生，那就必须关在拘留所里经过一番详慎的审问查究，尤其怕得厉害的是××主义，因为三千五百万的土人如受了煽动，起来反抗，那还了得！他说最好你什么书都不带，只带一本《圣经》，那就很受欢迎！这位侨胞自称是个教徒，他这句话大概是含有赞美《圣经》的意味，但在我们看来，对于这样独受特别欢迎的《圣经》就不免感慨无穷了！

八月四日下午船由波赛开行后，忽然增加了五百左右的男女青年，年龄自八岁至二十岁，女子约占二百人。男女分开两部分安顿。青年总是活动的，在甲板上叫嚣奔跑，成群结队的乱闯着，好像无数的老鼠在“造反”，又好像泥堆上的无数蝼蚁在奔走汹涌着。原来他们都是在埃及的各学校里的意大利青年，是法西斯蒂的青年党员，同往罗马去参加该党十周年纪念的。男的都穿着黑衫，女的只穿白衫黑裙。这班男女青年的体格，大概都很健康，一队一队女的胸部都有充分发达的表现，不像我国女子还多是一块板壁似的，不过说到他们的真实信仰，却不敢说。记者曾就他们里面选几个年龄较大的男青年谈谈，有的懂法文，有的懂英文，问他们是不是法西斯蒂党员，答说是;问他们什么是法西主义,答不出;不过他们都知道说墨索利尼伟大,问他们为什么伟大,也答不出,只有一个答说因为只有墨索利尼能使意大利富强,我再问他为什么,又答不出!其实法西主义究竟是什么,就是它的老祖宗墨索利尼自己也不很了解,不能怪这班天真烂漫的青年(参看生活书店出版《时事问题丛刊》第二册的《法西主义》第七页)。

廿二,八,六,上午,

佛尔第号船上。七日到威尼司付邮。

(原载1933年10月21日《生活》周刊第8卷第42期,署名韬奋。)

威尼司

八月六日下午四点钟佛尔第号到意大利的东南海港布林的西(Brindisi),这算是记者和欧洲的最初的晤面。该埠不过因水深可泊巨轮,没有什么胜迹可看,船停仅两小时,记者和几位同行的朋友却也上岸跑了不少的路,像样的街道只有一条,其余的多是小弄,在海边上虽正在建筑一个高大的纪念塔,但我们在街上所见的一般普通人民多衣服褴褛,差不多找不出一条端正的领带来。我们穿过好几处小弄,穷相更甚,有好几处门口坐着一个老太婆,门内挂着花布的帘子,时有少妇半裸着上身探首帘外向客微笑,或漫声高唱,她们用意所在,我们大概都可以猜到。

八月七日下午到世界名城之一的威尼司(Venice)。同行中有李汝亮君和郭汝楠君(都是广州人)赴德留学,李君的哥哥李汝昭君原已在德国学医,特乘暑假到威尼司来接他的弟弟和他的老友郭君,并陪他们游历意大利,记者原也有游历意大利重要各地的意思,便和他们结作旅伴,同行中赴德学医的周洪熙君(江苏东台人)听说在八月底以前,意大利在罗马举行法西斯十周纪念展览会三个月,火车费可打三折,也欣然加入,于是我们这五个人便临时成了一个小小的旅行团。到威尼司时,李汝昭君已在码头相迎,我们便各人提着一个手提的小衣箱上岸。介绍之后,才知道李君的哥哥也是本刊的一位热心读者,这个小小的旅行团也可以说是一小部分的"《生活》读者旅行团"了。我们先往一个旅馆里去过夜,两李一郭住一个房间,记者同周君住一个房间,第一天便开始游览。有伴旅行,比单独一人旅行,至少可多两种优点:一是费用可以比较地经济;二是兴味也可以比较地浓厚。

在太平洋未取地中海的势力而代之的时候,威尼司实为东西商业贸易上最重要的一个城市,在世界史上出过很大的风头,现在是意国的一个重要的商埠和海军军港,在港口禁止旅客摄影,同时也是欧美旅客麇集之地。该城不大,约二十五英里长,九英里宽。第一特点是河流之多,除少数的几条街道外,简直就把河当作街道,两旁房屋的门口就是河,仿佛像涨了大水似的。我国的苏州的河流也特多,有人把我国的苏州来比威尼司,其实苏州的河流虽多,还不是一出门口就是河。以这小小的威尼司,除有一条两百尺左右阔的大运河(Canal Grande),像S字形似的贯穿全城外,布满全城的还有一百五十条小运河,上面架着三百七十八条桥(大多数是石造的,下有圆门),我觉得这个城简直就可称为"水城"。除附近的一个小岛利都(Lido)上面有电车外,全城没有一辆任何形式的车子,只有小艇和公共汽船,小艇好像端午节的龙船,两头向上跷,不过没有那样长,里面有漆布的软垫椅,可坐四个人至六个人,船后有一个摇桨,在水上来来去去,就好像陆地上的马车。公共汽船的外形也好像上海马路上的电车或公共汽车,车上的喇叭声和上海的公共汽车的喇叭声一样。我们在画片上所见的威尼司的景象,往往是两旁洋房夹着一条运河,上面架着一条圆门的桥,河上一个小艇在荡漾着,这确是威尼司很普遍的景象。

除许多运河外,有若干街道都是用长方形的石头铺成的,有的只有五尺宽，路倒铺得很平，因为没有任何车辆，所以石头也不易损坏，在这样的街道上接踵摩肩的男男女女，就只有两脚车——步行——可用。街道虽窄，两旁装着大玻璃窗的种种商店却很整洁。街上行人衣冠整洁的很多，和布林的西的很不同，原来大多数都是由欧美各国来的游客，尤其多的是来自号称"金圆国"的阔老。

威尼司最使游客留恋的是圣马可广场（Piazza di San Marco）和该场附近的宏丽的建筑物，该广场全系长方形的平滑的石头铺成的，有的地方用大理石，长有一百九十二码，阔自六十一码至九十码，三面都有雄伟的皇宫包围着，最下层都开满了咖啡店和各种商店，东边巍然屹立着圣马可大教堂（San Marco），内外只大理石的石柱就有五百余根之多，建于第九世纪。该广场上夜里电灯辉煌，胜于白昼，游客成群结队，热闹异常。在圣马可广场附近的有大侯宫（Palazzo Ducale）一座，亦建于第九世纪。宫前有大广场，宫的对面咖啡馆把藤制的椅桌数百只排在沿路，坐着观览的游客无数。圣马可大教堂的右边有圣马可钟楼（Campanile di San Marco），三百二十五尺高，建于第九世纪末年。里面设有电梯，登高一望，全城如在脚下。此外还到威尼司城的东南一小岛名利都的看了一番，该处有世界著名的游泳场，游泳场后面的花草布置得非常美丽，游泳而出，在街上走的男女很多，女子多穿着大裤管的裤子，上面穿着薄的衬衫，有的就只挂着一条这样的大裤子，上半身除挂裤的两条带子外，就老实赤膊，在街道上大摇大摆着，看上去好像她这条裤子都是很勉强挂着似的！

自然，这班男女并不是一般意大利人民，多是本国和欧美各国的少数特权阶级，只有他们才有享用这样生活的可能。该处既为有闲阶级而设，讲究的餐馆和旅馆的设备齐全，那是不消说的。

威尼司的景物美吗？美！记者在下篇所要记的佛罗伦司也有它的美，但这是意大利五六百年乃至千余年前遗下的古董，我们还不能由此看出该国有何新的建设成绩。我们在许多人赞美不置的威尼司,关于大多数穷人的区域,也看了一番,和在布林的西所见的也没有什么两样。记者于九日就离开威尼司而到佛罗伦司去。

廿二,八,十一,上午,在罗马记。

(原载1933年10月28日《生活》周刊第8卷第43期,署名韬奋。)

佛罗伦司

记者于八月九日午时由威尼司上火车，下午五时三十七分才到充满了古香古色的佛罗伦司(Florence)，为中部意大利最负盛名的一个城市。在中世纪罗马方盛的时代，佛罗伦司是它的主要的文化中心，意大利的语言，文学，以及艺术，都在此地发达起来的，所以现在该处所遗存的无数的艺术作品，和现在与历史发生联系的纪念建筑物，其丰富为世界所少见，于是佛罗伦司也成为吸引世界游客的一个最有趣味的名城。

佛罗伦司的雄伟的古建筑和艺术品太多了，记者又愧非艺术家，没有法子详尽地告诉诸友。对于艺术特有研究的朋友，最好自己能有机会到这种地方来看看。

记者在二十年前看到康有为著的《欧洲十一国游记的意大利》一书，就看到他尽量赞叹意国的全部用大理石建造的大教堂，此次到佛罗伦司才看到可以称个“大”字的教堂(La Cattedrale di Sonta Maria del Fiore)，建于十三世纪，有五百五十四尺深，三百四十一尺阔，三百五十一尺高，门用古铜制成，墙和门都有名人的绘样或雕刻。外面炎热异常，走进去立成秋凉气候。在那样高大阴暗的大堂里，人身顿觉小了许多。“大殿”上及许多“旁殿”上插着许多白色长蜡烛，燃着的却是几对灯光如豆的油灯。宗教往往利用伟大的建筑来使人感到自身的微小，由此引起他对于宗教发生崇高无上的观念，其实艺术自艺术，宗教自宗教，不能假借或混淆的。

在威尼司和佛罗伦司的较大的教堂前都悬有英德法意四国文字的通告，列举禁例，尤其有趣好笑的是关于妇女的，例如说凡是妇女所穿的衣服袖子在臂弯以上的不许进去，颈上露出两寸以上肉体的不许进去，裙和衣服下端不长过膝的不许进去，衣服穿得透明的不许进去，大概所谓摩登女子到此都多少要发生了困难问题，这也许只好怪上帝不赞成摩登女子了！男子的禁例就只是要脱帽，自由得多。

在各教堂里所见跪着祷告的不是老头子，就是老太婆，找不出一个男青年或女青年，我觉得这是可以注意的一点。

佛罗伦司的古气磅礴的雄伟建筑物，大概不是教堂，就是城堡。城堡都是用巨石筑成，高四五层六七层不等，上面都有像城墙上的雉堞似的东西。有许多这样的城堡都成了大商店，不过古气磅礴的石墙仍保存着。此外有最大的城堡（Palazzo Vecehio），里面藏着许多名油画，墙上和天花板上都是，城堡内部的曲折广深，尤令人想见最初建造时工程的浩大。这种封建时代的遗物，不知含着多少农奴的血汗！

十日午时离佛罗伦司，乘火车向罗马进发，直到夜里十一点半才到目的地，因车上人挤，大家立了数小时，我们在佛罗伦司参观时都是按照地图奔跑的，在火车上又立了数小时，都弄得筋疲力尽，同行的周君喃喃的说："如再这样接连跑，只有'跷辫子'了！""跷辫子"不是好玩的！所以我们到罗马后，决议第二天的上半天放假，俾得恢复元气后下半天再开始奔跑。关于到罗马后的记述也许可比这一篇较有意义些，当另文奉告，现在还有几个杂感附在这里。

（一）截至记者作此文时，游了意国的四个地方，即布林的西，威尼司，佛罗伦司和罗马，不知怎的他们对于黄种人就那样地感到奇异，走在街上，总是要对我们望几眼，有的还窃窃私议，说我们是日本人，同行中有的听了很生气，但既不能对每人声明，也只有听了就算了。他们何以只想到日本而不会想到中国？有人说他们觉得所谓中国人，就只是流落在国外的衣服褴褛的中国小贩，衣冠整洁的黄种人便都是日本人。这种老话，我在小学时代就听见由外国留学的人回来说起，不料过了许多年，这个观念仍然存在——倘若上面的揣测是不错的话。但是我想倘若仅以衣服整洁替中国人争气，这也未免太微末了。

（二）意大利的妇女职业已较我国发达——虽则听说比欧洲其他各国，还远不能及。在旅馆里，在饭馆里，在普通商店里，职务由妇女担任的很多。记者在威尼司邮局寄信时，见全部职员都是女子担任。她们大多数都是穿着黑色的外衣，领际用白色的镶边，都很整洁。旅馆的“茶房”几乎全是女子，有的是半老徐娘，有生得比较清秀的，看上去就好像女学生，每天客人出门后，她们就进房收拾，换置被单等物。

（三）记者所住过的几个旅馆，觉得和中国的旅馆有一大异点，就是很安静，没有喧哗叫嚣的情形，执事的人也很少，帐房间一两个人，其余就不大看见人影，就是电梯也可以由客人自开，像按电灯机关似的，要到第几层就用手指按一按那个扑落，电梯就会自动地开到那一层。就是各商店里的伙计，人数也很少，不过一两人，不像我国的商店，有许多往往像菩萨或罗汉似的一排一排列在柜台后面，其实这种异点，在上海中西人的商店里已略可见到了。

廿二，八，十二，夜，记于罗马。

（原载1933年11月4日《生活》周刊第8卷第44期，署名韬奋。）

巴黎的特征

记者于八月二十三日夜里由日内瓦到巴黎，提笔作此通讯时已是九月六日，整整过了两个星期，在这时期内，一面自己补习法文，（昨据新自苏联回巴黎的汪梧封君谈，在苏联欲接近一般民众，和他们谈话，外国语以德语最便，其次法语，英语最难通行。）一面冷静观察，并辗转设法多和久住法国的朋友详谈，所得的印象和感想颇多，容当陆续整理报告，现在先谈谈巴黎的特征。

讲到巴黎的特征，诸君也许就要很容易地连想到久闻大名的遍地的咖啡馆，和“现代刘姥姥”所宣传的什么“玻璃房子”。遍地的咖啡馆，确是巴黎社会的一个特征，巴黎街上的人行道原来很阔，简直和马路一样阔，咖啡馆的椅桌就几百只排在门口的人行道旁，占去人行道的一半，有的两三张椅子围着一只小桌子，有的三四张椅子围着一只小桌子，一堆一堆的摆满了街上，一到了华灯初上的时候，便男男女女的坐满了人，同时人行道上也男男女女的熙来攘往，热闹异常，在表面上显出一个繁华作乐的世界。在这里可以看到形形式式的“曲线美”，可以看到男女旁若无人似的依偎密吻，可以看到男女旁若无人似的公开“吊膀子”。这种种行为，在我们初来的东方人看来，多少存着好奇心和注意的态度，但在他们，已司空见惯，不但在咖啡馆前，就在很热闹的街上，揽腰倚肩的男女边走边吻，旁人也都像没有看见，就是看见了也熟视无睹。但我们在“繁华作乐世界”的咖啡馆前，也可以看见很凄惨的现象！例如衣服褴褛蓬发垢面的老年瞎子，手上挥着破帽，破喉咙里放出凄痛的嗄噪的歌声，希望过路人给他几个“生丁”（一个法郎等于一百生丁）；还有一面叫卖一面叹气的卖报老太婆，白发瘪嘴，老态龙钟；还有无数花枝招展挤眉弄眼向人勾搭的“野鸡”。有一次记者和两位朋友同在一个咖啡馆前坐谈，有一个“野鸡”不知看中了我们里面的那一个，特在我们隔壁坐位上（另一桌旁）花了一个半法郎买了一杯饮料坐了好些时候，很对我们注视，后来看见我们没有人睬她，她最后一着是故意走过我们桌旁，掉下了手巾，俯拾之际，回眸对我们嫣然一笑，并作媚态道晚安，我们仍是无意上钩，她才嗒然若丧的走了。她这“嫣然一笑”中含着多少的凄楚苦泪啊！（不过法国的“野鸡”却是“自由”身体，没有什么老鸨跟随着，可是在经济压迫下的所谓“自由”，其实质如何，也就不言而喻了！听说失业无以为生的女工，也往往陷入这一途。）

至于“现代刘姥姥”所宣传的“玻璃房子”，并不是有什么用玻璃造成的房子，不过在有的公娼馆里，墙上多设备着镜子，使几十个赤裸裸的公娼混在里面更热闹些罢了（因为在镜子里可显出更多的人体）。据“老巴黎”的朋友所谈的这班公娼的情形，也足以表现资本主义化的社会里面的“事事商品化”的极致。这种公娼当然绝对没有感情的可言，她就是一种“商品”，所看见的就只是“商品”的代价——金钱。有的论时间而计价钱，如半小时一小时之类，到了时间，你如果“不识相”，执事人竟可不客气地来打你的门！不过有一点和“野鸡”一样，就是她们也是有着所谓“自由”身体，并没有卖身或押身给“老鸨”的事情，可是也和“野鸡”一样，在经济压迫下的“自由”，其真义如何也可想见，在表面上虽似乎没有什么人迫她们卖淫，尽可以强说是她们“自由”卖淫，实际还不是受着压迫——经济压迫——才干的？这也便是伪民主政治下的藉来作欺骗幌子的一种实例！世间变相的“公娼”和“野鸡”正多着哩！

据在这里曾经到过法国各处的朋友说，咖啡馆和公娼馆，各处都有，不过不及巴黎之为尤盛罢了。

记者因欲探悉法国的下层生活，曾和朋友于深夜里在街道上做过几次“巡阅使”，屡见有瘪三式的人物，臂膊下面夹着一个庞大的枕头，静悄悄地东张西望着跑来跑去，原来这些都是失业的工人，无家可归，往往就在路旁高枕而卧，遇着警察，还要受干涉，所以那样慌慌张张似的。法国在各帝国主义的国家中，受世界经济恐慌的影响，比较的还小，据我们所知道的，法国失业工人已达一百五十万人，但法当局讳莫如深，却说只有二十四万人（劳工部最近公开发表注册领救济费者），最近颇从事于修理各处有关名胜的建筑和机关的房屋，以及修理不必修的马路等等，以期稍稍容纳失业工人，希冀减少失业人数装装门面，但这种枝节办法能收多大的效用，当然还是个问题。向政府注册的失业工人每月原可得津贴三百法郎，合华币六十圆左右，在我们中国度着极度穷苦生活的民众看来，已觉不错，但在生活程度比我们高的法国，这班工人又喜欢以大部分的收入用于喝酒，所以还是苦得很，而且领了若干时，当局认为时期颇久了，不管仍是失业，突然来一个通知，把津贴停止，那就更尴尬了。这失业问题，实是给帝国主义的国家“走头无路”的一件最麻烦的事情。

但是在法国却也有它的优点，为产业和组织落后的殖民地化的国家所远不及的，记者当另文叙述奉告。

关于巴黎的特征，还有一点可谈的，便是关于性的解放的情形，这和两性关系，婚姻制度，妇女地位等等，都有相当的关系，说来话长，下次再谈吧。

廿二，九，六，晚，记于巴黎。

（原载1933年12月9日《生活》周刊第8卷第49期，署名韬奋。）

在法的青田人

关于在欧洲的我国的浙江青田人，记者在瑞士所发的通讯里，已略有谈及，到法后所知道的情形更比较地详细。这班可怜虫的含辛茹苦的能力，颇足以代表中国人的特性的特征！而眼光浅近，处于侮辱和可怜的地位，其情形也不亚于一般的中国人，我每想到这几点，便不禁发生无限的悲感。

据熟悉青田人到欧“掌故”的朋友谈起，最初约在前清光绪末年，有青田人某甲因穷苦不堪(青田县为浙江最苦的一个区域，人民多数连米饭都没得吃)，忽异想天开，带着一担青田所仅有的特产青田石，由温州海口而飘流至上海，想赚到几个钱以维持生活，结果很不得意，不知怎的竟得由上海飘流到欧洲来，便在初到的埠头上的道路旁，把所带的青田石雕成的形形式式的东西排列出来。欧人看见这样从未看见过的东西，有的也被唤起了好奇心，问他多少价钱，某甲对外国话当然是一窍不通，只举出几个手指来示意。这就含混得厉害了！有时举出两个手指来，在他也许是要索价两毛钱，而阿木林的外国人也许就给他两块钱。这样一来，他便不久发了小财。这个消息渐渐地传到了他的本乡，说贫无立锥之地的某某，居然到海外发了洋财了，于是陆续陆续冒险出洋的渐多，不到十年，竟布满了全欧！

最多的时候有三四万人,现在也还有两万人左右,在巴黎一地就近两千人。洋鬼子最初虽不注意青田石的这项生意,而且是神不知鬼不觉的漏进来的,没有什么捐税,我国的青田人才得从中取些小利,后来渐渐知道源源而来,便加上捐税,听天由命的中国人在这方面的生意经便告中断,但人却来了,自问回中国去还更苦,于是便以各种各色的小贩为生。他们生活的俭苦,实在是欧洲人所莫名其妙,认为是非人类所办得到的！现在巴黎的里昂车站(Gare de Lyon)的附近有几条龌龊卑陋的小巷,便是他们丛集之处,往往合租一个大房间,中间摆一张小桌子,其余的地板上就是铺满着的地铺。穷苦和龌龊往往是结不解缘的好朋友,这班苦人儿生活的龌龊,衣服的褴褛,是无足怪的,于是这些地方的法国人便都避之若蛇蝎,结果成了法国的“唐人街”,法国人想到中国人,便以这班穷苦龌龊过着非人生活的中国人做代表！有人怪这班鸠形鹄面的青田小贩侮辱国体,但是我们平心而论,若国内不是有层出不穷的军阀官僚继续勇猛的干着“侮辱国体”的勾当,使民不聊生,情愿千辛万苦逃到海外,受尽他人的蹂躏侮辱,这班小百姓也何乐而为此呢？他们这班小贩这样说:每日提箱奔跑叫卖,只须赚得到一个法郎(就法国说),就是等于中国的两毛钱,每月即等于中国的六块钱,倘能赚得到三个法郎,每月即有十八圆,这在他们本乡青田固不必想,即在今日的中国,在他们这样的人,也谈何容易！所以他们情愿受尽外人的践踏侮辱,都饮泣吞声的活着,因为他们除此外更想不到什么活路啊！

在巴黎的青田小贩所以会丛集于里昂车站的附近,还有一个理由:因为他们大多是由海船来的,由马赛上岸到巴黎,这是必经的车站。这班人由中国出来,当然没有充足的盘川,都是拚着命出来的,到了马赛,往往腰包就要空了,尽其所有,乘车到里昂车站,到了之后是一个道地十足的光棍,空空如也,在马路上东张西望,便有先到的青田人(他们也有相当的组织)来招待他去暂住在青田人办的小客栈里,青田小贩里面也有发小财的(多的有二三十万的家资),便雇用这种人去做小贩,他便从中取利。所以在这极艰苦的事情里面,也还不免有剥削制度的存在!这种小贩教育程度当然无可言,不懂话(指当地的外国语),不识字,不知道警察所的规章,动辄被外国的警察驱逐毒打,他们受着痛苦,还莫名其妙!当然更说不到有谁出来说话,有谁出来保护!呜呼中国人!这是犬马不如的我们的中国人啊!

这班青田人干着牛马的工作,过着犬马不如的非人的生活,但是人总是人,疲顿劳苦之后也不免想到松动松动的娱乐。巴黎是有名的供人娱乐的地方,但在这班小贩同胞们,程度决够不上,无论咖啡馆也罢,跳舞场也罢,乃至公娼馆也罢,他们决没有胆量进去问津,于是他们里面比较有钱的人便独出心裁,开办赌场,打麻将,抽头,精神上无出路的小贩们便都聚精会神于赌博,白天做牛马,夜里便聚起来大赌而特赌,将血汗得来的一些些金钱都贡献给抽头的老板们!这几个开赌场的老板们腰包里丰富了,便大玩其法国女人,一个人可包几个女人玩。最后的结果是小贩们千辛万苦赚得的一些血汗钱仍这样间接地奉还大法兰西!

这班可怜虫过的是不如犬马的生活,同时也是盲目的生活,无知的生活。往往因为极小的事情,彼此打得头破血流!前几个月里有因赌博时五十生丁(约等中国的一角钱)问题的极小事故,两个人大打其架,不但打得头破血流,竟把一个人打死了!法国警察发现了这个命案,当然要抓人,听说这个“打手”在同乡私店里多方躲藏,至今尚未抓到。

这班青田人有的由海船不知费了多少手续偷来的,有的甚至由西比利亚那面走得来的,就好的意义说,这不能说他们没有冒险的精神，更不能说他们没有忍苦耐劳的精神，但是有这样的精神而却始终不免于“犬马”的地位，这里面的根本原因何在，实在值得我们的深刻的思考。

廿二，九，廿九，记于巴黎。

由巴黎到伦敦

记者提笔写这篇通讯的时候，到伦敦已有一个多月了，因为预计所已寄出的文稿，还可供《生活》许多时候继续的登载，所以到今天才动手续写通讯；但这一个多月的时间却也支配得很忙。大概上半天都用于阅览英国的十多种重要的日报和几种重要的杂志，下半天多用于参观，或就所欲查询的问题和所约的专家谈话，晚间或看有关系所查询问题的书籍，或赴各种演讲会（去听不是去讲），或约报馆主笔谈话，或参观报馆夜间全部工作。每天从床铺上爬起来，就这样眼忙耳忙嘴忙，忙个整天。

记者系于九月三十日上午十点钟由巴黎动身，当日下午四点五十五分到伦敦。由巴黎到伦敦须渡英国海峡（English Channel），原有四条路线可走，而以走加雷（Calais）和杜佛（Douver）一条路线，所经海峡距离最短。记者在事前就听见朋友说起经过英国海峡虽为时仅两小时左右，但风浪极大，无论怎样富于旅行经验的人，却不得不吃些苦头，记者因怕晕船，不必要的苦头可免则免，所以就选走这条海峡距离最短的路——先由巴黎乘火车到加雷（法境），由该处离火车乘轮渡海峡，达杜佛（英境），然后再乘火车到伦敦。到通济隆买票的时候，才知道要走这条路，由巴黎到加雷的火车只有头二等，没有三等，这个竹杠只得让他们敲一下了。轮上，因预得朋友的警告，说三等晕得更厉害，千万要坐二等，我也只得照办，不过从杜佛到伦敦的一段火车却仍坐了三等。

下午两点钟开始渡海峡，一到船上，阴云密布，凛风吹来，气候就特别冷起来，许多男女老幼搭客身上都穿了冬天厚呢大衣，我却只穿了一件春季夹大衣，可是此时满心准备着大尝一番晕船苦楚，危坐待变，身上虽似乎有些发抖，却不觉得怎样冷。船上原有大菜间供搭客们吃中饭，但一则因为这种地方价钱都特别昂贵，二则因为准备晕船不宜果腹，所以我便打定主意叫自己的肚子饿一顿。记者饿着肚子坐着待变的时候，一面纵览同船的许多老的，少的，男的，女的，形形色色的搭客；一面却另有一种感触，觉得我所以肯，所以能不怕怎样大的风浪在前面，都鼓着勇气前进，只有应付的态度，没有畏避的态度，就只因为我已看定了目的地——所要达到的明确的对象——又看定了所要经的路线。此事虽小，可以喻大。

但是事情却出乎意料之外！我睁着眼巴巴地望着海面，准备着狂风怒涛的奔临，却始终未来，等到船将靠岸，随着大众从第二层甲板跑到最高一层甲板时，大风骤作，有许多太太小姐们的裙子随着大衣的衣裾被风吹得向上纷飞，她们都在狂笑中用手紧紧地拉着，一不留神，大腿和臀部都得公开一下，引得大家哄笑，还有许多“绅士”（“gentleman”）们的帽子也被大风吹得满地（甲板上）滚。搭客们就这样笑做一团，纷纷上岸。

由瑞士到法国时，火车驶入法境后，仅由法国海关人员在火车上略为翻看搭客的箱子（火车同时仍在继续前行），此次由法到英，上岸后却须到海关受一番盘查。他们把本国人（英）和外国人分做两起，经两个地方出入。凡是本国人，只须看一看护照，就放过。一大堆外国人（其中以法国人占多数，中国人就只记者一人）便须于呈验护照后，由海关人员十几人各在一张桌旁，向客人分别查问。有个海关人员问到记者时，问我来英国干什么，我说我是个新闻记者，现在欧洲旅行考察。他很郑重地问："你不是来找事做的吗？"我开玩笑地答他道："我是来用钱，不是来赚钱的！"他听了笑起来，问我钱在那里，我刚巧在衣袋里有一张汇票，便很省便地随手取出给他看一看，他没有话说，只说如在英居住过了三个月，须到警察局登记，说完就在我的护照上盖一个戳子，后来我仔细看一下，才知道这戳子上面还郑重注明："准许上岸的条件，拿此护照的人在英国境内不得就任何职业，无论有薪的，或是无薪的。"总之他们总怕外国人来和他们抢饭吃就是了这大概也是他们失业恐慌尖锐化的一种表现。

离了海关，提着衣箱赶上火车，于拥挤着的人群中勉强找得一个座位，便向伦敦开驶。英国火车的三等比意大利的好得多了，六个人一个房间，有厚绒的椅子，椅下还有弹簧，我国火车的二等还比他们不上，三等更不消说了。车行不久后，天气放晴，气候也和暖起来了，向左右窗外看看，乡间房屋多美丽整洁，比法国的乡间好，和在瑞士乡间所见的仿佛。途经一个很大的墓地，几百个十字架式的墓碑涌现于鲜花青草间，异常清丽，但见东一个西一个妇女穿着黑衣垂首跪在碑前，想象她们不知洒了多少伤心泪！

到后因已承朋友先为租好了一个人家的房间，便搬进去住。伦敦的街道，大街固然广阔平坦，就是住宅区的比较小的街道，也都是像上海静安寺路或霞飞路那一样的光滑平坦整洁。住宅大都三层楼，门口都是有余地种些花草。记者所租的房间，也在这样状况中的一所屋里。这种一般的小住宅，里面大都设备得很整洁讲究，在马路上就看得见华美的窗帷，不但房里有花绒地毯，就是楼梯上也都铺有草绒地毯。拉水马桶和自来水浴室也都有。房里都有厚绒沙发可坐。除东伦敦(East London)的贫民窟外，这可算是一般人民水平线以上的普通生活，这当然不是上海鸽子笼式房屋的生活所可同日而语了，至于连鸽子笼式房屋还没得住的人，那当然更不消说。不过记者在伦敦现在所住的这个屋子，却有些特殊的情形，这些未尝不是英国社会一部分的写真，下次再说。

廿二，十一，五，伦敦。

华美窗帷的后面

记者上次曾经谈起伦敦一般居民的住宅，除贫民窟的区域外，都设备得很清洁讲究，在马路上就望得见华美的窗帷。但在这华美窗帷的后面究竟怎样，却也不能一概而论。像记者现在所住的这个屋子，从外面看起来，也是沿着一条很清洁平坦的马路和行人道，三层洋房的玲珑雅致，也不殊于这里其他一般的住宅，华美的窗帷也俨然在望，但是这里面的主人却是一个天天在孤独劳苦中挣扎地生活着的六十六岁的老太婆！她的丈夫原做小学教员，三十年前就因发神经病，一直关在疯人院里，她有两个儿子，一个女儿，大儿子二十岁的时候就送命于世界大战，第二个儿子也因在大战中受了毒气，拖着病也于前两年死去了，女儿嫁给一个做钟表店伙计的男子，勉强过得去。于是这个老太婆就剩着一个孤苦零仃的光棍。这个屋子她租了二十年，房屋依然，而前后判若两个世界，她还得做二房东以勉强维持自己的生活，租了六个房客（中国房客就只记者一个），因租税的繁重，收入仅仅足以勉强糊口，每天要打扫，要替房客整理房间，要替各个房客预备汤水及早餐，整天地看见她忙得什么似的。她每和记者提起她的儿子，就老泪横流，她只知道盲目地怨哀，她的儿子给什么牺牲掉，她当然不知道。处于她这样前后恍然两世的环境中，在意志薄弱的人恐怕有些支持不住，而她却仍能那样勤苦的活下去，我每看到这老太婆的挣扎生活，便觉得增加了不少对付困难环境的勇气。

房客来去当然是不能十分固定的，遇有房客退出，她的租税仍然是要照缴的，于是又增加了她的一种愁虑。记者搬入居住的时候，她再三郑重的说，如果住得久，她要把沙发修好，要换过一个钟，我听了也不在意，第二天偶然移动那张老态龙钟的唯一的长形大沙发，才知道不仅弹簧七上八下，而且实际仅剩了三个脚，有一个脚是用着几块砖头垫着的，至于那个钟，一天到晚永远指着九点半！地上铺着的绒地毯也患着秃头或瘌痢头的毛病。她三番四次地问我住得怎样，提心吊胆怕我搬家，我原是只住几个月，便马马虎虎，叫她放心。至今那张老资格的沙发还是三只脚，那个钟还是一天到晚九点半！她往往忙不过来，索性把我的房间打扫整理暂时取消，我一天到晚忙着自己的事情，没有工夫顾问，也不忍多所顾问。有一次有一位中国朋友来访我，刚巧我不在家，她对这位朋友把我称赞得好得异乎寻常，说她的屋子从来没有租给过中国人，这是第一次，现在才知道中国人这样的。后来这位朋友很惊奇地把这些话告诉我，我笑说没有别的，就只马虎得好！这几天有一个房客退租了，她便着了慌，屡次问我有没有朋友可以介绍（这位老太婆怪顽固，不肯租给妇女，说不愿男女混杂，并说向来不许有“女朋友”来过夜）。在资本主义发达特甚的社会里，最注重的是金钱关系，一分价钱一分货，感情是降到了零度，没得可说的。

我曾问她为什么不和女儿同住，免得这样孤寂劳苦，她说如果她有钱，尽可和女儿同住，一切关于她的费用，可由她照付，如今穷得要依靠女婿生活，徒然破坏女儿夫妇间的快乐，所以不愿。在现社会里，金钱往往成为真正情义的障碍物。

附近有个女孩子，十四岁，她的父亲是在煤炭业里做伙计的，平日到义务学校就学，每遇星期六及星期日便来帮这老太婆扫抹楼梯及其他杂务，所得的酬报是吃一顿饭，取得一两个先令，人虽长得好像中国十六七岁的女子那样大，但因贫困的结果，面色黄而苍白，形容枯槁，衣服单薄而破旧，她每次见到记者，便很客气地道早安，我每看到她那样的可怜状态，未尝不暗叹这也是所谓“大英帝国”的一个国民！

当然，记者并不是说这一家“华美窗帷的后面”情形便足以概括一般的情况，不过在社会里的这一类的苦况，很足以引起特殊的注意，尤其是在经济恐慌和失业问题闹得一天紧张一天以后。由此又令我连想到另一件事。前天我在伦敦的一个中国菜馆里请一位朋友同吃晚饭，谈得颇晚，客人渐稀，不久有一个妙龄英国女子进来，坐在另一桌上，金发碧眼，笑靥迎人，沉静而端庄，装束也颇朴素而淡雅，从表面看去，似乎无从疑心她不是“良家妇女”，但这位朋友却知道她的身世凄凉，因受经济压迫而不得不以“皮肉”做“生产工具”。我为好奇心所动，就请认识她的这位朋友把她请过来，请她同吃一顿饭，乘便详询她的身世，才知道她的父亲也是参加世界大战而送命的，母亲再嫁，她自己入中学二年后，便因经济关系而离校自食其力，在一个药房里的药剂师处当助手，做了两年，对此业颇具经验，但后来因受不景气的影响，便失业了，忍了许多时候的苦，才在一个商店里找到一个包裹货品的职务，小心谨慎地干着，不久又因经济恐慌而被裁，于是便加入失业队伍里面去了，多方设法，无路可走，除求死外，只得干不愿干的事情。她此时虽在干不愿干的事情，但因青春美貌还能动人，所以对“男朋友”还能作严格的选择，我说青春易逝，美貌不留，不可不作将来打算，不择人而嫁，便须极力寻业，她说嫁人不能随便在街上拉一个，很不容易，寻业已想尽方法，无可如何，并说比她更苦的女子还多着哩，有不少女子终夜在街上立着候人，直到天亮无所获而垂头丧气，甚至涕泪交流的，所在多有。据记者所见，她的话并非虚伪的，平日我夜里十点后总不出外，最近因参观几个大规模的报馆，往往深夜始归，那样迟的时候，公共汽车及地道车都没有了，汽车（"taxi"）又贵得厉害，只得跑腿，上月三十日夜里参观泰晤士报馆（"The Times"），走过日间很闹热的大街叫做 Charing Cross 的时候，已在夜里两点钟后，果见两旁行人道上每隔几家店门便有女子直立着等候什么似的，因怕警察干涉，仅敢对你做媚眼，或轻声低语，这类"站班小姐"大概都比较的年大而貌不扬，找不到"男朋友"，只有"站班"的资格了！

廿二，十一，八，晚，伦敦。

英伦的休战纪念日

昨天早晨(十一月十一日)“房东太太”捧着早餐走进记者房间以后,一面布置杯盘,一面她的眼眶里却盈满了晶莹着的热泪,颤抖着呜咽着对记者说道:“今天是休战纪念日(“Armistice Day”),在十一点钟的时候,全体人民都举行两分钟的静默,脱帽示敬——对为大战所牺牲的勇士们示敬。”她说着的时候,那老泪就忍不住地在她的脸上直滚着。记者曾经说过,这位老太婆所仅有的两个儿子都是为着参加世界大战而送命的,在这天她的情绪上的深刻的悲痛,是不消说的了。我只得安慰她几句——虽明知这种空言的安慰是无济于事的。

记者被她提醒以后,匆匆地吃完早餐,略翻阅一部分的当天报纸,便向外跑,要看看“全体人民”“两分钟静默”的情况,一出了门,就有一个妇女捧着一盘的薄绸制成的红花,一手还提着一个罐头式的封好挖着洞的钱筒,迎笑着请我买一朵,我问后知道是捐给残废兵士用的,花分六辨士和一先令两种,便买了一朵六辨士的,将钱掷入钱筒,她便把一朵红花插在我的大衣左旁的领上,彼此道谢而别。我继续进行着,看见东一个西一个同样地持着盘摇着筒兜售红花,才知道今天这朵花是不得不买的,因为买了一次便等于一张“通行证”,免得再麻烦了。不一刻，看见什么人的身上都插有这样的一朵红花，老的小的，男的女的，粗的细的，都有。望望汽车上，货车上，汽车夫都插有，穿着破旧衣服的清道夫身上也插一朵，乃至路旁站着或坐在地下，身上穿着破烂不堪衣服的叫化子，身上也插有一朵；据说这都是残废军士在一年中制造的，在这一天便有无数的市民自愿尽义务代售。在这一天，英国全国的街上这样售出的红花达四千万朵。这些红花，在许多孤儿寡妇老父慈母看来，实象征他们的亲爱者无辜为帝国主义所牺牲者的鲜血！我的那个头发尽白的“房东太太”，对着这朵红花就不知道要陪了多少眼泪！要唤起了多少哀思！又像我在上次文里谈起在伦敦一家中国菜馆里所遇见的那个可怜的英国女子，她的父亲也死于大战，她自己弄到今天竟因失业而不得不干“不愿干的事情”，在这天对着这朵红花，念到她自己的飘零的身世，也不知道要怎样地“柔肠寸断”，泣不成声！

记者在熙来攘往的人丛中跑了一段，跳上一辆公共汽车，向前直驶，刚开到很热闹的托丁汉可脱路（Tottenham Court Road）和新牛津街（New Oxford Street）的转角，恰到了十一点钟，只听见一个炮声，各车立刻停止，喧嚷嘈杂的街市，顷刻间成为万籁俱寂毫无声息的境域，我车里的那个穿着制服的售票员立刻脱帽立正致敬，全车的人都立起来，男的都脱着帽，呆若木鸡似的，有两三岁的孩子轻声说些什么，也被他的母亲禁住，他只得睁大着眼睛发怔。我原是夹在里面看热闹的，但也未便独自一个人还堂皇坐着，所以也依法炮制，随着大家脱着帽立着。但我这时候却像在教会学校时照例做礼拜一样，我心里却另在转我的念头。尤其有趣的是各店口的男女伙计们，以及行人道上的男女老幼，他们都于顷刻间各就原有的方向及地位呆立着不动，好像大家同时受着电气似的偶像！两分钟到了，炮声一响，街路上又像车水马龙似的动起来，好像受着电气似的偶像，同时也好像听了“开步走”的口号，蠕蠕地动起来。这种现象确可以表示他们一般人民的训练程度——虽则这种所谓“休战纪念”在实际上没有多大的意义，甚至可以说毫无意义，因为年年干着这样的“纪念”，年年在这一天，各国的大人先生们都要举行老调的典礼，凑凑热闹，像英国在这一天便要由英王把花圈放在参战兵士的纪念碑前（这次有雾，英王怕有碍身体，未出来，由威尔士亲王代行），全国教堂都做礼拜祷告，大唱“哦，上帝啊，我们几千年来的救助者”“(O God, Our Help in Ages Past”)，有什么用？老调儿弹了十五年了，现在各帝国主义者正在准备着再来一次更惨酷的战争！

据英国作家威尔士(H. G. Wells)的预料，下次的世界大战里面，要死亡人类的半数。这并非夸张的话，在事实上有可能的。在前次世界大战的时候，毒气杀人的惨酷，已极可惊，最近英国在销路最广的报纸里占一位的《每日快报》(“Daily Express” 每日销数达二百万份)曾出一本关于前次世界大战的相片专集，其中惨象历历在目，受毒气而立刻死倒遍地的固惨，而成群结队的士兵，来不及戴上避毒面具，眼睛因受毒气而立刻成为瞎子的，垂头丧气痛哭流涕，一个一个瞎子用手摸着前面的瞎子肩上前行着，其不死不活的惨象更令人不忍注目！但是现在更进步了！据英国的重要杂志所记载的事实，这几年来各帝国主义的国家对于杀人毒气更有异常进步的研究，所造成的结果可比以前增加无数的惨酷，在他们且自诩为这是所谓“化学战争”(“chemical warfare”)。尤其可骇的，是他们除努力发明“化学战争”的种种毒气外，又在努力发明什么“病菌战争”(“bacteriological warfare”)，可由飞机上掷下特制的装满瘟疫病菌的玻璃球，经这种病菌摧残的任何城镇，可于短时间内全数死亡，其效果比炸弹还要广，这是何等惨酷的事情，但却是各帝国主义者努力准备着干的。在这样的形势下，虽力竭声嘶大唱“哦，上帝啊……”，即使叫破了喉咙，有什么用？所以在伦敦有的报上老实说所谓“休战纪念”简直是和死者开玩笑！在这班不幸的死者，如说句宁波话，便是“阿拉白死脱”！

廿二，十一，十二，晚，伦敦。

再到巴黎

记者自今年(一九三四)二月七日把关于英国的“寄语”结束之后,这两个多月以来,“萍踪”又由静而动,由英而法,由法而比,由比而荷,由荷而德,持笔续写这篇“寄语”时,已由德国回到出发点的伦敦了。我现在的职责就是要陆续把这两个月以来的闻见和感想,报告给《生活》周刊的读者和朋友们(记者记此时,虽已很痛心地知道《生活》周刊被迫停刊了,但我深信《生活》周刊的精神是永远存在的,因为它所反映的大众的意志和努力不是一下子可以消灭的)。

巴黎为记者旧游之地,关于法国的情形,也已略有所述,此次由伦敦出发,注重在考察德国,顺便看看附近的比利时和荷兰两国,但因为有几位在法的《生活》的好朋友在我上次到法时,匆匆未及晤谈,坚嘱再弯到巴黎几天,在我也因为上次因要赶赴伦敦大学开学的日期,关于巴黎还有几处要看而未及看的地方,加以正在我想去的时候,巴黎刚在史达维斯基(Stavisky)大弊案发现后,政潮汹涌,闹得乌烟瘴气的当儿,新闻记者是爱管闲事的,也想藉此机会去瞧瞧向占欧洲所谓“民主政治”第二把交椅的法兰西。

法国的阁潮,向来是有名于世的,自世界大战到最近杜美格(Doumergue)在大扰乱中起来组阁为止,不到二十年,已有了三十一次的内阁，有的内阁成立几天就短命，有的刚成立就倒，但虽起来倒去，而政策却差不多，没有什么根本的变化，尤显著的是对外的政策，政党虽有左右派之称，左派最大的党是所谓激进社会党（Radical Socialist Party），其实既不“激进”，也和什么“社会”主义风马牛不相及，是道地十足的一个布尔乔亚（Bourgeois）的大集团，所以翻来覆去，都不外那一套“换汤不换药”的玩意儿！史达维斯基的大赌案，和这次内阁及众议院的大坍台，固为所谓“民主政治”者多露一次破绽，加上一道催命符，但政权既仍在布尔乔亚的手里，虽一时闹得怪好看，根本也就不过那么一回事罢了。

在这次政潮中，有两件小事颇堪发噱，一件是法国行动党（Action Fransaise 即保皇党）的机关报对曾任外交部长的政界要人彭古（Paul Boncour）大开玩笑，彭古本属社会党，后来因为和激进社会党的领袖赫利欧（Herriot）合作，遂脱党，据说他曾经做过史达维斯基的娇妻爱勒特（Arlette Simon）的律师，非常要好，甚至说和她有过什么特殊的关系，自从这个大赌案发生之后，法国保皇党的机关报每在新闻里有提到彭古名字的时候，总把爱勒特加在彭古的名字里面，成为 Paul-Arlette-Boncour！竟把他的尊姓大名这样地改造了！

还有一件事是这样：这次法国政潮弄得满城风雨，在街道上打得头破血流，前总统杜美格退隐在乡间里，被现任总统强请出来组阁，他已是八十多岁的老翁了；在这个时候，比国的国王亚尔培（Albert 1875—1934）爬山跌死，他的儿子利阿波第三（Leopold III）随即承继王位，法国的保皇党看了在机关报上大放厥辞，说这种制度多么好，嗣王年青有为，承继王位的手续又省，何必像法国还要那样跑到乡间去拉出一个快要死的老头儿来，多么费事。中国话有所谓“仁者见仁，智者见智”，一人的见解，往往很容易受他的背景所蒙蔽，这样的情形被保皇党看见了，便认为是他们所以要“保皇”的十足的理由！

这次再到巴黎，补看了好几个地方，现在撮述一二附记在这里。一处是众议院（Chambre des Députés）。这里面的情形，和在伦敦所见的众议院似乎不同。英国的众议院的议厅是长方形的，议员座位是同置在一个平的地板上；法国的众议院的议厅却是半圆形，议员的座位是一排高一排，半圆形地排在议长席的前面，建筑似乎比英国的宏丽。尤不同的是他们开会时的情形，在英国的众议院开会的时候，秩序比较好，一人说话未完时，别人很少起来插嘴，讲到得意时，本党的人也不过附和急叫“hear! hear!”罢了，记者曾在该处旁听了一小时之久，所见都是如此；在法国众议院里所见的却有些不同，我在四月二十日那天下午五点钟前十分到那里，五点钟起开始开会，五点四十分即闭会，简直是四十分钟继续不断的一场大吵闹，本党人发言，本党的议员大鼓其掌，反对党的议员便同时你一句我一句插着大声瞎闹，此时最难做的是议长，拿着一个戒尺在桌旁打着，不行，就大摇桌上的钟（这钟的声音，好像救火车在马路上驶过时的钟声一样），有时可因此略停数分钟吵闹，不久又闹做一团；有时连这几分钟的效验都没有，议长好像气得发昏的样子，只得尽他们提高嗓子大闹着，待其自然的停止，不久又闹了起来！据久在法国的朋友说，众议院里这样哄做一团的情形是常事，有时大闹不停，议长无可如何，只得暂时退席以避之，因为议长走了，会议便等于暂停，大家得随意离席，暂作鸟兽散，闹的人也就闹无可闹！那天所议的是通过财政预算原则案，政府派希望大体通过，反政府派主张须逐项付议，结果是政府派占了胜利。那天旁听席上的人很多，大家看着那样闹得不亦乐乎的样子，都忍俊不住的大笑。这全部分的四十分钟，就没有一刻不在这样吵着叫着闹着笑着里面过去。我出了众议院的门口，还独自一人对自己发笑着。

在伦敦和巴黎都各有一个蜡人馆，在伦敦的称为杜索夫人的展览会(Madame Tussand’s Exhibition),在巴黎的称为格雷温博物院(Musée Grévin)(都是以创办者的名字为名)。所谓蜡人者,并不是全身都用蜡做的人像,却是用蜡做的人头,人手,装在穿着真的衣服的身体上(这身体当然也是造成的)。就是面上的眼毛或胡子,头上的头发,也和真的一样,人身的大小和真的人一样,所以看的人厕身其间,竟好像钻进了人丛中。其中有的是现在还生存着的,有的是刚死的,有的是死去多时的了,好像古今生死同聚一堂!各国历史上及现代最著名的人物大概都有,例如美国有名的总统,就有几十个跻在一处,有坐的,有立的,此外如文学家,艺术家,飞行家,电影明星,乃至运动健将,如网球健将之类也有。尤有历史意味和价值的,是若干幕历史上引人注意的事件,例如拿破仑临终,罗兰夫人受审等等的全幕人物布景,用各色电灯陪衬,令人如身临其境。伦敦的比巴黎的好。在伦敦的蜡人馆里,还在地窖里布置许多被监禁或枪决的著名犯人,阴气逼人,如游阴间(这是想象之辞,并非记者相信有阴间,更未曾游过阴间)。在入口处,就有一个杀了头的人身,旁立着迎接你!在第二个门口上,旁边有个穿制服的青年闭眼坐着,看上去和别的蜡人一样,大家都不以为异,等围看的人略多,那个人忽然立起来,弄得大家惊吓一跳!里面有个“鸦片窟”布置着一个拖辫子的中国人服侍两个英国水兵吃鸦片。那个中国人只有一根辫子,和短衫裤子算是他的特征,那个面孔仍是西洋人的面孔,但在这样富有民众教育意味的机关,替中国人丢脸也就够了!从前有位朋友沧波在他所著的《伦敦闲话》一文里(见生活书店出版的《深刻的印象》一书),曾提及该馆里关于中国名人的像,就只在一个屋角里看见被称为“广东的省长”,“型像面色特别黄黑”的中山先生。我去看时,已找不到,大概他们把“广东的省长”都取消了!留下来的就只有那位拖着辫子服侍两个英国水兵吃鸦片的仁兄!在巴黎的蜡人馆里,关于中国的只有一幕所谓“中日之战”，是日本人打长城的布景，其中中国长城上竟阒无一人，不知道他们是否认为这是“一面抵抗，一面交涉”的象征！

我从另一方面想，我们自己倘能设立一个蜡人馆，却很有民众教育的价值，至少可将历来为革命而牺牲的许多烈士，尤其是辛亥革命之后，慷慨起义，临危舍命的种种惨状，把他们好好的布置起来，使人常常想到许多烈士的惨痛牺牲，现在所换得的是什么？尤希望那般拿革命做幌子而穷奢极欲无恶不作的高官显要们能有看到的机会！

关于巴黎的“玻璃房子”，以前不过听人谈起，还没有工夫去看，这次再到巴黎，也抽暇去参观一下。我和一位朋友于一个夜里去看，到后照例叫了两杯酒，和朋友围坐在一个桌旁，有几十个赤身裸体的女子来周旋，有一个挨到我的身上来做尽媚态，劝“开房间”，她——可怜的她——此时眼中所看的是法郎，心里所想的是法郎，无所不可的都是为着法郎！到了这样情况之下，什么美的观念都没有了，我和那位朋友坐了不到五分钟，连酒都没有喝，就匆匆地离开了这“人间地狱”。

一九三四，五，三，记于伦敦。

游比杂谈之一

在欧洲的北部海岸，法国和德国的中间，有两个小国家，那就是比利时和荷兰。这两个小国的人口都在八百万人左右，是在欧洲经过战争最多的一块地方，这不但是因为这一块地方的南部（即比利时）是正夹在法德两大国的中间，为这两大国扩充地盘时常争的地带，而且也因为这两小国有了欧洲最重要的几条河的出口，为斗争的媒介。但这两个小国家虽被人加上一个"小"字，在你抢我夺的这块地方上，居然能靠着自己斗争的力量，终于能维持他们的自由平等的地位（当时的国际形势当然也有关系，但根本还是靠自己斗争的力量）。这时来自"大"国的我，来自"大"而任人宰割的中国的我，到这两国里看看，实在没有法子消除我的惭愧的心影。

记者于二月廿二日上午九点十五分由巴黎动身，十二点便到了比京布鲁塞尔（Bruxelles）。在火车里遇着一位荷兰老者，和他的妻子，同坐在一个车厢里，他们俩的头发都白了，至少都在六十岁以上的年纪，而体格康健，却无异于四十岁左右的壮年。这老者能英语，我和他谈话之后，才知道他在荷兰经营船业已四十年了，听他的口气，好像是一个轮船公司经理，我问他荷兰船业最近情形如何，他说没有一个轮船公司不蚀本的，现在只得勉强维持现状，以待转机。我们知道荷兰的国力，最依靠的是他们的商业，尤其是航业；荷兰的航业到现在，虽远不及十七世纪独执世界牛耳时代，但仍占很重要的位置，他们靠着均衡出入口的差异，这是最主要的要素，但据这个经营船业四十年的老者说，现在却没有一个轮船公司不蚀本的，这也是因为他们逃不出世界经济恐慌的漩涡。

在国外遇着外国朋友，十八九要问你中日问题怎么样了，这个老者也不能例外。他似乎很抱憾地说，中国不能打，最没办法，我便把十九路军在淞沪打日军情形告诉他，他听得津津有味，随听随译给他的夫人听。我想，我们还有十九路军拿来遮遮面孔，但以偌大的中国，只有这昙花一现的十九路军，这面孔还是遮不了！

记者到比国的时候，正值他们一“丧”一“庆”的当儿。我到的那一天（廿二日），是爬山跌死的比王亚尔培大出丧的日子，也就是他们的国丧；第二天是比国新王利阿波尔第三宣誓登位的日子，也就是他们的国庆。在这两天，满街人山人海，比京附近各城的人都特为跑来看热闹，我就好像看了“比国人民展览会”。在新比王和他的王后的“銮驾”经过街道的时候，两旁挤得水泄不通的人丛中，都挥巾或挥帽欢呼，有的在最后一排的角落里，一点儿看不见国王或王后的脸，也大脱其帽，这种敬重王室的心理，在我们看来真觉莫名其妙。比王未葬前，陈尸三日，一任人民观看，各处人民到比京列队循序进去观看者，每日十余万人，听说有的看了流着眼泪，有许多情愿饿着肚子，或一夜不睡，列在队中立着，等候进去一看。这里面大概为好奇心所冲动的也不少，不过据说比王亚尔培特在国王中算是很忠于国事和爱护人民的，所以确也留下了不少的哀思。

现在比国的政治和外交是惟法国的马首是瞻的，所以法国的政治如果没有什么大变动，比国的政治也就亦步亦趋，不会有什么大变动。比国的政党有天主教党，里面包括的是教徒，农民，资产阶级；自由党，里面包括的有财阀，工商界的领袖，和一部分的知识阶级；社会党，里面包括的有工人，由知识阶级中人如大学教授，律师，及其他自由职业者做领导；共产党。势力以天主教党和社会党的为最大，但经济实力操在自由党的手里，现在的局面，是天主教党和自由党联合战线压倒社会党，前两党为在朝党，后者为在野党。在这种形势之下，政治上的大权握在什么阶级的手里，可不言而喻了。共产党在国会里也有两三个议员，当廿三日那天新比王在国会里宣誓时，各党议员呼国王万岁，共产党议员则大呼“民国”万岁，大家也莫奈何他们，这如在以《马氏文通》触犯刑章的国家里，当然也是一件不可思议的事情！

讲到经济方面，比利时是欧洲最工业化的国家里面一个老资格，列日(liége)的煤，在中世纪就有名的，铁和钢的工业，在十八世纪的末叶就发展了，现在这三种工业仍占最重要的位置，此外关于锌，铅，玻璃，纺织，也有大量的生产，从事农业的人民不到五十万人，从事工商业者却在二百万人以上。自世界经济恐慌发生以来，愈工业化的资本主义国家，倒霉的程度也愈高，比利时虽向来有富庶之称，也不能例外，试看他们的统计，一九三一年工人失业人数为二十万零七千人；一九三二年增至三十五万人了；一九三三年增至三十八万三千人了。所以在比国布鲁塞尔极宽敞平滑的马路上，两旁的洋房和树荫多么美丽，你在这美丽的环境中就可发现着衣服破烂的变相的乞丐，有一个清晨我和老友寄寒伉俪同在这样的一个道旁散步，就两次遇着这样变相的乞丐，手里拿着几根铅笔，伸着手向你要钱。其中有一个还有羞答答的样子，大概是初上任的，还没有得到多大的经验！据寄寒说，这都是失业的工人，在两三年前是从来没有看见过的。

布鲁塞尔有“具体而微的巴黎”(“The miniature Paris”)之称，居民八十五万人，街道整洁，建筑美丽，市政修明，确很可引起人们的美感，但比巴黎当然尚望尘莫及。建筑物以大理院（Palace of Justice）为最宏伟，价值六千万佛郎，占地比罗马的圣彼得教堂的地盘还大，欧洲的宏伟建筑物，最多的是教堂，其次是皇宫，此外则大理院也常夹在里面凑热闹，为游客常到之处。在我国，游客要特地跑到审判厅去看看，大概很少。布鲁塞尔比巴黎，“微”则有之，“具体”还说不上，不过有一件事却不很“微”，那就是在热闹街市如 Boulevard Adolphemax 一带，华灯初上，野鸡如鲫，我和寄寒伉俪及王君勤安等顺道过此，目见甚多。据说野鸡之外，还有不少公娼，那更可和巴黎分庭抗礼了！

记者在比虽仅前后四天，除到鲁文（Louvain）半天外，承蒙寄寒贤伉俪差不多天天陪伴着游览，所看的地方不少，比较重要的是他们博物馆的设备，国家虽小，对于民众教育的努力并不小。在同往参观历史博物馆的那一次，在同时游客中有三个美丽活泼的比国少女（依中国女子标准看去有十六七岁，在她们身体发育健全，据说实际都还不过十三四岁），其中有一个尤秀媚，忽对我们几个外国人注意，跟着我们一块儿看，最后临别时，彼此分开了，她们还回过头来嫣然对我们说“再会”，我们也欣然还报以“再会”，虽心里明知道这“再会”是大概绝对没有希望的。可是那天真少女的美感，至今还萦回脑际。

比国的最大的殖民地是在南非洲的刚果（Congo），在比京时也特地去看了他们的殖民地博物馆，内容是动植矿物的生产之丰富，同时用相片和模型表示土人之野蛮和迷信等等文化落后的情形，受尽了种种的榨取剥削，还落得个不名誉的结果！比利时本国的全部面积不过一万一千余方英里，而比利时的殖民地刚果却有九十万余方英里，大了九十倍左右！

在比京也有所谓“无名英雄墓”，即在世界大战中阵亡兵士的坟墓。在马路上经过这个地方的时候，不但走路的人都自动地脱帽致敬，就是在电车里的乘客，也都自动地脱帽致敬，这也可见一般民众教育的程度。记者也路过几次，尤其令人连带回想的是一九一四年蕞尔小国的比利时因德国侵入国境而英勇抗战的经过。德国原答应比国如许他们假道，决不侵犯，而比国毅然不许，当年八月五日，德军开始攻击，比将勒孟（Leman）率领比军抗战四倍人数的德军至四十八小时，最后因避包围，退至 Fort Loncin，仍收拾残军抗战，坚持一周之久，勒孟战倒于残墟中，昏迷失却知觉，被德军掳去，此役比军死亡四万八千人，德政府第二次提出要求假道，仍被比国拒绝，以后的情形，读者诸君都知道，用不着记者赘述。总之德军绝对不得在比国"不抵抗"中爽快通过，要进一步，便须吃进一步的苦头！当年十月十八日至三十日，德军要通过比国的野塞河（Yser）被比军作十余日的死抗，比军死亡一万四千人，其英勇尤为历史上令人肃然起敬的一页，比军坚守这一小块仅余的国土，直至一九一八年大战终了时为止，未曾被德军占去。暴敌侵入国境是什么一回事，还有什么苟安图存的余地！比利时虽是蕞尔小国，她所以能卓然立于世界，也全靠这一点英勇抗战令人不敢轻视的精神。当时毅然主持抗战的比王亚尔培特和首当其冲而死抗到底的勒孟将军所以能留永思于比国人民心中者，不为无故。

一九三四，五，十一，伦敦。

（原载 1934 年 7 月 14 日、21 日《新生》周刊第 1 卷第 23 期、第 24 期，署名韬奋。）

游比杂谈之二

比利时是在欧洲经过战争最多的一个地方，这在上面已提及，滑铁炉（Waterloo）之战，也是这许多战争里面最著名的一个。记者曾于三月廿三日午后，和寄寒伉俪偕往滑铁炉一游，整整费了一个半天的工夫。滑铁炉是一个居民仅有四千人左右的小村，在比京布鲁塞尔之南十一英方里，由布鲁塞尔去，乘一小时的电车可达。在一八一五年的六月，这是英将威灵顿（Wellington）驻扎抗战拿破仑的地点，拿氏以神出鬼没的战术，怀囊括全欧的野心，几于所向无敌，最后经滑铁炉一败，真是中国话所谓“一败涂地”，皇帝没得做，关到圣赫伦那（St. Helana）岛上去，五年后便以一死了之。在当年六月十八日那天交绥的处所，就在这滑铁炉村上一个小墩名叫 Hougomont 的上面开始，现在仅是一个农场，设有一个陈列馆，陈列关于该次战争的遗物，在楼上有个圆形的大画室，却很别致，中间一个大亭，亭的周围有围栏，围栏外面离七八丈的周围，便挂着高十余丈的大油画，围着这个亭子。油画的内容是描写当时联军和拿破仑军队交战的情形。油画的下面和亭子外的空地接连，在地上便用真草，真茅屋，以及逼真的人马枪炮等等的模型布置着，油画的上面是画着蔚蓝的天空，和亭子上面接连着，全部用电灯衬托出来，使看的人从亭子里看出来，好像身临战地似的。除这个陈列馆外，还有一个纪念此次战事的人造的狮子山（Mout du Lion），这山是比利时于一八二三年及二六年间造成的，山高约一百五十尺，周围约一千七百尺，顶上中间有个铁铸的大狮子，二十四吨重，从山下可由二百廿六级的石级登到狮子的座子，座子周围及石级两旁都有铁栏杆围着。我们三个人都鼓着勇气爬到最高顶去远望了一番，这附近的四围便是数十万大军搏战之地，便是叱咤风云一世之雄的拿破仑大吃败仗的所在！天已渐渐地阴暗起来，匆匆下山回来，在电车里已是万家灯火了。

看到这个战地，使我回想到历史上关于此役有件趣事，那便是拿破仑自信必胜，唯恐威灵顿乘夜不战先逃！在六月十七日（一八一五年）的那个夜里，威灵顿和拿破仑的两方军队均驻扎在滑铁炉，等天明交战。拿皇帝把胜仗拿得十稳，深恐威灵顿在当夜乘黑暗中逃走，特于这个夜里——已经半夜了——离开他的居屋，只带着柏塔郎大将（Marshal Bertrand）一人相随，步行走出他的禁卫线，竟大胆地走到威灵顿驻扎地的前面，周围的丛树附近。这时已是夜里两点钟了，拿皇帝在万籁俱寂中倾听，忽然听见有一队敌兵在黑暗中的步伐声，他想这一定是威灵顿乘夜里黑暗中拔营，这一营大概是他的最后的卫队了！他此时绝对梦想不到第二天威灵顿的军队会那样的死抗不退。虽以拿破仑的将才一有轻敌之心，也免不了大吃败仗，这例可给我们一个很好的教训！

记者于三月廿四日的上午费了半天的工夫去参观比国一个文化中心的鲁文，有“比利时的牛津”（The Oxford of Belgium）之称，由比京乘火车去，不及一小时即到。鲁文是属于比利时的卜拉邦（Brabant）省的一个城镇，居民约有四万人，而在该处的鲁文大学的学生却有五千人左右，所以满街随处可以碰到男女大学生，他们或她们虽穿常服，却都戴有不一律的制帽，各科各级的学生，都各有其特殊颜色和标志的制帽,使人一望而知,有的制帽像我们所常见的睡帽一样,各学生同时是什么学会或团体的会员,还把许多金的或银的五花八门的徽章插在帽上的周围,很特别。该校虽男女同学,向例男同学和女同学不得两个人(即仅仅一男一女)在街上同行,否则一被学校当局看见,即须传去问话,麻烦得很,所以在街上确看不见有这样的现象,顽固习俗可笑,究竟不知道有什么充分的理由!该校以医工较著名,中国留学生有二十余人,前《大晚报》记者张若谷君也在该校肄业,记者到后,承他引导参观,鲁文街上极少车辆,清静安逸,与布鲁塞尔迥异。著名建筑有五百年历史的市政厅,宏丽的教堂,及大规模的图书馆等。当一九一四年八月二十五日,该城被德军占据,有意放火焚烧,连烧三天,烧毁了一千多屋子,存有十五万卷以上名著的图书馆也遭了这个浩劫。大战结束后,屋子已大多数重建,图书馆也重建了(大半出于美国人的捐款)。在德军侵占比境时,比国当局只想到死抗暴敌,并未曾想到一面准备不抵抗,一面把这些宝藏搬移到别处去,这大概因为他们深知国土一块一块地被暴敌侵占去,国且不国,搬移宝藏何用!况且他们没有不平等条约的妙用,没有什么租界可供移藏宝物,这也是比不上我们的!

比利时虽小,最有名的报纸,也有八九种之多,以《晚报》(*Le Soir*)为最盛,印刷精美,插图尤佳,听说销数每日近百万。该报虽号称"晚报",每日出版四次,每次遇有最新要闻,即加以补充,第一次约在下午三点半,第二次下午六点半,第三次夜里九点半,第四次半夜,便须在第二晨售卖了,故实际已包办了全日的新闻。至于各报对中国的态度,也学着帝国主义的大国的模样,尤其是学着英法报纸的常态,那就是不登中国的消息则已,一登总是丢脸的消息居多!不过仔细想来,这也不能尽怪别人,因为我们自己,尤其是负政治上责任的人,先要问一问我们自己是不是要脸,先要问一问我们自己干了什么不致丢脸的事情！

最后请谈谈在比的中国人。在比国的中国学生约有二百余人，在恩特瓦柏(Antwerp)当水手的有百余人，青田小贩来来往往的也有四五十人。不久以前有驻西班牙的某比领受贿滥给护照，我国的青田小贩因纳贿而溜入比境者不少，后来这个领事的舞弊情形被比政府发现，革职查办，青田小贩被连累的都被驱逐出境。在这些脑子简单的青田小贩们，认为花了钱得到了护照，有什么错处，故常到中国使馆请办交涉，而中国使馆则以此事在比政府认为违法行为，无法可想，在法律上收贿者固被认为有罪，纳贿者也不是堂皇的事情，弄得很僵，况且做的是中国人，除准备着被驱出境的份儿外，更有什么话可说？

讲到在比的中国青田小贩，去年八九月间却发生了一件趣事。有三个青田小贩同住在一个比国人的家里，那家房东有三个女儿，正好配上了这三位青田小贩，都发生了关系，其中有一个女儿年龄还在十六岁以下，于是她们的父亲在法院提出诉讼，控告他们。但是房东太太以她的这个丈夫在外面有了一个姘头，平日不但不住在家里，而且置经济于不顾，还是这三位青田仁兄常常接济她的家用，所以到开庭审判的那一天，这位非正式的丈母娘在法庭上大帮这三个青田小贩！那天观审的很多，中国使馆也派有人去旁听，那位房东太太当着大众，对法官口若悬河地大讲她的一大篇大道理！她历数丈夫种种不顾家庭的罪状，极力赞扬这三个中国人如何如何的好！法官问问那三个女儿，也都说母亲的话不错，并且都表示愿嫁给这三个中国人。结果那个父亲大吃瘪，那三位祸中得福喜出望外的青田仁兄各据着娇妻，凯旋而回！这个案件，比国的报上只字不登，因为如把那位“丈母娘”的“中比人的优劣论”那一篇大文章发表出来，在他们当然认为是和比国人的体面有关系的。

还有一件事,在布鲁塞尔的大规模的理发店里,请了两位中国的扦脚专家!我们中国洗澡堂里的扦脚情形,想读者诸君都知道的。这两扦脚专家因为来修脚的多属舞女,享尽艳福,每月各有三五千佛郎的收入。一位娶了法女为妻,一位娶了比女为妻。中国人在欧的著名的职业,一为洗衣,一为烧菜(开饭馆),现在大概要加上了扦脚!在巴黎时,有的法国朋友说,你们中国人的菜当然好吃,因为你们有了五千年的文明,烧菜的研究也有了五千年的历史了!现在出了扦脚专家,不知和五千年的文明也有什么关系没有!

比国人对中国的态度,讲到政治的方面,比国外交向来是亲法的,惟法马首是瞻,法在外交上对中国的态度既不佳,比也可想而知,例如中日事件发生后,比政府的态度即偏袒日本。讲到一般民众方面,可以说大多数对中国完全莫名其妙,大概看到青田小贩,便认为这是中国人的代表。对于中国女子的印象,每以为仍是小脚,穿着他们在博物馆里所见的那种小脚鞋。(寄寒的夫人生得娟秀,在比外交界便很出风头,报上把她的相片登出来,即每有出门,街上行人都要特别注意她,也可以说稍稍替中国女子争得一点面子,至少使他们知道中国的女子和他们殖民地博物馆里所陈列的刚果女子究竟不同!)不过他们里面有一部分人因为本国无所不小,而觉得中国则那么大得吓人:讲面积,一来就是四五百万方英里(比国面积只一万余方英里);讲人口,一来就是四五万万人(比国人口只八百万人)!但是中国那么大,人又那么多,而却又那么无用——至少在现状之下——大概他们不免更觉得诧异罢!

一九三四,五,一四,伦敦。

(原载 1934 年 7 月 28 日《新生》周刊第 1 卷第 25 期,署名韬奋。)

一个从未和中国人谈话过的德国女子

记者于三月二日上午十点廿七分钟离开荷兰的商业首都安斯特丹姆，当夜九点三刻到柏林。

一连坐着十一小时左右的火车，这在欧洲旅行中算是比较地长久的旅程了。一个车厢里的座位可容八个人，进门分左右座，每旁四人，门的对方是个窗口，窗下有可升降的小桌子两个，这是欧洲各国火车大同小异的布置。这天我所乘的这个车厢，最初只有我一个人，坐在近窗的一个位置，后来陆续进来了三四个，都是男子，不久车过洛特丹姆时，有个女子上车进来，坐在和我的座位适成对角的近门的那个座位上。这女子很有健康美，两个晶莹的蓝眼睛，两颊桃红色的白润面孔，一头蓬松的黄金发，都颇动人，就是稍稍肥胖了一些。我和其他几个男子都在看书，独有这个女子眼珠滚转着东张西望，瞧这个，瞧那个，但全车厢里都没有人谈话，静寂沉默笼罩着全部的空间。到下午三点钟左右，其他男子都逐渐下车去了，所余下的只是坐在车厢里两对角的我和那个青年女子。我看书也看得倦了，便把书放下，向窗外纵览车外的野景，不一会儿，那个女子移到我对面的那个也近窗口的座位坐下。旅行的人最喜欢和各地人民有谈话的机会，我看她的态度很倜傥，便问她懂不懂英语，她欢然笑着说懂，于是才开始谈话。原来德国的中学和法国一样，除读本国文外，在法还要学习英德两国的语言文字，在德还要学习英法两国的语言文字。他们学习这两种外国语的重要目的都偏于养成阅看书报及翻译的能力，对于会话不见得都很高明，但因此一般中学毕业过的男女都大概能说几句。我所遇着的这个德籍女子，后来由谈话里知道她是中学毕业过的，所以除她的本国语外，法语和英语都能说几句，在她的意思，她的英语比法语好，我听起来虽觉得还有不少牵强处，但至少是可以传达她的心意了。她说从来未曾和中国人晤谈过，初看见我的时候，以为我是日本人。我们两人把彼此的话匣开放了之后，一谈就谈了几点钟，她的谈天的劲儿，比我还要好。我们起先谈些荷兰的景物，后来她把身世以及个人的婚事等等，都和盘托出地，全都告诉了我。德国女子的坦白豪爽，确为他国女子所不及，虽则她在谈话若干时间后，对我表示特别的好感和信任，她说从来未曾和中国人晤谈过，不料一接谈即觉中国人是好朋友。

这个德女年龄廿五岁了，父早死，母再嫁，她中学毕业已八年了，这八年来就在柏林一个化妆品公司里任事，已升到一部的主任，常被公司派到国外去开展览会，替公司推销货品，最近是被公司派到荷兰洛特丹姆去干这同样的职务，才结束遄回柏林的。听她所谈，对于她公司的事务布置得有条不紊，看去她似乎是一个很有干材的女子。她说她已定婚了，未婚夫的年龄比她大得多，三十八岁了，我乘这机会说："那你年青多了!"这句话探出她自己的年龄，说是廿五岁(西俗对初交女子不应直问年龄的)。她也乘这机会问我的年龄，我说"你猜猜看!"她仔细对我相了一下，说大概廿六岁。她自以为猜得很准，不待我承认或是否认，便又很柔婉地谈说她自己的事实，我只凝眸微笑着静听她的话语。

这位E女士定婚已四年了，她的未婚夫S君原是一个无线电公司的经理，每月有五百马克经常的收入，自备了一辆汽车，在四年前她的母亲带着她和几个女友在某跳舞场的时候(这种跳舞场里的女子都有母亲陪伴着，算是正当交际的一种地方，和“狂蜂浪蝶”的跳舞场又不同)，桌子都没有空的了，S君刚巧也和一个朋友同到这里来，因她的桌旁还空着两个位置，便得到她母亲的许可，加入共谈。S君对E女士一见倾心，第二天就到她家里来(当时也就是在她的母亲的家里)访她，第三天就提议定婚。她说婚事那有这样快，不许，后来做了两个月的朋友，她的母亲和后父都极力怂恿，便定了婚。不料S君在定婚之后，正是世界经济恐慌的狂潮开始的时候，各业大概都受着影响，他的公司也在这“狂潮”中倒闭了，他便失了业，一失业就失了四年，迄今虽千方百计，仍是不免失业，因此定了四年的婚，直至如今还未能结婚。她说不但她一个人遭此厄运，她有女同学九个都已定了婚，都因为她们的未婚夫陷入了失业的队伍，大家都未能结婚。她的那个笑靥迎人的面部忽而装作苦脸，说照现在的情形看去，恐怕十年八年无法恢复经济的原状。我说你们新结婚，只须实行节制生育，生活也可比较地简单，结婚似乎也不妨实行。她说不然，依希特勒新颁的法律，男女结了婚，只许男子就业，女的便须做“家子婆”(英文的Housewife，用上海话的“家子婆”译意，似很确切)，倘若她就结婚，S君既未能得到职业，她还须随着失业，如何得了！这是经济问题，我却无法代为解决了。

她说她近来对于自己的事情，愈想愈烦闷，因为她屡次被公司派到国外去推广货品，她的未婚夫很不高兴，疑心她有别的男朋友在外国，常常和她吵嘴，最近她在荷兰写了几张风景明信片寄给他，一个复信都没有。我说这是你在职务上不得不做的事情，尽可解释给他听。她说因为他疑心重，无论如何解释，他都不能释然。我说幸福的婚姻的最重要的条件是男女两方均彼此真能爱，真觉得彼此可爱，你对他的爱怎样？她说他爱她比她爱他多得多，时常怕她解约；他曾对她说，如果她要解约，他要用手枪打她；而且她的父母也不赞成她解约，如她解约，他们便要和她断绝关系，我听了她这些话，知道她对于自己的婚事是很勉强的；她虽然在经济上已全能自立，但仍受着社会环境的束缚，时时在矛盾的心理中感到无法解脱的苦痛。还有一点也很可以注意的，希特勒的国社党的重要政策之一，是极力提倡人民多多结婚，多多生子，而在实际却是反而减少了结婚，也减少了孩子的生产。

后来我们谈到学习德文的事情，我说在欧洲旅行，只懂英语，随处碰壁，很不舒服，所以我颇想在德的时候，分一些工夫出来学习一些德语。她听了自告奋勇，说她在晚间可腾出工夫教我。我说你有了那样多疑的未婚夫，此事不很妥当罢。她说不要紧。我说倘你能实践两个条件，我可到你那里学些德语。她很焦急似地问什么，我说第一须征求S君同意，倘若他觉得有一些勉强，即作罢论；第二是每次教我的时候，最好须请她的未婚夫也来陪伴着。关于第二点，我说并不是我们自己不信任自己，实因为多疑的人往往无理可讲，我不愿增加他们的纠纷，所以要这样做。她都答应了。火车进柏林第一个车站时，她移过来和我并排坐，时时握着我的手，叮嘱我到柏林后一定要去找她。我说我要来探问你的未婚夫许不许你教我德文，一定来。在这样短的时间内，得到女性这样热烈殷厚的友谊，是我生平第一次的经验。我们两人在车里那样畅谈了大半天，别个车厢的外国客人偶尔走过我们车厢门口的时候，都很加以特别的注意，尤其是有两三个女旅客。E女士笑着对我说，他们以为我们是夫妇哩，所以那样注意。她说后颇有洋洋得意之色，我心里暗笑，这有什么得意！不过看她那样坦白豪爽，丝毫不避什么嫌疑的天真态度，却感到浓厚的兴趣。

车到了 Charlottenburg 一站，我先下车，她还要再下一站才下车。她听说我有位朋友张博士（张述祖君）要来站上接我，她也要看看她所遇的第二个中国人！所以我下车后，匆忙间还把张博士介绍给立在火车窗口内的她。走后张君说这女子生得很美，可惜稍稍胖了一些。我笑着说，我得的印象和你的一样。

记述游德的印象，劈头就写了许多关于一个德女的事情，这不是记者特别重视这件小事，一则不过为记述顺序之便，二则因为从这小女子的口角里，无意中可看出德国民间一部分的实际情形。我到柏林的第三天，便去找她，相距很远，乘"环城电车"差不多乘完一个半圈儿（如把"环城电车"看作一个大圆圈），仅仅车上费了一小时。到后 E 女士就把 S 君介绍给我，他也懂些法语英语，但英语的程度很差。我知道他已允许 E 女士教我德文了。我和她讲好每星期一三五夜里来一次，每次从八点到十点。路上来往要费去两点钟，所以我每次下午七点钟以前就要动身，在最初两星期，往往在"环城电车"上换车时换错了车，大兜其冤枉的圈子，到得很迟，回到寓所时，常在夜里十二点钟以后了。

柏林的一般房屋和伦敦的不同，伦敦的住宅多是一家独住的比较小的房屋，柏林的住宅多是像大公寓的式子，在一大座洋房内，住许多人家，大门内傍着楼梯上去，各层的屋子都住有几个人家，各家都另有一个小门出入；在每一个这样的小门内，有一个甬道，甬道两旁有几个房间，有厨房，有浴室和厕所，甬道和房间里都铺有绒地毯，浴室里用的是白色的浴盆，厕所里用的是抽水马桶（浴室和厕所常在一间里）。厨房里用的是煤气灶，布置得都很整洁。E 女士的父母在汉堡，她在柏林就业，已自己撑了一个独立的门户，租赁了这样一个公寓里四层楼上的一个独立的屋子，里面有一间卧室，一间客堂兼膳室，一个厨房，一个浴室兼厕所，里面的布置也和其他一般人家的一样的讲究，在我看去可算是很舒服的了。这屋子是她一个人独立开销的，S君算是揩她的油，他们虽没有明对我说他们已同居，但我每次深晚离开时，S君还在那里；遇星期日他们约我往吃午饭，在上午十点多钟时，还看见S君在浴室里穿着衬衫向着镜子大刮其胡子，所以我断定他们是已同居的了。

这和已结婚似乎没有什么两样，但是他们俩都不满意，都很着急似的。男的因为要急于结婚，而结婚的先决条件是要先得到职业，于是像热锅上的蚂蚁似的，无孔不入的寻找职业，我每次去，差不多都看见他在那里翻着报纸找公司名称，写自荐信，因为在资本主义已发达的社会里，像在封建势力还有残余的社会里，找事要靠亲戚朋友或裙带关系的，已不同了。但我在那里一个多月，只看见他忙于写自荐信，却没有看见或听见他曾有一次把自己荐了出去！我最初几次还问问他成功了没有，听说还没有效果，还安慰他几句，后来看见他尽是老写着自荐信，我不好意思再问他，也找不出什么话再来安慰他了，只得假痴假呆地装作不知道。E女士每谈起S君寻业的事，总不免长吁短叹，蛾眉双锁。德国人失业的尴尬和紧张的情形，看看这一对男女天天好像负着重担似的，可见一斑了。

我每星期有三夜在E女士家里读德文时，S君也常在客室里写自荐信，有时练习书法，这原是我所要求的第二条件，在上面已说过，他在实际上既是和E女士同居了，此事却也很便当地办到，在我也很欣幸地减少了不少的责任。但是说来可笑，这个多疑的未婚夫仍然不放心。在两星期以后，有一夜他出去十分钟去买香烟，E女士偷告诉我，说S在厨房和客室相隔的那个墙上——很讲究的花纸糊得很好的墙上——偷挖了一个小洞；在我们上课的时候，他屡次托词到厨房里从这小洞里偷看，看我们有什么……最近她才发觉的。我听了笑不可仰，我说还好我们都是正正经经的，倘若接了吻，那真要闹得天翻地覆了，她听了只有憨笑。又过了几天，她又偷告诉我，说S君最近已暗中把那个小洞塞住了。我心里暗想，大概他已经可以相信我实在是无意于掠夺他的未婚妻了。

上面所说的柏林的公寓式的住宅，每晚到八点钟以后，就由房东或看门的把总门锁起来，各家出入都须自带钥匙，我每次在夜里去，如八点钟尚未赶到，总是由S君在门口等候着迎进去；出来时，也是由他从四层楼上跑下了不少的楼梯，把我送到大门口，因为出时要他用钥匙开门，走后还要由他锁门。最后一星期，有一夜他不知因日里做了什么吃力的事，已疲顿得不堪，我走时他觉得已没有气力跑那四层的长梯，便叫E女士送我下来。她自动地挽着我的臂，送我到大门口时，笑着不肯就进去，对我望着，把她那樱唇渐渐地接近我的唇边，我看她那样渴望着的殷切情绪，并知道在欧洲各国和要好的女友接吻不算一回事，便顺从了她的渴求，给了她一吻。她笑眯眯地谢了我，回转身好像凯旋似地向楼上如飞地跑去了。我一路失笑着回来，笑自己无意中演了电影中的一幕；同时并哀怜S君，因为她的心是否在我——我始终无意对她“转念头”，所以绝对不希望——虽未能断言，但她的心不在S君，却是无可讳的事实了。我觉得单恋而要勉强维持，在单恋者方面实在是一件极不值得而且极无聊的事情！

S君虽是个多疑的人，但待我却很好，每在我来读德文的夜里，他在忙着写自荐信之余，还忙着泡茶，拿糖饼，殷勤招待我；每在星期日他和E女士同样地十分的殷勤约我同游，到了不少他们的亲戚和朋友的家里吃茶点聚谈，使我看到听到不少关于他们各家的情形。使我最觉诧异的是有一次在E女士的一个女友家里吃茶点闲谈，E女士和她的女友都说她们深以我不像吃鸦片者的样子为可异！我问何以就觉得我必须吃鸦片？她们说，据她们所听说，中国人都是吃鸦片的！经我驳说解释之后，她们才恍然平日传闻的错误。这在我们听了当然不胜诧异，尤其是像这两个女子都至少是高中毕业生，何以一无常识至此！但是想到欧美各国关于糟蹋中国人的种种宣传，一般人安得不把中国人“另眼看待”！记者追记这篇文字的时候，这几天经过伦敦大学政治经济学院附近的王路（Kingsway），便看见有一个教堂前挂着一个很大的广告，是素在口上主持“正义”的国联协会（League of Nations Union，这是英人赞成国联的一种组织）替国联做的宣传，这广告上面用图画表示国联的种种事业，别的好事都轮着碧眼儿，唯有禁止毒物鸦片的一项，图里的那个烟鬼却是个中国人的象征！中国人抽大烟的大名，可谓已名震寰宇了！

我将离开柏林的前一夜，还到E女士和S君处辞行，E女士很大胆地当着S君的面前不自禁地哭了许久，我倒着了慌，不知如何是好，我说你们两个都是我的好朋友，这样反而使我不好过，她才勉强收泪。那夜承他们两位直送我到“环城电车”的站上（约有二十分钟的步行），殷勤握手道别。我因怕此事往后也许要引起意外的纠纷，这决不是我所愿有的，所以临走时声明我在欧洲是在各国跑的，行踪无定，而且太忙，恐无暇通信，请他们原谅。

一九三四，六，一，伦敦。

（原载1934年9月1日《新生》周刊第1卷第30期，署名韬奋。）

种族的成见和梦想

德国的“纳粹”(Nazi)和意大利的“法西斯”,虽同是狭义的国家主义,即志在跑上帝国主义老路的侵略的国家主义(这是他们的共同的),但德国的“纳粹”却有一个很大的异点,那便是更加上了很浓厚的种族的成见和由这种族成见所引出的很滑稽的梦想。

希特勒在去年十月出版了一本书,名叫《我的奋斗》(Mein Kompf),风行一时,英国书坊替它大登广告,说是“研究近代政治学者所不可不读的书”,其实在这里面除充满了成见外,找不出什么“政治学”来。尤其是第十一章《国家和种族》里所说的话,更为可笑。他的前提是:

“我们在这世界上所羡慕的一切——科学,艺术,技术上的能力和发明——都是很少数国家的创造的产物,而这些国家原来或者就是出于一个单独的种族,这种文化所以能存在,全靠着他们。倘若他们被毁坏,这世界上的一切的美,都被他们带到坟墓里去。”

这“一个单独的种族”是什么?他以为:

“倘若我们把人类的种族分做三个范畴——创造者,维持者和破坏者——那末只有亚利安这一种族可算是第一个范畴的代表者。”

这一段里面的“只有”两个字很可以注意;所谓“只有”,那就是不属于亚利安的其他种族,例如属于“非亚利安”的塞米族(Semiticrace)

的犹太人，以及有色人种的一切种族，都在排除之列。

所谓“亚利安”（Aryan），原指一群“印欧”（Indo-European）的语言文字，这群语言文字现在差不多遍及欧洲全部，并伸展到印度；包括英文，法文，德文，西班牙文，意大利文，希腊文，俄文，亚美尼亚文（Armenian），波斯文，以及几种印度文（见 H. G. Wells “The Outline of History” P.145）。据历史家的推测，以为在太古时候，这群文字也许是出于一个源流；又推测说这一群语言的种族或者最初是由俄国南部，分散出来；有的朝东迁，到波斯印度去；有的便西入欧洲，成为条顿，斯拉夫，和拉丁等种族。换句话说，所谓“亚利安”，统而言之，就是白种；所谓“非亚利安”，就是白种以外的其他各种族。希特勒认为世界上所有的好东西，如科学艺术技术和发明等，都是白种人的成绩，所以白种人有征服一切其他种族而单独生存的权利。

但是事实上的困难是“亚利安”人虽有他们的文化史，而世界上其他种族——尤其是有古文化的种族——也有他们的文化史。于是希特勒和他的信徒们恨不得一手抹煞历史。有名 Lewis 的著了一本《希特勒》，里面有这句话：

“‘亚利安人’——‘白种人’——这些人，在远古时代（In the remote past），曾把文化带到印度，而且也许（Possibly）也带到加尔底亚（Chaldea，西亚古国，在纪元前二三〇〇年即灭），和中国去。”

在这位捧希特勒的作者的高见，中国的五千年的古文化，也是承蒙亚利安人赠送的了！所不胜可惜的是这位大作家还缺乏了胡适之先生的“考据癖”，仅能说出“在远古时代”；横直在未有历史的荒古时代，神不知，鬼不晓，我们随便说送了什么，便是什么！况且他还很谦和地用了“也许”的十分客气的字样。照他们的意思，大概在中国文化史上不无相当位置的孔老夫子的原籍，“也许”也是亚利安罢！

去年年底有德国某“人种学者”著了一本书，大吹日尔曼人种的优越，其中可笑之处很多，尤其可笑的是把人类分为三大种：第一种是 Mensch（优秀人种，日尔曼人种当然是在顶上的）；Untermensch（劣等人种，如南欧巴尔干各国）；Unmensch（非人种，当然是他们所认为有色人种所归属的）。记得在上海有位善于恶作剧的朋友，每喜对人说："你这样的人真是在人类里所寻不出的！"不料善于体贴希特勒的"历史家"能抬出"上帝"来；现在又有善于体贴这位"领袖"的"人种学者"，能在人类里寻出"非人种"来！

闲话少说，言归正传，希特勒既认为"只有"亚利安人是能替世界创造文化，能替世界保存"美"的种族，他所积极提倡的有两件事：一件是保全日尔曼种族的血统，在德文是所谓"Blutsgefühl"，意谓"血统的感觉"，即不许德人和有色人种或塞米族的犹太人结婚，因为他以为万分宝贵的日尔曼人的血一与"劣等人民"混合起来，也要使优种变成劣种的；还有一件是提倡唯一优种的亚利安人征服全世界，因为他认为必须如此，世界的文化才有进步。

现在德国的公务员，如三代祖宗中含有犹太血或有色人种的血，饭碗就在打破之列。因为他的祖宗里有的"勿识相"，和犹太人或有色人种发生了性的关系，在当时尚未入世的儿子，孙子，乃至曾孙，好像都要替他负责似的！最近见德国所公布的《农法》（*Peasant Law*），里面所定的农民得享的种种权利，就说明只限于"德国的公民，须自一八〇〇年以来家族中不含有犹太人的或有色人的血统者"。现在是一九三四年，距一八〇〇年是一百三四十年了，做子孙的要替百年前的祖宗的性的关系负这样大的责任，而且是无法负责的事情，真可说是含冤莫白！

去年十月间德国证券交易所有三百十四个经纪人被准许营业，有一百五十五人被拒绝，其中有半数被拒绝的理由是因为据说他们含有"犹太血"的"劣迹"。至于名教授，科学家，著作家等，因不幸被认为祖宗里面有的染有犹太血统“劣迹”而被排斥驱逐者，更不可胜数；他们因为血统关系，无论在文化上有何重大的贡献，都在所不计的了，这显然又是血统和文化的矛盾问题！

德国排斥犹太人，是有经济的理由，不仅是种族的问题，但种族成见既为国社党的重要内容之一种，故党员中之盛气凌人者，每发生得罪其他外国人的事件，尤其是东方人。最近此种“盛气”听说较前衰落了。在国社党将上台及刚上台炙手可热的时候，有的党员在街上见有德国女子和东方人同行的，便要询问那女子的理由；倘若那女子是有职业的，往往因此打破饭碗，有友人某君自汉堡来柏林，据谈去冬在汉堡有中国学生某君偕一德国女友在街上走，被一卐字党党员路过看见（褐衫党人的臂上总缚有一块红底白字——卐字的——布条，故亦有人叫卐字党），盛气斥女的为什么和“猪猡”同走。据说那中国学生怕事，只得忍耐过去。做了“弱大民族”的中国人当然易欺，（寻常名词是“弱小民族”，中国并不“小”，似乎只得称“弱大”。）别国人便没有这样易惹。据去年十月二十日的《孟却斯特导报》所载，有个美国人名 Roland Wely 的。被两个卐字党员所打（据打者的理由，是他对游行中的卐字旗表示轻蔑之意，这当然是很含糊的话），被美国驻德大使提出抗议，这两个党员各被定罪监禁六个月，各报初不敢登载其事，美大使仍不答应，说此事非公布不可，然后有的报上才有这件新闻。

我在上面第五十七篇通讯里面所提起的 E 女士，在第一次的星期日，他和 S 君在家里将陪我出去的时候，他先和我说，倘若在途中有“希特勒的党员”（他这样说）问起的时候，她要说我是替 S 君在上海做推销的生意，因此成了朋友的关系。我听了不知怎样本能地立刻引起不快的感觉，我回答说：“那就算了，我不去！我本来说不去，恐怕没有工夫，后来是你们都再三请我来，我觉情不可却，才来的。”

她觉我动了气，再三陪着笑脸道歉，说他们俩都以我为好友，决没有不愿同走的道理，这不过因希特勒不讲理，他们不过在事前预防罢了。我也谅解他们的诚意，便一同出去；她一手挽着她的未婚夫，一手挽着我的臂，三人并行着，途中遇着不少卐字党员，但都没有过来问什么，这算是很徼倖的。

卐字党员中却也不是都属浮嚣的，我在德国所认识的德友里，也有卐字党员，他们待我都很好，其中有一人，待我尤其殷勤可感。当然，这都不过是友谊的朋友，我并不曾和他们多谈党务，免得使他们为难。

讲到保全血统，在事实上确也很不容易，依我在德国的见闻，德女嫁给中国人的，或和中国人作"同居之爱"的，或在渴望嫁给中国人的，都很不少。大概他们有的只是"面包的感觉"，很缺乏"血统的感觉"！讲到"爱"，那更是和"血统"不发生连带关系的东西。我在火车上和E女士第一次谈话的时候（参阅本刊三十期《萍踪寄语》），她也谈起希特勒禁止德女嫁给外国人的事情，尤其是东方人。她说一嫁给外国人，即失德国国籍，甚至即有失业的危险。我问她假使你爱上了一个东方人，你愿意不顾国籍的抛弃而出嫁吗？她说愿。我看她的"血统的感觉"，在希特勒看来也是不及格的！

德国一般人民，我觉得都很可爱，所以我对于日尔曼种族只有敬重的态度，但国社党那样排斥其他种族的态度，我认为是成见；征服一切其他种族的念头，更是梦想。

一九三四，六，五，伦敦。

（原载1934年9月15日《新生》周刊第1卷第32期，署名韬奋。）

纳粹统治下的教育主张

资本主义制度的国家，关于教育方面有个共同点，便是所谓“双轨制度”，有一班国民受了义务教育之后，便须入职业学校受短期的职业技能训练而藉谋糊口的；有一班国民便得一级一级地升学，养成上层阶级的材料：这两方面全以经济的背景为标准。德国的现行学制，当然也不能例外。德国的义务教育法定六年，实际不止六年，因六年毕业后，无论欲就何业，都须再依所择的职业，入职业学校，其年限一二年或二三年，依业而异，否则虽有职业机会，亦没有被雇用的希望。这六年称为国民教育，都是不预备升学的。预备升学的读至第四年终了，即入中学，这四年称为基本教育。中学九年，分三阶级，每阶级三年，有实科中学与分科中学之分。据说后期中学的程度几等于英美大学的程度，故德国的大学程度几等于英美的大学院程度，这不过是听留德的朋友谈起，记者没有到过美国留学，也不曾在德国进过大学，未敢妄断。德国大学文理科定三年，法科四年，医科五年，但实际因功课来不及做完，每须延展。除工程师文凭外，其余各科不毕业则已，毕业了都是博士，据说博士尚有一二三四等之分。我笑语一位留德的朋友说，博士既有四等程度之分，我们称人博士最好还要分清“头等博士”“二等博士”等等，不过如有人是“四等博士”，也许不愿听！

有钱人家的女儿受满义务教育后，往往不再入学校，请私人教师到家里来教外国文学音乐等等，以养成上层阶级的主妇为主旨。有钱家族的男子则又不同，以学位为社会所重视，（德语称博士为“博士先生”“Herr Dr.”）也勉强入大学，惟注意于选择容易的科目和比较易与的教授。这是无意求高等教育而进大学的青年，所靠的当然就是他有钱，真肯求学的，大概还是中产阶级的子弟（无产阶级的子弟无论真肯不真肯，当然都说不到）。从前还有苦学生得一面任事，一面求学，现在已没有这样的机会了。

德国的中学生只须中学毕业考试及格后，升大学即可不必再考。本来每年中学毕业的学生有三四万人，同时也就是升入大学的有三四万人。今年不同了，纳粹统治下的教育主张，开宗明义第一章是限制升学的人数。今年一月间已由政府宣布在全国已有资格升入大学的青年（即中学毕业考试已及格的）里面，只准许一万五千人得升入大学，工业学院，或其他高等教育机关。因此有两万三千人已经中学毕业而原有资格入大学的青年，今年都在失学之列！

此外女子被准许升入大学的数量，只占全数中百分之十。这理由当然不是因为女子没有升学的能力，她们所以得不到平等的机会，很显然的理由是当局千方百计要把她们推到“床铺上”去，他们认为女子如受了过多的教育，不很愿意被人限制在“床铺上”，这样一面要增加失业的人数，一面要减少“优秀人种”，这和奖励出嫁养子的原则不合的，所以于限制升学之中，更须加紧地限制女子升学！这是纳粹统治下的教育的第二种重要的主张！

尽量把妇女们推到“床铺上”，这算是把妇女问题解决（?）了；但是那两三万预备升学而不许升学的“优秀人种”，当局对他们怎么办呢？当局答应他们组织失业委员会，和教育机关合作，设法把他们介绍到工商界里去服务。德国失业情形的紧张，我在上篇通讯里已略述梗概，这个“失业委员会”有何广大的神通，能把这几万的新产生的失学而又失业者，介绍到工商界去，这似乎也还是个问题罢。

其次请问那已被准许升学的一万五千人，是用什么作标准来选择的？据当局所宣布，于什么智慧，体格，品性，等等条件之外，还加上一个条件叫做“民族的可靠性”(“National reliability”)——换句话说，这升学候补者必须是个“纳粹”，或是现统治阶级的“敬佩者”(“Admirer”)。所以听说实际上只有纳粹党员才有升学的权利。这可算是纳粹治下的教育的第三种重要的主张！

据当局的意思，将来这种升学人数的限制还要严，还要减少，以达到需要和供给能“平衡”为止。照现状看去，失业者遍地皆是，简直无需要之可言，恐怕非减少至零数不可；可是一方面又有许多“优秀人种”层出不穷，不能束之高阁，这似乎又是个难问题。

至于为什么要把升学的人数严格地减少，据当局的解释，也很不免矛盾。他们一方面举出事实证明“没有面包的毕业生军”(“Army ef graduates without bread”)之日增，而专业位置之不敷分配。据说在一九一一年，全德国有六万二千大学生(其中有二千三百女生)；在一九三一年，有十二万三千大学生(其中有一万九千七百女生)。他们估计，在一九三五和一九三六年将有比实际位置所能容纳的多出两三倍的博士。在一九三一年，有八百个至九百个的青年化学师(都有药科的专门资格)；而现在却有一千二百个至一千三百个药剂师求业而不可得。照他们这样的推论，是供给多于需要。

但是在另一方面，他们又说所以要限制升学人数的理由，是因为“错误的教育理想”使学校离开了服务人民的工作。这样说来，只要所输的知识是合于当局所认为准确的“教育理想”，这缺憾便可避免了。但是像上面所举的许多“生产过剩”的药剂师，还是因为在现状下的经济结构使他们得不到职业呢？还是他们在药科的知识和技能上有什么不合于“教育理想”呢？这问题的症结如果不弄清楚，要想救济，更不容易了。

听说不但升入大学的人数要受限制，升入中学的人数也将要受限制，这岂不成了限制主义的教育吗？

这是纳粹统治下的教育的最近倾向。

一九三四，六，六，伦敦。

（原载1934年10月13日《新生》周刊第1卷第36期，署名韬奋。）

船上的一群孩子们

船要离岸了，在岸上有若干送客的亲友，微笑着等船开；在船上有许多男女老幼凭靠着船旁话别。船正在渐渐地离开了岸，忽然在这凭靠着船旁的搭客里面，有五六十个男女青年围着聚拢起来，齐声大唱其“国际歌”，同时岸上也有若干送别的青年用足劲儿高声唱和着。西洋的男女青年对于歌唱，多少都有着相当的素养；这班男女青年聚拢来引吭高歌的时候，男的刚强悲壮的宏声，女的柔和婉转的音调，抑扬相和，激昂慷慨。他们唱的是国际歌，这是后来问过他们才知道的；说来惭愧，我一向虽在国内报上偶尔看到有“国际歌”的字样，其内容究竟怎样，一点不知道，只知道在有些人看来是“大逆不道”的东西，在此时倾耳静听其中的词句（他们唱的是英文），才知道其要旨原来不过是勉励世界上的被蹂躏被摧残的人们共同起来努力奋斗，解除束缚，积极自救。

岸线越离越远了，渐渐地只若隐若现地在远处的渺茫中了，但在甲板上还有三五成群的男女青年们缓步闲谈着，我因觉得这班男女青年和寻常的搭客似乎不同，不知他们到底是干什么的，原存有一探真相的好奇心，便夹在他们一群里，利用机会和他们谈话，才知道他们都是从美国来的，有五十人左右是美国全国学生同盟（National

Students' League)的会员，这次赴苏联，是由该会发起，随着该会会员同来的近百人，其中有教授，有律师，有医生，有新闻记者，有中小学教员等等，女的约占三分之二。他们先由纽约到伦敦游览一星期，然后同乘这个船赴苏联。这个全国学生同盟是美国各处大学生所组织，是不属于任何党的超然的组织，美国各大学里多有他们的支部，其目的在辅助学生解决种种困难问题，并辅助工人运动，例如工人为力争改善待遇而罢工等事，该会协助的力量不少。他们说，他们的办法是对于当前的实际问题，尤其是他们所特别注意的学生界和劳动界的实际问题，作种种抗争和奋斗，以唤起学生和工人对于现制度的认识，使他们由困难中深刻地认识现制度的缺憾。

这一班男女青年，有的是刚从大学里毕业，有的是毕业了一两年，都是找不到职业，列身失业队里的人物；有的是还在大学里肄业，见到已毕业的无路可走，对自己的前途也在彷徨中的。他们虽幸而做了“金圆帝国”的国民，而且都有机会受到所谓“高等教育”，也感觉到“出路”的困难，所以对于苏联的研究兴趣，异常浓厚。他们此行的计划，是先到莫斯科入暑期大学（Anglo-American Institute 由莫斯科大学附设，都用英语教授）听讲四星期，然后往其他各处旅行两星期。

我们这一群都是三等搭客，这一大堆男女青年一上了船，不但大唱特唱其国际歌，而且彼此大叫其“同志”，当天下午五点钟吃茶，我一踏进餐室，已和我谈过话的几位便叫我做“中国的同志”，拉我坐在一起。下午茶点，有茶，面包，牛油，饼干。夜里八点到十点晚餐，一汤，一菜，一水果，茶或咖啡听便。因人数多，分两班吃。寻常在船上和同船的搭客们共餐，本来没有什么特别情形，但此次在西比尔船上所遇的这班孩子们，却有些不同。美国人的性情本来比别国人来得活泼愉快，而这班孩子们的年龄大抵都不过在二十岁左右，（同舱中也有年龄较大的，但居极少数）所以在吃饭的时候，满餐室里面都充满着活泼愉快的空气：不是谈论这个，便是争辩那个，而在谈论和争辩里面大抵都出以隽永有趣的口吻，往往几句笑话，弄得你笑不可抑，全室哄然，谈话声和笑声总是继续不断地发挥着它们的力量；他们又善于唱歌，只要有一两个人在嘴上哼出几句，便像一块石头掷在湖面，波纹由近而远，彼此唱和起来，倏然间餐室一变而为合唱大会了。餐室里有许多人，而捧盘送茶的只一男两女，有一个女侍者名叫娜扎，年青貌美，笑容可掬，而做事尤聪明伶俐，大家都喜欢叫娜扎，尤其是有时她捧出的是什么好菜——例如鸡——一列一列的桌上轮流欢呼"娜扎"三次，继以大笑，娜扎也笑眯眯地来去照料，因客多而侍者少，我们这班孩子们看见他们忙，便有好几个出来帮忙，夹入凑热闹，而全体也极力设法节省种种手续，例如每样菜不必侍者将每盘分别递给各人，只须站在桌的一头，由各人换着次序把菜递下去。吃完收盘的时候，也是这样，各人把空盘依次递下去，堆在桌的一头，再由侍者一齐拿去。这样琐屑的小事，我所以还追想得津津有味，事的本身不足道，我所注意的，是这班搭客和船上执事者之间，似有一种不易形容的友谊和同情。他们帮助搭客，搭客帮助他们，都是出于欣欣然满腔热诚的态度。

到夜里知道我同房间的旅伴有一个是美国人，当过律师多年的；一个是英国人，向在法国一个天文台里任事；还有一个是美国失业队里的化学工程师。这个失业的化学工程师年龄在三十左右，我和他还谈得来，前两位便都是五十岁以上的人物了，我和他们略为交谈后，觉得在思想上格格不相入，使我感觉到年龄相差太远，思想上也往往彼此隔阂，所以一时代是一时代的人物，很难勉强凑合，虽则也有老前辈思想并不落伍的，那是极少数例外。我们所要自勉的是要使思想随着时代的进步而一同进步，不要听任思想随着年龄的老大而也老朽起来。

廿三，十一，六，晚。伦敦。

初登西比尔

记者去年(一九三三)七月十四日由上海动身出国,说来凑巧,恰在今年七月十四日又由伦敦动身赴俄。由上海赴欧,比较地是个长期旅行,乘意轮算是最快的了,也要二十三天;在欧洲由这国到那国,只须几小时的火车路程,原很简便,但由伦敦乘俄轮渡北海而到列宁格拉,却须整整五天的海程,所以在欧洲看来,也可算是较长的旅行了。而我在这两次的动身日期,无意中都恰在"七月十四日"。

往欧洲其他各国旅行,在准备行装方面,心理上大概都没有什么特别的反应,因为在这些地方的旅客生活总是大同小异的;但是打算到俄国去,便多少不免引起新奇的心理,所以在动身以前,遇着曾经去过俄国的朋友,总喜欢探问准备行装方面有什么特须注意的事情。当时有一位中国朋友刚在几个月前由俄国回到伦敦,据说在俄国对于穿衣服是很不讲究的,穿好的反而被人看作布尔乔亚,反而被人看不起;我听后便只带了几套西装里面最"蹩脚"的两套。还有一位英国朋友是在大学里当讲师的,两年前也到过俄国旅行,听说我将往俄国去,很仔细地开了一张单子给我,列举着许多要提防的事项,例如开了好几样药品,有的是治疟疾的,有的是治虎列拉的,有的是治胃病的等等,并叮嘱在动身前须打好防疫针,尤其是防虎列拉的针,据说俄国水多不清洁，非开水不可喝，“沙拉得”（Salad 即西菜中常有的生的青菜）以少吃为妙，此外要带的是草纸（即上厕所用的）和“却可立”糖，据说这两样东西在俄国都是不易得到的，还有是胰皂，也很重要，不可不带。这位朋友是很诚意地这样地下警告，我却觉得这样简直好像准备到南菲洲去旅行似的！我因为行期已迫，来不及打什么防疫针，只带了一两样药品，两小捆草纸（外国草纸是雪白洁净的）；我自己虽不是像西洋人——尤其是妇女们——那样喜欢却可立糖，但是听说在俄国这东西看得很重，也带了三盒，准备送给俄国朋友。可是依后来的实际经验，除所带的却可立糖确为俄国朋友所啧啧称羡外（其实俄国也已有，不过还不及西欧的好吃），其余都是出于过虑的；但这却不是朋友们撒谎，只足以表见苏联的情形是日新月异，时时在进步的路上向前奔跑着。关于这一点，以后还有机会谈到。

且说在今年七月十四日那天的下午一点钟，友人孟云峤君陪我上船，船名西比尔（Sibir）。我们上船的时候，已看见三五成群的男女搭客在船上闲谈着（搭客中的中国人就只记者一个），孟君笑着说：“这些都是‘Comrade’（‘同志’）啊！”（其实后来知道这些旅客里面很少是党员，而且有几个还是十足道地的反动分子，虽则大多数是同情者，详情见后。）我看见这次旅客里面有许多男女青年——活泼愉快的男女青年——我们虽还不相识，但彼此相遇，多微笑点头，他们或她们的和蔼亲热的态度似乎常溢于眉宇间。我想这无他故，我们同道去的目的地是正在积极进行社会主义建设的新国家，这班男女青年跑到那里去，至少都具有观察研究的好奇心理，就这一点说，同情心当然要比较地丰富了。依我看去，不但在这些旅客间有这样的“空气”，就是船上那些穿着蓝布制服的水手，和穿着黑丝罩衫的女侍者们，帮我们拿衣箱的拿衣箱（水手），引导我们看舱位的引导者（女侍者），都欣欣然满面笑容，好像有了什么喜事似的。

我们大多数坐的是三等舱，在船身前半的下一层，当中是餐室，餐室的周围都是房间，房间里大多数有四个铺位，少数有六个或八个铺位（房间较大），还有更少的房间只有两个铺位，专备搭客用的。各床铺上有软垫，有白色被单及绒毯，餐室内有白色桌布，有鲜花，收拾得很清洁，但是因为在下一层，空气究竟差些，尤其是在卧室里面，因为只有船旁的一个圆窗洞。可是有一个特点，是我们在别国的轮船上所未见的，那便是三等舱的搭客都可用船上的任何层的甲板，都可在头二等舱的音乐室，吸烟室等处看书，谈话，舒散。换句话说，这几个好地方虽靠近头二等舱，却是各等搭客所共用的；坐三等舱的搭客在船上一样地通行无阻，不像在别国的轮船上，三等搭客不许到头二等舱里去。

也许还未能做到真正理想的平等吧，这里究竟还分成什么头等二等三等，虽然他们在名义上把二等称为“旅客舱”（“Tourist Class”），把三等称为“特别舱”（“Special Class”），所以我将箱子放在自己卧室里之后，和孟君一同回到甲板上，不谋而合地同声脱口而出地说道：“我们去看看布尔乔亚的舱位怎样！”不但我们俩，随着我们同走，嘴上也在那里说要看看布尔乔亚舱位的，还有两三个女青年搭客。我们相视而笑，一同登上楼梯，踏上更高一层的甲板，向“布尔乔亚”的舱里跑。

所谓“布尔乔亚”的舱位，指的当然是头二等。它们都在船身的中部。头等在这中部的两旁，每房里有两个铺位（不是像三等那样叠起来的），二等在这两排的中间，和两旁头等舱隔开的是两个甬道，二等每房虽也是两个叠起的四个铺位，设备却比三等舱来得讲究些。头等最大的优点是有靠近船旁的长方形的玻璃窗，窗外便是船旁像行人道的甲板，这在空气方面当然是舒畅得多了。较近船头而接连这头二等舱的一方，便是一个大餐室，设备也比三等餐室讲究些，例如有地毯，地位没有三等的那样挤，桌子是分开排的长方小桌，不像三等的是用开会式的长桌子。在这头二等舱的另一头，便是一个很讲究的音乐室，里面铺着讲究的地毯，有钢琴，有留声机，有舒服的沙发，有写字台等等。吸烟室则在更上一层的甲板，在音乐室前有楼梯直达，里面有很舒适的厚而且大的沙发，围着丝呢面的桌子。和这个吸烟室在同层甲板上的后面房间，便是船长室。吸烟室和船长室都靠近船旁，两旁都有像行人道的甲板，这层上的吸烟室，两旁行人道的甲板，以及下一层的头二等舱两旁人行道甲板，音乐室：这些都是在这船上比较最好的地方，也就是全体搭客——不论何等——都可通行无阻，随意走动坐息的处所。

这船本说下午两点半开，直等到四点一刻才开。在苏联有个由革命以前遗留下来而尚未除尽的缺点，那便是有些地方要你忍耐着等，等，等！这种"慢吞吞"的习惯，据说在革命后已积极改善，但在苏联做旅客的人，仍感觉到这个缺点仍有不少的遗迹存留着。在这里算是我此行第一次尝着"等"的味道。孟君因四点钟还有他约，不能多"等"，便先和我握别。

在和我们一同参观"布尔乔亚舱"的几个女青年里面，有个俄女才十六七岁，一对碧眼，两颗笑涡，活泼轻盈，那种天真快乐的性格和态度，好像根本就不知道天地间有什么可以忧愁的事情；但是我无意中和她谈谈，才知道她原是孑然一身，父母都早已去世了，只有一个姑母在加拿大，从小跟着姑母，后来在加拿大一个衣庄里做工自给，苦过日子，现在知道苏联是劳动者的世界，便独自一人由加拿大经英国而回到苏联去寻工作做。她的身世，如用中国的形容词来说，也可说是"零仃孤苦"，但是她虽没有了家属的凭藉，却有个充满着希望和热情的新社会等候着她回去参加努力，这在她却也很有"快乐"的理由。

廿三，十一，十四，晚。伦敦。

（原载1935年1月26日《新生》周刊第2卷第1期，署名韬奋。）

两个会

关于船上的生活，还有两个会可以谈谈：一个是讨论会，一个是同乐会。

自从七月十六日起，每日下午茶点后，有两小时的讨论会。第一日先由旅伴塞尔逊博士（Dr. Howard Selsam）演讲“法西斯”的内容，继由大家参加讨论。塞尔逊是在纽约附近的卜鲁克林大学（Brooklyn）任讲师，年才三十几岁。他是社会主义的信仰者，学识湛深，慨爽坦白。他是我这次在船上最相得的朋友之一，我们一谈往往就两三小时，不觉得时间过得那样快。他第一天在这讨论会里根据社会主义者的眼光，对资本帝国主义用作最后挣扎的工具的“法西斯”，作客观的分析研究。第二天下午继续讨论，并由旅伴中熟悉各国“法西斯”真相者，作相当的报告。我也被主席再三约请讲些关于中国的情形。法西斯既是资本帝国主义最后挣扎的工具，中国显然地因受各帝国主义的重重束缚，民族资本主义无从抬头，有的只是各帝国主义在半殖民地的中国吮血敲髓的帝国资本主义，那末我们究竟要藉这“工具”来“挣扎”些什么？究竟为谁“挣扎”？稍稍思考，未有不哑然失笑的。我在这讨论会里，特提出法西斯所需要的几个基本条件，对中国是否具备有这些条件，作客观的分析研究。

我此次演讲，在“一群孩子们”里面获得更多的好友，但同时却“出乎意表之外”的引起一个小小的波折。原来在头等舱搭客里面有一个是英国的移民局官吏（Immigration officer），在例假期中也往苏联去看热闹的，但同时却仍不忘却他的“爪牙”的重要任务。像我这样来自受尽资本帝国主义压迫蹂躏的民族的一分子，对于这个制度当然没有好话，不料在演讲时，这个“爪牙”也夹在听众中旁听，认为中国人而敢反对资本帝国主义，这是无疑地一个“危险分子”，乘我不备，把他随带的照相机替我拍了进去。我当时对此事一点都不知道，直到晚饭后，塞尔逊和美国全国学生同盟的领袖戈登特来找我，邀我到一个没有别人在内的房间里谈话，他们那样慎重的态度和严肃的面孔，最初倒使我摸不着头脑。后来经他们说明之后，才恍然。他们并说为着此事，曾邀集几个负责的人和船长共同开会商量，因为他们恐怕经这“爪牙”对英国警署报告之后，我也许不能再回英国；他们决定的办法是等船到了列宁格拉，由船长报告海关，把这个“爪牙”的摄影底片没收，船长已允照办，此外则不把我的全部名字让“爪牙”知道，叮嘱我自己也留意。后来这“爪牙”的摄影底片当然被没收，“一群孩子们”也很热诚地替我的全部名字严守秘密，我回英国上岸时并未发生什么障碍。我对此事留下了两个印象：一个是帝国主义爪牙使用嗅觉的无微不至；一个是“一群孩子们”的热烈诚挚的友谊——以共鸣的思想作出发点的热烈诚挚的友谊。

有一天在这讨论会里讲到美国的革命问题，在这问题里又提起美国的黑人解放问题。参加研究的有不少美国的青年；他们里面有好些人报告黑人在美国所遭受的种种不平等的待遇，及因种族成见而遭受的种种苦楚。他们并提起美国南方的资本家利用种种方法煽动“可怜白”（他们称为“Poor white”，即白种工人）和“可怜黑”（他们称为“Poor black”，即黑种工人）间的仇恨；故意歪曲事实，把“可怜白”的失业恐慌归咎于“可怜黑”的存在和竞争，又减削“可怜黑”的工资以恫吓“可怜白”对于改善待遇的要求。（因可用低贱工资的“黑”来取“白”而代之。）资本家心目中的唯一目的物是利润；他们便利用“可怜白”和“可怜黑”间的恶感的煽动，打散他们（工人）的团结，从中尽量剥削榨取，藉以增加利润的获得。所以大多数的结论是：要根本解决美国的黑人问题，须和美国的社会革命问题连同解决；在社会革命的成功里求得被压迫民族的解放。

真“出乎意表之外的”的，在搭客中有一个来自美国的黑种教授——在美国南方一个专为黑人而设的黑大学里的黑教授——名叫奈逊博士（Dr. Nathan）者，起来替资本社会制度辩护，说在美的黑人并未受如许苦楚，对于现在的地位已满意，白人的种族成见乃天生的，和经济制度无关！被大家驳得体无完肤，他还要强辩，认为要解决黑人问题，只须让黑人和黑人在一起，不要和其他民族混在一处，让他们自主，成一独立国，便行了。大家问他在现制度下有什么方法“成一独立国”，他又“顾左右而言他”！

有革命性的白种青年替“可怜黑”鸣不平，而黑种人中的“黑博士”却觉得不在乎！这似乎很可怪，其实也不足怪。在帝国主义压迫下的黑人，能被允许做博士，做教授，生活阔绰（这位“黑博士”衣服穿得很讲究，挥金如土），非装满着一脑袋的奴化教育，养成了十足道地的奴性，那够资格？他虽还不免“一团漆黑”，实际上已脱离了他所属的民族的大众，做了帝国主义的狗爪子！

我们除了兴趣浓厚的讨论会外，还于十七日的夜里开了一个兴趣浓厚的同乐会。这同乐会在一个大甲板上举行，真可称“同乐”！（也许有几个“死硬派”看不惯，但谁去睬他！）除我们“一群孩子们”当然一团高兴地参加外，水手和女侍者们都来。主席便是从水手里公推出来的一位，措辞清晰老练，态度镇定安详。他在那夜的盛会里换上了一套彬彬有礼的西装；倘若我们未曾看见他在白天穿着水手的制服工作着，也许要把他认为是做惯了主席的名流学者！我们大家所敬爱的那位和蔼妩媚的娜扎也换了一套朴素淡雅的衣服，出来唱了一首俄国歌，抑扬婉转，沁人心脾，歌声刚完，掌声雷动，娇羞不胜的娜扎唱完末字，拔脚准备就走，大家那里肯依，有几个“孩子”再三拦住她，不许逃，她笑眯眯地重到原处立着再唱一首，还不够，又再唱一首，才在全体热烈的掌声和愉快的彩声中，含笑着微微地鞠躬而退。此外人人都各尽所能，对全体有所贡献，船长也拿着烟斗，夹在水手群中凑热闹。有各种音乐，歌唱，跳舞，戏法等等。歌唱分独唱和合唱，合唱时全体参加，歌声有时像大江澎湃，怒涛汹涌，有时像春风明月，悠然意远。

最后请附带说几句关于和西比尔分别的情形。我们十四日（七月）上船，五日路程，十九日一早可到列宁格拉，十八夜是我们在船上最后的一夜，那夜的晚餐席上，大家格外地兴奋，先在掌声雷动中通过一个议案，用全体名义致函船长对全船职工表示这次殷勤招待的谢意。其次便轮流三呼厨子的名，厨房助手的名，男女侍者的名，每呼一次，被呼者即由厨房里跑出来，笑容满面地立正举手行军礼向大众答谢。娜扎当然是不能例外的了。她立正行军礼时的那苗条的体态，嫣然的笑容，就可惜没有画家名手，把它留下来。

十九晨五点即到列宁格拉。我们九点上岸，这时全船的人都聚在甲板上，水手和女侍者们一面帮我们照料衣箱，一面又忙着和我们握手道别，真是忙极了。我们上岸后，同在岸旁附近的海关上办理检验行李的手续，忽听见西比尔开了，（我想不会这么快就离开列宁格拉，也许是开到别的码头上去装货）大家都又跑到岸旁的码头上来，挥巾欢呼，和船上的男女同志们职工道别，在船上的他们和她们也作热烈的反应。我们远远地还望得见我们所共同敬爱的娜扎也夹在人群中笑着欢呼着。

这种印象，是我自从坐过轮船以来所未曾见过的。这五天海上生活在我心坎中所引起的留恋的情绪，我永远不能忘却。

廿三，十二，十一晚。伦敦。

世界上最富城市的解剖

我们看着关于纽约——所谓“世界上最富的城市”——全景的相片，尤其是有鲜艳的颜色点缀着的。只见着一群一群的摩天高楼和其他外观也像很宏丽的洋房矗立着，从这表面上得到的印象，也许要使人觉得这真是一个世界上最富的城市！但是我们真到了纽约里面细看之后，才恍然明白，在这全景相片上有许多房屋，在外面看去，虽有洋房的形式，好像和别的洋房差不多，在实际却夹着贫民窟的区域，内部是简陋不堪，许多人拥挤在一个房里住，一所破旧的公寓里就拥挤着几十个人家。龌龊和贫穷是结着不解缘的，这些贫民窟里面的龌龊，是不消说的。但这些内部的情形却都不是在相片上的那些房屋的外表所能看出的。

要谈谈纽约的贫民窟，先要略谈纽约的街道的分布情形。纽约(门赫吞)的街道，除少数部分的例外，很容易认识。他们把南北的街道称为“路”(Avenue)，由东算起，第一路第二路第三路等等到第八路。(这里面也略有例外，如第六路和第七路的中间有个 Lenox Avenue，第八路之后还有其他不用数目称名的几条路。)东西街道称为“街”(Street)，由南而北，第一街第二街第三街等等，直到二百余街。所以在纽约寻路，仅仅知道第几街还不易找，最好要知道近第几路。重要的几条地道车和悬空电车都在这几条“路”上。例如第七路和第八路都有地道车;第二路,第三路,第六路,有悬空电车。且说沿着第二路由南而北的两旁,都是贫民窟所在地,这部分的地方统称为东边(East Side),和东伦敦齐名。此处所谓“名”,虽也是著名的意思,但却是以穷苦著名!你要看这个“名”区,有两种看法:一种是设法寻得劳工界朋友的介绍,到这里面一二人家去访问,藉此视察一下,可看见椅桌不全,拥挤不堪和内部破烂陈旧的情形。一种是“鸟瞰”,可乘第二路的悬空电车,由南而北,若干英里的遥远地带,左右顾盼所望见的都是贫民窟的房屋,由窗口望进去,也可以瞥见内部的苦况。处身次殖民地的我们,想起“洋大人”,总以为他们都是最讲究清洁的,但是在这些贫民窟的破旧屋里看看,却可以看出他们的穷苦阶层也无力顾到什么清洁。尤可注意的,是当你乘着悬空电车“巡阅”这好像“一片汪洋”的贫民窟的时候,同时可以望得见第五路和公园路(第四路的上半段的名称)的富豪的高耸云霄的宏丽大厦,和贫民窟的破烂房屋相对照,可作为资本主义社会的代表型的写真。你听说美国人的地址是在第五路或是公园路,便知道他家里是很阔的了。(富豪住宅区是在第五路的上段,下段是充满着纽约最阔的大店铺。)像我这样的穷小子,虽能到贫民窟里去钻进钻出,原来却没有资格到第五路或公园路的阔人家里去瞻仰瞻仰。但事有凑巧,在莫斯科参加美国全国学生同盟所领导的旅行团时,所认识的很相得的许多美国男女朋友里面,却有好几个是纽约百万富豪的子女。他们都是受过最前进思想洗礼的大学生,观念已和他们的父母背道而驰,说也有趣,他们有的竟利用他们父母的富丽堂皇的大客厅,给“同志”们举行大规模的聚会(大多数是替最前进的组织捐款);或利用他们父母的精致讲究的书房,给“同志”们开秘密会议!这是题外的话,且说记者和他们既有“旅伴”之雅,所以竟得参观了好几个公园路上很阔的人家,那内部设备的华丽，起居饮食的舒服，我没有闲笔墨替他们描述，而且也难于描述其万一，所可比较的是这些阔人家的享用和在贫民窟所瞥见的凄苦状况，一是天堂，一是地狱。这两方面的人，一方面是靠着剥削他人血汗所获得的利润；一方面是靠着出卖劳力来勉强过活。第二路一带的破陋房屋里拥挤不堪，第五路公园路的大厦不但是很宽舒，而且到了夏季有许多是空着，因为阔人们还嫌不风凉，还要离开这些大厦到更风凉的名胜之区去避暑。其实纽约最大的公园——中央公园（Central Park）——所占区域之广，由第五十九街到第一百零十街，就紧贴着公园路和第五路，占着最好的区域，可是贫民窟的人们苦了还要苦，阔人舒服了还要舒服。

纽约东边的贫民窟，还是穷苦的白人的区域，比这些白人的贫民区域还要苦的是纽约的黑人区。这黑人区叫哈尔冷姆（Harlem），所占区域颇广，由第一百零十街起到第一百三十街，东边达第二路，西边达第七路和第八路的东边。哈尔冷姆的黑人居民约三十万，可算是世界上最大的一个黑人区。这些黑人穿的也是西装，说的也是英语，一切都极力摹仿西方的所谓"物质文明"，但是处在这样生活程度很高的社会里，越穷的就越苦，现在他们有百分之八十以上是在失业队伍里面，其窘状可以想见。有好几条开着各类商铺的马路，我仔细看看，虽然满街来来往往的都是"黑炭"，但是商铺里的商人却都是白人（除有极少数的饮料店尚由黑人经营的），据说黑人大都是穷乏的，出不起较大的资本开店，所以只得让白人来开店，他们自己就只知道消耗，这样更使白人多着尽量剥削的机会。你望望马路上驶来驶去的电车，里面坐着的是许多"黑炭"，而开车的却全是白人。店铺的规模和货物，都不及纽约其他白人的区域的好。横插在各马路间的较狭的横街，便都是黑人们的住宅区。这些街上常常散播着垃圾，有数十成群的黑孩子，衣服褴褛，面孔龌龊，打架的打架，掷球的掷球，把街道做了他们的斗力场，或运动场。各家门口常站满着闲散无事的黑人，妇女们便靠着沿街的窗口看街，你由这些窗口向内望望，可看见里面的拥挤龌龊比东边纽约的贫民窟还要厉害，这并不是黑人一定不及白人的清洁，却是因为他们更穷，也就是被剥削得更厉害。

在美国北方的黑人虽有些事情比南方的黑人自由些，例如在地道车里或悬空电车里，黑人也可以坐，和南方黑人和白人要分开坐的已不同，但是白人对黑人分畛域的事实仍然很多。你在一般的社交场所，菜馆里，戏院里，都极少遇着黑人。尤其是住房子，黑人就只有往黑区里钻。哈尔冷姆的商铺都是白人经营，已如上面所说，房东当然也都是白人（虽也有极少数的黑人做地主），他们便利用这种情形——即黑人只有黑区可住——对黑人作加紧一步的剥削；黑区的房屋尽管比东边纽约的还要坏，而租金却比较大得多。据调查的结果，黑人所得的工资比白人少百分之七十，而房屋租金却要比白人多出百分之二十。因此他们往往要用收入的一半到租金上面去。在别的地方，房屋坏了，房东有修理的责任，在哈尔冷姆却不然，房东只知道坐领租金，房屋需要修理的时候，完全不关他们的事情！据说这黑区的房屋有一半是没有浴室的，还有一半虽有浴盆，却非经修理不能用，而房东却永远无意修理。他们很聪明，知道黑人除了住在黑区，搬不到什么别的地方去，而黑区的房屋却是“一丘之貉”，没有什么分别的。在“世界上最富有的城市”的黑人，付最贵的租金，住最坏的房子。黑人既住在最不卫生的最拥挤的区域里，死亡率当然要特别的高，试以肺痨病为例，在哈尔冷姆黑人的死亡率就约等于五倍于白人的死亡率。因贫穷的缘故，黑女卖淫的遍地都是，黑人患梅毒的竟九倍于白人的数量！

我们常听说纽约是世界上最“文明”的一个大城市，谁料得到在这“文明”的大城市里有着这样一个“人间地狱”！

但是这个“人间地狱”，在纽约可以买到的一本《纽约的完备指南》（“Complete Guide to New York”）里面，却把它列为“有趣的地点”（“Points of Interest”）之一！

在这本《指南》上陪着哈尔冷姆一同列入“有趣的地点”，还有一个值得我们注意的，那便是在纽约的唐人街——中国人聚居的一个区域。我到纽约不久，即特为到这“有趣的地点”去看看。原来只占着两条街道，一条是莫特街（Mott Street），是安良堂的势力范围；一条是皮尔街（Peel Street），是协胜堂的势力范围。（都在第二路贫民窟的南段。）安良堂和协胜堂之所由来，据说最初中国人因穷困已极，不远数万里跋涉到海外来谋生，又因移民律的限制，都是独身而来的，无家可归，工作余暇便赌博嫖妓，往往吵闹打架，便由其中较有势力的一派人（做生意多赚了几个钱的），组织一个安良堂，一面可以藉此剥削会员，一面可以包庇烟赌。后来又有一派人组织协胜堂以谋抵抗，各据一条街，不但包庇烟赌，开烟馆赌场的都须纳费，就是四五十个由中国设法输入的妓女，也受他们的包庇。这两条街虽有美国的警察统治着，但金圆帝国要的是金钱，两堂的土劣可和警察勾结着牟利。听说有一个时期，有一位纽约的新市长想取缔唐人街的赌窟，掉换全班警察，但警察很容易用钱买，尤其可笑的是当“取缔”时期内，赌场“掮客”不得不有相当“掩护”的办法，臂下夹着一大叠中国报纸，嘴上用中国话大喊“楼上开摊”，中国字外国人固然看不懂，就是大喊着的中国话，他们也莫名其妙！此外各“堂”的“当局”还能暗中雇用“打手”（当然只用来对付本国“同胞”），树立“土劣”们的威权；打死了人又可利用“堂斗”来大大地“中饱”一下，因为进行“堂斗”以及“进行谈判”等等把戏，都是“堂”的领袖们随意支配费用以入私囊的机会。许多在海外的劳苦侨胞从血汗里赚到的几个钱，竟受着这些“镀金的土劣”多方榨取。受着很大的压迫。

这唐人街约有五千人，失业的已有百分之三十左右，街道有一点和哈尔冷姆相同的，是常可见到满地散布着垃圾，闲人很多，在两旁人行道上三五成群的闲散着。你可以遇着有些人向你说着广东话，告诉你“楼上开摊”，那便是赌场派在马路上的“掮客”。我遇着一个在这里行医的中国西医某君，他说到他那里看病的侨胞有百分之九十五以上是花柳病。

据熟悉纽约情形的朋友某君说，有广东的某女子年约二十几岁，颇具姿色，在唐人街做私娼，盛的时候，每月可得数千元，每两年回乡一次买田产，买后再来。不久以前被一个美国流氓绑去，一夜强迫接客七十余人（夜度资当然全归这个流氓），痛苦不堪，有一天从窗口跳下逃去，脚已跌断，幸而后来医好，冤则无处伸，这也算是文明世界的法律保障？我到纽约时，这个妓女还在，本想找她谈谈，问问当地做妓女的详细情形，可惜终于没有工夫去。

有一小部分侨胞已渐渐地移到哈尔冷姆，因为可避免“堂”的勒索。记者曾在哈尔冷姆看见好几家中国人开的店铺，店口玻璃窗内稀稀地排着一些中国的国货——如中国的罐头食物等，——楼上不是烟馆，便是“开赌”的胜地。妙在中国的文字特别，在店门玻璃窗上尽管大写着中国字：“楼上开皮”，或“宁波床七架”（这句子很奇特，据说是烟榻的意思），美国人就是看了也莫名其妙，“同胞”看了便知“问津”。（警察当然还是勾通的。）

在纽约的中国人居然也有一个李某成了百万富豪，但就一般说，中国人总是和他们的贫民“为伍”的。可是中国人只是做做小贩或小商人，并未能真正参加他们的劳工界，这是在美华侨前途发展的一个大障碍。说来话长，以后谈到旧金山更大的唐人街的时候，当更详尽地分析在美华侨的前途。

我和诸位谈过世界上最富的城市的华尔街，天字第一号的美国富豪，现在又略略解剖了这个最富城市的几个可以特殊注意的区域，诸位想可恍然于资本主义社会代表型的城市的大概了，但是还有一点也很重要的，那便是美国社会革命运动的推动力，也是以纽约为最紧张。他们的大本营都在东边纽约南段第十三街和第十四街一带。例如他们的机关报《每日工人》，他们的书店工人书店，以及其他机关，都在这些地方。近第十四街的联合方场（Union Square）是他们示威运动的大广场。这种示威运动几于每星期六有。他们的最前进的组织的分子，在纽约的虽然不过几万人，但是同路人和同情者竟因一二年来的飞跃进展而在百万人以上。所以每遇重要示威运动，往往数万人或数十万人，具着满腔热诚来参加。那声势的浩大，好像海倒山崩似的！遇着这种时候，你倘有机会亲到联合方场去看看，便可以知道他们新运动的澎湃汹涌的气概。我也常去旁观，觉得他们那样团结的奋发的精神，实令人受到很深刻的印象。有一次和一位美国朋友一同去看看，他认得参加示威运动的一个十四五岁的美国小姑娘，她的父亲是个前进的工人，她自己是一个“先锋队”的队员，对于美国的革命运动当然是十二分的热烈。这位美国朋友顺便把我介绍给她，说“这位是从中国来的新闻记者”。出我意料之外的是这位小姑娘听了之后，精神为之一振，很急切而殷勤地问我：“你是从我们的中国（Our China）来的吗？”我听了发怔，因为不懂她为什么这样说。她看见我呆了一下，也许发觉我有些不解，很和爱地笑着说：“我的意思是指我们的×××中国。”我才知道她的意思；那时的我，实充满着兴奋和惭愧的情绪。

很有趣的是有些资本家遇着重要些的这类示威运动，乘着非常讲究的汽车到联合方场来凑热闹，汽车停在那里，他们就坐在汽车里远远地听着示威运动者在空场上的激烈演说，倾听那些热心革命运动的人们翻箱倒箧地痛骂资本家的种种罪恶！我看这些“面团团腹便便”的人物，外面虽装作镇定的模样，心里也许在那里感到发抖罢！

尤其使我得到非常深刻的印象，是那些热心革命的男女青年和壮年对于有关革命运动的各种事务的“服务精神”。无论是在每日工人报馆里做编辑，做访员，做女书记；或在工人书店里做职员；或在其他附属机关里做职员，比起其他资本主义性质的机关，薪水尽管少得多，而工作却反而劳苦得多，大家却非常兴奋地干着，都当作自己的事情很认真地不顾辛苦地干着；有的家况好些的，就自愿地完全尽义务。（像我在上面所说的在莫斯科认得的几个美国富豪的子女，就完全尽义务，非常热诚勤奋地替革命运动干着许多劳苦的职务。）就把推广革命的机关报——《每日工人》——来说吧，你在街上可遇到不少男女学生，穿得很体面，却夹着一大堆《每日工人》，夹在报贩里兜售着。这都是在校课余暇，自愿替前进的组织尽义务的。我在美国最被这种精神所感动，所亲见的事例很多，以后还要更详细地谈到。

（原载1935年12月1日《世界知识》第3卷第6号，署名韬奋。）

南　游

我于去年六月间从纽约向美国南部旅行，目的在视察美国南部的农产区域和黑农被压迫的实际状况。我顺路先到美京华盛顿去看看。

华盛顿是一个建筑美丽的城市，这是诸君在世界名胜的照片里所习见的。但是在任何世界的名都，除了一个正在努力建筑共劳共享的新社会的国家外，都是所谓"两个世界的城市"（"two-world city"），一方面有着奢侈豪华的世界，一方面有着穷苦愁惨的世界，华盛顿当然也不能例外。我到华盛顿，离了火车，先踏上的是前一个世界，仰头望见的便是费了一千八百万金圆，全部用花岗石建造的那样宏丽的火车站。接着叫了一辆街车，驶进了好像公园似的境域，树荫夹道，清风徐来，触目所见，都是美丽的建筑点缀在绿草如茵的环境中，车子在坦平广阔的柏油马路上竟无声响地溜滑过去。在美国旅行，为经济起见，在好多地方不必住旅馆，有许多人家遇有空房省下来，便在门窗的玻璃上贴有"旅客"（"Tourist"）的纸条，这意思就是过路的旅客可以在那里歇夜，开销比旅馆省得多。我到华盛顿的那个夜里，就找了一家住下。第二天便开始游览。

华盛顿的面积并不大，仅有六十二方英里，人口约五十万人，在这里面黑人占了四分之一。全城分为四区：即东北，西北，东南和西南。这城市是由东南向着西北发展，东南和西南是倒霉的区域，东北和西北是豪华的区域，尤其是西北。倒霉的区域当然是贫民窟所在，尤其是黑人的贫民窟。有一件有趣的事情，是黑人的区域发展到最近的一条街的时候，那条街上的白人住宅以及他国的外交官署都向西北迁移，中国的公使馆因经济关系，“安土重迁”，别人迁了，我们的公使馆却始终仍在原处，前门的那条街上已成“黑化”的街道（即黑人多的街道），遇有别国的外交官来访问，或请别国外交官来宴会等等的时候，说起这地址，——“黑化”街的名字——不免觉得怪难为情，于是想出一个很“妙”的解决办法，索性把前门关起来，用后门出入！（因为后门的那条街恰在黑化街的贴边，而还未被黑化。）我到后就去瞻仰瞻仰本国的公使馆，初看到那样小的门和门前那样小的草地，颇以那样的“寒酸相”为可异，后来才知道是因为执行了永关前门仅开后门的策略！其实依民族平等的观念看去，大门夹在黑化街里，也不真是什么丢脸的事情，现在反而觉得难堪的，是要勉强挤在“优越民族”的尾巴后面，不得不尴尬地开着后门！

华盛顿有几个伟大的建筑物，拥着巍峨圆顶的国会（他们叫做capitol），是在这里面占着很重要的一个位置。这个建筑的全部面积占地达十五万三千余方尺之广，圆顶上自由神的铜像达二百八十七尺五寸高，铜像的底基最广处达一百三十五尺五寸，规模的宏大，可以想见。国会的东边有国会图书馆，藏书之富，在西半球居第一，约有四百三十万册书籍，二百八十万件地图相片雕刻等等。有东方部，专搜藏中国和日本的名著。其次看到美国总统所住的白宫。该宫有一部分开放给民众看，有一部分不开放，宫外的花园完全开放给民众，这是崇拜美国民主政治的人们所最称赞的一件事。这白宫的内部，可看的只是几个大客厅，一切布置和比较讲究的住宅没有什么两样，倘若不是因为是总统的住宅和办公处所引起的好奇心，简直没有什么看头。倒是华盛顿纪念塔还值得一看。塔基五十五方英尺，较低的围墙有十五尺厚，顶用大理石建造，其他各部用花岗石建造，内部有九百个石阶直达顶上，有电梯，只须一分十秒钟即可达到五百零十七尺高的顶上。在这顶上瞭望是一件很有趣的事情，可看到十五英里到二十英里之远，全城市展布在你的眼前，好像一幅天然的地图。林肯纪念堂（Lincoln Memorial）亦是华盛顿宏伟建筑物之一，有三十六根大石柱，每柱直径七尺四寸，高四十四尺，象征林肯在时的三十六邦，里间的纪念堂上有着奇大无比的林肯石像，他的眼睛从许多石柱的中间空隙直望着华盛顿纪念塔和国会。离林肯纪念堂一英里余，有亚林吞国墓（Arlington National Cemetery），是美国最宏伟的一个新建筑，中有两千余人的无名英雄墓。仅仅由林肯纪念堂到亚林吞国墓那条亚林吞纪念桥（完成于一九三二年），建筑费就达二千五百万金圆，这不可不说是金圆王国的魄力！我这次在华盛顿很幸运地得到一个有自备汽车的朋友招呼，不但看了一英里外的亚林吞纪念桥和亚林吞国墓的宏伟新建筑，并且看了离华盛顿十六英里远的普陀麦克河（Potomac）东岸的佛农山（Mount Vernon）——华盛顿的故居和终老的地方。这里有华盛顿的住宅，他生前的一切用具都保全着，给人参观。他那简单的坟墓和临终时躺的床榻，尤其引起许多游客的注意。

我很简单地略谈了在华盛顿所看到的几处著名的建筑物，但对每一处如作较详记述的文字，尽可各成一长篇，我的意思不在描写名胜，所以不想这样做。我只是要略为谈到这些在表面上看去很宏丽堂皇的名城的一角外，再略谈这名城里面向为一般旅客所忽略的另一角。

这另一角是我费了两整天工夫亲往华盛顿的“另一世界”的贫民

窟里视察调查得到的。他们住的是整批的狭隘肮脏的“板屋”（他们叫做“Shack”，也就仿佛我国的贫民窟的茅屋，不过用的是薄板而已），穿的是捉襟见肘的破衣，那原是贫民窟的本色；不过尤其可算是特色的便是这贫民窟的“中坚”——占全人口四分之一的黑人——所受到的种种的“异遇”！（这是我特造的一个名词，受暗示于最近常常看到的“异动”这个名词。）在这十几万的黑人里面，每十个人中间就有四个人是失业的，其余有业的，无论所受教育程度怎样，都只有最低微的工资可赚。他们无论做什么，除在黑区外，任何公共的地方，各旅馆菜馆戏院等等，都不许进去。白种人做汽车夫的街车，也不肯载黑客。白人开的旅馆不但不许黑人进去住，连黑人偶来访友，也不许乘电梯。（美国多高楼，不许乘电梯是一件很困难的事情。）有一次美国社会学协会（American Sociological Association）在华盛顿一个旅馆里开年会，在到会的各代表里面，有一位黑色学者佛雷西博士（Dr.E.Franklin Frazier），因该旅馆不许他乘电梯，而会场却在十层楼上，提出抗议，该会主持人虽和该旅馆办交涉终于无效，不得不把会场移到二层楼，以便让黑色学者们可以步行上来。事后佛雷西博士探查黑色学者何以肯缄默无言，才知道该会事先已和该旅馆当局说好，凡是黑色学者来赴会，就由货车电梯上下（freight elevator，专备运货和仆役人等用的）。否则必须有白色朋友陪伴着，才可以乘旅客电梯。许多赴会的“高等黑人”居然处之泰然。像佛雷西博士，在他们看来，一定要认为是“不识时务”的蠢物吧！

可是谈到这里，我们却也无暇为黑人哀！“狗和华人不许入内”的牌子挂过了多少时候，中国人还不是一样地糊里糊涂地活着！在上海，中国人不许和碧眼儿在同一电梯上下的地方还少着吗？不许中国人参加的地方没有吗？

华盛顿，在一般黑人看来，还认为是“天堂”，因为再向南还有着更惨苦的“异遇”，华盛顿不过是这个地狱的大门罢了。我在华盛顿只勾留了一星期，便乘火车向南，往原定的目的地柏明汉（Birmingham）奔驰。柏明汉是美国最南的一邦叫做爱尔巴马（Albama）的一个名城，也是美国南部“黑带”中的一个重要地点。我未达到柏明汉以前，在中途换了几次车，就看见在火车上黑人是不许和白人坐在一节车里的，火车站上也分为两路出入，一边悬有横牌大书“白”（“White”）字，一边悬有另一横牌大书“色”（“Colour”）字，黑白的乘客各走各的路，分得清清楚楚。我在纽约时就有美国的朋友对我说过，叫我在南方旅行，遇到这种情形时，可在“白”的方面，我也就照办。将到柏明汉的时候，我所坐的全节车里只有两个美国人，和他们接谈之后，才知道他们都是工人，虽则是在认识上很落伍的工人。这种工人是我在纽约所从来未曾遇到的。我心里想南方究竟是有些不同了。他们一致地警告我，说千万不要混入“色”的方面去，那是太倒霉的事情。他们很自然而肯定地说，黑人那里算得是人，随便把他弄死，都可以不受法律上的制裁的。他们并对我说，到南方旅行坐长途汽车的时候，要特别留神坐在前面一些，因为黑人坐在后面几排的座位上，白人少而黑人多的时候，黑人往前推进，你如果坐得后一些，往往要混在黑人里面，那又不免倒霉了！我问他们为什么这样就会倒霉呢？他们的回答是要被人看不起。这使我感觉到美国南方统治阶级麻醉作用的厉害。但是我只和他们瞎敷衍，未曾认真地对他们提出什么讨论的问题，因为我在纽约将动身南下的时候，就有几位前进的美国朋友很诚恳地再三叮嘱我，叫我在南方旅行的时候要特别谨慎，非认为信得过的朋友，千万不要表示什么态度，尤其是表同情于美国革新运动的态度。他们并教我不少掩护的法子，例如千万不可说是从纽约来的，最好说自己是个忠实的基督徒，住的地方最好是青年会的住宿舍。后来我到南方所看到的情形，才更领略到这些好友的忠告是具有充分理由的。我要老实地承认，我在南方所遇到的一般美国人，对我的态度都很和善诚恳，给我的印象很好；不过我同时知道南方的资产阶级对于革新运动的畏惧是到了极点，如果知道任何人同情于美国的这个运动，那又是另一回事了。

到这样一个多所顾忌的生疏的地方，要想得些正确的材料，非有极可靠的朋友在当地指导不可，所以我在纽约就承一位在莫斯科暑期学校认识的美国好友给我一封很得力的介绍信，介绍我给柏明汉的一位C女士。这位C女士是在一个会计师事务所里做事，而同时是极热心于劳工运动的人。我一下了火车，直往青年会寄宿舍奔去。但是不幸得很，那里的青年会寄宿舍只容纳长期的会员，不收临时的旅客，虽经我声明我是很忠实的基督徒还是无用！天已在黑暗起来，我只得瞎窜到一个小旅馆里去安顿下来，立刻打电话去找C女士。可是“祸不单行”，对方的回话虽是一个女子的很温柔和爱的声音，却不是C女士，据她说C女士病了好几天不到办公处了。我真着急，恳请她把C女士的地址告诉我，她说C女士的地址她不大清楚，可以替我打探，同时说如果有什么事可以帮忙，她也很愿意。我听到了最后一句话，才好像死里回生，约好第二天一早去看她，承她答应了。我事前本知道那位会计师也是同情于美国革新运动的，在她的事务所里有几位男女青年是藉着她的掩护，于工余参加劳工运动的，所以交臂失了C女士，很想再找一个援手。我很愉快地回忆，第二天早晨的谈话结果非常圆满，不但得着在电话里无意得到的这位M女士的热心赞助，并承她介绍给一位在该地主持劳工运动负着更重要责任的R君，和他的“同志妻”D女士。他们都是精神焕发，热烈诚恳，对社会工作具有极浓兴趣的可爱的青年。我把纽约那位朋友的介绍信给R看，他看后就含笑着轻轻地撕得粉碎，对我说这种信放在身边很危险，被侦探搜到了不得了。莫理莫觉的我，听到了他这样温婉而直截的话语，才感觉所处环境的严重。几次痛谈之后，他们把我当作自己人看待，无话不说，才知道R君和D女士都才出狱几天，原来他们俩为着帮助被压迫的黑工组织起来，被大老板所雇用的暗探抓去，像绑票似地塞入汽车，风驰电掣地弄到郊外偏僻之处，毒打一顿，再交付警察所关一个月。R君的身体非常健康，谈时他还兴会淋漓地笑着，说他不怕打，工作还是要干；同时D女士伸出她的臂膊来，欣然把那个一大块打伤的疤痕给我看。在号称法治国的国家，竟有这样的事情，真是出我意料之外。听说在那里的大老板们，无论是大地主，或是大亨，都可公然自用侦探，任意在马路上抓人，警察不但不敢干涉，而且还要合作！你要控诉吗？法官也是他们的爪牙，可以说你是自己打伤了来诬陷的！

我对这几位美国青年朋友所最敬佩的，是他们吃了许多苦头，对于工作却丝毫不放松，丝毫没有消极的意思，仍是那样兴会淋漓，乐此不疲地向前干着。我永远不能忘却他们的这样的精神，我真愿意做他们里面的一员！他们自己不怕危险，但是对于我却爱护得十分周到。有一次他们和几个黑工同志开会，我也被邀请旁听，我坐的位置近窗口（楼上的窗口），R君忽想到我的座位不妥，即叫我另坐一处，说也许外面有暗探注意到我，致我受到牵累。由他们替我规划，我又由柏明汉再南行到一个五万五千人的小镇塞而马（Selma）去看黑农所受的惨遇，相距原有四小时的长途汽车行程，他们以为只要三小时，约定回来那一天，他们因为我未照他们所预期的时间到，立刻开会打算营救，疑我被地主抓去！我回时见到他们，正是他们恐慌着开会商量营救的时候，那种见面欢跃的神情，使我觉得那深厚的友爱，好象是自己所亲爱的兄弟姊妹似的。

在柏明汉所见的黑人的“异遇”，限于篇幅，未能详述，简单地说，黑人只能住在他们的贫民窟区域，那是不消说的。即在电车上，黑人也另有一小节座位分开，有牌子写明“色”字，另一大节的座位便有牌子写明“白”字。我亲眼看见有个黑女到一个咖啡店去买了一杯咖啡，不得在店内喝，要拿到人行道上喝完之后，再把杯子归还。我由柏明汉往塞尔马的长途汽车里，看到沿途有黑女上来，虽同样地付车资，因为后几排已坐满了黑人，前几排中虽有空位，因有白人在座，这黑女只许立着，使人看了真觉难过。到塞尔马看到变相的黑奴，情形很惨，当另作一文谈谈。

（原载 1936 年 8 月 16 日《世界知识》第 4 卷第 11 号，署名韬奋。）

由柏明汉到塞尔马

我因为要看看美国南方的黑农被压迫的实际状况，所以特由纽约经华盛顿而到了南方“黑带”的一个重要地点柏明汉，这在上次一文里已略为提到了。我到后住在一个小旅馆里，茶房是个黑青年，对我招待得特别殷勤，再三偷偷摸摸地问我是不是要旅行到纽约去，我含糊答应他，说也许要去的，但心里总是莫名其妙，尤其是看到他那样鬼头鬼脑的样子。后来他到我的房里来收拾打扫，左右张望了一下，才直着眼睛对我轻声诉苦，说在那里日夜工作得很苦，衣食都无法顾全，极想到美国北方去谋生，再三托我到纽约时替他荐一个位置，什么他都愿干，工资多少都不在乎，唯一的目的是要离开这地狱似的南方。他那样一副偷偷摸摸吞吞吐吐的神气，使我发生很大的感触，因为谋个职业或掉换一个职业这原是每个人应有的自由权利，但在他却似乎觉得是一件不应该的犯法的事情，一定要东张西望，看见没有旁人的时候，才敢对我低声恳求，这不是很可怜悯的情形吗？这个黑茶房又在我面前称羡中国人，说在该城的中国人都是很阔的，尤其是有个中国菜馆叫做 Joy Young，这里面的老板姓周，置有两部汽车，使他津津乐道，再三赞叹。我依着他所说的地方，去找那家中国菜馆，居然被我找到了，布置得的确讲究阔绰。有两位经理，一个姓卢，一个姓周，他们虽然都是广东人，我们幸而还能用英语谈话，承他们客气，对于我吃的那客晚饭，一定不要我付钱。据说该城只有中国人四十五人，都有可靠而发达的职业，有大规模的中国菜馆两家，小规模的中国菜馆一家；因为那里的中国人在生计上都很过得去，衣冠整洁，信用良好，所以该城一般人对于中国人的印象很好。后来我见到R君（即热心照呼我的一位美国好友，详上次一文），问起这件事，他也承认在该城的中国人比较地处境宽裕，但是因为这样，他们自居于美国资产阶级之列，对于劳工运动很漠视，赞助更不消说。他的这几句话，我觉得不是没有根据的，因为我曾和上面所说的那个中国菜馆的经理周君谈起当地人民的生计状况，他认为当地的人民里面没有穷苦的，而在事实上我所目睹的贫民窟就不少！——虽则最大多数是属于黑人的。但在我听到中国人在该城还过得去，这当然是一件可慰的事情，至于他们因生活的关系，有着他们的特殊的意识形态，那又是另一件事了。

R君告诉我，说一般人都很势利，所以叫我在街上走的时候，要挺胸大踏步走，对任何人不必过分客气，如有问路的必要时，可先问怎样走回塔特乌益勒旅馆（Tutwiler Hotel），因为这是柏明汉最大最讲究的一个旅馆，有人听见你住的是这个旅馆，一定要肃然起敬，认你是个阔客！这样一来，他便要特别殷勤，你问什么他就尽力回答你什么。可是我从来没有装过阔，这在我倒是一件难事，幸而柏明汉城并不大，街道整齐，还易于辨别，所以也无须装腔作势来问路。

诚然，如果你不到许多贫民窟去看看，只看看柏明汉的热闹区域和讲究的住宅区，你一定要把它描写成很美的一个城市。它的市政工程办得很好，因为街道都是根据着计划建成的，所以都是很直很宽的，转角的地方都是直角，方向都是正朝着东西南北的。你在这样市政修明的街道上，可以看见熙来攘往的男男女女——指的当然是白种人——都穿着得很整洁美丽，就是妇女也都长得很漂亮，白嫩妩媚得可爱，不是你在纽约所能多遇着的。

我有一天特为到一个很讲究的理发店里去剪发，那个剪发伙计的衣服整洁，比我还好得多，我有意逗他谈谈，才知道他对于中国人很欢迎，说中国人和美国人是一样的高尚，他同样地愿为中国人服务。但是我一和他提起黑人怎样，他的和颜悦色立刻变换为严肃的面孔，说他决不许“尼格”进来，“尼格”那配叫他剪发！我说“尼格”一样地出钱，为什么不可以？他说你有所不知，只要有一个“尼格”进来，以后便没有白种顾客再到这个店里来剪发了，所以他们为营业计，也绝对不许“尼格”进来的。

我曾亲到黑人的贫民窟里去跑了许多时候，他们住的当然都是单层的破烂的木板屋，栉比的连着。我曾跑到其中一家号称最好的“公寓”去视察一番，托词要租个房间。起初那个女房东很表示诧异，我说我是在附近做事的，要租个比较相近的安静而适宜的房间，她才领我进去看，把她认为最好的房间租给我。我一看了后，除破床跛椅而外，窗上只有窗框而没有窗，窗外就是街道。我说这样没有窗门的房间，东西可以随时不翼而飞，如何是好！她再三声明，只要我肯租，她可以日夜坐在窗口替我看守！我谢谢她，说我决定要时再来吧。

我在这许多龌龊破烂的贫民窟跑来跑去的时候，尤所感触的是这里那里常可看到几个建筑比较讲究的教堂，有时还看见有黑牧师在里面领导着黑信徒们做礼拜，拉长喉咙高唱圣诗。教堂也有黑白之分，专备白人用的教堂，黑人是不许进去的。这事的理由，不知道和上面那位剪发伙计所说的是不是一样！

美国南方的资产阶层把剥削黑人视作他们的“生命线”，谁敢出来帮助黑人鸣不平，或是设法辅助他们组织起来，来争取他们的自由权利，都要被认为大逆不道，有随时随地被拘捕入狱或遭私家所雇的侦探绑去毒打的机会。

柏明汉以铸钢著名，还是一个工业的城市，我听从 K 君的建议，更向南行，到塞尔马去看看变相的农奴。

塞尔马是在柏明汉南边的一个小镇，离柏明汉一百十二英里，是属于达腊郡（Dallas County）的一个小镇。人口仅有一万七千人，这里面白人占五千，服侍白人的仆役等占二千，变相的农奴却占了一万。以一万二千的黑人，供奉着那五千的白人！这是怎样的一个社会，可以想见的了。

由柏明汉往塞尔马，要坐四小时的公共汽车。那公共汽车比我们在上海所用的大些，设置也舒服些，有弹簧椅，两人一椅，分左右列，两椅的中间是走路的地方，这样两椅成一排，由前到后约有十几排。两旁的玻窗上面有装着矮的铜栏杆的架子，可以放置衣箱等物。开汽车的是白人，兼卖票，帮同客人搬放箱物。他头戴制帽，上身穿紧身的衬衫式的制服，脚上穿着黄皮的长统靴，整齐抖擞，看上去好象是个很有精神的军官。我上车的时候，第一排的两边座位已有了白种乘客坐了，我便坐在第二排的一个座位上。接着又有几个白种乘客上来，他们都尽前几排坐下。随后看见有几个黑种乘客上来，他们上座位时的注意点，和白种乘客恰恰相反：白种乘客上车后都尽量向前几排的座位坐下；黑种乘客上车后却争先恐后地尽量寻着最后一排的座位坐起。这种情形，在他们也许都已司空见惯，在我却用着十分注意和好奇的心情注视着。渐渐地白的由前几排坐起，向后推进，黑的由后几排坐起，向前推进。这样前的后的都向中间的一段推进，当然总要达到黑白交界的一排座位。那个黑白交界的座位虽没有规定在那一排，但是前几排坐满了白的，后几排坐满了黑的，最后留下空的一排，只须有一个白的坐上去，黑的就是没有座位，也不敢再凑上去；反过来，如只有一个黑的坐上去，白的也不愿凑上去。

所以在交界的地方，总是黑白分得清清楚楚，一点不许混乱的。我这次由柏明汉乘到塞尔马的那辆公共汽车开到中途的时候，最后留下的空的那一排座位上坐上了一个黑种乘客，照地位说，那一排还有三个人可坐(两张椅，每张可坐两人，中间是走路的)，但我看见有一个白种乘客上来，望望那一排座位，不进来坐，却由汽车夫在身旁展开一张原来折拢的帆布小椅，夹在第一排的两椅中间(即原来预备走路的地位)坐下。等一会儿，又有一个白种乘客上来，那汽车夫又忽而从近处展开一张同样的帆布小椅给他夹在第二排的两椅中间坐下。我记得当时第六排起就都是黑人，我不知道倘若继续上来的白种乘客即有帆布小椅可坐，挤满了第五排的中间以前，怎样办法。可是后来白种乘客并没有挤到这样，所以我也看不到这样的情形。这种帆布小椅小得很，只顶着皮鼓的中央，尤其是那位大块头的中年妇人，我知道她一定坐得很苦，但是她情愿那样，虽然有很舒服的沙发式的座位，因为在黑人一排而不肯坐。而且挤坐在两椅的中间，一路停站的时候，后面客人走出下车，她还要拖开自己的肥胖的躯体让别人挤过，怪麻烦的，可是她情愿这样。不但她情愿这样，那个汽车夫以及全车的客人，除我觉得诧异外，大家大概都认为是应该这样的。

那个黑白交界的两排座位——一黑一白——是随着黑白两种乘客在一路上增减而改变的。例如在中途各站，白人下去得多，黑人上来得多，那黑界就渐渐向着前面的空的座位向前推；如黑人下去得多，白人上来得多，那白界也就渐渐向着后面的空的座位向后推。我后来看到最后留下的那一排座位坐着一个白人，忽然有一个黑女上来。那黑女穿得很整洁，人也生得很漂亮，手上还夹着几本书，但是不敢坐上那一排上空的位置，只得立在门口。车子在那段的路上颠簸得颇厉害，但是她屡次望望那几个空着的位置，现着无可奈何的样子！我尤其恻然的，看见有三四岁天真烂漫的黑种孩子，很沉默驯良地跟着他的母亲坐在后面，又很沈默驯良地跟着他的母亲从后面踯躅着出来下车。他那样的无知的神态，使你更深深地感觉到受压迫者的身世的惨然。大概中国人到美国南方去游历的很少，尤其是在那样小城小镇的地方，所以汽车里面的乘客，无论是白的是黑的，对于我都表示着相当的注意，至少都要多望我几眼；但是他们所能望到的只是我的外表，绝对想像不到我那时的心情——独自孤伶伶地静默地坐着，萦回于脑际的是被压迫民族的惨况，和这不合理的世界的残酷！

在途中还时常看见住小板屋的“穷白”，他们的孩子因营养不足，大抵都面有菜色，骨瘦如柴。

我到塞尔马的时候，已经万家灯火了，在柏明汉没有住成青年会寄宿舍，到这里却住成了青年会寄宿舍。当夜我只到附近的一两条街市跑跑，后来才知道这个小镇的热闹街市就不过这一两条。可是市政却办得很好，不但热闹的街道，就是住宅区的街道也都广阔平坦，都是柏油路。商店都装璜美丽整洁。第二天跑了不少住宅区，玲珑精美的住宅隐约显露于蓊郁的树阴花草间，使我想到这是一万多黑人的膏血堆砌成功的，使我想到在这鸟语花香幽静楼阁的反面，是掩蔽着无数的骷骸，抑制着无数的哀号！

我们读历史，都知道美国有个林肯曾经解放过美国的黑奴，但是依实际的情形，美国现在仍然有着变相的农奴（这变相的农奴也就是黑奴），所谓解放黑奴，只是历史教科书上的一句空话罢了。“变相的农奴”这名词，我是用来翻译在美国南方所谓“Sharecropper”。在英语原文的这名词可直译为“收成的分享者”。这原来可说是不坏的名词，因为农业有了收成，请你来分享一部分，这有什么坏处？但是在实际上这号称“收成的分享者”却丝毫“分享”不到什么“收成”，只是替地主做奴隶，所以我就把它意译为“变相的农奴”，使名符其实，以免混淆不清。这种变相的农奴除了自己和家人的劳力以外,一无所有。地主把二三十亩的田叫他和他的家人来种棉花——美国南方是产棉区。由地主在田里的隙地搭一个极粗劣狭隘的板屋给他全家住,供给他农具和耕驴。在表面说来,到了收成的时候,他应可分得一部分的棉花,但在事实上地主并不许他自己占有这一部分棉花的售卖权。地主所用的方法,是强迫这黑农和他的家人用他替他们所置办的极粗劣的衣服和粮食,以及其他家常需用的东西。到了收成的时候,由地主随便结帐,结果总是除了应"分享"的部分完全抵消外,还欠地主许多债。这种债一年一年地累积上去,是无法偿清的,在债务未偿清以前是无法自由的,不但他自己要终身胼手胝足替地主做苦工,他的全家,上自老祖母,下至小子女,都同样地要替地主做苦工,在南方的地主们数起他所有的变相的农奴,不是以人数,却是以家数。例如一个地主说他有着十家的"收成分享者",这意思就是说这十家的大大小小都跟着那每个家里的变相的农奴一同为地主服役,没有工资可说的。所以说是十家,把人数算起来,也许要达一百多人。我除到了附近的乡村步行视察外,还雇了一辆汽车到塞尔马郊外的农村去看了好些时候,看见东一个大田中间有一个板屋,西一个大田间有一个板屋;这板屋就只是一个破旧的平房,黑奴几代同堂都塞在里面。在那里,你可以看到褴褛不堪的男男女女大大小小横七竖八地坐在门口地下,外面晒着炎热的阳光,他们就在这样的环境里呆坐着。那天正逢着星期日,他们照例是无须做工,但也无法出去娱乐,其实也无处娱乐,所以只得呆呆地在炎暑之下呆坐一天!他们平日工作是没有一定的时间的,从天亮起,一直到天黑为止!塞尔马的街道那么好,但却没有任何街车,因为地主们都有汽车,奴隶们就只配跑腿。全家服役的变相的农奴们,因此也只有侷促在狭隘肮脏的小板屋里,无法出去,就是出去,也没有什么地方可去。他们乘车的时候也有，我在乡间亲眼看见地主把运货的塌车运输黑奴，一大堆地挤着蹲在里面，和运猪猡一样！

依法律虽不许买卖人口，但是在美国的南方“黑带”里，甲地主要向乙地主让若干变相的农奴，只要出多少钱给甲地主，以代这些变相的农奴还债为词，便可用塌车整批地运走，因为他即成为这些农奴们的新债主，有奴役他们的权利了！这不是变相的农奴是什么呢？

（原载1936年9月1日《世界知识》第4卷第12号，署名韬奋。）

再经华盛顿回到纽约

我在美国南方视察的情形，在前几次的《忆语》里已说得差不多了。我由塞尔马回到柏明汉，于六月底经华盛顿回到纽约。离开柏明汉时，最难舍的当然是几位美国男女朋友的深挚的友谊。我临走时向他们问通信处，才知道他们不但开会的地方常常更动，住的地方常常更动，就是通信的地方也是要常常更动的。他们在工作上的技术的细密，于此可见一斑。随后 M 女士终于给我一个通信地址，这地址就是邮政局，他们叫做 General Delivery，由她在邮局留下一个姓名，邮局把她所留下的姓名依字母编列备查，以后便可由她自己到邮局取信，不必由邮差送给她，这样一来，她的地址便不会给任何人知道了。可是如果有人知道了她在邮局所留下的姓名，却尽可以到邮局去冒领她的信，因为邮局只照来者所说的姓名付信，并不认人的。所以就是她在邮局所留下的姓名（当然已不是她的真姓名），也是严守秘密，不轻易告人的。我存着这个通信处，到纽约后屡想写一封信去谢谢他们，但是有许多美国朋友知道南方情形的，都劝我如果没有特殊事件时还是不写的好，因为非常反动的南方，对于纽约来信是检查得很严的。

我临走时，他们都紧握着我的手，许久许久不放，再三叮咛郑重而别。十几天相聚的友谊，竟使我感觉到是几十年患难交似的。为着环境的关系，他们当然都不能到车站来送别，所以我是一个人到火车站去的。我起先并不知道由柏明汉往华盛顿的火车有两种，一种是装有冷气管的(他们叫做 air-conditioned)，一种没有，有的要加多几块钱车费。我只注意到华盛顿的时间，糊里糊涂地买了一张“冷气火车”的车票(买的时候并不知道)，无意中尝尝美国较近才有的“冷气火车”的滋味。上车的时候，是在夜里，气候还不怎样热，但是进了火车，就觉得格外的凉爽。我“阿木林”似的，最初很觉得诧异，何以气候变得那样快，后来仰头看到车里壁上的广告，才恍然知道这是美国新近的“冷气火车”，才知道是此生第一次坐在有冷气管的火车里，不禁惊叹物质文明的日新月异。同是“冷气火车”，仍然是黑白分明，即白人乘的那几节车，黑人不敢进来，黑人是另有一节车的。我是非黑非白的黄种人，但依例却坐在白人的车里，这是在以前就说过的。我屡次看见黑人上车后跑错了，直闯到白人的车里来，但是当他们的头一钻进之后，知道错误，立即飞快地回头，有的不提防地向里走了几步才觉察，觉察后就三步作两步地向外奔，好像犯了什么罪恶似的，那种踉跄的滑稽态，初看起来令人觉得好笑，但是仔细思量之后，却是很可悲悯的。这种不平等的待遇，在精神上是有着很大的刺激，黑人里面略有觉悟的人没有不对你表示痛心疾首的。黑人所以遭到这样的惨遇，无非因为他们是被克服的民族，我看着这样的情形，想到自己祖国当前所处的境遇，真是百感丛集，在火车里一夜都没有睡着。我买不起卧车票，原来是预备坐着打瞌睡的，这样引起了万端的心事，想来想去，连瞌睡都打不成了。挨到天亮，等一会儿，由窗口望见炎日当空，烈光四射，可是因为车内有着冷气，还是凉飕飕的，没有想到外面气候已热到什么程度。但是因为一夜没有睡，心绪又不好，也没有想到坐在这冷气里有着怎样的受用。

下午到了华盛顿，一踏出了车门，才感觉到外面气候的奇热，和车内比起来好像是两个世界。我的疲倦的身体，好像在炎夏从冰箱里拿出来的什么东西，一冷一热，在刹那间趋于极端，倏然间觉得头昏目眩，胸际难过得厉害，勉强提着一个小提箱，孤零零懒洋洋地走出车站，简直好像就要立刻昏倒似的。我心里想这样死去，未免死得太冤罢，赶紧转一个念头，勉强跑到车站附近的一个小旅馆里去，一踏进房里，就不顾一切地躺在床上，好像昏去似的躺了两三小时，才渐渐地恢复转来。

在华盛顿因为要调查侨胞的生活，又耽搁了两天。在华盛顿的华侨约有六七百人，也有所谓唐人街。其实不过在一条街上有着十几家中国人开的店铺。在唐人街的一般现象是洗衣作，菜饭，中国式的药材铺，和中国式的杂货店。华盛顿也不能例外。这里有一家较大的杂货店，店面有着似乎中国庙宇式的建筑，漆得红红绿绿的。据陪我同去视察的朋友说，这家铺子的老板是华盛顿唐人街的一个重要领袖，娶了一位美国妻子。我们去看他的时候，已近午时，他才从床上起来。我和他谈谈当地侨胞的状况，提到赌的情形，他说最近赌这件事可说是没有的了。一踏出了他的门口，陪我同去的那位朋友就不禁失笑，因为他是很熟悉当地情形的，并且很知道那位“重要领袖”的生活；据他所知道，那位“重要领袖”到午时才起来，就是因为他前一夜是赌到深夜才睡觉的！我说大概做“重要领袖”的人不得不顾面子，可是欺骗不过熟悉内部情形的人。

赌在唐人街的流行，当然也有它的原因。美国人要想发财，可以在做“大生意”上转念头，中国人因资本微薄的关系，虽有极少数的三两个人也走上这一条路，但是大多数都不过是做小生意的，从小生意里发大财是很难的，于是往往视赌博为发财的唯一捷径。而且他们缺乏相当的娱乐，赌博也是一条出路，所以有许多都在这里面寻觅他们的桃源。但是在那里的赌博却也不是一件很简单的事情，因为是有着“堂”的“领袖”们包办的。由这里面引起的纠纷，往往发生所谓“堂斗”。“堂斗”发生的时候，美国的当地官署势必出来干涉，于是在“堂”方面便派出所谓“出番”者(据说就等于“外交家”)，和美国的当地官署接洽，用运动费来和美国的当地官署狼狈为奸，他便可从运动费中大赚其“康蜜兄”(佣钱或回扣)。这种“出番”当然是“肥缺”，所以都是由“堂”的“领袖”担任。因此“堂斗”发生，便是“领袖”们发财的机会。既是“斗”当然需要打手。这类打手，他们叫做“斧头仔”；追究这名词的所由来，是因为在数十年前，他们用的武器是斧头；后来物质文明进步，有手枪可用了，但是他们在名词上还是同情于复古运动，所以仍用旧名。这类打手最初多为失业的人，由堂的“领袖”时常借钱给他，债务渐积渐多起来，无法归还，便须听受“领袖”的指挥，遇着有事需要打手的时候，便被使用。打死一人，还可得到酬报一千元或五百元。打死别堂的“领袖”，可得到酬报万元。

据说在华盛顿半年来(就当时说)也有了几个中国妓女，堂的“领袖”们不但包办烟赌，而且也包办妓女，所以堂的“领袖”往往也就是老鸨！“领袖”这个名词竟有机会和老鸨连在一起，这真是“出乎意表之外”的一件奇事。美国因受经济恐慌尖锐化的影响，近年来妓女的数量大增，因人数大增，出卖的价格也不得不特别减低。据说在华盛顿的美国妓女(美国没有公娼制度，所以都是私娼)，从前一度春风须四五个金圆的，近年已减低到两个金圆了；但是在那里的中国妓女因为不是“自由”的身体，多受一层剥削，仍须四个金圆，不能和美国妓女竞争，生意也不及以前了。

我和华盛顿相别了，但是我和华盛顿相别的时候，不及对于柏明汉的那样依恋不舍，虽则华盛顿比柏明汉美丽得多。这无他，因为在柏明汉所遇着的几位美国男女朋友的深挚的友谊使我舍不得离开他们。我由华盛顿回到纽约的途中，坐在火车里，种种念头又涌现在脑际。最使我想到的当然是这次在美国南方所看到听到的关于“变相的黑奴”的生活。在美国的劳工大众受着他们资产阶级的榨取和压迫，诚然是很厉害的，关于这方面的种种情形，我以前和诸君也谈过不少了。但是在美国的黑人（最大多数都是属于劳工阶级）所受的榨取和压迫更厉害得千百倍，因为他们在表面上虽称美国为他们的祖国，但是他们的民族实在是整个的处于沦亡的地位，他们在实际上实在无异做了亡国奴。所以他们在法律上，经济上，文化上，以及一切的社会生活，都不能和美国的白种人立于平等的地位。在美国南方贯穿十几州的所谓“黑带”；黑色人口只有比白种人口多，但是因为等于做了亡国奴，人口虽多，还是过着那样惨苦的生活。可见领土和主权不是自己的时候，人数虽多还是无用的。这是我们所要注意的一点。黑人里面有不少觉悟的前进分子，已在积极主张“黑带”应该自立，成立一个独立的黑国，这件事说来容易，要真能使它实现，却是一件很难的事情，因为既经没有了的领土和主权，要再得到是很难的。这是我们所要注意的又一点。想到这种种，已使我们做中国人的感到汗颜无地了。我回想所看见的黑人的惨苦生活，又不禁联想到在中国的黄包车夫（或称洋车夫）的生活。老实说，人形而牛马其实的黄包车夫生活，比美国南方的“变相的黑奴”的生活，实在没有两样！我们只要想想，在炎日逼迫之下，或是在严冬抖战之中，为着一口苦饭，几个铜子，不得不弯着背脊，不顾命地奔跑着，这样的惨状，人们见惯了，也许熟视无睹，但是偶一回想，就是那些在“黑带”做“变相的黑奴”的苦作情形，也不过这样吧！都是把人当牛马用！我坐在火车里独自一人默念到这里，虽然这躯壳是夹坐在“白”的车厢里，望望那“黑”车里的黑人们，却不免感到说不出的惭愧，因为大多数中国苦同胞的“命运”(做苦工过着非人生活的当然还不限于黄包车夫),并不比他们高明些!

回到纽约了,好像回到了临时的家乡,但是再耽搁一星期又要和它离别了。在离别前,除继续搜集研究材料外,对于那里的华侨情形,也做了比较详细的调查。

关于纽约唐人街的情形,我以前已略为谈过了,现在只想再谈谈关于组织方面的大概。我在上面提及“堂”,在纽约有所谓安良堂与协胜堂。推溯这两“堂”之所由来,听说最初到美国去的华侨格外穷苦,加以美国移民律限制的苛刻,各人当然都无力带妻子同去,成为无家可归的人。穷苦和无知又往往结不解缘,他们在偷闲的时候便聚赌,一言两语不合便在赌场里打架。后来有些人积下了一些钱,由不顾一切的穷光棍而变为有些钱的商人了,于是为着他们自己的利益计,觉得有镇压一班穷光棍的必要,便联合他们的一派组织安良堂,一班穷光棍也组织协胜堂以为抵抗。所以最初协胜堂颇有反抗压迫的意味。但是后来各堂各占一街(在纽约的唐人街就只有两条街),认为各有各的势力范围,包庇烟赌和娼妓,同样地由少数人所操纵而腐化起来。华侨的总组织有所谓中华公所,中华公所的董事会在表面上是由各团体(主要的是各会馆)分派代表,及所选出的主席、书记和通事所组织,在实际上却是由两个主要的团体轮流主持,一个是宁阳会馆,由最占势力的台山人组织的;一个是联成公所,是由台山以外的数十县的广东人和少数他省人组织起来的。所谓主席、书记、通事等等,都由这两团体轮流分配。所谓“堂”却在后面操纵各团体,由此操纵中华公所的一切。就一般说,堂是任何人可以加入,会馆则有的以几县的区域为范围,有的以族姓为标准,有的在一个会馆里还分派。简单说一句,他们的组织还是道地十足的封建的遗物。

堂的"领袖"以前称会长，中国"革命"后主席盛行，他们也改称"主席"，各堂内还分有小派。

两个"堂"各据一条街，做各个的势力范围，例如有甲堂的人在乙堂的势力范围内开一家店，乙堂便出来干涉，甲堂同时要出来保镳，先来调解，讲条件，条件讲得不合，便是堂斗的导火线，大家派出打手来打个你死我活。这种"地下"的权力是出乎美国警察势力范围之外的。堂斗厉害的时候，唐人街都不得不罢市，美国人也相戒不要到唐人街的范围里面去。受损失最大的当然是华侨群众；无论谁胜谁负，群众都得不到什么好处，分赃的好处只是归于少数所谓"领袖"。在只求安居乐业的华侨群众是用不着堂斗的，是不需要堂斗的，但是因为组织为少数人所操纵，只得眼巴巴望着他们胡闹；这好像国内的老百姓用不着内战，不需要内战，而军阀们却用内战来为少数人争权夺利一样。大多数的华侨群众都是很勤俭刻苦的老实人，徒然供少数人的榨取剥削罢了。美国的劳工界的组织，如全国总工会及若干分会之类，也在少数官僚化的人们的手里，近数年来美国劳工运动的重要趋势是"群众运动"(rank and file movement)，就是要把组织从少数人手里夺回到群众自己的手里来。其实华侨的组织也有这种的必要。华侨的组织不健全，当然不就是大多数华侨的不兴，犹之乎美国劳工组织的官僚化，不就是大多数美国工人的不兴，这是要分别清楚的。据我所知道，纽约华侨的团体中有个新兴的衣馆联合会，已有四千家衣馆加入(纽约一向有华人开的衣馆六千家)，还在继续进行，便是一个由群众自己组织的团体。可见"群众运动"在他们里面也略有端倪了。

(原载 1936 年 11 月 1 日《世界知识》第 5 卷第 4 号，署名韬奋。)

两个农家的访问

上次和诸君所谈的，可以说是关于美国农业和农民生活的鸟瞰，现在要略再谈谈访问农民领袖的情形。

我于七月十六日下午和纪因及赛意离开了明尼爱普利斯，于当日下午八点钟到南得可塔州东北角一个小镇叫做克勒尔城（Claire City），再到离开这个小镇约二英里的一个小村里面去，访问一个农家姓乌华斯特的（Walstad）。美国小农村里的房屋是零星散布在农田中的，很不容易找。幸而住在小农村里的居民大概因人家不多，彼此都是相识的，所以在途中问了几次路上的行人，由他们的指示，在田陌间转了几个弯，由赛意下车去问了几家，就找到了乌华斯特的家里。说来有趣，这个农家的全体都成了最前进政党的热心分子，一父两子和两个媳妇都成了农民运动中的健将！他们当然都加入了联合农民同盟。大的儿子有三四十岁了，名叫克勒伦斯（Clarence）。我们到的时候，正看见克勒伦斯在房间里的一架油印机上大印其印刷品，预备发给本村各农家的。他的妻子也在旁边帮忙。他们和我们大谈了许多有名无实的"农民救济"的种种黑暗内幕。不一会儿，他们的老父由田间回来了，他的弟弟也由田间回来了。老父名叫康特（Kunt），六十几岁了，弟弟名叫纠利爱斯（Julius），年龄看去有三十几岁，克勒伦斯没有子女，纠利爱斯却有着一大群小把戏，大概有五六个，由两三岁到六七岁，庭院里和饭厅上（同时也就是客厅）都被他们吵得怪热闹。老父喜欢说笑话，顾盼这些孩子们笑着说，你不要看不起他们，这些宝贝都是未来的青年党员啊！他听说我们都是由纽约来的，那是很远的地方，他又说笑话，说："你们从那样远来，到底是不是反动派弄来的奸细，我真有点担心！"当然，这只是说笑话，有柯勒尔的介绍，他们不会疑心我们是什么奸细，全家都十分殷勤地招待我们，特别烧了好菜请我们吃晚饭。夜里把小把戏们挤到一只床上去，留出一个床来给我们过夜。

康特很感慨地告诉我们，说他数十年的血汗积蓄，原来已有了二三万金圆存在银行里面，后来因银行关闭的狂潮，完全丧失，一无所有，他的妻死了，现在就和两子同居，分受一点有名无实的所谓"救济"。他说他们所住的这个小村里有七八百人口，农民苦干得像奴隶一样。在以前繁荣的时代，一个勤俭自守的农民还可有数百元或数千元储蓄在银行。那时地价一天高一天，每亩地价约达一百二十五金圆。但是一九二九年以后，地价竟跌到每亩二十金圆，现在虽有一部分农民仍糊里糊涂，仍想靠苦干来挽回厄运，但是已有一部分农民觉悟，认为非联合起来抗争是无济于事的。这位老农不但认识正确，而且对于革命理论也谈得头头是道，听说他的书也看了不少，我和纪因及赛意都为之惊叹。

纠利爱斯也是一个很有趣的人物。你看他穿着农民工作的衣服由田间回来的时候，似乎有些土头土脑的样子，但是你如开口和他谈谈，便知道他一点也不土！原来他也是农民运动中最英勇的一个分子。当夜刚巧在附近农村的一个小学校里（就只有一个房间的小学校）约了几个农民开会，我们也乘着这个机会跟他去看看。他有一辆蹩脚的福特旧式汽车，开起来在马路上隆冬隆冬响而特响，他一面开车，一面告诉我们，说有人喜欢称道美国农民有汽车，这个破烂的车子就是一个标本，坏了没有钱修理，连汽车号牌也没有钱去付捐。我问没有汽车号牌，如果被查了出来，要不要被罚。他说在这样尴尬的时代，那里顾得许多！他并说在乡间人少，大概可以混混；偶然开到城里去买东西，只得设法把车子停在警察看不见的地方，有的警察虽看见了，也马马虎虎。他用很滑稽的姿态和口气说着，我们听了都不由得大笑起来。

我们在路上隆冬隆冬了好些时候，在黑暗中已到了准备开会的小学校。已有几个人先到了，都暂在小学校的外面空地上等候着。一阵一阵地有农民开着车子源源而来。车子都不比纠利爱斯的高明，有的只是陈旧不堪的货车，隆冬隆冬的声音就更大。有许多农民连田间工作的衣服都来不及换，就那样穿在身上来赴会。人都齐了，同进小学校里去开会。到会的约有三四十人，有三个女的。纠利爱斯也起来发表意见，他立到讲台上去，居然滔滔不绝地讲了半小时的话，说得很有条理。他不但能演讲，而且在行动上也很英勇。本村有农民因银行逼债，要把他全家驱逐出屋，纠利爱斯等特招集多数农民出来阻止。这农家虽赖群众的力量，仍得暂时住着，但是纠利爱斯却大受反动派的嫉忌，曾经被绑去毒打过一顿，可是他的热心于农民运动，仍然是很积极的，并不因此而有一点退却。他在不久以前也曾被推举加入美国农民代表团去参观过苏联。据说当时有十六国的农民共派一百六十个代表去苏联视察，美国也是其中的一国。他回国后还写了一本小册子出版，报告他在苏联的见闻。我问起他对于苏联的感想，他回答得颇为有趣，他说:“我在那里看不见像美国这样在饥饿线上打滚的农民生活。我在那里也看不见有人把农民从他的家里驱逐出来。我在那里也看不见有农民常常惴惴恐惧要失掉他的家和农场。我在那里也看不见有剥削者和被剥削者。我在那里所看见的只是工人和农民为着他们自己的国家努力工作着，他们所造成的结果就是他们自己享用得到的。”

我们在乌华斯特家里睡了一夜，第二天早晨起来之后，康特告诉我们，说隔壁村里有两个大学女生，是由东部来到农村里帮助农民运动工作的。等一会儿，她们两位因也听见我们到的消息，虽素不相识，却乘着她们自己的很讲究的汽车来看我们了。她们原来是同胞姊妹，一个叫白黛，一个叫琼恩，年龄都在二十左右，生得非常娇美。一个还在大学求学，一个已毕了业在纽约新闻界任事。她们都出身富有之家，同时加入了最前进的政治组织，对于农民运动有着非常的热忱，乘着暑假时期，自备了一辆汽车，同到农村来尽义务的。她们常常用着自己的汽车替农民团体分送印刷品，或接送较远地方赴会的农民。美国青年活泼健谈，有她们来，我们这一群突然增加了更愉快的空气。她们当天下午还要到附近各村去散发印刷品，我们三人也加入她们的那辆非常讲究的汽车去帮了半天的忙，午饭和晚饭都同在一个附近的小菜馆里面吃。这两个女青年对于中国的民族解放运动也有着浓厚的兴趣和深刻的注意，向我探问了许多话，那种热诚是很可佩的。美国的男女青年为着革新运动的推进，情愿尽义务来干，像这两个妙龄女子，也是一个例子。

我们当晚八点后离开这个小农村，行到十二点钟，在一处“木屋”里歇息一夜。这个“木屋”是我随便创译的，原文是 cabin，是一个一个小的木屋，用木板造成的，每个木屋只有一个或两个房间(大多数只一个)，往往在一个路旁的草地广场上建造一大群这样的木屋，四面用竹墙或其他式样的矮墙围起来。除了我以前曾经提及的人家出租给旅客的房间外，这类木屋也是预备给旅客住的，里面有着床榻及简单椅棹的设备，并另有一个木屋装有新式浴盆及抽水马桶等，以备旅客使用，价格比旅馆便宜。美国农民住宅还多数没有电灯，没有浴室和抽水马桶等等卫生设备，乌华斯特的家里也这样。我们几个人到了这木屋里，愉快地洗了一个澡，舒舒服服地睡了一夜。

第二天早晨（七月十九日）八点钟，我们又上征程了，直开到夜里十点钟，又到同州的另一个小村，叫做雪菲尔德（Sheffield），那里有个农家姓爱尔斯（Ayres）的，是柯勒尔介绍我们去访的第二个农家。乌华斯特那里是种麦，爱尔斯却偏重在畜牧，尤其是牧羊。屋子也不同，前者所住的是一般的平屋，后者所住的却是旧式的木屋，他们叫做log cabin，里面虽分有几个房间，外面看过去却好像是一根一根树木叠成的，至少墙上是有着这种的样子。里面地上虽铺有漆布的地毯，但是没有自来水，没有电灯，没有浴室，没有抽水马桶，却和乌华斯特那里一样。我们到的时候已经不早了，主人姓爱尔斯，名轰默（Humer），很殷勤地出来招待我们，和他的妻子和唯一的女儿陪我们同用晚餐以后，又同在木屋的门外，围坐在地下谈到深夜才睡。我们三个人就在他的客厅里搭着三架帆布床睡。第二天因为要赶路，黎明即起，看他起来亲手在牛旁捏新鲜牛奶给我们喝。轰默年约四十来岁，也是农民运动中的前进分子，境遇似乎比乌华斯特略为好一些，所以他的妻子和十四岁的女儿都穿着得比较讲究些，也有一辆福特旧式汽车，虽也并不高明，但比乌华斯特的好得多了。他用着自己的汽车陪我们去看了好几个畜牧场，并带我们去另一个农家里去吃中饭，参观他的家庭，那人家有三个成年女儿，她们和轰默的女儿都成了前进政党的青年党员，对于我们都格外有着同情的态度。轰默对于AAA减少畜牧数量的办法，也深致愤慨。他是第一次看到中国人，他的家属也是第一次看到中国人，但是他们待我的诚恳殷勤而又自然，却好像是老朋友一样。轰默更非常健谈，而且诙谐百出，令人绝倒。据他告诉我们，那个区域还多少保存着最初移民时的习俗，遇有争执的事情，彼此打一架；谁的膂力强，打得赢，谁就占便宜，什么法律不法律，还不大通行！我们看见轰默的体格魁梧，都想他一定也是一个好打手！他的那个爱女虽只十四岁，生得非常健康美，好像十七八岁的小姑娘；将来大概也是一位女打手吧！

我们于七月二十日的下午五点钟和他们握别，当夜十一点钟开到外屋明州西北部的一个小镇叫可地(Cody)，又在"木屋"里过夜，第二天早晨(廿一日)六点钟即起程，直驶世界最著名的最大公园——黄石公园(Yellowstone National Park)。

美国的殖民地夏威夷

美国的殖民地,除了菲律宾外,要轮到夏威夷了。我于八月十四日的早晨七点钟到夏威夷的首都火奴鲁鲁,和几位旅伴上岸租了一辆汽车,畅游了一整天。这是一个旅行者所喜到的名胜,不但有很好的海滨游泳场,而且碧绿的山坡,一望无际的茵草,丛林四布,鲜花怒放,四季常春,所以有人称为"太平洋的天堂"("Paradise of the Pacific"),在表面上看来,似乎名不虚传,但是如果仔细研究一下,便知道未必尽然。

夏威夷群岛共有岛屿二十个(只九个岛上有居民),面积共为六千四百九十九方英里,人口共为三十八万余人(308,507)。但是这三十八万余人里面,这群岛原来的主人公(即夏威夷土人)却占极少数。当十九世纪初叶,美国的传教士——侵略殖民地的先锋队——开始钻到这些岛上的时候,据估计夏威夷土人约有二十万,但是自从"文明"传进去之后,《圣经》和梅毒盛传各地,大肆其虐(传教士成为该群岛的大资本家和政治的操纵者,详见后),到今日,夏威夷土人余下的只有二万余人(22,230),占全部人口百分之六还不到!据艾尔卿(W. B.Elkin)所调查,说夏威夷死亡率之所以高,重要的原因有二——恶疾和其他疾病。梅洛(David Malo)关于夏威夷的记载,也说花柳病在该群岛的人民间极为盛行。他们两人都说花柳病都是那些宣传“文明”的先生们输入夏威夷群岛的。后来传教士和美国的商人合作，“文明”的范围愈益扩大，把资本主义的剥削制度也输了进去！土人不胜梅毒和残酷榨取的蹂躏，到一八九三年的时候，土人仅残余五万八千人左右，比四十年前少去了一半，到今日更少，只有二万余人了！

今日在夏威夷最有势力的帝国主义者都是以前到该地的传教士的“世家”，大姓有刻苏（Castle），苦克（Cooke），包尔温（Baldwin），亚历山大（Alexander），哲德（Judd），和杜尔（Dole）。这里面因为到得最早而尤其有势力的，是刻苏和苦克。这两家的“上帝的传达者”（“Messengers of God”）看到商业资本的时期已经成熟，就设立刻苦有限公司（Castle & Cooke，Ltd.），同时操纵政治。第二代的“刻苦世家”看见商业资本的时代将去，工业资本的时代到来，他们就用种种取巧的办法大买其土地，大规模地种植甘蔗，改善交通工具如货船等，大做其糖业。同时因为他们的政治势力，于一八七五年和美国订立互惠条件，准许夏威夷的糖免税入口。这样一来，在美的夏糖入口大增，免税后第一年入口就两千万吨。一八八七年最高增至二万万吨以上！于是巨大的利润尽往“刻苦”的财库里滚。但是要使他们的糖业获得更大的保障，他们更作进一步地出卖土人的阴谋，于是在一八九八年，索性怂恿美国吞并夏威夷，进一步巩固他们的“文明”！今日夏威夷政府在实际上只是“刻苦”营业的一个支部而已。

他们的糖业发达，生产飞涨，土人死亡加多，劳工不免缺少，自一八五三年后开始输入中国的“苦力”，据说第一次数量是三百六十四人，五年合同，每月工资仅仅三块钱。这便是所谓“猪仔”，等于奴隶。但是中国人不惯于做奴隶，慢慢地由甘蔗场溜出去做别的生意，如杂货铺、肉铺、酒店或其他商业。他们欢迎中国人去是去做“苦力”的，如今不愿安于“苦力”的地位，却给与他们不少的麻烦。到了一八九八年，美国并吞夏威夷之后，就用法律禁止中国人入口，转而求供于日本人。于是日本人大批地来，可是也不愿久做奴隶，也渐渐溜去做其他商业，至一九〇七年，美日成立了所谓“君子协定”（“Gentlemen's Agreement”）也禁止日本人再来。但是已来的不易赶出去，现在日本人共有十四万四千六百余人（146,189），占该群岛人口百分之三十八。大老板们又须另外设法找奴隶了，输入了好几千俄人、西班人、坡托里科岛人（Puerto Ricaws）、高丽人等等，但是场主也不能把他们久留在甘蔗场做苦工，于是转而求供于菲律宾人。在一九二九年，输入的菲律宾人达一万一千余人（11,628），都是男的，没有女的。（大概输入的工人都是男的，极少有家眷同来，娼妓的奇多和梅毒的广播，这也是一个因素。）据一九三二年的统计，该群岛人口中最多的是日本人，其次是菲律宾人，共有六万五千余人（65,515）。中国人只有二万七千余人（27,235）。日本人和菲律宾人都有他们的工会组织，所以资产阶级虽压迫得厉害，而劳工界的反抗也一天天高涨起来。

在夏威夷，糖业是最大的营业，共用工人达十万五千人，几占全部人口三分之一，近几年每年产糖约八百万吨。他们利用机器制糖，一九〇〇年每人每年可制糖六点七吨（6.7），一九二九年增至二四点二二吨（24.22），自一九〇〇年以来，生产力增加了四倍，但是这种效果，于劳工界是毫无益处的。工资还是照旧，每日总在一元以下。自一九二九年以来，工资更被大大地减少。每日工作时间通常十小时，每日工作至十二小时的也有。仅糖业一项投资共一万七千五百万金圆（＄175,000,000）。

夏威夷顶大规模的农业利润，除糖外，便是波萝蜜（pineapples）。这一项的投资也有三千万金圆（＄30,000,000），工人约有万余人，工资和糖业工人一样的苦。可是少数资本家的利润却很有可观；以三十四万人口的地方，每年被资产阶级所榨取的利润竟有二千五百万金圆之多。“刻苦”的“寡头政治”不但垄断糖蔗和波萝蜜两大农业，成为他们的专利，而且也垄断夏威夷的金融，夏威夷有十九个银行，除一个中美银行（Chinese-American Bank）外，都在“刻苦”的掌握中。一九三〇年，股息多到三分利。

夏威夷的土地也是由少数人所垄断专利的。像波萝蜜大王杜尔（James Dole）就有着林乃岛（Linai）全岛的土地，——九万亩之多！因为糖业和波萝蜜业在这里是替帝国主义者榨取利润的两种农业，而土地又握在少数帝国主义者的手里，于是他们便限定土地只许种这两种东西，不许分营其他的农业。这样一来，食粮都要由他处输入了；就是纺织业，鞋业，或其他相类的轻工业，在这群岛上也都没有立足之地；差不多除了糖和波萝蜜之外，什么日用品都要由他处输入的！这种情形，阻碍了这群岛的工业化（这是帝国主义对付殖民地的一个方式），并使一般劳苦大众的生活费用增高，促进他们的穷困。

我们在游览火奴鲁鲁的时候，在田间看到许多甘蔗和波萝蜜大农场的盛况，也许只知惊叹于生产的丰富，但是稍稍研究一下，便可知道这后面实含有这样多的把戏，隐伏着多少的被榨取的膏血！

夏威夷除做了美国大老板的剥削胜地外，在太平洋的未来战争中也占着很重要的位置。火奴鲁鲁的真珠港（Pearl Harbor）便是太平洋上设备最完善的一个军事根据地，美国对这件事已用了五千万金圆；依海军部的计划，还要再用一万万金圆。这里不但是太平洋上海军的一个重要根据地，并且也是陆军空军的根据地。我们想到国际风云的紧张，日美的矛盾，日帝国主义对中国和苏联的逼迫，便知夏威夷在军事上的重要性是很显然的。美国目前在夏威夷的驻军约有三万人。

将开船时，在船上送客的人群里面无意中遇着一位华侨邝君，对他略为问起火奴鲁鲁侨胞的近况。据说该处日本人有六七万，华人只有一万余。华人事业，关于饭馆和洗衣，只有逐渐消灭，无发展希望，尤其是洗衣自有公司组织利用机器之后，手工更难支持。此外最多的要算开杂货店，约有一二百家，但最近趋势，亦多被日本人所开的杂货店抢去生意，因为日货价格低贱，销路易畅。至于次一代的青年，多升学，毕业后即不愿经营父兄的旧业，但是因为经济恐慌，得业却也不易。他觉得非祖国振作有为，侨胞也受到严重的打击，前途是很暗淡的。

我在船上的房间里，原来只有一人独住，经火奴鲁鲁后，加入了一位青年朋友梁君，他的家即住在火奴鲁鲁，这次是要回香港的学校里去继续求学。他的家人也在火奴鲁鲁开杂货店。据说这种杂货店最大的有四五家，小者无数，但是生意都大不如前。他的意思，最大的原因也是由于日本人的激烈竞争。日货特别便宜。例如毛菰，中国货每磅要售两元七角五，日本货每磅却只售一元二角五。又例如绿豆原为中国特产，但是日本人仿效种植，中国货每磅要售五仙，日本货只售两仙。虽然日货的绿豆比中国货较差，不及中国豆大，但是因为有了他们贱货的竞争，中国货却不免受到打击。此外中国特产品最重要的有八珍梅，日货没有，但现在日本人已派人往中国广州去学习制法，将来他们成功后，又要来打击中国货了。他的结论是中国杂货店在夏威夷恐怕也没有什么前途。我安慰他说，中国必有光明的前途，所以侨胞也必有光明的前途，不过这光明的前途，不会自己来的，必须我们共同努力，促成它的实现。

第四辑

新闻出版文论

韬奋先生终身从事新闻出版事业，写下大量关于新闻出版方面的文章。这些文章大都来自新闻出版工作实际，缘是而起，有感而发，不作空论，具有很强的思辨性和实践性。特别是他撰编的《事业管理与职业修养》一书，既是对出版机构经营管理实践比较全面的总结，也是对出版业内在规律的研究和论述，不仅在我国现代新闻出版理论与实务研究初创时期，具有开创意义和奠基作用，就是对新时期出版业的改革发展都具有很强的指导意义。本辑收选韬奋先生关于新闻专业方面的文章15篇，关于出版专业方面的文章31篇。出版专业方面的文章收选了《事业管理与职业修养》一书的若干重点篇章，供读者研读。

论新闻

记者以为就批评者方面言，有两点最为重要，一位动机要纯洁，二为是非要清楚。

猫捉老鼠的新闻记者

孙总理夫人宋庆龄女士最近因总理国葬典礼，特由德取道俄京莫斯科返国。我们国民因哀念为国奋斗而死的总理，对于总理夫人当然也是很敬重的，所以她此次回国，引起国人的欢迎与注意，是当然的一件事。不过此次夫人因欲避免新闻记者之絮聒麻烦，极力回避，而新闻记者却又无孔不钻的不肯放，乃构成新闻界一件饶有趣味的事情。此次夫人在北平将往碧云寺参与祭礼时，就先有许多新闻记者携带摄影机，准备包围，夫人来时脚步异常迅捷，并由介弟宋子良君撑着纸伞，替她前后左右大掩而特掩，那一班摄影大家徒呼负负。夫人于六月一日国葬典礼举行之后，即于当晚乘专车来沪，车于当晚十时十五分由南京下关开出，预计可于翌晨四时许到沪，这样一来，似乎可以避免上海新闻记者的麻烦，因为夜阑更静，几位记者先生也许要依恋温衾，难舍香梦。（这是指采访新闻的外勤记者，至于编辑新闻的内勤记者，往往达旦不寐。）不料在当晚二时许就有许多"无冠帝王"披星戴月到站静候，该专车到苏州时已三时半，因加煤，三时三刻始开，直至翌晨五时五十分始到上海北站。各记者一拥上车，不料夫人早准备躲避，一面由卫士佯言夫人尚在安眠，请稍候，一面夫人却静悄悄的由另一门溜出！各记者觉察上当，急出月台追赶，夫人不愿表示意见。于是各报记不着什么政见，却大记夫人穿的衣服什么颜色，穿的丝袜什么颜色，穿的革履什么颜色，走路怎样快，头发怎样少，更说到面容怎样，有一报说“夫人面容清瘦”，有一报却说“夫人面貌较四年前离平时略为丰腴”，“清瘦”和“丰腴”似乎不能说不是相反吧，我恐怕总有一位“无冠帝王”的“御眼”患了近视或出了别的什么毛病！

名人怕记者的麻烦，不但中国，就是外国也往往有。他们不但“捉”住名人搜新闻，也“捉”住摄影，如在名人办公室里，摄时还要他堂而皇之的坐在办公桌旁，拿着笔写字，装出正在办公的样子。据说美国名记者某君常常怀疑名人这样装作写字备摄的时候，到底写些什么，有一次他“捉”住上议院议长在办公室中这样摄影，摄毕有意斜着眼偷看他写了什么，却见纸上写着“倒霉！”(Go to hell!)可见他对于新闻记者的心理。像我们这样的无名小卒，(恕我失礼！我知道读者诸君中有不少名人。)来去自由，却也是名人所享不到的一种清福。

其实新闻记者不惮烦苦的对名人实行“猫捉老鼠”的手段，也是为社会的读者，社会是应该感谢的，不过我愚妄之见，觉得倘与国家或社会无重要关系的事情，似乎可以放松些。有人说黄慧如女士虽不是什么要人，在怀孕时期内因受新闻记者之“钉”得转不过气来，以致起病，实是新闻记者害死的，此虽苛论，但也不无理由。

(原载1929年6月23日《生活》周刊第4卷第30期，署名韬奋。)

想念新闻学

我现在要求指教一个问题。在大学念书最困难的问题便是选科。我很想念新闻学，因为我觉得我很配做。我的擅长是嘴讲笔写；其他各事却非我之所长。所以我想我不再习工业化学（我本来读化学的），而选习新闻学。现在我要知道的，便是除了选新闻学科之外（吾校关于此科，仅有一两课程），应该选读那几个旁的学科为最合宜？要做一个能干的新闻事业的人，在身心方面应有何种预备？应多读什么刊物和书籍？新闻界中的境况，待遇，及生活如何？假使要进新闻界，应从那一步做起？先生供职于新闻界，所以敢请一一指教，费神得很。

刘良模

答：

从事新闻事业的人大概可分为两大类，一类可称为新闻记者，一类可称为新闻事业者。此处所谓新闻记者是广义的，不限于访员，包括主笔编辑及访员。所谓新闻事业者则包括报馆的总经理以及营业方面各部的主任。现在试就此两大类分别述之如左：

（甲）先就第一类说。新闻记者接触的范围是全社会的，是遍及各界的，所以除“新闻学科”外，最需要异常丰富广博的常识。仅说常识二字似太浮泛，再要说得明确些，可把新闻记者所需要的常识分为两部分：一部分是属于“自然科学”，即物理，化学，动物，植物，矿学等是。这一部分的常识，只要有优良高中中学毕业的程度便行。还有一部分是属于“社会科学”，即经济学，政治学，社会学等科学。经济学中特重政治经济学，财政学等；政治学中特重法律，政治史，外交史等；社会学中特重社会问题，社会政策，劳动问题，及心理学等。这第二部分的学识和全人类有更密切的关系，做新闻记者须有大学的程度才行。这样解释之后，刘君所提出的“除了选新闻学科之外，应该选读那几个旁的学科为最合宜?”关于第一类的这个问题大概可以明瞭了。（关于第二类，请看下面的乙项。）

关于身心方面，和其他事业似无大异，不过特重耐劳的体格，敏捷而细密的心思。“应多读什么刊物和书籍?”也可以根据上面所说的两部分的常识为标准，当然要特重第二部分，尤宜注意国内外重要的书报杂志。做主笔的主持论坛，不但须有学问，须能文章，并须精锐远大的眼光和见解，须有浩大的胸襟。至于待遇，主笔月薪约自百元至五百元，编辑约自三十元至三百元，访员约自三十元至三百元。

“应从那一步做起?”我以为在校时即须注意参加校刊的工作，供给报馆以新闻（登否不管，全为练习计），毕业后寻觅机会到报馆实习。

（乙）关于第二类人材所需要的学识大概特重科学管理法，心理学，销售学，广告学，以及其他关于商业的常识，待遇数十元至数百元，无十分一定的标准。

这是有志从事新闻事业的人应走途径的大概。在我国目前的实际情形，有许多是靠自己天才由经验磨练出来的。以上所说的话，曾请潘公弼先生在当面谈话中指正过，但本文内容仍由在下负全责。

潘先生现任上海时事新报馆总经理，对新闻事业学识经验俱富，承他于百忙中指教，我应该很诚恳的在此附志谢忱。

（原载 1929 年 9 月 1 日《生活》周刊第 4 卷第 40 期，复信署名编者。）

做了五十七年的主笔

谈起英国的新闻界，我国人大概都知道有一位北岩爵士（Lord Northcliff）。（曾经到过中国，已于一九二二年逝世。）但是除他之外，还有一位史阁德（C. P. Scott），做了五十七年的主笔，最近才因老自行告退的，也是国际闻名，英国新闻界的一个权威。他毕业于牛津大学，从二十五岁起，就主持最初规模极小而现在成为英国最有名的一家日报，名《曼彻斯特护报》（“The Manchester Guardian”），做到今年九十二岁，才因老告退，将作美国壮游。别的不说，单说专心于一种事业而乐此不疲至五十七年之久，在年数上也很可观了。用这种坚毅持续的精神始终不懈的干，怪不得他能把一张本来没没无闻的小小日报，现在成为英国最有力的一种舆论机关。

他的政见也许有人不能完全赞同，但他每遇国家大事，无不本所研究，用鲜明的言辞，公正的态度，勇敢的精神，公诸国人以供参考，他的诚意虽政敌也深信而不疑。他对于所抱信条彻底奋斗，百折不回，虽屡次受挫而终于再接再厉，绝对不为失败所馁。当乔治任英国首相时，虽为史氏至友，但史氏因对爱尔兰问题主持公道，攻击内阁不遗余力，丝毫不肯以私谊而有所犹豫，丝毫不肯以私谊而作违心之论。世有虽居主持舆论地位而每日仅在评坛上作几句不关痛痒的格言式的评论，使人看了但觉暮气沈沈，摸不着他的头脑，那就是办了几百年，也未见得与社会国家有多大益处，不要说什么五十七年！所以我们谈起史氏，不但注意他在一业专心致志干了五十七年的年数，并要注意他在此五十七年中的勇敢坚毅不屈不挠为所抱信条为社会福利而奋斗的精神，不是唯唯诺诺毫无建树做了五十七年的饭桶就有什么价值可言。

话又要分两面说，在服务者方面诚然贵有乐业的精神——没有乐业的精神决不能持久而不生厌倦——而在用人者方面则亦须顾到服务者之相当生计而勿令其心为家累所牵扰。我国在事业上努力肯数十年如一日者诚不多见，而在用人者方面似亦不提倡服务者之能久于其事，至少他们对于服务年数之增加并不觉得有何可贵。所以西洋各国对于任事愈久者，待遇上亦特别优渥，而我国则往往任事十年二十年，而所入仍是依然戋戋，随你借债弥补，困苦老死，在用人者漠不动心，其刻薄寡恩，每每令人心寒，在此种冷酷的环境之下，大多数人之兴趣索然，亦固其所。有某先生在上海最有历史的国立某大学担任过二十年的国文教授，上星期不幸逝世，家贫至无以为殓，横尸数日，最后才由二三老学生凑款草草了事，这是记者最近目击的一幕惨剧。史阁德告老后尚有力作美国壮游，这位某先生逝世时连送死衣棺犹不可得；五十七年固久，二十年亦不为短，但在我国便似乎不算得什么一回事！

（原载 1929 年 12 月 29 日《生活》周刊第 5 卷第 5 期，署名落霞。）

可以不必做的文章

上海的新闻事业比之欧美乃至东邻的新闻事业虽不免瞠乎其后，但在本国总可算是首屈一指，故上海报纸所发表的言论，常为全国人所注意，而国人对于上海报纸上言论之属望乃愈益殷切。不但如此，上海为中外人荟萃之地，中外意见之纠纷，国际问题之复杂，殊为他处所不及，故上海报纸所发表的言论不但为本国人所注意，亦为外人之欲探悉中国人舆论之趋势者所注意。由此足见上海报纸在言论方面责任之重大，不应常以不关痛痒的文章敷衍篇幅。此种责任以销数特别发达的日报为尤重大，因为他所能达到的读者既多，其言论的效力当然更为宏大。但就实际情形观察，还是在营业上不甚发达的日报常能说出几句切中时弊的话，而营业比较发达的日报则反而令人失望。例如在上海日报中以销数最多著闻的《新闻报》，便常犯这个毛病，试举一例以资讨论，该报四月十九日有"新评"一篇，题为《英埃谈判》，全文如左：

> 英埃谈判现已停顿，吾人但闻其言有难题，而内容如何，则局中人相戒不言，是以无从知其原委，惟知其所争者为苏丹问题耳。
>
> 英埃争执之详虽不得知，但观埃及代表发表之公报，谓彼等

关于苏丹问题之提案至为温和，不意仍难通过，于是意中以为已经成立之协定，遂至停搁，寥寥数语颇耐人寻味也。

英埃谈判初开时，气象颇佳，良以工党内阁之主张向近于和平，其应付埃及之态度，屡为保守党所抨击，谓其损失英之权利，是以世人观察此事者以为进行必可顺利，孰意其仍不免隔阂，可知强者自利之心无论如何终不能免，一方以为已极尽谦之能事者，去正义与公道殆仍甚远，盖习非成是之风已久，断非一朝一夕所能挽回也。

我觉得读完了这篇“寥寥数语”的“新评”，虽加以“寻味”，对于“英埃谈判”这个问题还是莫名其妙。作者在第一段里告诉我们说英埃谈判的内容是“无从知其原委”的，在第二段里又告诉我们说此事内容“不得知”，老实说一句，我们做读者的人对于此事的内容不知道，执笔批评此事的人对于此事的内容也是不知道的。到了第三段，作者便根据“无从知其原委”与“不得知”的此事内容，慨然断道：“习非成是之风已久，断非一朝一夕所能挽回也”！

我们在未读这篇“新评”以前，不过知道英埃谈判停顿；读了这篇“新评”之后，所知道的还不过是英埃谈判停顿！作者不知道此事内容，我们不能怪他，不过不知道一事之内容而却提起笔来批评此事给我们看，似乎不能不有一些诧异！

报纸的评论一方面是代表舆论的，一方面是指导民意的，至少也要给与读者对某问题获得多少知识或卓见，难道国内就没有需要评论的具体问题，有关本国的国际方面也没有需要评论的具体问题，却拣一件内容“无从知其原委”与“不得知”的别国问题来作使人难于“寻味”的“寥寥数语”！

我常觉得有许多人立于可为的地位，对于国家社会可有较大贡献的地位，却辜负了那个地位，未免可惜，对于《新闻报》的“新评”与和《新闻报》"新评"相类的《申报时评》(稍为比"寥寥数语"长些好些)也常有这同样的感觉。这不仅是记者一人的私言,就平日见闻所及,似乎是社会上一般人的意见,所以我敢说这篇出于善意的批评可以算是"舆论的舆论",想主持舆论的大主笔先生见了不至吹着胡子勃然大怒吧?

(原载 1930 年 5 月 4 日《生活》周刊第 5 卷第 21 期,署名编者。)

对于批评应有的态度

对于批评应有的态度，可分为两方面研究，一方面是批评者，一方面是受批评者。请先言第一方面，即批评者。记者以为就批评者方面言，有两点最为重要，一为动机要纯洁，二为是非要清楚。昔贤有谓“欲加之罪，何患无辞”，天下无绝对完全无疵的人，也无绝对完全无疵的事，如果存着吹毛求疵的态度来寻衅，吃饱饭专门骂人还来不及！所以批评者宜视所欲批评的问题与社会大众福利有何关系，其目标非对受批评的个人或一二事实的本身存何挑衅的意味，乃全因此人或此事有关社会大众福利而不能已于言。由此作出发点，则意在为社会造福，或为社会除害，其最终目的在此福之得以造成，或此害之得以除去。必有如此之纯洁的动机，方无愧于所谓“民众喉舌”，否则徒成其为私人的喉舌，或私党的喉舌而已，其成败纯属私人私党问题，与“民众”何与？故动机要纯洁，实为批评者宜注意的第一要点。

批评与谩骂不同，谩骂者可不顾是非，批评者则须顾到是非之分明；好像一架天平秤，一斤还你一斤，八两仍是八两；好像明镜一面，西施现出你是西施，嫫母现出你是嫫母。谩骂徒养成刻薄浮躁之风，而真正合理的批评则可使人养成冷静的头脑，缜密的心思，与辨明是非的能力。故是非要清楚,实为批评者宜注意的第二要点。

其次请就受批评者方面言,记者以为批评者是否出于诚意,只须一读完其文字内容,无论其措辞为和平为激烈,无有不跃然纸上而无可逃避者。受其批评者如觉其动机出于诚意,而所言复能搔着痒处者,则自当虚怀容纳,愈益奋励;即觉其动机不纯,苟其所言不无可取或不无可以节取之处,仍不必以人废言,但求其有裨于我之趋善改过,则亦有益而无损。倘发觉批评者全属无理取闹,则值得解释者不妨酌加说明以释群疑,不值得解释者尽可置之,听社会之公评。我国俗语谓"公道自在人心",西谚亦谓"真理虽被压倒至地而终能升起",无理取闹者决不能以一手掩尽天下目,自问无所愧怍者尽可处之坦然,不足计较。

此虽就个人地位言之,若处于为党国服务之职位者,则对于民间批评,在原理上亦有相通者在,而态度方面尤当注意者,则为在野之言论为民意之反映,虽无斧钺之权,实为众志所归,在当道者往往以有权在手,便可任意摧残,以为何求不得,不知"防民之口,甚于防川",宜利导而不宜强压。当局者宜细察批评者所言内容之为正确与否。苟认为正确,则当局应在事实上予以改正的表示;苟认为错误,则当局应以文字予以解释,或辩驳,在党治之下,党报与党的宣传机关,即负有这样的责任。真理愈辩而愈明,民间即有所误会,其消除方法,莫善于说明,说明能启其思想,开其茅塞,而坚其信仰之心;莫愚于用武力压迫,或以盛气相凌,消极方面徒使全国暮气沉沉,民意无从表现,政轨何所遵循,积极方面反为真正反动者制造民间悒郁愤怨之心理,以为混乱之导火线,则又何苦?

(原载 1931 年 2 月 14 日《生活》周刊第 6 卷第 8 期,署名心水。)

从言论到实际

您的信已收到，在您的意思，以为言论亦有“贡献与需要”之处，此种功能，固有相当地位；不过据我思量，要唤起多数民众共同奋斗，非筹划更有效的更实际的方法不可。否则恐怕依旧还是空想，还是一盘散沙。我们这般因循等待着，不知道帝国主义者能否准许我们从容的计划？况且近来天灾人祸种种加紧地压迫，也使我们不能安然研究。咳！“日月逝矣，岁不我与”。

我是最爱和平最爱清静的人，素来抱着“得过且过”的浅见；然而被那万恶的军阀与助桀为虐的贪污土劣一天比一天加紧地榨取压迫着，使我不能苟且偷安！使我暂能维持的现状也渐渐的支持不住了！因而联想到与我同样受压迫或所受压迫更重的人，很多很多。因而又联想到民众应团结起来改善现制度，但是谁来领导我们呢？谁能从言论上走到实际上来帮助我们解除被压迫的痛苦呢？

（下略——本书编者）

潘机先

按：潘先生以仅有言论为不满，记者固表同情，因为记者自己也常觉空言无补时艰，常以自己没有实际的贡献为大憾。固然，言论界有言论界的相当功能，言论刊物上所建议的方策有种种方面，乃供有实力或相当地位者的采行或参考，倘建议什么就须自己做什么，那各国报馆都须“一身而百工为之备”，失其所谓报馆的天职和本位了。不过在政治上轨道的国家，反映于舆论的民众意见，常为当局所虚心容纳，措诸实行，所以有人论现代政治，谓君权政治蜕化演进为议会政治，议会政治复蜕化演进为舆论政治，其意即政治设施须视舆论为转移，视言论为具有无上的权威。但这是在政治上了轨道的现象之下的情形。在政治未上轨道的国家里。言论虽亦有其相当的功能，但可以说是微乎其微，于是乎使人觉得“实际”的功能比“言论”的功能大得多，使人觉得仅有言论之为不满。潘先生的感觉，大概是发动在这一点吧。所以记者一方面承认“言论”本身未尝没有它独立存在的价值，一方面对于潘先生的感慨也不禁发生很深切的同情。

不过办报只须有个人负责主持，便可以办起来，讲到领导民众共同奋斗，便非有大团结做中心不可，不是任何个人所能办得了的。讲到这一点，胡适之先生最近在《独立评论》(第十八号)里有一篇《惨痛的回忆与反省》，有几句话颇足供我们讨论上的参考。他也痛慨于“……我们有一层很重大的困难，使一切疗治的工作都无从下手。这个大困难就是我们的社会没有中心，就像一个身体没有一个神经中枢，医头医脚好像都搔不着真正的痛痒。”他认为“这个可以用人工建立的社会中心”，必须具有这些条件：

“第一，必不是任何个人，而是一个大的团结。

“第二，必不是一个阶级，而是拥有各种社会阶级的同情的团体。

“第三，必须能吸收容纳国中的优秀人才。

“第四，必须有一个能号召全国多数人民的感情与意志的大目标；他的目标必须是全国的福利。

“第五，必须有事功上的成绩使人民信任。

“第六，必须有制度化的组织使他可以有持续性。”

胡先生说完这几个“条件”之后，接着说道：“……凡是自命为一个阶级谋特殊利益的，固然不够作社会的新重心；凡是把一党的私利放在国家的福利之上的，也不够资格。至于那些拥护私人作老板的利害结合，更不消说了。”胡先生的意思，记者大体都表同意，不过有一点颇有研究之余地的，便是他一方面说这个团结的“目标必须是全国的福利”，一方面说这个团结是“拥有各种社会阶级的同情的团体”，在表面上看来，这两方面似乎是一致的，在实际上，如要顾到“各种社会阶级的同情”，势必做不到“全国的福利”。何以故呢？中国的劳苦大众受封建军阀，地主，豪绅，资产阶级的榨取剥削，这是事实。这一切剥削与寄生者，正是“全国的福利”的障碍物，为欲达到“全国的福利”所不得不扫除的对象。如今胡先生所称的“团结”须“拥有各种社会阶级的同情”，倘若封建军阀，地主，豪绅，资产阶级都包括在内，而且还要“拥有”他们的“同情”，那便是和反革命的势力妥协，甚至自身转到反革命的地位，和工农大众立于敌对的地位，在表面上尽管堂而皇之的说“目标必须是全国的福利”，在实际上仅做拥护少数占有特殊权利的剥削自肥的寄生者，因为既须顾到少数剥削者的“同情”，势不得不抛弃多数被剥削者的“同情”，这两方面是无法两全的。记者的愚见，以为中国所需要的“团结”决不是和反革命势力妥协的团体，是需要站在生产者的主要部队（工农大众）的立场而奋斗的团体。有志加入这种“团结”以改造中国自任的青年，必须以能克服特权阶级的意识与其享用的生活而为工农大众的利益奋斗为必要的条件，必须能把中国大多数被压迫被榨取的劳苦大众的问题解决，把目前一切残酷不合理的制度改变，使各人都过着合理的生活，然后中国问题才能求得真正的解决。负荷这种重大的责任，诚非胡先生所谓“一个大的团结”不可，但这个“大的团结”必须以劳苦大众的利益为立场，决不能“拥有各种社会阶级的同情”。所谓“国中的优秀人才”，亦必须抛弃特权阶级的意识与享受，不畏艰苦的同往这条路上迈进——为工农大众的利益而奋斗。这种“社会重心”的出现和中华民族的前途当然有极密切的关系——但非有“大的团结”做中心不可，不是任何个人所能办得了的。

（原载 1932 年 10 月 15 日《生活》周刊第 7 卷第 41 期，按语署名编者。）

大报和小报

近来“小型报纸”盛极一时，推想原因，最主要的是由于所谓大报的一天一天地在堕落。于是小报应实际的要求而大报化，结果小报有进步而大报反而退步。

在大报上，很难找到中肯的评论和重要的消息——倘若不说完全没有的话。现在读者的知识和眼光实较前大有进步，不痛不痒的敷衍的话语，编辑杂乱内容空虚的新闻，已不能满足读者的希望了。报纸究竟是社会上推动文化的事业，虽为维持经济的自立生存，不得不有广告上的相当收入——至少在现在的社会里——但我国的大报过于营业化，却是一件无可为讳的事实，简直是广告报！报价并不因广告之多而特别减低，国民的购买力既每况愈下，费了许多钱买着一大堆广告报，反而不及费较低的价钱买一份小型报纸看看。尤其可怪的是竟将特刊的地位当广告卖，大发行其“淋病专号”，满纸“包茎之害”，“淋病自疗速愈法”，替“包茎专家”大做广告，替“花柳病专家”大吹牛，“一经着手，无不病根悉除”，“方法之新颖，手段之老到，可谓无出其右”，于每篇文字下面还要用“编者按”的字样，大为江湖医生推广营业，好像报馆所要的就只是钱，别的都可不负责任。在这方面真打破了各国报纸的新纪录！为全世界著名报纸所不及！关于评论和新闻方面，也许还有一部分可推在环境的压迫上面，但是大出其“淋病专号”的盛举，却不能说是受着那一方面的压迫了。

关于社会新闻，有一个时期最热闹的是集中于“美人鱼”，最近又转着视线到“胡蝶结婚”了。尤其是附刊的文字，更是无微不至。提倡体育和艺术，重视运动家和艺人，原是好事情，但是注意点另有所在，却又是另一回事了。因为是女性的关系，虽和别的男选手一样的是运动家，却特别注意到她几时睡觉，睡时又怎样；一个艺人结婚，也因为是女性的关系，却特别注意到是否为她的“肚皮”所促成！这不是敬重运动家和艺人，却是大大地侮辱了运动家和艺人了。我们如真是敬重运动家和艺人，看了这样的侮辱，只有感觉到愤怒，不平！这当然也有社会的背景，因为这是没落的布尔乔亚的无聊的低级趣味的表现！

小型报纸虽还未能尽满人意，但较所谓大报和在从前专门谈风月的小报，却有很显著的进步。例如注重白话文的运用，新闻材料的重新改写（撮取精要，扫除渣滓），有的更注意于政治经济和文化方面的消息和讨论。

但是缺点也还是有的。有的还不免上面所说的低级趣味的弊病，有的甚至凭空捏造，毁谤诬蔑，把新闻记者的道德完全丧失。目前一部分“小型”依然保持着这种恶劣习性，实无可讳言。我们为着中国文化的前途着想，当然很诚恳地希望这类缺点的消除。

（原载 1935 年 11 月 16 日《大众生活》创刊号，未署名。）

我们的灯塔

《大众生活》创刊词

我们为什么要办《大众生活》周刊？

我们提起“大众生活”这四个字，就不免引起无限的感触，尤其是想到目前中国的现状，因为“大众”和“生活”简直是在一天一天地脱离关系！在这种惨酷的现状下面，徒然长吁短叹，呼号着“民不聊生”的口头禅，是没有用的，我们必得要明白中国大众所处的实际地位，明白中国大众一天一天地和生活脱离关系之所由来，障碍物弄清楚之后，才能对着目标，共同努力来死里求生，寻找出路。致中国大众死命的最大敌人是什么？换句话说，剥削中国大众压迫中国大众的最大敌人是什么？倘把中国大众看作一个大集体，背上负着千万钧压力的这个大集体上面，有封建残余的遗物——军阀官僚地主豪绅——有帝国主义卵翼下的买办和准买办阶层；在这两大派剥削者上面（这两大派当然还有混合体的可能，例如有不少军阀官僚地主豪绅也可加入做买办或准买办），便高蹲着勾结中国的封建残余，利用买办和准买办阶层，以吮吸中国大众脂膏的帝国主义。帝国主义在中国往往扶持着一派军阀以抗别派，使中国常发生内乱，永不能统一；操纵中国经济命脉，使民族工业不能发达。所以中国大众的唯一生路是在力求民族解放的实现，从侵略者的剥削压迫中解放出来。

这是中国大众的生死问题，也是我们所要特别注意的重要目标。关于这方面，记者曾在所著的《萍踪寄语第三集》的《弁言》里提出两点：

"……第一点是这种斗争的中心力量在那里？……中国是世界的一环：中国自己说不到帝国主义，但有帝国主义在中国；因此中华民族解放的斗争，决不能倚靠帝国主义的代理人和附生虫；中心力量须在和帝国主义的利益根本不两立的中国的勤劳大众的组织。这样的中心力量才有努力斗争的决心和勇气，因为他们所失的就只不过是一条锁链！"

"第二点是帝国主义自身的矛盾日益尖锐化，一方面对于殖民地和半殖民地的压迫剥削固然要愈益加厉，一方面也是有斗争决心和勇气的被压迫被剥削的民族所可利用的机会。当然，这民族如一味的投降，退让，反而可使帝国主义将从殖民地和半殖民地所抢夺的赃物，用来维持它的残局；反过来，如这民族能积极斗争，使帝国主义不得高枕而卧，无法麻醉本国的大众，由此促进世界人剥削人的制度的崩溃，不但获得民族自身的解放，同时也是有功于全人类福利的增进：这是我们对于民族的责任，同时也是对于世界的责任。我们看清了世界的大势，分清了敌和友，应该要把这两种责任担当起来！"（中国在目前因处于黑暗屈辱的环境中，也许有些人失却民族自信力，怀着妄自菲薄的念头。但据记者在国外的经验，凡是明白世界大势站在革命立场的人们，谈起中国没有不承认中国是世界革命的一个中坚，中国的奋发向前，可以震动世界，促进世界旧社会的崩溃，加速世界新社会的到来，对中国怀着很大的热诚和希望。我拿回来和国内的消极悲观者的态度一比，真觉得相差得那末远！）

我们因谈起民族解放的重要，连带想到阻挡这个解放斗争的帝国主义。但同时不要忘却为虎作伥的封建残余的势力。所以封建残余的铲除，是我们所要注意的第二个目标。中国的封建制度，虽在形式上早已消灭，但是变相的封建残余势力——军阀官僚地主豪绅——却仍在放纵榨取，大胆吸着大众的膏血！不堪被榨取的农民被他们赶到城市里去，仍然要遭受资本帝国主义下的买办和准买办阶层的榨取。所以在这样的现况下，劳苦大众无论由农村跑到城市，或由城市跑回农村，满地荆棘，都是火坑！真所谓“走投无路”！民族资产阶层本来可在形成后联合下层群众扫除封建势力，学法国大革命的前例，走上纯粹资本主义的路。但这条老路既因种种关系，不是半殖民地的国家所可能；所以帝国主义下的买办和准买办阶层只有附生在侵略者的余荫之下，偷些余沥和封建残余势力竟成“难兄难弟”，同为帝国主义的工具和劳苦大众成着对垒的形势。于是劳苦大众的唯一生路——也可以说是民族解放的唯一可能的途径——只有巩固着一条战线，冲破重围，用大众的力量，发动民族解放的斗争，认清敌垒和所附属的全部体系，作自救的英勇奋斗！

要从民族解放的斗争中达到目的，还要注意到个人主义的克服。所谓个人主义，原是市场自由竞争所形成的意识，也是生产工具私有的护符。个人主义以个人为一切利害的中心，以个人自由为标榜。至于只有劳力可卖的人们，没有选择的余地，有什么自由可言？除饿死外，不得不忍受半饥饿的工银待遇，有什么自由可言？这都不在个人主义者所高唱的个人自由的范围！都不值得他们的一顾！在经济上所谓“放任主义”，是避免社会干涉，纵任各人自由竞争，各自掠夺最大的利润。所以个人主义在资本主义充分发达的社会，发达到极点，同时也就是维护资本主义的堡垒。中国因有帝国主义的压迫，民族资本无发达的可能，也即是资本主义无发展的可能，所以个人主义也没有充分发达的可能。因为个人主义不免要随处碰壁，所以有些人开着倒车，想返到封建社会的老路上去，极力提倡封建的“道德”，养成“奴性”，以便于控制。他们没有想到时代的巨轮是向前进的，军阀官僚地主豪绅在没落的时代，还要想“万世无疆”，不是时代所许可的了。在另一方面，个人主义在半殖民地的国家虽不能充分发达，而因资本帝国主义的侵入，个人主义的流毒却已渐渐地蔓延起来了。有些人还梦想追踪欧美的“自由派”，高唱个人自由，其实“高等华人”也许是自由了，和一般大众有什么相干？（细想起来，做洋大人应声虫的“高等华人”究竟有了什么自由？）民族未解放，个人何从获得自由？个人不是做集团的斗士的一员，何从争自由？个人离开了集团的斗争，何从有力量争自由？以个人的利害做中心，以个人的利润为背景，又怎样能团结大众，共同奋斗来争自由，所以我们要应现代中国的大众需要，就必须克服个人主义，服膺集团主义。集团获得了自由，做集团中一员的个人才能获得自由。个人没有力量，集团才有力量。若只在个人的圈里翻筋斗，想到个人的渺小，无力，怪不得要感到悲观哪，消极哪。参加集团的活动，以集团为一切利害的中心，以集团的解放为前提，便感到斗争力量的伟大，便感到被压迫的阶层对于压迫阶层进攻的前途的光明。所以个人主义的克服，是我们的第三目标。

力求民族解放的实现，封建残余的铲除，个人主义的克服：这三大目标——在汪洋大海怒涛骇浪中的我们的灯塔——是当前全中国大众所要努力的重大使命；我们愿竭诚尽力，排除万难，从文化方面推动这个大运动的前进！

（原载1935年11月16日《大众生活》创刊号，署名韬奋。）

建立全国通信网

要求全国读者自动担任通讯员

《生活星期刊》在沪发行已经六期了。我们检查自己的成绩，并不满意。《生活星期刊》的内容，照我们的理想，是要做到正确反映全中国社会生活状态的。但是目前因为许多客观的困难，以及读者通讯网还没有建立得好，我们收到的材料，实在太少了。因此，我们目前所达到的内容，也不免觉得还是不普遍，还是在狭隘的范围内。

为了酬答无数关心我们的朋友们起见，我们想在这里再一次的说明我们的编辑方针。《生活星期刊》的内容是决不停止在目前状态的。我们现在要求的是首先组织全国规模的通讯网，希望一切同情我们的友人，自动的担任地方通讯员。不管天南地北，发生了什么事，发生了什么问题，《生活星期刊》上，一定要有谈到它的文章，讨论大家提出的问题，使《生活星期刊》变为记录全国现实生活状态和解决生活上的一切问题的重要刊物。《生活星期刊》的内容，应该不是由编辑者主观的确定的，它必然是实践的反映。但是要这样，怎样才能达到呢？

首先要有材料，要有人从四方八面，自动的写通讯稿子来。我们怎样处置这许多通讯呢？

我们虽然也可以刊出一部分，但我们最大的目的是取得材料，我们要从这些通信中晓得当前全社会生活的动态，然后我们好怎样来推动它进展。所以，这些不一定发表的信件，却是本刊真正的“维太命”。我们要求全国各角落里的读者都自动的来做我们的通讯员，或者按月通讯一次二次，或者有闻即寄，不限定次数。凡经登出或确有内容的通讯稿，即未发表，也当略具薄酬。

通讯的内容，只求真实，不说空话，闲话，文字长短不论，通顺与否也没大关系。你那里有了什么事体，你就马上写给我们！最重要的事体，就用航空快寄；甚至打电报来！

（原载1936年10月4日上海《生活星期刊》第1卷第18号，未署名。）

新闻记者活动的正确动机

我是在小学时代就认定了以新闻记者做我的终身事业的，我怎样跑进了这个队伍里面来，以及种种辛酸苦辣的经过，在我所著的《经历》一书里面已原原本本地“招供”了，在这里似乎用不着再噜苏，免得过分糟塌读者诸友的时间，而且我虽加入这个队伍里干了十几年，可是并说不上有什么重大的贡献，所以常常感觉惭愧，也没有什么可说。但是依我十几年来在这个队伍里摇旗呐喊的经验，以及冷眼旁观这队伍里其他“同道”的经历或变化，深刻地感觉到做新闻记者最应该有的是活动力，尤其应该有的是活动的正确动机。

什么是活动力？这个名词似乎太抽象，但是我觉得这个名词的含义有许多妙处。就新闻记者的立场看来，所谓活动力是不怕麻烦的研究，不怕艰苦的搜索，有时也包括不怕艰险的奔波。新闻记者的思想和行动是要立在时代的最前线的，所以对于知识的补充和当前切要问题的内容，都须有继续不断的研究和探讨的。至于搜索材料和奔波采访，那也是新闻记者的分内事，可是非有坚忍耐烦勇往直前的精神不办。

在日本办《新民丛报》和《国风报》时代的梁任公先生当时他对国事主张的得当与否固为另一件事，但是他当时的研究勤奋，笔锋锐利，眼光四射，左右逢源，每有主张，风动全国，他的那种活动力，确可算是一个新闻记者的风范。

又例如替以前的《上海时报》担任驻京（当时的北京）特约通讯的远生先生（即黄远庸先生），每逢有重要事故，他总能千方百计从最重要的来源，用最迅速的手段，探得最重要的新闻材料，写成有声有色亦庄亦谐的通讯，供给读者，当时他在探采新闻的活动力方面，是最足令人兴奋的一件事。

外国的新闻记者如 Walter Durenty，他在美国已成为苏联研究的权威，你如看到他所著的几本名著，在那里面看到他冒万险采取新闻材料的种种有趣故事，乃至断了他的一条腿还是干着他的新闻事业！还是津津有味勇气百倍干着他的新闻事业！那种活动力是够令人惊喜的。最近在中国最能引起敬重的外国记者 Edgar Snow 即在西安事变以前冒险深入陕北视察的美国记者，你如看到他所著的几本名著，看到他在赴陕北途中吃苦的趣事，也足可看出他的活动力！

“不入虎穴，焉得虎子？”新闻记者就要有入虎穴得虎子的魄力和勇气！这至少是新闻记者活动力的一种表现。

但是新闻记者的活动，尤其重要的是要有正确的动机；再说得具体些，便是要为社会大众的福利而活动，不要为自己的私图而活动。我常和长江先生谈起：“我所敬重的朋友都是有事业的兴趣而没有个人的野心。”有事业的兴趣才会埋头苦干而仍津津有味，乐此不疲；没有个人的野心才不至利用从事业上所得到的社会的信用做自己升官发财乃至种种私图的阶石。我也许还要补充一句，对事业所以有兴趣，一方面固然是适合于自己的性格与特长，是自己所喜欢干的事情，在另一方面也是对于社会大众的福利有着或多或少的裨益。

我十几年来所常以自勉的是要做个有益大众不为私图的新闻记

者，我现在以及将来的志愿还是如此。我并且深信在民族解放的抗战与建国的大时代中，新闻记者有着他的重要的任务，我要终我之身守着这个岗位，和同志们望着光明的前途共同努力。

廿七，三，廿二。汉口。

（原载1938年4月1日汉口《新闻记者》月刊创刊号，署名韬奋。）

欢迎战地记者徐州归来

在徐州前线英勇工作的战地新闻记者，直至最危急的时候才突破敌围，有一部分已于本月廿六晚安抵汉口，计有中央社记者胡定芬，《中央日报》记者陈振纲，《扫荡报》记者张剑心，《大公报》记者范长江、高元礼，及《新华日报》记者陆诒诸先生等十余人。目前尚未判明是否已脱险者有塔斯社记者谷里宾司基等二人及该社翻译张郁廉女士，中央社记者丁继旭、李丕祖、韩云浦，武汉日报社记者房沧浪，新加坡《星中日报》记者胡守愚，《动员日报》记者汪豪、洪雪村诸先生等十余人。我们对于行踪尚未明瞭的十余位战地记者，备极关怀，希望他们都能安然归来，同时对于已得安然归来的诸位战地记者，于欣慰之余，谨致诚恳的慰问与敬礼。

在中国抗战御侮的今日，最高的崇敬当归于不顾个人牺牲为国奋斗的民族战士，最可崇拜的道德当属于不顾个人牺牲为国努力的辛勤工作。战地记者虽不是在前线直接参加作战，但是在前线冒万险，把我们将士的英勇作战的可歌可泣的行动，宣传于全国的民众，鼓励前方将士的再接再厉，鼓励后方民众的热烈赞助，增强抗战力量，对于民族解放战争有着很大的贡献，所以在我国这次神圣战争中的战地记者，不仅是战地记者而已，其实也就是民族战士的一员。这是我们所以热烈欢迎诸位先生的最重要的原因之一。

现在没有人否认，战事的胜利虽表现在最前线，而抗战力量的加强与补充却要靠全国动员。但是全国动员并不是一个空洞的名词，所谓全国动员，必须全国各部门的工作都在实际上动员起来，各就各的岗位作最大的努力与最大的贡献。新闻业是战时文化的一个重要部门，而担负战地记者重任的诸先生是新闻业动员的先锋队，这次由徐州归来的诸先生，以最英勇的姿态努力于自己岗位的工作，奋斗到最后一分钟，在敌人围困中，冒万险突出重围，长江先生且“带彩”归来，这在诸位先生不但做了新闻业这一部门的模范，而且也做了其他部门的模范，因为其他部门也应该用同样的英勇精神动员起来。这是我们所以热烈欢迎诸位先生的又一重要原因。

在已往新闻业往往互相倾轧，于是各报的记者往往不免互相猜忌，互相妒嫉，互相竞争，——甚至用很卑劣的手段互相竞争。但是在这次徐州前线为国努力的各报记者，都是在互相协助，互相敬爱，互相维护的情况中，共同努力，这可以说是我国团结御侮的一个极可宝贵的象征。我们希望这种精神能普遍于全国。这是我们所以热烈欢迎诸位先生的又一重要原因。

最后据这次由徐州前线回来的几位记者朋友说起，外国记者在徐州前线不畏艰苦的努力情形，也很值得我们的钦佩。其中有纽西兰女作家威尔金生女士也在前线，她不懂中国话，不熟悉中国情形；却也在前线努力；前线将士很受到她的感动，因为她为着同情中国抗战，要把中国英勇抗战的事实公诸世界，竟完全忘却了她自身的安危，这是人类中多么伟大的精神！这给与我们多么大的兴奋！

（原载1938年5月29日汉口《抗战》三日刊第76号，署名韬奋。）

全民抗战的使命

全面全民族抗战已经一周年了，在此伟大的抗战一周年纪念日，《抗战》三日刊及《全民》周刊，为了充实力量，对抗战作更大的贡献起见，以联合的阵容，与全国同胞相见，同人实感觉无限的感奋及欣幸。

《抗战》，《全民》都是诞生于这争取民族生存独立的伟大的战斗中。《抗战》是于沪战揭幕后，在上海创刊的，《全民》是于第二期抗战开始时在汉口创刊的。两刊的同人都以极大的热情，固守文化的岗位，作为一个鼓动前进的小小号兵；以号召全民族的儿女支持抗战，参加抗战，为自己特殊的职责。发刊以来，我们尽自己的努力，并得全国读者的爱护与作家的合作，使我们这两枝号角的声音，一天天扩大，一天天变得更加宏亮，《抗战》，《全民》曾分布达各省区，前线，以及海外，它们俩在这一年光荣的民族斗争中，曾尽了一些绵力。

然而民族解放大怒潮方在增涨中，全面全民族的抗战当前正进入第三时期，壮烈残酷的战斗正展开在我们的面前，发动全中国广大的民众支持当前战争，参加到战争中来，更是迫切的任务，因此舆论在这时期的作用更增大了重要性。我们自己亦感到我们身上的责任也一天天加重。

因此，我们感到我们这两枝号角分散的声音还不够宏亮，我们这两队号手，各个的力量还不够强大，为了配合新的抗战形势，集中人力物力的原则，我们深觉这两个抗战的单位应该并成一个。因此，我们遂于这伟大的抗战周年纪念之际，将两个刊物实行合并，合组全民抗战社，发刊《全民抗战》三日刊。我们决定在集中双方的力量，发挥双方的特点，补足双方过去的不够的原则下，以统一的意志，从事更大的努力，力求我们今后对于全民动员的号召与教育上更多的尽力。

同时，我们甚愿在本刊第一次与国人相见之时，顺便报告本刊今后努力的鹄的和自己的期望。

我们的信念与认识，在《抗战》，《全民》上已有明确的表现，当前并无丝毫的改变，这用不着在这里多说，至于本刊在抗战建国总的任务下，当前实践的任务，我们认为有两个：一是巩固全国团结，提高民族意识，灌输抗战知识，传达，解释政府的国策，剖析国内政治，军事，经济，文化以及国际之情势，为教育宣传的任务。

另一是以使政府经常听到人民的声音，民间的疾苦，动员的状况，行政的优劣，使政府在领导抗战，实施庶政上得到一种参考，为我们政治的任务。

关于本刊内容，也有需要略为提及的。三日刊在性质上原具有两重性。三日刊是日报与杂志的中性刊物，它应具有新闻和杂志的二种特点。因此本刊今后在时事方面，力求保持新闻趣味，但以系统的供给新闻为原则，而在其他方面，我们却要发挥杂志本身的特点。至于更具体的编辑方针，我们以为这里可以不必说它。

本社工作同人，今后对于一切工作，均想做到是集体的力量的表现，本刊的言论，也想渐渐做到都是集体的讨论的结果，因此我们希望社会各方面的人士及全国读者经常对本刊提出批评，建议，报告，通信，使《全民抗战》变为真正代表全国人民的公意，与全民教育，宣传，最有力的工具。

最后我们以极大的热情拥护正在开幕中的国民参政会，希望这一伟大的集会完成抗战建国的使命。我们并用自己的工作，用《全民抗战》，来纪念伟大的七七纪念日。

（原载1938年7月7日汉口《全民抗战》三日刊第1号，署名本社同人。）

本刊百期纪念

本期是本刊百期纪念特刊，逢此百期纪念，首先要对国内外热心赞助本刊的无数读者与作家，致最诚恳的谢意，并想乘此机会，检讨已往，勉励将来，希望今后对抗战建国有更深切的贡献。

取名《全民抗战》的本刊，是由《抗战》三日刊与《全民》周刊，于民国廿七年七月七日，也就是“七七”一周年纪念日，在汉口合并编行的。《抗战》与《全民》都是诞生于这次争取民族独立自由的伟大战斗中，这两个刊物为着集中力量而合并，适在踏上神圣抗战第二年更重要的新阶段。在这抗战重要阶段中作为一个鼓动前进的小小号兵《全民抗战》，它的生命是和国家民族的生命交织在一起，备尝着这时代的兴奋鼓舞与艰苦困难。国家民族是在艰苦困难中强大生长起来，本刊也不敢因艰苦困难而不自奋勉，竭尽心力。例如本刊在已往百期的短短时期之中，因印刷困难，审查需时，虽极力支持，仍不得不由三日刊而变为五日刊，又由五日刊而变为周刊，每次都是努力支持到最后限度万不得已而取其次。今年战时首都遭到日寇“五三”“五四”的狂炸，印刷所迁散，一切脱节，但本刊仍于无办法中想办法，不愿有一期的脱漏。但在印刷条件非常困难的情况之下，我们对于抗战文化的需要，仍不敢不作最大可能的努力，俾有相当的供应。鉴于前线士兵关于读物的缺乏，特出比较短小精悍的“战地版”捐赠前线士兵。由于国内外热心同胞的踊跃捐输，各战线将士及接近各战区驻军的纷纷索阅，使我们虽忙上忙，因得到对英勇民族战士略有效劳的机会，却感到无限的欣幸，最近自国民参政会通过“召集国民大会要定宪法实施宪政”要案，蒋议长指定国民参政员组织宪政期成会，国民党六中全会决定明年十一月十二日召开国民大会之后，国民热烈响应党政的号召，宪政运动已逐渐开展，但各方都苦于参考资料的缺乏，本刊有鉴于此，特以非常迅速的效率，编行《宪政运动参考材料》，以应迫切的需要。第一辑已经出版，第二辑即将印好，第三辑正在准备中。本刊对读者所深深感到惭愧的，是为物质环境所限，印刷不及以前精美，纸张不及以前洁白，寄递不及以前敏速，但我们仍然在尽可能地改革中。我们不敢以困难而自馁，总以力求进步自勉，这是我们的职责所在，同时也要以此报答读者盛意于万一。

上面所谈到的，只是我们在物质条件方面的斗争。试就已往百期短短时期中在言论方面所经历，作大概的回想，亦颇有值得我们玩味的。我们的言论是反映现实的，就现实说，在“七七”一周年纪念以至今日，为时虽仅一年零四个月，在国事及国际各方面的重要事情，亦颇令人感触万端。在国事方面，为全国精诚团结一致对外的象征——国民参政会，它的第一届会议于廿七年七月六日在汉口举行，正在本刊创刊号出现的前一日。蒋委员长在该会第一届大会开幕致词，指出国民参政会的召集，是“从行动上表示举国一致协助政府抗战的事实，更是给侵略的敌寇以极严重的打击”。他在这致词中特提出两点：第一“要加强团结，巩固统一”；第二“要建立民主政治的基础”。廿七年十月在重庆举行的国民参政会第二届大会，今年二月在重庆举行的第三届大会及同年九月在重庆举行的第四届大会，都始终表现着精诚团结的精神，这是中国政治上的一种进步现象，本刊对每次开会经过及结果，都有比较有系统的论述。但因时代进步的迅速，这过渡的民意机关还不足够，于是在第四届大会，蒋议长指出“中国欲贯彻其绝对必要之作战目的，更须动员全民，加强长期抗战之一切设施”，决定“召开国民大会，建立宪政规模”，为中国政治作进一步的推进。本刊热烈响应这个号召，曾约专家著文有所贡献，并编行“参考材料”，以应热心宪政运动者的需要。

在军事方面，我们在这已往的一年零四个月的短短时期中，看到广州武汉的退出，看到长沙大火，与南昌陷落，也看到鄂北大胜，湘北大胜，与最近西南予敌的严重打击，加深敌寇的泥足。最高统帅在“庐山谈话”中即已昭示我们：“临到最后关头，便只有壁垒民族的生命以求国家生存，那时节再不容许我们中途妥协。须知中途妥协的条件，便是整个投降，整个灭亡的条件。”他并屡次公告国民，说明敌人必然失败的理由，我国必胜的根据，使国民都能确立对于抗战的决心与信念。到今日敌人愈战愈弱，经济崩溃的迹象已日渐显著，从整个的抗战过程看来，已足见民族失败主义者的错误，主张坚持抗战者的正确；但在已往的时候，每遇一次军事上的暂时顿挫，即引起一部分人的消极悲观，自己消极悲观还不够，还有意无意中散播毒菌，动摇人心。像汪逆精卫陶逆希圣之流，尽在政治军事国际各方面发表含有妥协毒素的论调，我们曾和认识明确的言论界的朋友们揭发驳斥，不遗余力，现在汪逆等原形尽露，罪恶昭彰，奸伪索性跑到敌人方面去，抗战阵容反而更为巩固起来，不过国人应从此得一教训，对于抗战的决心与信念不再动摇，对于糖衣下的汉奸理论不再受欺骗。

在国际方面，我们在这已往的一年零四个月的短短时期中，也看到不少的瞬息万变的风云。我们看到捷克在慕尼黑会议压力下的妥协，有些人惊于“现实外交的胜利”，以为捷克在妥协政策中得苟延残喘。但是捷克在苟安的状况中不到半年完全亡国！张伯伦的“胜利”，今日究竟如何？我们看到张鼓峰事件，看到诺蒙坎事件，日寇都只有屈膝一条路走，有人疑虑日寇将调东北军队侵华，但事实表示，日苏矛盾仍然存在，苏联对中国抗战的援助，不但未减少而且加强。我们看到了英法苏互助谈判因英法不允采用平等互惠原则而破裂，看到了德国放弃反共而成立了苏德协定，看到了波兰统治阶级因对内压迫，对外反苏，而断送了国家。有些人鉴于波兰的亡国而对中国抗战竟发生消极的观念。不知道远东不是欧洲，中国不是波兰。总之，国际上每有一次事变，有些人往往混乱了对于敌友的认识，动摇着对于抗战的信念，他们都是忽视了中国英勇抗战二年余的光荣成绩，无视了中国大众的反侵略的巨大的力量，无意中为存心挑拨离间中国内部及对友邦友谊的敌人汉奸造机会，这是很可痛心的现象，希望今后不会再有。

在这已往的一年零四个月的短短时期中，本刊曾由编者代表赴前线劳军，对于英勇无比的民族战士的奋斗精神，可歌可泣的英勇故事，受到永不能忘的深刻的印象。本刊于今年六月间响应军委会政治部等五机关五十万封慰劳信的号召，发起十万封慰劳信的征求，在一个多月的时期中，获得超出十一万封的成果，这亦可见中国民气的激昂，爱护国家民族的真挚了。如此的民心士气，无疑的是中国抗战必胜的重要保证。

最后想略谈关于本刊的任务。关于这一点，本刊创刊号曾经这样说过：“本刊在抗战建国总的任务下，当前实践的任务，我们认为有两个：一是巩固全国团结，提高民族意识，灌输抗战知识，传达解释政府的国策，剖析国内政治、军事、经济、文化、以及国际之情势，为教育宣传的任务。另一是以使政府经常听到人民的声音，民间的痛苦，动员的状况，行政的优劣，使政府在领导抗战，实施庶政上得到一种参考，为我们政治的任务。”这在今日还是一贯的。如更具体一些说，我们特别注意的有三点：第一是坚持抗战，拥护政府的抗战国策，反对妥协投降。第二是巩固团结，反对党派摩擦，反对任何挑拨离间分散整个民族一致对外的力量。第三是推进民主政治，藉此加强民众动员，参加抗战建国工作，加强国民对参加政治改善政治的兴趣与责任，反对任何损害民权违反法治的行为。简单说来，坚持抗战，巩固团结，推进民主，是我们在抗战建国时代中目前最重要的任务，是我们愿与全国同胞共同勉励积极努力的任务。

（原载 1939 年 12 月 9 日重庆《全民抗战》周刊第 100 号，署名韬奋。）

领导与反映

《新华日报》呱呱坠地于三年前，它是在民族解放神圣抗战的火焰中生长起来的，它是全国精诚团结的最显著的一个象征，在它三周岁的纪念日，正逢着我们的中华民国抗战最后胜利愈益接近的时候，凡是爱护这个宁馨儿的朋友们，没有不欢欣愉快的。

它的保姆们里面有一位最近跑来对我说，希望在这一天，我写出一些关于它的批评或希望。我想到它的许多保姆们在这样艰苦的环境中千辛万苦地把它抚养起来，已尽了最大努力，简直不忍有所批评，但是在这喜气洋溢贺客临门的吉日，我却也不自禁地感到满腔的热诚，对它怀着无穷的希望。

舆论机关的重要任务一方面在领导社会，一方面在能反映社会大众的公意，这两方面是要融会贯通、打成一片的。一个报纸对社会能引起领导的作用，绝对不是由于它要怎样便怎样，必须由于它能够灵敏地意识到社会大众的真正的要求，代表着社会大众的真正的利益，在这个立场上，教育大众，指导大众。

这样的报纸才是进步的报纸，只有进步的报纸能引起领导的作用。在另一方面，只顾到少数人的利益，有意歪曲事实，胡说八道，那是开倒车的报纸，开倒车的报纸虽在形式上是舆论机关，在实际上已不能发生什么领导的作用。所以舆论机关能否负起它的领导的任务，全看它是站在进步的立场，还是站在开倒车的立场。站在进步的立场，虽在极艰苦的条件之下，仍光芒万丈，得到多数人的宝爱；站在开倒车的立场，即令在极优越的条件之下，仍黯然无光，使人漠然视之，甚至感到讨厌。

谈到这一点，令人想起列宁于一九〇〇年十二月在德国的慕尼黑开始出版的《火星报》。当时因帝俄对进步的报纸摧残不遗余力，所以在本国无法出版，不得不在国外出版，但是因为它能反映当时大众的真正要求，所以一出版就引起了俄国整个社会民主党运动的注意。它印在极薄而坚韧的纸上，冒险用种种方法秘密转运到俄国之后，各社会民主党人小组，革命职业家和工人群众都争相传阅，把它读得破烂不堪，有许多期连破烂不堪的都不够传阅，不得不在国内几处秘密翻印，再争相借阅。我们可以说在列宁正确领导下的《火星报》对当时的俄国革命运动起了坚强的领导作用，但是这种领导之所由来，并不是由于代表着他个人的意志，却是由于代表着当时社会大众的真正要求。

中国现在是全国精诚团结，一致努力于抗战建国的时代，和当时帝俄的情形当然不同，但是真能起着领导社会作用的舆论机关，必须是真能反映着社会大众的真正要求，这个原则却是颠扑不破的。

作为全国精诚团结的最显著的一个象征的《新华日报》，它在抗战三年来吸引着多数读者的宝爱，在种种极艰辛的情况下仍能发挥光大它的灿烂的成绩，也是由于它努力反映最大多数同胞在这个大时代的真正要求。这是《新华日报》已往成功的源泉，也是《新华日报》未来更大成功的基础。我愿以此庆祝《新华日报》已往的成功，并以此预祝《新华日报》未来的更大的成功。

（原载1941年1月11日《新华日报》，署名韬奋。是韬奋为《新华日报》创刊三周年写的纪念文章。）

舆论的力量

民主政治的社会最重视民意的表现，表现的方法除选举外，便是舆论。就一般说来，舆论的表现虽也有着种种的途径，但是报纸和杂志上的言论，尤其是社论，更被人视为直接的表现。

因此，有些人一想到舆论，便很容易地连想到各报的社论。遇着国际或本国里有重要事件发生，各报为着要负起舆论的责任，也往往要针对所发生的重要事件发挥高论，以代表舆论自勉。

无论那一个报，执笔写社论的主笔先生，只是个人，至多只是言论部的若干位同人会议的结果，个人或少数人的言论何以又能发生伟大的力量呢？这绝对不在执笔的个人或少数人的自身，却在所发表的言论确是根据正确的事实和公平的判断，确能言人所欲言，言人所不敢言（这一点当然也还须有着相当的客观条件），真够得上舆论，才能发生舆论的伟大力量。

所以“舆论”这个重要的——也可以说是神圣的——宝物，不是有钱办报，有笔写文，就可以夺取到手的；也不是强迫任何人拿起笔来写出你所要说的文章，印在纸上，送到读者的手里，就可以发生什么舆论效力的。有钱有势的人尽管可以压迫舆论，收买舆论，乃至摧残舆论，但这些手段只是做到表面上像煞有介事，在实际上丝毫收不到所希望的舆论的效果，因为“舆论”这个宝物也是奇物，真正的舆论有如真理，无论如何是压不下去的！

写文章的人不要以为读者是易欺的，读者不都是瞎子聋子，他们也有听到正确事实和公平判断的机会，他们自己也有根据正确事实，引伸公平判断的能力。所以惯于下笔胡说八道的人固然引不起读者的信任，即使平日持论比较公平，被人视为社论能手的先生们，一旦写了违心之论，或有意歪曲事实的文章，也仍然要引起读者的不满以至愤怒。在写者以为他既可以舆论权威自居，好像说出的话都可以发生意想不到的效力，其实他根本就不明白他平日所以得到人们的信服，并不是他个人有着什么魔力，全恃他的“持论比较公平”，一旦他的这个特点抽去，令人信服的因素便寿终正寝，所得到的只是人们的唾弃和齿冷罢了！

最有趣的是一篇歪曲事实的言论尽管发表了出去，读者都只注意于主笔先生为什么要写出这样一篇文章来，结果是知道了其中曲折经过的一大段故事，原来是如此这般不得不写的，于是除了一声慨叹或且还对他加上一些可怜的同情以外，没有什么其他的感想。至于曾否发生舆论的力量呢？那只有天晓得！

这些说明言论固然可以发生舆论的力量，但却不是一切言论都可以发生舆论的力量。只有根据正确事实和公平判断的言论，才可能发生舆论的力量。例如你是努力抗战的人，我一定要说你是破坏抗战的人；或你是在分散抗战的力量，我一定要说你是在加强抗战的力量：这好像可以随便由我嘴里说出算数，但是人们听了能否信服，却不是因为我一定要这样说，却要研究我所说的是否根据正确的事实和公平的判断。倘若我所说的是根据正确的事实和公平的判断，人们当然信服；倘若我所说的不是根据正确的事实，也更说不上什么公平的判断，那末你不但不信服，而且还要引起你的反感或悲感，因为任何有理性的人是不愿有人把努力抗战说做破坏抗战，或把分散抗战力量说做加强抗战力量的。

我们要重视舆论的力量，我们更须知道舆论力量之所由来。

（1941年2月，国民党图书杂志审查委员会以“完全出于派系私利的立场”为罪名，扣留了本文。五十多年后，在《韬奋全集》编选过程中，编选者在南京中国第二历史档案馆的国民党档案里，发现当年被扣的一组韬奋的文章，本文是其中的一篇。

1941年4月26日《上海周报》第3卷第18期，曾自星洲《南洋商报》摘要转载本文。）

论出版

希望能做到读者诸君的一位欣悦和爱的好朋友——但却不愿做“群居终日，言不及义”的损友，是要黾勉淬砺做一个纯洁清正，常在进步途上的益友。

西国自活版兴而人群之进化以速论

昔人谓霍光不学无术，卒以致祸。夫不学无术，岂仅一人之祸福而已哉！盖一人不学，则一人受无术之害也。一家不学，则一家受无术之害也。一乡不学，则一乡受无术之害也。推之一国不学，则一国受无术之害也。人群异于禽兽者，学而已。文明异于野蛮者，学而已。强国异于弱国者，学而已。夫学也者，非伏案咿唔，无补于世之谓也。有法律之学焉，有工商之学焉，有农桑之学焉，有军事之学焉。人群有学，则文化进而国势兴。人群多数有学，则文化速进而国势愈兴。然好逸而恶劳，人之情也，而往往有学者弥寡，若不欲进化之速也者何哉？学安自出？出自书。书安自成？成自版。有学者众则书亦多，书多则版亦多。版之刻也难则缓，版之刻也缓则书之成也迟，书之成也迟则书之出也寡，书之出也寡而学者乃不得不寡，学者寡而人群之进化滞矣。且夫天下之物，愈难则资愈厚，愈易则资愈薄。版之难刻也如是，则书资之厚也可知。于是书虽多，而资非中人所能任，虽攘臂抵掌，矢志奋心以求学者，亦惟有望洋而叹耳。而人群进化之机，乃滞于无形矣。于是乎知活版之兴，育兴俄吞堡之惠我后人也厚矣哉！说者谓西国自活版兴，人群文化之进步虽速，然而异说朋兴，卮言日出，亦此活版之易所致也。呜呼，岂其是欤！夫活版兴，则版之成也易而速，而书之成也亦易而速。书多而资薄，于是学者众。学者众而所学者精，于是法律之书备而法治国赖焉，工商农之书备而人群富焉，军事之书备而竞争优胜焉。若是而文化之进也，虽欲不速得乎！笔意清超，能见其大，起处尤为得手。

（原载1914年7月《南洋公学新国文》卷三，署名邹恩润。）

本刊与民众

本刊动机的重要说明

什么是民众？这虽没有一定的界说，我以为搜括民膏摧残国势的军阀与贪官污吏不在内；兴波作浪，朝秦暮楚，惟个人私利是图的无耻政客不在内；虐待职工，不顾人道主义的惨酷资本家不在内；徒赖遗产，除衣食住及无谓消遣以外，对于人群丝毫无益的蠹虫也不在内。除此之外，一般有正当职业或正在准备加入正当职业的平民都在内；尤其是这般人里面受恶制度压迫特甚的部分。

农人的苦生活，工人的苦生活，学徒的苦生活，乃至工役的苦生活，女仆的苦生活……都是本刊已载过的材料，也就是本刊替民众里面最苦的部分，对于社会的呼吁。

生活本包括物质与精神两方面；物质不能满意，精神当然不能满意；但我们以为欲群策群力的向前奋斗，仍要养成兴致淋漓，对于奋斗有乐此不疲的精神，换句话说：一面要与恶环境奋斗，同时自己又须保存其浓厚兴趣，才能继续不断的向前干去，所以我们困苦奋斗之际，仍宜极力提倡愉快的精神。这种愉快的精神是积极的，不是消极的；是前进的，不是保守的。也就是本刊上期所载孙中山先生革命失败数十次，仍本其兴会淋漓的精神向前干去，不存着"想当年"的悲观念头。

说到全国大多数民众的利益，我们以为“力求政治的清明”与“实业的振兴”，都是根本要策。所以我们痛恶虐待职工不顾人道的惨酷资本家；而对于优待职工热心群众利益的实业家，却表同情。

至于文字方面，本刊力避“佶屈聱牙”的贵族式的文字，采用“明显畅快”的平民式的文字。

总之，本刊的动机完全以民众的福利为前提，今后仍本此旨，努力进行。而且本刊向来的态度是尽量容纳读者的意见，不但读者通信栏专为此而设，即其他文字，凡来稿之有价值有趣味而与此旨相合者，无论意见或有异同，无不公布以作公开的讨论，今后仍本此态度，容纳民众之意见，使本刊对于民众有相当的贡献。

（原载1927年3月27日《生活》周刊第2卷第21期，署名编者。）

《生活》周刊究竟是谁的？

《生活》周刊承社会不弃，最近因销数激增，来登广告的也与日俱增，大有拥挤不堪的现象，编者有时碰到朋友，他劈头第一句就说："好了！《生活》周刊可以赚钱了！"这句话很引起我的感触，就是《生活》周刊替谁赚钱？《生活》周刊赚钱何用？再说得直截了当些，就是《生活》周刊究竟是谁的？

要回答这个问题，编者先要说明我们办这个周刊的方针和态度。

我们办这个周刊，心目中无所私于任何个人，无所私于任何机关，我们心里念念不忘的，是要替社会造成一个人人的好朋友。你每逢星期日收到这一份短小精悍的刊物，展阅一遍，好像听一位好朋友谈谈天，不但有趣味，而且有价值的谈天；你烦闷的时候，想想由这里面所看见的三言两语，也许可以平平你的心意，好像听一位好朋友的安慰；你有问题要待商榷的时候，握起笔来写几行寄给这个周刊，也许可以给你一些参考的意见，好像和一位好朋友商量商量。

我们办这个周刊不是替任何个人培植势力，不是替任何机关培植势力，是要藉此机会尽我们的心力为社会服务，求有裨益于社会上的一般人，尤其注意的是要从种种方面引起服务社会的心愿，服务所应具的精神及德性。

一个人光溜溜的到这个世界来，最后光溜溜的离开这个世界而去，彻底想起来，名利都是身外物，只有尽一人的心力，使社会上的人多得他工作的裨益，是人生最愉快的事情。讲到编者的个人，不想做什么大人物，不想做什么名人，但望竭其毕生的精力，奋勉淬励，把这个小小的周刊，弄得精益求精，成为社会上人人的一个好朋友，时时在那里进步的一个好朋友。

我们深信天下无十全的东西，最要紧的是要有常常力求进步的心愿，本刊决不敢说自己已经办得好，决不敢自矜，而且我们常常觉得自己有许多缺点，所堪自信者，即此常常力求进步的心愿。所以有指教我们的，我们极愿虚心领受，务使本刊的缺点愈益减少，优点愈益加多，不过对于无诚意的断章取义的谩骂，我们只得行吾心之所安，不与计较。我们以为做人的态度应该如此，办出版物的态度也应该如此。

根据上面所说的方针和态度，所以本刊因销数激增而广告涌进所得的收入，都尽量的用来力谋改进本刊的自身，由此增加读者的利益，由协助个人而促进社会的改进。试举几个较为显著的具体的例。本刊初办时每期不过一张，自第三卷三十一期起，每期加至一张半，价目照旧，其中虽有一部分地位用来登广告以资挹注，但材料较前增加，固为显著的事实，材料内容，亦较前更求精警，现在稿费比一年前已增加至三倍以上，也是本刊努力增进“质”的方面的一端，原拟自本期起，包皮纸改阔，包皮纸上用的签条原用油印，均改用铅印，现因赶印不及，将于下期实行，此层因销数之多，支出方面当然大增，惟前用油印，邮寄中途易于糊涂，每易辗转遗失，为求稳妥计，积极改善，惟力是视。此外自设“读者信箱”以来，发表于本刊的来信，因限于篇幅，为数不多，而每日收到来信商榷各种问题的，目前平均总在四五十封以上，其数量且与日俱增，都要分别函复，虽邮资所费殊巨，而我们尽其所知，或代征专家意见，竭诚答复，认为是辅助读者的一个途径，也是做"好朋友"的义不容辞的一件事情，是我们觉得很高兴做的。

上面随便举出的几件事，我们都认为是份内事，毫无自以为功的意思，不过我们的意思是要表明《生活》周刊是以读者的利益为中心，以社会的改进为鹄的，就是赚了钱，也还是要用诸社会，不是为任何个人牟利，也不是为任何机关牟利。

这样看来，《生活》周刊究竟是社会的。

（原载1928年11月18日《生活》周刊第4卷第1期，署名编者。）

硬性读物与软性读物

无论是一位以物理算学等科目做家常便饭的工程师，在他书房里闲散随意翻阅的时候，倘若书桌上同时放了两本书，一本是关于工程学的艰深物理学，或是艰深的算学，还有一本却是很轻松很有趣的笔记或小说，他大概要伸过手去先拿后一种来看。前一种可以说是硬性读物，后一种可以说是软性读物。

在学校里的学生，有的在教科书下面偷放着《三国志》或《西游记》偷看，上面的可以说是硬性读物，下面的可以说是软性读物。

在板着面孔的教师前，或严厉得像"阎王"的老子前，受一顿冰冷的教训，使人索然无味；在欣悦和爱的好朋友前，谈谈一件有趣的新闻，便使人心旷神怡。前一种好像是读硬性读物的味道，后一种好像是读软性读物的味道。

硬性读物每偏于专门性；软性读物则每偏于普遍性。两者都是社会上不可少的精神滋养料，我们所希望的是：硬性读物能尽量的软一些，软性读物能纯正而导人趋于身心愉快德慧日增的境域。

本刊内容可以说是软性读物，希望能做到读者诸君的一位欣悦和爱的好朋友——但却不愿做"群居终日，言不及义"的损友，是要黾勉淬砺做一个纯洁清正，常在进步途上的益友。

在下常觉自慰的，是区区做了诸位的这个“好朋友”的“保姆”，是受有全权，得用独往独来公正无私的独立精神放手办去，稿件的选择取舍，绝对不受任何人的牵掣，本刊向采“尽我心力”的态度，日在努力求进之中，固决无自满之时，而这种“独往独来公正无私的精神”也是要继续保持下去的。以后我们还想常有“介绍好读物”的文字发表，但大概仍以有趣味有价值的软性读物为主，而且也要用上面所提出的“独往独来公正无私的精神”来介绍。换句话说，我们只认得“好读物”而不认得人；要使因我们介绍而去购阅的读者不至上当，不至失望。我们绝对不受任何私人或书业机关的嘱托，绝对不讲“情面”，绝对不避嫌怨，只以“读物”本身为唯一的对象，根据独立观察所得，全为读者着想，介绍我们认为确是好的，确是有趣味有价值的读物，我们深信只有这样严正的介绍，才有价值，才有信用。无可介绍的时候，我们就不介绍，因为我们向来不愿做勉强敷衍的文字以虚耗读者宝贵的时间。

（原载1929年8月11日《生活》周刊第4卷第37期，署名编者。）

免得误购后悔

秋郎先生在他所著的《骂人的艺术》一书的“自序”里有一段这样说：“这集里面没有‘文学’，没有‘艺术’……里面有的只是‘闲话’，‘怨怒’，‘讥讽’，‘丑陋’，和各式各样的‘笑声’。我恐怕读者寻不到他所要寻的东西，所以预先声明在此，免得误购后悔。”我以为不但读“骂人的艺术”，无论读任何刊物的人，都应该先弄明白“里面有的”是否合于自己“所要寻的东西”，如其不是，则请千万不要看，免得后悔。

本刊最初不过极少数人喜欢看，现在表同情的读者渐渐的加多；本刊社址在上海，上海特别市政府教育局对于本市刊物审查严明，对本刊审查之结果，来函称“贵社发行之《生活》周刊取材丰富，立论新颖，且多含有教育意味之著述”（见本年九月六日致本刊公函）；但本刊自顾浅薄，自己常在不满意中，幸获读者的信任及教育当局的鼓励，愈益自愧，只有力求进步，毋负期望而已。不论何种刊物，总有它的特殊内容，就是“里面有的”是什么“东西”：读刊物的人各有各的口胃，“所要寻的东西”当然也不能尽同。要“免得误购后悔”——或至少可以免第二次的误购——本刊对于内容方面似乎也应有一种“声明”，现在试就所想到的分列如后：

（一）本刊的态度是好像每一星期乘读者在星期日上午的余暇，

代邀几位好友聚拢来随意谈谈，没有拘束，避免呆板，力求轻松生动简练雅洁而饶有趣味，读者好像在十几分至二十分钟的短时间内参加一种有趣味的谈话会，大家在谈笑风生的空气中欣欣然愉快一番。我们虽常自恨还未能十分做到这个境地，但至少这是编者心目中所锲而不舍的一种鹄的。如有人喜欢听教堂里装作正经面孔的牧师讲道，或课堂上板着面孔的严师讲学，我们这里没有。

（二）本刊虽是每星期一次的小小有趣味的谈话会，但却不愿“群居终日，言不及义”，所以谈话的材料尽管有种种的变异，可是总以所明揭的宗旨为中心。如有人喜欢看纯粹《笑林广记》式的东西，我们这里也没有。

（三）本刊谈话的材料是注重普通化的，特约撰述的作者固多专家，但他们在本刊里所谈的话也是普通化的；因为本刊是供给一般人看的，专门学术的问题只有各该门的专家才有兴趣，而且也不是这小小篇幅所能容的。如有人要寻什么专门的知识，我们这里也没有。

（四）本刊的性质不但是普通化，而且是通俗化，是给一般人看的，不是备与深于世故的老滑头或学问已经博得无所不知的人看。如有人觉得寻不出什么高深的东西，要知道我们原是开一个小小的很平凡的很通俗的谈话会，原没有什么高深的东西。

（五）谈话最有趣而有益的是听听别人的有价值的阅历经验，尤其是坚苦卓绝可歌可泣的阅历经验。例如在本刊第二卷里我们就谈了许多关于孙中山先生的坚苦卓绝可歌可泣的阅历经验。就是最近谈谈德国史特莱斯曼之为国尽瘁，死而后已，美国爱迭生之“不肯停息的好奇心”和“永不屈服的忍耐力”等等，也是含有这一类的意味。我们所以多谈近人，多谈国际上的人物，不但取其新鲜，而且希望由此也许可以间接多知一些世界最近的大事。有许多虽是外国人，但我们所注重的决不是因为他们是外国人，是要在随意谈及他们的阅历经验时，无意中提醒或暗示种种足为我们观摩比较或参考的特性。

（六）本刊近来每期里登有“健而美的体格”，截至现在所得的反应，有许多读者由无意中获得深刻的印象，纷纷来信询问或商榷健身的具体方法（男女读者都有），除特殊情形我们代为询问医师或运动家外，大概都介绍张士一先生著的《米勒氏十五分钟体操》（商务出版）以供参考。这类穿游泳衣或运动衣的影片，在西洋各国体育杂志里已是极平常的一回事。如有人看惯了新年家中悬挂的穿着凤冠霞佩或箭衣外套垂襟危坐的祖宗遗像（俗称喜神或喜容），看了这种影片觉得不惯，甚至觉得难过，那只得请他们千万不要再勉强看。

（七）我们平常遇有朋友新从外国回来，总喜欢问问他们外国的政治社会近况，一则可以藉此略悉各国最近情形，也许可以由此稍明世界大势；二则也许可以供我国社会参考或比较。对于个人修养方面，亦可以扩大胸襟，放远眼光。孙中山先生尝说中国学外国须迎头学上去。甚至压迫中国如日本，但因除此缺憾外，她也有她的“发奋为雄”（引用孙中山先生批评日本语）的长处，所以孙先生也说“我们要中国强盛，日本便是一个好模范”。本刊有一部分很注重外国通讯，拉几个在国外的好友于百忙中加入这个小小谈话会。也无非要藉此使得我国同胞有所比较而谋奋发，或明其流弊而力谋避免。

（八）本刊自视为读者的一个好友，所以有信来商榷问题的，我们感于读者的信任，总是尽所知道的答复（发表于“读者信箱”者不过是极小的一部分），有时还代为奔走于专家之门，代为征求意见，我们微诚所贡献的一些管见，不过尽其所知，作为读者自己许多朋友里面的一个朋友的意见，聊备参考而已。我们一面觉得既是朋友，有事见商，总该尽其所知竭诚帮同商量；一面鉴于来信商量问题者之多，可以概见大部分家庭及社会之冷酷，缺乏同情，所以虽以我们的浅薄，仍有许多读者有事便写信来商量，我们愈不忍不尽其所知以告。总之本刊自居于读者的一个好友的地位，既承下问，尽其所知竭诚以告而已，并不敢自以为能够替读者解决疑难。

主持一种刊物的人，胸中当然应该有若干目前所特殊注重的要点；所明揭的宗旨尽管不变，而在当前所特殊注重的若干要点也许在若干时后因时势要求与社会需要之变迁而有新陈代谢之必要。上面所说的便是本刊在目前所特殊注重的几个要点，如蒙宏达指教，我们当虚心考虑惟善是从。

（原载1929年11月17日《生活》周刊第4卷第51期，署名韬奋。）

辛酸的回忆

这一期本刊虽然还是一副老面孔，但由单张摇身一变而为册子格式，在本刊总算是一个小小的新纪元，况且这个“册子格式”的梦想在我们脑子里萦回着足足有了两年，规划踌躇，未尝断念，终以种种困难而久留梦境，一旦居然由梦境而变真实，思之愈苦者得之弥甘，其惊喜交集的情绪，有非言语所能形容者，现要乘此机会，和诸君谈谈“辛酸的回忆”。

在下握笔草此文时，涌现心头，使我深觉感谢而不能自已者至少有四方面：一是创办本刊的同志对于主持者之信任专一，毫无牵掣；一是努力于本刊事务的同事之戮力同心，不畏劳苦；一是赞助本刊的特约撰述诸好友之惠赐佳著；一是爱护本刊的许多读者之同情鼓励。本刊之有今日，都是由这四方面所发出的甘露而灌溉养成的一朵一朵的鲜花。

本刊开始于民国十四年十月，由中华职业教育社创办的，现因规模日大，业务日繁，经济方面的预算决算，事务方面的管理经营，都成了独立的部分，好像一个青年已可成家立业，大家庭已许其另有独立的小家庭了。本刊创办的第一年，系由王志莘君主持，第二年因他银行事业忙得不了，便拉我做替身。我觉得宗旨不明确则无从努力，责任不专一则亦无从努力，乃明定宗旨，一切由我负全责，只要不离“宗旨”范围，不超所定预算，一概不受干涉。好像园主把花园交给一个花匠，付以全权。这个花匠生性耿介戆直，无所私于任何个人，无所私于任何团体，不知敷衍，不知迁就，但知根据明确规定的宗旨，为社会努力；但他深觉这样耿介戆直的花匠不是任何园主所能容的，所以这个花园之有今日，第一就不得不归功于园主对于花匠之信任专一，毫无牵掣。

还有一事我们觉得欣幸的，是努力于本刊事务的几位同事都是赤心忠良，视本刊如同自己的生命一样，日里事务忙得来不及，就夜以继日的干。我们人数虽不多，却好像一小队短小精悍甘苦与共的精兵。办事当然不得不吃饭，但如仅仅为吃饭而来，对于本身事业不感兴趣的人也就永远弄不好；所以努力于本刊的同事，以能忠于《生活》及《生活》的读者为第一义，否则虽有天大本领，不敢请教。

这个花匠自己一面努力，一面常自恨自己才疏学浅，未曾把本刊办得好，常常自己觉得有许多不满意的地方，所以常在奋勉之中感觉继续不断的惭疚。他只有尽其心力做去，一面常常虚心求进步，一面常常搜求良好的著述。讲到这里，他愈深刻的感谢许多好友指教和许多特约撰述好友的赞助。

讲到这个花匠的自身，一无所长，却自信把人生看得很穿，依他的直觉，以为我们这样由十四种原素凑成而终须归化于大地的躯体，只有在寄存于此世间的数年或数十年中，各就个性尽量为人群努力，使人多少得点益处，尚有一些意味，此外实一无可恋，何苦争名夺利攘权，扰个不休？试问一旦“归化”，究竟能带着什么去？他在这个花园里努力，只不过觉得这个小小花园尚能应社会上一部分的需要，他在这里面做个小小花匠，觉得在他个性还算比较的近些，觉得还有兴趣，所以愿以全副精神竭尽棉薄；只望能在此茫茫的人生长途中，寻得一花一蕊，贡献给诸君；倘诸君觉得在有些趣味的材料中，随处得一点安慰，得一点愉快，得一点同情，得一点鼓励，便是他暗中在精神上所感到的无限的愉快。他并无意要把本刊做成什么“导师”，只希望把本刊做成读者诸君的许多好朋友里面的一个——一个诚恳同情欢悲与俱的好朋友。至他个人，只愿终其身做一个无名小卒，但知尽其心力为本刊干去，干到没得干时——无论是“跷辫子”，或是被“开除”——便滚；不过在未滚之前，总是要不顾一切的保持爱护本刊公正独立为社会努力的精神，尽其心力往前干去。

（原载 1929 年 12 月 1 日《生活》周刊第 5 卷第 1 期，署名韬奋。）

征求一位同志

本刊自业务日渐发达之后，各部分的工作也随之而日渐繁重。现在本刊的工作分三大部分：第一是总务部，里面包括文书，会计，庶务；第二是编辑部，里面包括主笔，特约撰述，编辑；第三是营业部，里面包括发行，广告，印刷，发行之下又包含两部分，即国内外特约发行所及代销处。关于主持各部分工作的同事都深庆得人，虽本刊是全靠自己的正当收入维持自己的生存，各同事都很辛苦，但除编辑部的工作外，其余各部的同事都各有他们的得力助手，万一遇有重要事故不得不暂时请假，工作方面尚不至大受影响，所以我只要作提纲挈领的主持，惟有编辑部的工作我有一天不能离开之苦，因为除了社外的特约撰述外，我并没有得力的助手，幸而我差不多一年到底不生病，所以一年三百六十五天，除星期日的下午外，我总是天天到社工作，未曾“缺课”。但是人非铜筋铁骨，总难免有生病的时候，去年有一次生了两三天病，竟不得不在病榻上勉强作文阅稿，后来托了好几位朋友代为物色一位同志相助，至今未有结果。最近我又生了三天病，又不得不在病榻上勉强作文阅稿，征求一位同志相助之心乃愈切。虽幸而我的身体好像知道我的为难情形，所以不常出毛病，偶出毛病也不过两三天，但已叫我够受，且为本刊业务前途计及我个人工作效率计，有许多朋友都劝我要求得一位得力的同志帮忙，我于是决意草此文，把我所要求的条件及办法老老实实的说出来，作公开的征求。

我此刻心目中所最注重的至少有四个条件：（一）撰述评论的人最最重要的品性是要能严格的大公无私，在言论方面尽管仁者见仁，智者见智，但动机要绝对的纯洁，要绝对不肯夹杂私的爱憎私的利害在里面，要绝对能秉着自己的良知说话，不受任何私人或团体的指使威吓利诱，或迁就私人的情面而作违心的言论。我深信任何刊物的信用——也就是刊物的命脉——最最重要的是这一点。（二）锐敏的观察与卓越的识见，再说得简单些，就是思想须能深入，遇着一件事或是一个问题，不要人云亦云，总要运用自己的脑子深入的想他一下，这种工夫实含有分析，组织，及创造等要素的能力。（三）文笔畅达，这一个条件是从事撰述评论的人所不可少，是很显明的，用不着多说。（四）至少须精通一种外国文。主持评论的人有八个字很重要，就是"搜集材料，贮蓄思想"。所谓贮蓄思想，是平时无论如何忙，要能静想，想些抽象的好意思，蓄在胸中，好像"贮蓄"一样，遇事触机而发为言论，便较有精彩。与贮蓄思想有密切关系的便是"搜集材料"，多阅平时出版的中外书报，所以至少须精通一种外国文。现在比较重要的外国文要算英法德日。我自己可用英文，勉强看得懂法文，我所用的西文书报参考书以英文为多，所以我希望的帮手以能英文为最宜，法文次之，虽则别国文并非绝对不可。

上面所说的四个条件，简括起来是（一）大公无私，（二）思想深入，（三）文笔畅达，（四）至少精通一种外国文。现在要略说征求的具体办法。（1）先投稿三个月，投稿的信封上请写明"征求"两字，如原稿不用须寄还者请附下回件邮票，否则恕不寄还。（如不用挂号，倘有遗失，不能负责。）如不愿删改者请预先声明。在投稿期内，采用的文章约每千字送稿费五元，依向例每月底结算。投稿三个月后如无信奉约，即是无意聘请，请勿催问，俾省手续。在投稿期内如不愿以真姓名见示者可用笔名，惟地址请写明，以便有必要时通讯。(2) 三个月后如认为成绩满意，当专函奉约面谈，谈后如彼此适合，再函约试用，试用期两个月，在此试用期内两方均得随时随意辞退或告退。(3) 月薪至少以一百二十元开始，如有特殊优越成绩，当酌加。

关于酬报一层，我们很以菲薄为歉。但本刊全靠自己的正当收入维持自己的生存，现在仍在穷干苦干的时期，所以要绝对的量入为出。不过有一点可以奉告者，即本刊实有可以乐观的前途，将来对于果有真实材能而又肯忠勤为本刊服务者，待遇方面必惟力是视，不至使热心办事者因物质上的牵累而分心。以服务社会为职志者固不拘拘于物质酬报，惟生活费的需要固亦事实上的问题，故不敢不直率言明。

此外还有几点我要提出者：(一) 我向来主张用人当注重真才实学而不必问资格——指学校毕业的资格。我此次征求同志，绝对不问资格，倘有如我上面所提出的条件，虽连小学毕业的资格都没有，我仍要竭诚聘请，否则虽有极好听的衔头，决不请教；(二) 以实际材能为标准，绝对不讲情面。所以虽素昧生平，只要能在投稿上及试用上表示实际材能，无不扫榻以待。熟友的保荐信以及"吹嘘"等等，一概用不着，如不在实际能力上表现而另外致函商量，恕我一概不复，俾两方省却许多麻烦；(三) 陈布雷先生曾经和我谈起下面的几句话，使我永不能忘，他说个人对于社会应当多少有一些贡献，但是最大的贡献须是最适的贡献。他说他不愿做超过自己能力的事情，不愿勉强担任超过自己能力的职务；他觉得世间最浪费的事是勉强担任与自己性质不相宜的事情。我希望有意应征求的同志对此点要特别注意。社会的事情是要于合作之中分工的，分工的最要标准是各人应依各人的个性兴趣材能而分途努力，这样才能兴会淋漓，把自己和所做的工作融合为一。

我的话已说了不少，但是对于此次征求，心里很少希望——不是不希望，是觉得这个希望恐怕很难达到。何以呢？因为有我所要求的能力的人大概都要去做他们的大事业——做名人，做伟人——像办《生活》这样的小事情也许不值得他们之一顾，为他们所不屑做；愿意加入者也许没有我所要求的能力。换句话说，有的能干而也许不愿干，有的愿干而也许不能干，要“能”与“愿”合得起来，实在是一件很难的事情，所以我觉得我这样公开的征求不过是姑且尝试，未必能获得满意的结果。

十九，七，十九。

（原载 1930 年 8 月 3 日《生活》周刊第 5 卷第 34 期，署名韬奋。）

《生活》五周(年)纪念特刊预告

这是本刊第五卷的末了一期，下一期便是第六卷第一期——也就是《〈生活〉五周纪念特刊》。常人有所纪念，大概是大家聚拢来大喝大吃一顿，但是我们觉得这种效忠于自己肚皮的纪念方式是没有什么意思的；有的也许放一两天假舒服舒服，我们又觉得这种逃学式的纪念也没有什么意思；所以我们想替本刊作五周纪念，在两三个月以前就筹划准备出一种纪念特刊，扩充内容增入画报而丝毫不增加订价与售价，竭其微诚藉此为读者多尽一些义务，即所以为本刊作比较有意义的纪念。讲到这个《五周纪念特刊》，其中有两个特点可以先提出来预告一下：一是《五周纪念画报》，一是《每周大事记》。

新闻界的老将戈公振先生是读者所知道的，用不着记者的介绍。目前我国各日报中星期画报最有精彩的要推《申报》的《星期画报》，而《申报》的《星期画报》就是戈先生所主编的。本刊这次的《五周纪念画报》也承戈先生全权主持编辑的，用最上等的米色铜版纸精印，加入《五周纪念特刊》里面一同装订。

其次请略述自第六卷起增加《每周大事记》的旨趣。我们从前原有所谓《一周鸟瞰》，但当时因为只有一块豆腐干的地位，而周刊的印刷时间又过于迟缓，觉得没有什么精彩，所以索性把它删除。不料删除之后，南洋及各国华侨同胞中的读者，以及内地的许多读者，纷纷来信说这一栏不应删除，像新疆就有好多读者来信说该处往往全靠这一点儿材料略懂本国的新闻消息。我们得着这样的鼓励，又觉得不干则已，要干总要想法弄得有精彩，方不负读者诸君殷勤的期望，故决自第六卷起，将印刷时间及包卷手续极力设法缩短，俾新闻的时间性方面不至如前之落后（自第六卷起并提前于每星期六出版），同时扩充此栏篇幅（并不侵占原有之文字篇幅），指定一页半的比较充裕的地位，用简洁的文笔，有系统的方式，纪述一周间国内外的特别重要特有意味的新闻消息，希望订阅一份本刊者能获得订阅中外数份报纸的利益，省时间，省脑力，省费用，并欲藉此提倡一般国人对于国际要闻与国家社会要闻增加兴趣与注意的习惯。

于此要附带报告的有一件事，就是本刊对于营业方面的态度。本刊是全靠自己的正当收入来维持自己的生存与力求自己的发展。本刊经了四五年的挣扎奋斗，现在的同事人数较前加了八倍，（本刊承国内外读者的信任，商榷问题的通信最近每日已达二百封左右，除由记者主持外，并有三位忠实而勤奋的同事专司襄助的职务，仍忙得不可开交，但这种服务是我们所觉得异常愉快的。）房租较前加了三倍，稿费较前加了五倍至八倍，我对于努力服务的同事，每半年或每年增善他们的待遇，故同事薪俸依成绩较前加了二三倍至四五倍。这不过略举其荦荦大端者，至于年来百物腾贵，纸价高涨，以及设备之日繁，一切开销之有增无已，无庸赘述，以上可用数目字表述的事实，都有帐册可稽，上年度本刊的总结算最近已经潘序伦会计师审核过，出有负责的审查报告证明的。但是上面各项支出的数量少者较前增加二三倍，多者增加七八倍，而本刊自发刊以来，仅于由单张改成订本时，万不得已很不愿意的由每年一元订价增至一元二角，连四分之一倍还不到，我们都是穷光蛋，绝对没有什么老本拿来垫贴，又绝对不愿受任何津贴，所恃者是靠我们广告的信用与效力，逐渐在广告方面增加了收入。所以有人看见本刊广告的日多，以为我们已发了财，其实我们水涨船高，收入增而支出随之俱增，至今仍是收支可以相抵的地位；有人来信叫我们减少广告，甚至有人对我们建议完全不要广告，全登文字，在建议者固为好意（因为要增加文字篇幅，便是承他们重视本刊的内容），但在事实上非关门大吉不可。

记者个人不愿做守财奴，也不愿我所爱护的生活周刊社做守财奴。我为本刊竭尽愚忠，其中使我精神上最感愉快的一点，是我知道本刊在营业方面的正当收入一直到现在都是完全用在本刊的事业上面，不是替任何资本家增加造洋房讨姨太太的资金。我们替本刊赚到的钱，就替本刊用去。替本刊用去的途径大概有三条：第一在读者方面，我们竭精殚思使本刊在内容方面时有进步，而又不愿多增读者的担负。我们的各项支出较前增加数倍，而订费较最初只有一页单张时仅增二角，《五周纪念特刊》增加画报及自该卷起增加《每周大事记》的篇幅，而订价售价丝毫不加，都是这个微意。但我们自己没有老本来贴，又不愿受任何津贴，当然不得不增收广告费以资挹注，所以纪念特刊因成本过巨，不得不酌加广告的篇幅，自第六卷起略加文字篇幅，同时亦不得不酌加广告的篇幅，不过广告虽增加而原有的文字并不减少，或更略有扩充，我们认为这样在我们得以支持，在读者并无损失。我们替本刊用钱的第二条路是优待著作家（编者自己的文字并不另取稿费，所以并未曾优待到自己头上来）；第三条路是优待为本刊努力的同事。这两层上面已经提过，不赘述。

我们并不以本刊之仅能支持为不满足，我们情愿在经济自立上挣扎，我们情愿只用自己苦赚来的正当收入，因为如此才能保持我们言论上及纪事上的大公无私的独立精神，才能绝对不受任何私人任何团体的牵掣。曾有有经济力量的某君，示意如本刊需要的话，肯无条件的资助本刊，我立刻毅然决然的婉谢他的好意。记者将来瞑了目，或是滚了蛋，我所留与我的继任者，就只有这种大公无私的独立精神，并没有什么积蓄的钱；能保持这种精神的便可仍得读者的信任，否则读者所给与的信任亦随时可以收回，不能任人藉为营私的工具。这是记者要乘此机会倾怀一述本刊对于营业方面的态度。

十九，十一，二二。

（原载 1930 年 12 月 7 日《生活》周刊第 5 卷第 52 期，署名韬奋。）

我们的立场

本刊的言论或评述向以光明磊落的公开态度与国内外同胞相见，我们的立场原可于平日所刊布的言论或评述中见之，所以记者初意这篇文章可以不必做，但为彻底明确起见，似乎还有略作较有系统叙述的必要，故今特乘本刊五周纪念的机会，提出来谈谈。

本刊创办以来的经历颇简单，最初一年的宗旨似未十分确定，记者承乏本刊自第二年起，接手后即确定宗旨为"暗示人生修养，唤起服务精神，力谋社会改造"，方向较定，努力亦较专，至第四年起，经济与管理方面均完全自立，幸得创办者之绝对信任，记者乃得以公正独立的精神，独往独来的态度，不受任何个人任何团体的牵掣，尽心竭力放手办去，复得诸同事之夙夜匪懈，诸文友之热诚赞助，才有今日的一点基础，依最近的趋势，材料内容尤以时事为中心，希望用新闻学的眼光，为中国造成一种言论公正评述精当的周刊。现请再就本刊的实际情形，略加申述。

（一）本刊是没有党派关系的，这并不含有轻视什么党派的意思，不过直述本刊并没有和任何党派发生关系的一件事实。我们是立于现代中国的一个平民地位，对于能爱护中国民族而肯赤心忠诚为中国民族谋幸福者，我们都抱着热诚赞助的态度。

（二）我们不愿唱高调，也不愿随波逐流，我们只根据理性，根据正义，根据合于现代的正确思潮，常站在社会的前一步，引着社会向着进步的路上走。所以我们希望我们的思想是与社会进步时代进步而俱进。

（三）我们希望能藉本刊批评讨论各种较重要而有意味的问题所采用的方法——含有分析的眼光，研究的态度，组织的能力，创造的思想——为中国国民养成分析，研究，组织，与创造的种种能力；希望他们对于任何问题都能具有分析的眼光，研究的态度，组织的能力，创造的思想，不盲从，不武断，具是非心，有辨别力。

（四）民族兴盛与社会改进是要靠多方面各就其境地能力而分工努力促成的；本刊不过是许多努力的无数单位中的一个，好像大海汪洋中的一个细流，所以本刊从来不存包办一切的态度，只想竭尽我们的棉薄，在振兴中国民族改进中国社会的许许多多努力中，希望能贡献我们一个小单位或一个细流的责任。

以上所述的四点，第一与第二两点可说是偏于事实方面，就是本刊现在的实际情形确是如此；第二与第三两点可说是偏于欲望方面。欲望能达到什么地步，要看我们自己的努力如何；我们只得尽其心力向前干，干得一分是一分，不愿妄自菲薄，亦不愿妄自尊大。我们深信一人所能自效于社会国家者只能各尽其所能竭力做去，故无所用其菲薄；但人生有涯，事业无尽，沧海一粟，所成几何，故亦深知无可自大。

十九，十一，二八。

（原载1930年12月13日《生活》周刊第6卷第1期，署名韬奋。）

不相干的帽子

在如今的时代，倘若有人有意害你的话，最简易而巧妙的办法，是不管你平日的实际言行怎样，只要随便硬把一个犯禁的什么派或什么党的帽子戴到你的头上来，便很容易达到他所渴望的目的；因为这样一来，他可以希望你犯着《危害民国紧急治罪法》第几条，轻些可以判你一个无期徒刑，以便和你“久违”“久违”，重些大可结果你的一条性命，那就更爽快干净了。

记者办理本刊向采独立的精神，个人也从未戴过任何党派的帽子。但是近来竟有人不顾事实，硬把和我不相干的帽子戴到我的头上来。有的说是“国家主义派”，读者某君由广州寄来一份当地的某报，里面说“你只要看东北事变发生后，《生活》周刊对于抗日救国的文章做得那样的热烈，便知道它的国家主义派的色彩是怎样的浓厚！”原来提倡了抗日救国，便是“国家主义派”的证据！那只有步武郑孝胥、谢介石、赵欣伯、熙洽诸公之后，才得免于罪戾！

不久有一位朋友从首都来，很惊慌的告诉我说，有人说我加入了什么“左倾作家”，我听了肉麻得冷了半截！我配称什么“作家”！“左倾作家”又是多么时髦的名词！一右就右到“国家主义派”，一左就左到“左倾作家”，可谓“左”之“右”之，任意所之！如说反对私人资本主义，提倡社会主义，便是“左”，那末中山先生在《民生主义》里讲“平均地权”，讲“节制资本”，讲“民生主义就是社会主义”，何尝不“左”？其实我不管什么叫“左”，什么叫“右”，只知道就大多数民众的立场，有所主张，有所建议，有所批评而已。

最近又有一位读者报告给我一个更离奇的消息，说有人诬陷我在组织什么“劳动社会党”，又说“简称宣劳”，并说中央已密令严查。这种传闻之说，记者当然未敢轻信，甚至疑为捕风捉影之谈。这种冠冕堂皇的名称，我梦都没有梦见过，居然还有什么“简称”！我实在自愧没有这样的力量，也没有这样的资格。

有一天有一位朋友给我看，某报载张君劢等在北平组织国家社会党，说我“已口头答应加入”。那位记者不知在那里听见，可惜我自己这个一点不聋的耳朵却从未听见过！

我们在小说里常看见有所谓“三头六臂”，就是有三个头颅，也难于同时戴上这许多帽子，况且区区所受诸母胎者就只这一个独一无二的头颅，大有应接不暇之势，实觉辜负了热心戴帽在鄙人头上者的一番盛意！

根据自己的信仰而加入合于自己理想的政治集团，原是光明磊落的事情，这其中不必即含有什么侮辱的意义。不过我确未加入任何政治集团，既是一桩事实，也用不着说谎。我现在只以中华民族一分子的资格主持本刊，尽其微薄的能力，为民族前途努力，想不致便犯了什么非砍脑袋不可的罪名吧。

要十分客气万分殷勤硬把不相干的帽子戴到区区这个头上来，当然不是我个人值得这样的优待，大不该的是以我的浅陋，竟蒙读者不弃，最初每期二三千份的《生活》，现在居然每期达十余万份（这里面实含着不少同事的辛苦和不少为本刊撰述的朋友的脑汁，决不是我一人的努力），虽夹在外国每期数百万份的刊物里还是好像小巫之见大巫，毫不足道，而在国内似乎已不免有人看不过，乘着患难的时候，大做下井落石的工夫，非替它(《生活》)送终不可，而在他们看来，送终的最巧妙的方法莫过于硬把我这个不识相的家伙推入一个染缸里去染得一身的颜色，最好是染得出红色，因为这样便稳有吃卫生丸的资格，再不然，黄色也好，这样一来，不幸为我所主持的刊物，便非有色彩不可，便可使它关门大吉了。我的态度是一息尚存，还是要干，干到不能再干算数，决不屈服。我认为挫折磨难是锻炼意志增加能力的好机会，讲到这一点，我还要对千方百计诬陷我者表示无限的谢意！

(原载 1932 年 10 月 8 日《生活》周刊第 7 卷第 40 期，署名韬奋。)

为什么要保全《生活》

自从平津各报纷载本社被封和记者被通缉的消息以后，承蒙许多读者纷纷赐函慰问，有的更告诉我们不少离奇的消息，或说听见记者已逃往法国去了，或说听见记者已吃了卫生丸，在北平的亲戚甚至打电报来问记者的安危，也就是要知道记者究竟装进了棺材没有。以记者这样常自愧恨毫无实际贡献于社会的一个小卒，竟承蒙厚我诸君的悬系，万分惭感，自觉实在不值得这样的优遇。我个人的安危毫不足道，不过却绞尽脑汁，筹思如何能在可能范围内保全这个六年来由许多同事的辛苦和许多读者的爱护而培养到了今朝的《生活》。但是记者又想到我们为什么要保全《生活》？为它的资产吗？《生活》从最小规模到现在，都是全靠自己从发行，广告，及丛书方面的收入支持，绝对量入为出，仅求收支相抵，实无资产可言（这是有历年会计师审核的账册可稽的）。为记者个人物质上的得失吗？我苦干了六年，在物质方面和六年七年前坐冷板凳的时候并无差异。既非为保全本刊的资产，又非为保全个人的得失，究竟要保全什么？所要保全的是本刊在言论上的独立精神——本刊的生命所靠托的唯一的要素。倘本刊在言论上的独立精神无法维持，那末生不如死，不如听其关门大吉，无丝毫保全的价值，在记者亦不再作丝毫的留恋。

附带还有几句话：倘若不得不到听其关门大吉的时候，关于常年定户的定费，我们当然要负责归还，丝毫不容含混的。我们平日责人严，责己当更严，这是分内应负的责任。记者光明磊落的来主持本刊，到了滚的时候也还是要光明磊落的滚，才对得住热诚赞助本刊的许多读者。

（原载 1932 年 10 月 22 日《生活》周刊第 7 卷第 42 期，署名韬奋。）

本刊今后编辑上的改革

本刊每年度发行五十期，每半年二十五期，每年度合订本分上下两册，即每半年为一册。本期是第八卷第二十六期，也就是第八卷下册的开始。本刊向例每遇每年度或每半年开始的一期，在编辑上常有多少改革，现在遇着这第八卷下册开始的机会，也颇想有一点新花样。最主要的是今后代表本刊社评的“小言论”，改由本社编辑部里的言论部同人共同负责，不再由任何个人署名，这样改变的理由，至少有下述的两点：

（一）一个报上的社评原有两种办法：一种是由一人或几个人轮流作署名的文字；还有一种是近来各国报界尤多采行的办法，那就是每次社评，先由言论部同人会议，提出题目共同讨论，最后取讨论的结果，公推一人执笔写出来，作为言论部共同负责的言论。第二种的办法含有集思广益的功用，当然比第一种好——倘若言论部的人材能有相当的充实。本刊是由很微薄的开始，一步一步发展出来的，七八年来关于社评一栏，只由记者做独脚戏。本刊发展到了今天，在思想方面有更求充实的必要，在编辑部的人材方面也渐渐的比前充实，所以特于本期起，采用上面所说的第二种办法，尝试尝试看。记者仍在这共同负责的言论部里尽其一分子的职责。

（二）我在本刊的“小言论”栏做了七八年的独脚戏，这种办法当然有种种的缺点。第一是人非铜筋铁骨，虽不必就想到“跷辫子”，但在长时期里偶然生几次病，并不是不可能的事情。我在已往七八年里，所作的“小言论”虽很惭愧，但很侥幸的从来未曾有过一次“脱班”，可是已有一次在病榻上眼花头晕中握着笔晃头晃脑写成的。这并不是说只有我才会写，却是因为本刊为着经济自立计，不得不量入为出，延揽有心，借重无力，匆促间临时“拉夫”也不是很容易的事情，所以区区幸而一息尚存，仍不得不硬着头皮瞎干一下。这种在病榻上原该写遗嘱而却轮着写社评的时候，究竟不多，所以缺点还不能算什么，更大的缺点是这样一来，加上编辑的事务，我这个人就好像做了拘囚，时间上固难得到充分的看书或研究的机会，要想偶而在国内或国外游历考察，也势难抽身。在未担任本刊笔政以前，我在国内还跑过近十省的地方，自从关闭在“小言论”里之后，大有寸步难离之概。所以为我个人充实学识经验计，也就是为服务于本刊增加效率计，这件事都有改弦更张的必要。

这个计划，萦回于我的脑际已有两三年了，到最近居然有了实现的可能，这是我觉得很欣幸的一件事。此外关于其他部分，如隽美文艺的采登，重要问题的讨论，也在审慎计划，力求精进，希望对社会能有较大的贡献，并很诚恳地盼望读者诸君不吝指教，以匡不逮。

（原载1933年7月1日《生活》周刊第8卷第26期，署名韬奋。）

与读者诸君告别

本刊自东北国难发生以来，愈痛于帝国主义的侵凌与军阀官僚的误国，悲怆愤慨，大声疾呼，希望能为垂危的中华民族唤起注意与努力，不料竟以此而大招政府当局的疑忌，横加压迫，愈逼愈厉，本刊在已往三个月里无日不在惊风骇浪中挣扎奋斗，记者持笔草此文时，已得到即将封闭本社的确息，我们寻遍了《出版法》的规例，不知犯了那一条，政府封闭本社，也不知根据了那一条，但是本刊在政府威权之下，已无继续出版之可能，本刊为正义而奋斗，已到了最后的一步，预计本期和读者诸君相见的时候，本社已被封闭，可以说是与诸君告别的一期。《小言论》是每期文稿里最后付印的一篇，特乘此最后的机会，和我所朝夕萦怀的国内外精神之交的诸好友略述所感，藉作告别的纪念。

本刊七月间横遭禁止全国邮递，继被全国查禁，最后竟被封闭。在此遭难的三个月里面，颇承不少热心的朋友自动地向当道解释。我们所得的罪名是"言论反动，毁谤党国"，其实我们对问题或国事有所评论，全以多数的民众为立场，公开的事实为根据，不知道有何"反动"，也不知道有何"毁谤"，代向当道解释的朋友多针对此两点有所剖白，除这种解释之外，记者所始终认为绝对不容侵犯的是本刊在言论上的独立精神，也就是所谓报格。倘须屈伏于干涉言论的附带条件，无论出于何种方式，记者为自己人格计，为本刊报格计，都抱有宁为玉碎不为瓦全的决心。记者原不愿和我所敬爱的读者遽尔诀别，故如能在不丧及人格和报格的范围内保全本刊的生命，固所大愿，但经三个月的挣扎，知道事实上如不愿抛弃人格和报格便毫无保全本刊的可能，如此保全本刊实等于自杀政策，决非记者所愿为，也不是热心赞助本刊的读者诸君所希望于记者的行为，故毅然决然听任本刊之横遭封闭，义无反顾，不欲苟全。

总之本刊同人自痛遭无理压迫以来，所始终自勉者：一为必挣扎奋斗至最后一步；二为宁为保全人格报格而决不为不义屈。现在所受压迫已至封闭地步，已无继续进行之可能，我们为保全人格报格计，只有听其封闭，决无迁就屈伏之余地。记者自主持本刊六年以来，和国内外数十万读者成为精神上的至友，声应气求，肝胆相照，临别怅惘，非可言喻，且记者此后的态度必承诸友惓念，故敬再略陈所怀，并附述对于读者诸君的希望。

记者用全副精神尽瘁于本刊者六年，结果可谓毫无实际贡献可言，于此得一异常深刻的教训，即在目前形势之下，空论无补时艰，只有实际方面的努力才有效果。当此外患内忧交迫，国事乌烟瘴气的时代，我们的感触只有愤慨；虽有积极的思考和建议，无由实现，等于白说，所余剩的仍只有愤慨，即得这样愤慨下去，于实际上已无裨益；况在如今言论绝无自由可言的时代，即欲公开表示愤慨而不可得。我们徒有空论无用，徒作愤慨无用，乃至即空论与愤慨亦无继续之可能，所以我们此后果欲对民族前途有所努力，必须从实际方面干去。

记者一方面从苦痛中得到这样的深刻教训，一方面却绝对不因此而消极。本刊在六年的短时期内，由每期二三千份达到十余万份，承蒙读者的热烈爱护，足见本刊言论上的主张适合中国的需要，获得民众的同情，数年来辛勤并非完全虚掷。仅属言论，尚且如此，苟为实际上的努力，收效之宏，更可想见，故记者此后不但不消极，且当本其赤诚，坚其意志，积极在实际方面力求对民族前途有切实的贡献。

从另一方面想，表同情于本刊言论的国内外读者虽有数十万，但本刊一旦受无理的摧残，竟束手待毙，无可如何，就是热诚爱护本刊的读者诸君陪着记者流泪也是白流的！可见空论固无补时艰，徒表同情于空论亦无实效可言。因此在记者个人固应勿忘上面所说的教训而应从实际方面努力，同时并以至诚希望诸君也把对于本刊言论的同情移到实际方面的努力，共同奋斗，共谋中华民族的独立与解放。

附言：本篇系韬奋先生于去年十月间所作。当时本刊已准备被封，直延至目前，文中所述，已成事实，故照原稿登出。虽文内所述时间，业已不符，不加改正，以存其真。

编者

（原载 1933 年 12 月 16 日《生活》周刊第 8 卷第 50 期，署名韬奋。）

几个原则

现在有些朋友想起办刊物，往往连想到《生活》周刊。其实《生活》周刊以及它的姊妹刊《新生》，《大众生活》，《永生》，《生活星期刊》，都是有它们的特殊时代的需要，都各有它们的特点。历史既不是重复，供应各时代的特殊需要的精神粮食，当然也不该重复。但是抽象的原则，也许还有可以提出来谈谈的价值，也许可以供给有意办刊物的朋友们一些参考的材料。

最重要的是要有创造的精神。尾巴主义是成功的仇敌。刊物的内容如果只是"人云亦云"，格式如果只是"亦步亦趋"，那是刊物的尾巴主义。这种尾巴主义的刊物便无所谓个性或特色；没有个性或特色的刊物，生存已成问题，发展更没有希望了。要造成刊物的个性或特色，非有创造的精神不可。试以《生活》周刊做个例。它的内容并非模仿任何人的，作风和编制也极力"独出心裁"，不愿模仿别人已有的成例。单张的时候有单张时的特殊格式，订本的时候也有订本时的特殊格式。往往因为已用的格式被人模仿得多了，更竭尽心力，想出更新颖的格式来。单张的格式被人模仿得多了，便计划改为订本的格式；订本的格式被人模仿得多了，便计划添加画报。就是画报的格式和编制，也屡有变化。我们每看到一种新刊物，只要看到它的格式样样模仿着别人的，大概就可以知道它的前途了。

其次是内容的力求精警。尤其是周刊，每星期就要见面一次，更贵精而不贵多，要使读者看一篇得一篇的益处，每篇看完了都觉得时间并不是白费的。要办到这一点，不但内容要有精彩，而且要用最生动最经济的笔法写出来。要使两三千字短文所包含的精义，敌得过别人的两三万字的作品。写这样文章的人，必须把所要写的内容，彻底明瞭，彻底消化，然后用敏锐活泼的组织和生动隽永的语句，一挥而就。这样的文章给与读者的益处显然是很大的：作者替读者省下了许多搜讨和研究的时间，省下了许多看长文的费脑筋的时间，而得到某问题或某部门重要知识的精髓。

再其次，要顾到一般读者的需要。我在这里所谈的，是关于推进大众文化的刊物(尤其是周刊)，而不是过于专门性的刊物。过于专门性的刊物，只要顾到它那特殊部门的读者的需要就行了；关于推进大众文化的刊物，便须顾到一般大众读者的需要。一般大众读者的需要当然不是一成不变的，所以不当用机械的看法，也没有什么一定的公式可以呆板地规定出来。要用敏锐的眼光，和深切的注意，诚挚的同情，研究当前一般大众读者所需要的是怎样的“精神粮食”：这是主持大众刊物的编者所必须负起的责任。

最后我觉得“独脚戏”可以应付的时代过去了。现在要办刊物，即是开始的时候，也必须有若干基本的同志作经常的协助。“基本”和“经常”，在这里有相当重要的意义。现在的杂志界似乎有一种对读者不很有利的现象：新的杂志尽管好像雨后春笋，而作家却仍然只有常常看得到他们大名的这几个。在东一个杂志上你遇见他，在西一个杂志上你也遇见他。甚至有些作家因为对于催稿的人无法拒绝，只有一篇的意思，竟“改头换面”做着两篇或两篇以上的文章，同时登在几个杂志上。这样勉强的办法，在作家是苦痛，在读者也是莫大的损失，是很可惋惜的。所以我认为非有若干“基本”的朋友作“经常”的协助，便不该贸贸然创办一个新的杂志。当然，倘若一个作家有着极丰富的材料，虽同时替几个杂志做文章，并没有像上面所说的那样虚耗读者的精力和时间的流弊，那末他尽管“大量生产”，我们也没有反对的理由。

还有初办刊物的人，往往着急于销路的不易推广。当然，发行的技术和计划也是刊物的一个重要部分，我们不得不承认这方面也应加以相当的注意。但是根本还是在刊物的内容。内容如果真能使读者感到满意，或至少有着相当的满意，推广的前途是不足虑的。否则推广方面愈用工夫，结果反而愈糟，因为读者感觉到宣传的名不符实，一看之后就不想再看，反而阻碍了未来的推广的效能。

答朱草明、许白天

朱草明、许白天两先生：

承你们几位热心的朋友为着第一期的本刊作了一次座谈，给与本刊以切实的指教，这是我们非常感谢欣幸的。你们所提出的三点，现在简要地奉答如下：第一点是关于形式方面，认为太呆板，标题不醒目（最好用方头字）等等。这种缺憾是在这紧张的时期里所难免的。我们勉强得到印刷所能替我们印刷，能按时印出来，已觉万幸，形式上是存心迁就印刷所的便利，一点不敢苛求，例如标题的字，方头字多要临时刻起来，必然地要延误我们出版的时期，我们是叫印刷所有现成的什么就用什么。我们在印刷方面的困苦赶迫，是局外人所不易知道的，（例如因晚间戒严，印刷所因所在的区域关系，夜里老早就须停工，更使我们的时间急迫，）这一层却希望读者能加以原谅。第二点是内容方面要切合战时需要，要注重实践，这是很对的，我们当特别注意。第三点是文字方面还欠通俗，文字有些也嫌冗长。文字力求通俗，我们也在注意，以后当格外努力。文字也在力求其短，就已往的情形说，二千字左右的文字只有一两篇，大多数都在千字左右或以内。有些意思，说得太短了，也许说不清楚，这只得就内容加以斟酌。不过避免冗长，却是一件应该注意的事。

（原载1937年8月26日上海《抗战》三日刊第3号，未署名。）

同道相知

在十天以前，我就接到本栏编者谢六逸先生的一封拉稿的信，说"九月廿日为敝报二周年纪念，拟恳惠撰短文一篇，刊于《言林》"。俗谚有句话叫做"同病相怜"，谢先生吉人天相，没有听说他有什么病，我也总算叨福健康，用不着"相怜"，可是讲到拉稿的编辑生涯，也许可说是"同道相知"。我记得在两年前谢先生一手创办《言林》的时候，承他不弃，就给我一封拉的信，我向来觉得脑子不大够用，总希望多吸收少发表，除在自己所干的刊物外，不敢在别处多噜苏。所以从未被他拉住。但是他最近被我拉了一下（谢先生替《抗战》三日刊第五号写了一篇很好的短文），没有几天，我就接到他反拉的信，我于惭愧之余，只得让他"抛玉引砖"一下了。（这是我依事实改的，不是抛砖引玉，请手民先生不要弄错。）

这些话似乎不免琐屑，但是我却津津乐道，因为今天是《立报》的二周纪念，《言林》又为《立报》的一个很有成绩的部分，而谢先生一拉拉了整整两年而仍未放手，这可以说是《立报》所以成功的努力精神的象征，是值得我们提起的。

时光过得真快，我这后生小子，不自觉地干了十五年的编辑。为着做了编辑，曾经亡命过；为着做了编辑，曾经坐过牢；为着做了编辑，始终不外是个穷光蛋，被靠我过活的家族埋怨得要命。但是我至今“乐此不疲”，自愿“老死此乡”。以我个人所经历的辛酸，根据“同道相知”的定律，我可以想象到《立报》诸先进的艰苦经营和谢六逸先生的苦心孤诣，愿在这一天为出这一点不成文的东西，竭诚表示我的敬意。

（原载 1937 年 9 月 20 日上海《立报》，署名韬奋。）

我们的工作原则

最近我们对于店务有比较充分的讨论，除具体问题的研究外，特提出三句口号，作为我们此后向前努力的总原则：

第一是促进大众文化。我们大家所共同努力的这个文化机关，一向是站在前进的立场，这是同人们所知道的，但是所谓前进，并不是使自己跑开大众很远，把大众远远地抛在后面，我们必须注意到最大多数的群众在文化方面的实际需要，我们必须用尽方法帮助最大多数的群众能够提高他们的文化水准，我们必须使最大多数的群众都能受到我们文化工作的影响。因此我们在出版方面，不能以仅仅出了几本高深理论的书，就认为满足，必须同时顾到全国大多数人的文化食粮的需要，就是落伍群众的文化食粮的需要，我们也要尽心力使他们得到相当的满足，我们深信为着国家民族的利益，我们的任务是要使最大多数的同胞在文化水准方面能够逐渐提高与普及，这对于整个国力的提高是有着很大的效力。所以促进大众文化，是我们的第一个口号。

第二是供应抗战需要。我们当前最神圣的伟大任务是争取抗战胜利，我们所努力的文化工作必须供应抗战需要。自抗战爆发一年多以来，我们所出版的有关抗战的书报，固已不少，但是我们还深深地感觉到很不够，我们深深地感觉到还没有充分注意沦陷区域中的广大民众的文化上的急迫需要，没有充分注意前方千百万士兵在文化上的急迫需要，我们要使文化的工作更能供应抗战的需要，更充分地增加广大民众与士兵对于民族的意识，更充分地增加广大民众与士兵对于抗战的热烈情绪，所以供应抗战需要是我们的第二个口号。

第三是发展服务精神。生活书店可以说是服务社会起家的。生活书店的前身是生活周刊社所附设的书报代办部，是完全以对读者尽义务为宗旨的，当时生活周刊社不但为读者代办书籍和报纸而已，其实对于读者的种种需要只要是我们的力量办得到的没有不竭尽心力为他们服务。最有趣的是有的读者有因为夫人要生产，托我们代为物色好的产科医院，有的读者有因为吃官司，托我们代为介绍可靠的律师，乃至远在南洋的读者，因为母亲和夫人要买国内的绸缎衣料，也委托我们，代为选购，我们无一事不是尽我们的心力做去，以最诚恳的心情做去。只须于读者有点帮助。我们从来不怕麻烦，不避辛苦，诚心恳意地服务。我们的这种服务精神，引起了国内外广大读者群众的深刻同情，于是对于我们文化事业给与非常热烈的赞助。他们对于我们书报特别信任，(同时当然也因为我们所出的书报有正确的内容)我们的文化事业便由此一天天向前发展起来，我们现在不但保持我们对于社会的这种传统的服务精神，而且还要尽量发展这种传统的服务精神，由此使我们的文化事业得到更大的开展，由此使我们的工作对于国家民族有更普遍而深刻的贡献。所以我们的第三个口号，是发展服务精神。

促进大众文化，供应抗战需要，发展服务精神，这是我们在现阶段，一切工作上的总的原则。我们大家要在这总的原则之下努力迈进！

(原载 1939 年 1 月 10 日重庆《店务通讯》第 34 号，署名韬奋。)

本刊的使命与希望

本刊的战地版今天第一次和诸位读者见面，尤其是和在前方为国努力的朋友们见面，我们感觉到无限的快慰和兴奋。

我们知道在前方为国努力的朋友们，有许多原是本刊的老朋友，有许多地方也还能继续看到本刊，但是本刊战地版却有它的特殊的使命，因为它要运用很简省的篇幅，供给前方朋友以渴欲听到的种种情报，以及对于重要问题的扼要的意见。战地的朋友们仍苦于“精神食粮”太少，本刊的战地版想在这方面增加一些贡献。

但是我们所准备的“精神食粮”，是否合于战地朋友的需要，却希望战地朋友给我们以切实指教，或提出问题让我们在本刊上解答。只有由于读者诸友的不断的指示与批判，不断的提出问题讨论，才能充实本刊的战地版，使它有精神，使它成为战地朋友的一位好朋友。

（原载 1939 年 3 月 5 日重庆《全民抗战》战地版第 1 号，署名韬奋。）

本店设立读者顾问部的重要意义

本店事业的重要目标有三个：一是促进大众文化；二是供应战时需要；三是发展服务精神。这三个目标当然有连锁性，不能截然分开的，但是在研究的时候，是可以分开来说的。本店设立读者顾问部，也是发展服务精神的一部分工作。关于这件事的简章和办法，已另见本期本刊，在本文里只想提出几个要点来说明。

首先，我们的这个书店对于读者的关系是经常的朋友关系，我们要把读者看作我们的朋友，不只是寻常的买卖关系。寻常的买卖关系只是所谓"路人"的关系，漠然若不相关，偶然相遇，以后不相问闻。朋友的关系便不同，朋友是要彼此关切，彼此互助；友谊是要随着相交的久长而继续增进的，感情是要随着相知的深切而继续加强的。本店的传统精神，一向是把读者当作朋友看——当作好朋友看。我们对于读者的服务不是仅求一次的周到，是要求继续不断的周到。我们对于读者的服务是要尽着最大限度的努力，是要竭思尽智，做到我们无法做得更好为止。我们现在办读者顾问部，也是要发挥这同样的服务精神。

关于读者顾问部的服务范围，依简章所规定，分为三项：（一）关于读书计划上、方法上、字句上所发生之疑问的解答；（二）关于职业生活上、家庭生活上、及其他方面生活上发生之疑问的解答；（三）每两个月推荐最新出版最有价值之必读书一册或二册，及选读书数册，使读者能有计划地读书。关于第一和第二两项我们一向也在做，不过现在更要充实扩展，更要系统化；关于第三项——就是“生活推荐书”，在中国可以说是创举。这个办法的最主要的特点是：（一）经常地为读者推荐我们认为最可以看最应当看的书；（二）帮助读者在经济上得到尽量节省的结果。

看书是增进知识的一个重要的锁钥，但是选书却是一个待决的问题。尤其是事情忙的人，简直没有很多的工夫往各书店去“巡阅”；随便抽一本吧，又怕不见得靠得住，以致白费去许多时间而毫无所得。现在有一位他们所信任得过的朋友，经常让他们知道什么书最可以看最应当看，除每两个月推荐最新出版最有价值之必读书一册或两册外，还有选读书数册，使他们不必费许多选择的时间，就可以比较有计划的读书：这对于读者确是不无小补的。同时我们对于本店读者顾问部的每一读者，还按期寄递《读书月报》一册，使读者对于出版界的情形，关于读书的基本知识，和各种问题都有着经常的接触。这是第一个特点。

加入本店读者顾问部的读者，只须缴纳“生活推荐书”预约金每年五元，全年就可以阅读“生活推荐书”至少六册，《读书月报》十二册，价值总额至少在十元以上。这差不多替读者省了一半的购书费。此外，定购本店出版的图书杂志，还一律可以得到九折的优待。这是第二个特点。

这两个特点，当然都是“生活推荐书”办法的优点，但是优点尽管是优点，可是能否使我们的读者满意，还是要靠我们能否真正发挥我们的服务精神：所推荐的书要出版准期，不要“脱班”；所应寄出的推荐书要按时寄出，尽可能地迅速送到读者的手上；遇着读者有所询问，要诚恳详尽而迅速地答复。

读者顾问部是本店和读者之间的友谊的一条桥梁——我们应该充分发挥“生活”对于读者服务的精神，使这个桥梁发生充分的效果！

发展服务精神，这是我们全体同仁所应时刻勿忘的一种责任！

（原载1939年5月13日重庆《店务通讯》第47号，署名韬奋。）

加强认识我们服务的广大对象

我们为着争取民族解放的胜利，在抗战以前和抗战以后，都是提倡并拥护全国团结一致对外的，就是除了汉奸卖国贼以外，整个民族的各阶层都要团结起来，一致为民族解放而努力奋斗。在政治上如此，在文化上也是如此。就文化工作者方面看来，是要配合抗战建国伟大时代的需要，把我们的服务范围扩大到整个民族的各阶层——只有汉奸卖国贼不是在我们的服务范围之内。最近廖庶谦先生曾说起几句有趣味而值得我们玩味的话，他说在全国团结大原则之下，就是民族资本家到生活书店来买书，也寻得到他所需要看的书，买几本他所需要的书带回去。就这个意义说，我们服务的广大对象应包括整个民族的各阶层。

就另一意义说，我们应顾到最大多数的落后群众。我们是信仰群众的伟大力量的，因此我们深信中华民族的光明前途的基础是建在最大多数的群众。这最大多数的群众，就目前文化水准方面说，是比较落后，这是无可讳言的事实，我们要希望群众伟大的力量能得到充分的发扬光大，是要使最大多数落后群众的文化水准尽量提高。这个原则是我们大家所承认的，似乎无须多所说明，但是仅仅承认是不够的，我们必须在实践上能够顾到这一点，能够对这一点加以充分的注意。我们在以往对于这方面也不是没有注意，但是还做得太不够，好像我们的注意特别偏重于前进分子的范围，而未对于最大多数的落后群众有足够的注意。关于前进分子的文化需要，我们当然也要顾到，但是如果偏于这种狭窄的范围，而忽视了满足最大多数的落后群众在文化上的需要，所发生的功效，是不够远大的。我们要深切地明白，无论民族解放的胜利，或革命事业的开展，不能仅靠比较少数的前进分子，同时还要依靠最大多数群众的觉醒与努力，这种任务，本店尤其义不容辞，因为本店十余年来的努力（生活周刊社包括在内），我们的服务对象本来是很广大的，我们所得的社会信任与同情，本来也是很广大的，我们应该宝贵这个传统，我们应该更发扬光大这个传统，使我们对于中华民族的文化有更伟大而广泛的贡献，我们要加强认识我们服务的广大对象。

（原载1939年5月20日重庆《店务通讯》第48号，署名韬奋。）

主持事业最主要的基本态度

主持事业最重要的是在用人，所谓“干部决定一切”，所注意的也重在这一点。当然，这里所谓“用人”，是广义的：凡关于物色人材，培养人材，爱护人材，提拔人材，分配人材，督察人材乃至奖惩人材，都包含在内。

对于用人，最主要的基本态度是大公无私，是非明辨。这句话听来好像是老生常谈，但如把“理论与实践”联系起来，仔细研究一下，便知道在实践上决不是一件很容易的事情。

要真能做到大公无私，是非明辨，最重要的是须能根据事实，注意理智的考虑与判断，而不可夹以私人的感情作用。

试就社会中一般的情形看，有些机关的负责人喜欢援用亲戚。往往舅老爷表老爷一类的人物充斥其间，结果终是害多于利。中国的古话于“大义灭亲”之外，还有一句叫做“内举不避亲”。人材随处都有，说在亲戚里面就绝对没有人材，这诚然是过于武断的话，但是就社会中的实际情形留心观察，任何机关舅老爷表老爷一类的人物多了之后，往往糟糕的可能性大大增加！症结所在，就因为偏重了私人的感情，不能很虚心地根据事实，纯用理智来考虑和判断。别人做的错误的事情，在舅老爷表老爷做了，便不算错误！这样一来，事实不在乎，理智可撇开，所存在的只是私人的感情作用。所以我向来不赞成在自己主持的机关里用自己的亲戚。自己的亲戚里如有人材，情愿让他在别人主持的机关里去发展。本店同事自二三人发展到二三百人，我从来不肯介绍自己的亲戚。（即有一二也不是在我负责时期用的，而且也不是由我介绍的。）这是因为我在社会中看见了不少关于这方面的流弊，所以自己极力避免。本店不久以前，人委会订有回避规则，部科负责人在部科内不得用直属亲（包括兄、弟、姊、妹、夫妻等）；直属亲不得管理银钱，这也含有避免私人感情作用的用意。

除了亲戚关系私人感情容易妨碍到大公无私的用人态度外，还有一个障碍物，便是私人的友谊，友谊原是天地间最可宝贵的东西，但是如因私人的友谊而妨碍到是非的明辨，由此妨碍到大公无私的用人态度，这却要不得的。倘若一个人对于友谊特别好的同事，即令他犯了错误，也要替他多方辩护，至于有了一些优点，便替他夸张到天上去；对于友谊不大好的，甚至情感不好的同事，即令他有些功绩，却要极力埋没它，或至少要减低它的估量，至于他有了一些错误，那就非把他说得"罪加一等"誓不甘休！这样一来，好像一把秤不能表现在上面所称量的东西的轻重：原是重的，给他减轻；原是轻的，给它加重，这不是负责者用人的态度。负责者的用人，应该只问事实，对的还他一个对，不对的还他一个不对；也许同一个人有对处也有不对处，都须根据事实，很客观地给他一个评判。这样才能使真有特长的同事不致埋没，也不致使并无特长的同事却加重了责任，使他负荷不了。如有这两种情形，都不是一个机关之福，都是这个机关里事业发展的障碍。

这种对于人事方面的大公无私，是非明辨的精神，必以事实为根据而不以私人的感情为标准：这是主持事业者主要的基本态度。这里当然不是说我们同事间不可有感情，不可有友谊，我们需要有诚挚的感情，我们需要有深厚的友谊，但是我们同时是共同努力于文化事业，为着整个事业的发展，我们却不可不注意这种最主要的基本态度。也许有人在主观上没有自愿违反这种基本态度的，但是私人感情之作祟，常在下意识中作怪，使上着它的老当的人不自觉，所以我们必须常常自觉地坚守这种基本的态度。我们要常常很虚心地，很客观地顾到事实，不要以私人的感情影响到理智的考虑和判断。

这种态度，本店同人尤其要人人普遍地加强培养起来，因为本店同人对于一切店务均可参加意见，对于人事方面，也可以参加意见，而且还参加选举，对于人选的考虑，对于人选的考察，在在都和这基本的态度要发生密切的关系。在这个意义上来说，每一个同事都是处于负责的地位，所以每一个同事都需要彻底了解主持事业的最主要态度。

（原载 1939 年 7 月 29 日重庆《店务通讯》第 58 号，署名韬奋。）

意见的沟通

本店的管理是采用民主集中的原则,在这个原则下,同人意见的沟通是非常重要的一件事。尤其是规模较大,分店较多之后,彼此的意见的隔阂最易发生,由隔阂而发生误会,小则影响到个人的工作情绪,大则影响到整个事业的顺利发展,这个问题是值得我们严格的注意。

在本店的组织上,原有若干沟通意见的机构。例如关于业务方面,有理事会、常务理事会、业务会议、店务会议等等;关于人事及同人福利问题方面有人事委员会、同人自治会等等。在这种种会议席上,都有发表意见和交换意见的机会,我们都应该努力运用来作沟通意见的有效工具。在这种种会议中所讨论及决议的事情,在可能范围内,应尽量反映到《店务通讯》及《我们的生活》上——前者是有关整个店的业务的机关志,后者是同人自治会的机关志——尽量使同人知道其中的内容。

同时《店务通讯》还须负起反映同人关于业务上的意见。这些意见,大概可分三类:(一)关于各种工作上改善的建议,合于事实需要与在事实上办得到的具体办法,把它公布出来。《店务通讯》不是纯粹的言论机关,而是本店执行者所共同参加的机关志,既是合于事实的需要与在事实上办得到的具体办法，那末不但仅将言论发表而已，同时便须在实际上付之实行。（二）如遇有同人所拟发表的言论内容，对于事实有误会，那末与该事实有关的负责人应加以解释，消除这种误会。这类解释误会的答复，可分两种方法处理：一种是个别的直接答复；一种是与原文共同发表出来。（三）如有些办法的建议，在负责者认为不能即决定采行，（如认为应即决定采行，那就应该在事实上即付之执行，）有提出征求多数同人意见的必要，也应该发表出来，付之共同讨论。

《我们的生活》既是自治会的机关志（在目前只能集中在几个据点，其余的地方还只能利用壁报），在自治会力量所能及的事情，也应该采用这样的原则，即在自治会可以做应该做的事情，不仅仅发表文字而已，还应该注意在事实上即付之执行。

意见的沟通，除在各种会议中及机关志中有相当的园地外，当然还不够，全体同人中任何人有意见还应具体提出，用口头或书面告诉负责人或店内的相当机构，如理事会，人委会或监察会等，负责人或店内的机构即当加以虚心的考虑。如所提出的确是可以做应该做的事情，应该实行起来；如所提出的是属于疑问的问题，应该加以诚恳切实的解释；如所提出的是值得讨论的问题，应该提出来讨论。要做到这一点，我们先须提倡有办法有疑问即须随时提出的作风与习惯。（无论用口头或书面提出都可以，在各地的当然可以写信。）我现在忝负本店业务上的总责，我遇着任何同事有意见提出，决不加以轻视，必能加以虚心考虑，在我职权以内可以解决的问题，必负责解决；即在我职权以外的事情，我也必能负责提交常务理事会或人委会讨论解决。我相信本店各级负责人都有这样的虚心态度，因为加强我们这共同努力事业的发展，增加我们工作的效率，以及在本店可能办到的改善同人待遇种种方面，在我们是有共同的目标和愿望，我们绝对没有理由不顾到同人的意见，不考虑同人的意见。

但在事实上我发现同人中有一部分似乎有一种习惯，就是有何意见，往往只在私人通信中说；有何不满，也往往只在私人通信中发发牢骚，而不向负责者提出，或不向店中的相当机构提出，结果是意见沟通的范围很有限，负责者很难知道；遇有误会，无从解释，遇有错误亦不易迅速改正。为加强意见的沟通起见，我觉得我们要提倡：无论何时，有意见有办法或有疑问，不仅在私人通信中说，要老老实实向负责人或店中的相当机构提出，负责人或店中的机构必能予以负责的答复。

加强同人间意见的沟通，是本店民主精神的一个重要因素，我希望全体同人共同认识这件事的重要。

（原载 1939 年 10 月 7 日重庆《店务通讯》第 68 号，署名韬奋。）

关于领导机构的几个要点

最近我们正在进行选举理事，人事委员，监察委员，以组织新的理事会，人事委员会，及监察委员会——也就是本店的领导机构。我觉得要使得我们的领导机构能够很好地负起它所应尽的任务，参加领导机构的同事，对于领导机构须有正确的态度；即在领导机构以外的同事，对于领导机构也须有正确的态度。关于这方面，我以为有几点值得我们提出来研究，并加以深切的注意。

第一须以店的整个事业的利益为前提。这个态度本来是每一个同事所应有的，原不限于领导机构中的同事但是因为领导机构的同事尤其是处于顾到整个的事业的地位，他们对于任何营业计划的核定，对于任何人事问题的考虑，都应该特别注意于店的整个事业的利益，他们的眼光都不应该限于任何狭小的部分，而妨碍到店的整个的事业的利益。在实际上，本店中任何部分的利益都是和店的整个事业的利益发生连带的关系的。例如店的整个收入如受到很大的打击，对于任何同人的待遇都不能提高，这是一个显然的例子。又例如对工作纪律如取马虎主义，大家撒撒烂污，影响到整个店的工作效率，由此影响到整个店的事业与经济，任何部分的业务与福利都要受到联带的影响，这又是一个显然的例子。把所有的经济力都用于造货而完全不顾到同人的生活吗？或把所有的经济力都用于提高同人的待遇而完全不顾到造货的资金吗？这固然都要使整个事业遭受到致命的打击，即两者之间没有通盘筹划，顾到适当的配合，也要使事业受到不良的影响。讲到全体同人的工作情绪，要相当顾到新干部的工作情绪，也要相当顾到老干部的工作情绪，如有所偏，只顾其一而不顾其他，又要引起有碍整个事业的不幸现象！这一切应如何斟酌考虑，尽可能得到相当合理的解决，都须以有益店的整个事业为前提。

第二须有大公无私的精神。人是感情动物，感情是血性的表现，用得其当，原不是坏的事情，我们更绝对不提倡冷血动物的作风。但是感情用不得当，便要以私害公。某人犯了错误，因为他素来与我感情特别好，我便替他掩护，替他包庇；某人即有优点或劳绩，因为他向来与我有恶感，我便要中伤他，欲得而甘心：这种偏私的态度如用到领导机构中来，便无事不糟糕，尤其是有关人事的问题。有大公无私的精神，处事的时候，便丝毫不肯以私害公，要完全根据客观的事实，与所规定的章则或规约，作公平的决定。

第三须有民主的精神。具体地说，在这里所谓民主精神，还可分三点来说：（一）须有参加讨论的雅量，即讨论时须能平心静气，遇有与己不同的意见，亦能虚心倾听，不要意见不合就发脾气，或结成冤家。（二）须有服从多数的习惯。讨论的时候尽管知无不言，言无不尽，甚至作热烈的讨论（最好不要面红耳赤），但一经多数通过，即须服从决议，不应口是心非，或尚存悻悻之意，甚至另作捣乱企图！（这只是就一般而论，本店向无此事，这是深可欣幸的。）即令你有卓见，在民主原则下，只有努力说服大家的一法，说服失败，便是你的不行，不能怨天尤人。（三）须有集体责任的认识。任何事一经领导机构决议之后，任何参加者都须共同负责，即所谓集体责任。（除非辞职不干，那是另一问题。）例如关于人事问题的决议，如有参加者在会后将讨论经过公开告人，以讨好于被讨论者，这是不认识集体的责任，同时由此引起人事的怨恨，使以后讨论人事时没有人肯说实话，以免问罪同事，更失去了领导机构的效用，这更是罪无可恕的！

第四须有严守秘密的习惯。无论关于营业计划，或人事问题，在有利于整个事业的原则下，往往有些部分是有严守的秘密的必要。参加领导机构的同事对于这些部分便有严守秘密的责任。对于在业务上没有告诉必要的同事，便不应告诉。例如关于人事问题的讨论，在领导机构开会讨论的时候，各人都应尽量贡献材料与意见，最后依决议办理。在这讨论过程中说的话，尤其是反面的话，如被有关系的人听到，便极易开罪，故参加者必须严守秘密，以免引起人事纠纷。（由相当负责人对同事婉告他的错误，俾得改善，那是另一回事。由个别同事间直接作友谊的规劝，那也是另一回事。）至于营业计划，在这样同业激烈竞争的复杂社会环境中，也有些部分有时需要严守秘密的。尤其要注意的是泄漏秘密的人也许并无恶意，他只是对于被告者说："这是秘密，只对你一人说，不要对别人说！"被告者可能把同样的"警告"转告他所认为可以相信的好友，任何秘密都可由于这样的作风传扬起来，重要的会议须严守秘密是最重要的纪律之一。我们既取民主制，这个重要纪律的培养也是很重要的。

以上所说的都是参加领导机构者应有的态度，但是同时也可适用于领导机构以外的同事。为什么呢？因为他们如果也能明白这些要点，就能协助领导机构易于负起它所应负的任务。例如我即在领导机构之外，如果明白大公无私精神的必要，虽在领导机构中有一要好的同事。我也不希望他为着私谊帮我的忙而妨碍了公事，更不致因为他不因私谊偏袒而埋怨他，甚至我在会议之后，连问都不去问他。我如有事被处分，我只静候公告，决不愿缠夹不清地向着参加领导机构的同事探听谁人在会议时说我好话，或谁人当时说我坏话。即使他意存讨好私人来自动地告诉我，我反而觉得这个同事的修养训练还不配参加领导机构，因为他还不能严守应守的秘密，还是公私不分，还不能明白什么是集体责任！领导机构中只须有着一个这样的人，整个组织便无法健全起来！

（原载 1940 年 1 月 20 日重庆《店务通讯》第 82 号，署名韬奋。）

工作实践中的学习

本店同人向来有一个良好的习惯,就是学习的兴趣相当的浓厚。学习本来可以分为两种：一种是学校中的学习,一种是职业界中的学习。职业界中的学习还可以分为两个部分：一个是业余的部分;还有一个是在职业工作中的部分。在学校时期的学习,一般地说来,可以说是用全部分的时间于学习课程,可有一定的上课时间,有一定的课本,有教师对学生按时解说的形式。在职业界时期的学习,便不可能和学校时期采用完全相同的形式。其中在业余时间的学习,如参加读书会演讲会等等,似乎仍与学校时期的情形相近,但是已须特别偏重自动学习的成份,在实际上也须采用比较更灵活的办法。讲到职业工作时间的学习,就更没有显著的学习形式,而须特别注意自动学习精神。在学校里,教师的主要部分的时间,都全用在解说,学生的主要部分的时间,都全用在听讲。在一个职业机关里,全体同事的主要部分的时间,都全用在办公,在事实上不可能有像学校时期那样的学习形式。但这却不是说,在“办公”的时间就没有学习的意义：恰恰相反。我们既不是在学校里,而是在一个办事的职业机关里,正是要特别注意工作实践中的学习。我们对于学校里的学习,对于业余读书等自修工作的学习,都很容易明瞭或认识它有着学习的意义,但是一想到学习，往往只想到这一类的学习，对于工作实践中的学习意义，似乎容易忽略，所以有特别提出来研究的必要。

关于工作实践中的学习，就本店的情形说，有几点值得我们注意的：

第一，有人批评本店的工作学习还只是学徒式的学习，这一点固然不能说没有片面的理由，但是我们要知道同人中负责比较重的都也在极忙的状况中勉力工作，工夫原极不易抽出，所以对于"有系统的教授"往往力不从心，这是事实问题。不过我希望学习者却不必以此自馁，因为在工作的时候，遇有任何事情不懂，尽管向有关的同事询问，多多注重自我学习。在真正学徒式的学习，做师傅的是没有答复说明的责任，（至少事实上是如此）只是由学徒自己摸索。我们至少可把比较熟练的同事当做顾问，当做道尔顿制中的教师。（道尔顿制中的教师，就只是鼓励学生自己设计，遇有困难非学生自己所能解决，向教师提出时，才帮同解决，仍以学生自动的努力为主，做教师的只是立于协助的地位。）

第二，要预存在工作中学习的态度，然后在学习中才能发生学习的结果。譬如抄写一封信吧，写的时候马马虎虎，瞎搨一阵，至少并无意使自己写得好些，这样抄了一百封信，末了一封的字，还是要和最初的那一封的字差不多：同样费时间写，只要在写的时候，稍稍存着学习的态度，一定是能够越写越进步的。我们有许多事要做，固然用不着特别费时间来练字，但是如果在办公中把字逐渐写得比以前好些，容易看些，就是将来把自己造成中国高尔基，印刷所的排字工友也要谢谢你的。又例如在抄信时，不动天君地呆抄，是一种写法，同时还能用些脑子注意信的内容，信内所应付的事情和适当的措辞，使自己也能藉此增加些办事的经验与起稿的能力，这又是一种写法。前一种是学习效用很少，后一种却是学习效用很大。这差异只是肯不肯在工作实践中学习。这里只是举个比较简单的例子，其他比较复杂的工作，可以类推。

第三，工作实践中的学习，不但是同事的学习，即办事技术上的学习，同时还有对人的学习。在一个职业机关里，责任愈重的人，对于人的应付或处理也愈复杂，所以我们不但要学习如何把事办得好，同时还要注意如何与人相处得好，这不是学习如何敷衍人，是要学习如何与人合作，但是要学习如何待人接物，乃至细心观察对于同事工作的分配，对于同事工作效率的增进，尽管自己在目前并不负有指导或领导的责任，也应该切实注意，以备将来自己负到这种责任时可以左右逢源，不至临渴掘井。

工作实践中的学习，包含内容很多，这里只是先举出三点来，与全体同人共勉。

（原载1940年2月24日重庆《店务通讯》第87号，署名韬奋。）

管理上的改革

本店在管理上是采用民主集中的原则，这是同人所知道的。这个原则在根本上是不错的，我们仍然要宝贵这个原则。但是在运用方面，换句话说，在具体的办法方面，却应该根据现实情形的变化而斟酌改革，才能在实际上收到良好的效果。试把人事委员会处理人事问题来做个例子。当我们只有一家店在上海的时候，全体同事都在一个地方工作，有经常的接触，彼此的情形都易于熟悉，不致有过大的隔膜，所以人事委员会对于处理人事比较地容易办，比较地迅速。后来分店有了汉口、广州两处，事情已比"独此一家"的时候复杂一些，再后来竟增加了三四十个据点，大多数同人散处在各地，彼此的情形便渐渐隔膜起来了；交通不便，信札需时，在这样情形之下，人事委员会往往受着客观的限制，不免"吃力不讨好"。在已往一年间，我被推任了人事委员会的主席，最大多数的关于人事的会议，我都亲自参加过，依我的观感，人事委员会中的每一委员对于每一件有关人事的问题，都是存着很公正的态度，尤其是集体的结论或决议，都是尽可能根据所知道的事实材料，配上已定的原则，加以慎重决定的。老实说，在人事委员会可以说是已尽了最大的努力。可是据陆续由各方面来到总处的同事所谈及，仍多感觉到人事委员会所作的决议，常令人觉得与事实未能切合。至于人事委员会遇有特别慎重的事件，对事实须加以调查，所需的时间较多，也引起有些同事的不满。不能迅速，诚然是一个缺点，但这是客观条件的困难，并非人事委员会有意延搁、或懒惰。

这种管理上的缺点应该怎样消除呢？我们应该加强"集体领导，个人负责"的办法，领导机构只须努力规定原则，不必顾及琐屑事情；关于琐屑的事情，各店负责人只须根据领导机构所定的原则负责执行，不必事事要请示人事委员会。执行如有不当，自然仍可由不服者向领导机构申诉，要求纠正，但是如果没有充分的反证事实，各店负责人的执行是不应轻易推翻的。在另一方面，各店负责人如确有错误，当然也须负责，由领导机构决定处分。这是提高各分店负责人的职权，同时加重他们的责任。依目前的情形，即令是芝麻绿豆的小事，各店负责人也须请示总处，反而可以不必负责，因为职权不及，往往明明有所知也不肯明说或老实报告，即使说了也徒然结成私怨，于公事的执行，还是无甚裨益，这是实际的情形，我们不能讳疾忌医，必须在管理上有所改革，以作补救。当然，同时我们对于负责人要加以慎选，要使他彻底明白原则，要使他能够负起责任。关于原则，职权和责任的范围，当然都应有明确规定。

不但关于人事方面，即业务方面，理事会也要强调"集体领导，个人负责"的办法，各店应有较详备的营业计划，究竟能否完成或超过，都应有比较具体的标准，在一定时期之后加以检讨，作为奖励或处分的根据，使各店负责人及有关分店同事有所准绳。能完成营业计划的应有相当的奖励，使有关负责人和同事都能比例地获得能超过的应有特奖；未能达到的也应有相当的处分。（详细的办法当然应有适当的规定。）在营业计划的范围内，应予各店负责人以发挥创造力的余地。

管理上的改革应特别注意实行“集体领导，个人负责”的办法，其大意已如上述，同时我们还决定实行巡回视察的办法，这个办法原来早想执行，因人手分不开，以致延搁，是一件莫大的憾事。最近对于人事方面有整个的调查，希望我们的视导员不久即可与各处同事详谈一切。我希望由于巡回视察办法的执行，散在各处的同人间的意见可以获得相当充分的沟通，总处和各地间的隔膜可以得到相当的消除，这样，对于我们的文化事业，应该有着更大的整顿和推进。

由上面所说的这几个方面同时兼程并进，应该可以得到更大的工作效率。

（原载 1940 年 3 月 16 日重庆《店务通讯》第 90 号，署名韬奋。）

事业性与商业性的问题

在本文里要提出来谈的是事业性与商业性的问题。

我们这一群的工作者所共同努力的是进步的文化事业，所谓进步的文化事业是要能够适应进步时代的需要，是要推动国家民族走上进步的大道。我们在上海开始的时候，就力避“鸳鸯蝴蝶派”的颓唐作风，而努力于引人向上的精神食粮；在抗战建国的伟大时代中，我们也力避破坏团结的作风，而努力于巩固团结坚持抗战及积极建设的文化工作。这可以说是我们的事业性的含义。为着要充分顾到我们的事业性，我们有时不惜牺牲，我们的同事往往为着抗战建国的文化事业而受到种种磨折与苦难，毫不怨尤。但是在经济方面，因为我们要靠自己的收入，维持自己的生存，所以仍然要严格遵守量入为出的原则。这里便牵涉到所谓商业性。我们的业务费，我们的资金，既然要靠自己的收入，所以我们不得不打算盘，不得不赚钱。这可以说是我们的商业性的含义。

这样说来，我们的事业性和商业性是要兼顾而不应该是对立的。诚然这两方面如超出了应有限度，是有对立的流弊。例如倘若因为顾到事业性而在经济上作无限的牺牲，其势不至使店整个经济破产不止，实际上便要使店无法生存，所谓皮之不存，毛将焉附，机构消灭，事业又何从支持，发展更谈不到了。在另一方面，如果因为顾到商业性而对于文化食粮的内容不加注意，那也是自杀政策，事业必然要一天天衰落，商业也将随之而衰落，所谓两败俱伤。但是我们不许各有所偏。因为我们所共同努力的是文化事业，所以必须顾到事业性，同时因为我们是自食其力，是靠自己的收入来支持事业，而发展事业，所以必须同时顾到商业性，这两方面是应该相辅相成的，不应该对立起来的。

这样看来，事业性与商业性原来是不成问题的，而竟有人觉得成问题，这又是什么缘故呢？这也是因为对这两方面都缺乏正确的认识。事业性的维持，必须在量入为出的范围内，否则便是不顾现实，破坏本店的生存。本店的出版事业，有些部分是有钱可赚的，可以移来补贴补贴蚀本的部分。此外还须多些余利来作更求发展的资金。在这样的范围之内，我们是不怕经济上有所牺牲。倘若超出了这个范围，便是使本店走上关门大吉的道路！不但如此，我们为着要发展事业，在不违背我们事业性的范围内（我们当然不专为赚钱而做含有毒菌落后的事业），必须尽力赚钱，因为我们所赚的钱都是直接或间接用到事业上面去。

要充分发挥商业性，在积极方面，必须注意"工作第一"，在工作上最努力，最有成绩的同事，是我们的英雄！工作能力最强，办事最负责的同事，是我们大家的宝贝！在另一方面，在工作上撒烂污，成绩上恶劣的同事是我们的害群之马，工作能力不强而办事又不负责的同事，是我们的蠹虫！前一种同事，对于我们的事业，对于我们的商业，都有切实的贡献；后一种同事，对于我们的商业固然只有破坏的作用，即对于我们的事业，也是只有破坏的作用。要充分发展商业性，在消极方面，必须爱护公物公财，极力避免浪费。自己的东西知道爱护，对自己的经济知道节省，而对于公家的东西或经济，便不注意爱护与节省，马马虎虎，随随便便，这是对于团体最不忠，最最要不得的劣根性，我们对于这种劣根性必须尽力铲除。能爱护公物公财的人，对于我们的商业固然有切实的贡献，同时对于我们的事业也有切实的贡献，因为必须在经济上能力避浪费，充实力量，才有发展事业的凭藉，这样看来，充分发展商业性。同时也是充分发展事业性。这两方面是可以而且应该统一起来的。

（原载 1940 年 4 月 15 日重庆《店务通讯》第 92 号，署名韬奋。）

《大众生活》复刊词

《大众生活》在读者诸友中是一个面熟的老友，老友的久别重逢，是彼此间最感觉愉快和兴奋的事情。

《大众生活》开始和诸友见面是在民国廿四年底，那正是"一二·九"学生救国运动蓬蓬勃勃，达到最高潮的时候。当时由于日本帝国主义者对于我国的侵略已作大踏步的开展，危机日迫，全国震骇，青年学生们目击心伤，深深地感觉到仅仅埋头读书而置国事于不闻不问是不对的，于是登高一呼，万山响应，掀起了感动全国震惊世界的救国运动的怒潮！

现在时代不同了，由于政府及领袖的坚强领导抗战的国策，由于全国军民的众志成城，艰苦奋斗，整整打了四年的义战，把我们的民族敌人打得焦头烂额，日暮途穷，而我们仍屹然毫不动摇，仍继续我们的神圣抗战，非争取到中华民国的独立自由不止。这与《大众生活》初与读者诸友见面时的形势确是不同了。

但是，假如在五年以前，摆在全国人民面前的紧迫问题是如何促成停止内战，团结统一的局面以进一步达到对外的全面抗战，那么现在，摆在全国人民面前的紧急问题，就是如何使分裂的危机根本消灭，巩固团结统一，建立民主政治，由而使抗战坚持到底，以达到最后的胜利。回顾五年以前，那时中国是处在何等的惊风骇浪之中，内争未息，外侮频仍，但卒赖全国人民一致呼号奋发而使民族的航轮驶上坦途；因此，现在虽然很不幸地发生了局部的逆流，但我们坚信，靠着全国人民的巨大力量也一定能旋乾转坤，而到达胜利与光荣的彼岸，所以目前正需要一个比五年以前更广泛而深刻的民众力量的表现。

正确的行动发生于正确的认识，我们要能构成集体的国民力量以协助政府，改进政治，争取胜利，就必须充实我们的知识，增加我们对于本国及国际上各种重要问题的了解。《大众生活》这回和诸位重行见面，所自勉的就是要造成诸位的一个“知识上的好友”——但却不是脱离现实的抽象的知识，而是直接间接和抗战建国以及在这大时代中各人工作上修养上有关的知识。

我们不愿意讳病忌医，对于进步的，有利于民族前途的一切设施固极愿尽其鼓吹宣扬之力，但对于退步的，有害于民族前途的现象我们也不能默尔无言。纵使因此而受到误会与攻讦，但我们对民族前途的信心与为这信心而不惜一切牺牲的决意是必能为读者诸友们共鉴的。《大众生活》是为了大众也是属于大众的一个刊物，我们不但热诚希望读者诸友随时赐予批评指示，同时也极望读者以见闻所及，研究所得，惠赐佳作。

《大众生活》这个老友从本期起是要和读者诸友继续见面了，我们要为国家民族的光明前途，为世界人类的光明前途，携手迈进，共同努力。

（原载 1941 年 5 月 17 日香港《大众生活》新 1 号，署名本社同人。）

后 记

《转到光明方面去》的编选得到了韬奋先生亲属的热情支持，全国人大原副委员长邹家华、资深编辑家邹嘉骊给予了亲切关怀和指导，值此著作出版之际，我们特致以衷心的感谢和深挚的敬意！

上海交通大学出版社高度重视此书的编辑出版。刘佩英总编辑对全书的编选方案做了精心策划，使得编选工作得以及时启动、顺利进行，形成选本特色。出版社责任编辑杨揄熹为书稿做了大量编辑工作。韬奋基金会王晓平、沈水荣、张增顺、黄国荣、曹俊德诸位同仁对编选工作予以了支持，周玥、张帅奇参与了编选的具体工作，在此一并表示感谢。

本书的编选，参考了 1956 年生活·读书·新知三联书店出版的《韬奋文集》和 2000 年韬奋基金会韬奋著作编辑部编选的"走进韬奋"丛书（学林出版社出版），并以上海人民出版社 2015 年版 14 卷《韬奋全集》（增补本）为主要编校底本，特此说明并致谢。

谨以此书，深切纪念韬奋先生 120 周年诞辰！

聂震宁

2016 年 9 月